上海《时报》
新闻业务变革研究

余 玉 著

SHANGHAI SHIBAO
XINWEN YEWU
BIANGE YANJIU

人民出版社

这是第一本系统研究上海《时报》

新闻业务要革的精心之作，将味着今后

《时报》研究起究不过去的左右。

方汉奇  和12月14日

目　录

序

　　余玉博士的新作《上海〈时报〉新闻业务变革研究》即将由人民出版社出版，这是他在博士论文基础上修改完善而成的，面对相对寂静的《时报》研究和新闻本体史研究，该著作的出版是中国新闻史研究领域的一件好事，值得期待和祝贺。

　　《时报》创办于清末新政后的上海，其创刊最大志趣是在新闻业务的改革上，创办人宣称，"吾之办此报非为革新舆论，乃欲革新代表舆论之报界耳"。这话放到现在可以理解为，我要闯出一条报业内容建设和产品呈现的全新形式，全方位改革"新媒体"的产品模式和呈现方式。这样的宣言对处于改革探索进程中的当事人来说，无疑是触及了行业发展的里程碑级课题，要引领当时的"新媒体"——报业——前进的方向。

　　这一"初心"，照亮了这份报纸35年的历程。

　　近代报纸来到中国后，不论是作为新式媒介，还是全新知识，其核心问题是在这种新样式的印刷品上刊登什么以及如何刊登？那时报人在实践中，一点一滴的调整着印刷品上的内容和呈现方式，没有理论的指导，概念的甄别，只有从业者或出自兴趣、或出自责任的模仿、探索和实验。现在我们对报界先驱们的各种努力可以用分门别类的概念进行研究：新式媒体，新闻内容，评论改革、编辑手段等等。每一种概念和理论的提出，都有经年累月的实践操作为基础，而实践史更加生动和具体。

　　《时报》创办初期中国报业还处于政论时代，经过十余年的发展，政论报纸已比较成熟，内容生产过程和呈现方式获得社会广泛认可，不改革也能混日子。虽然当时的《申报》《新闻报》等上海商业报纸已经同时具备了新闻、评论、图片、广告、副刊文字等一份现代报刊所有的要素，但用现代专业的眼光望去，版面真的是呆板、僵硬，几乎没有编辑手段，专业性乏善可陈，可以说令人目不忍睹，所谓的新式媒体也就是在政论的发布上提供了更加有效的有别于书籍或大小传单之类的新媒介而已。《时报》的改革是主动的，充满了魄力和勇气。

《时报》领风气之先，与狄楚青的个性和经历，梁启超的眼界和智慧，保皇党的资金和声望分不开。只是历史的研究都是由果循因，从时间的轴线往回看，发现改革的路线又清晰又明确，成功和失败简直一目了然，但往前看，我们发现还是无法获得当下新媒体前进路线图。黑格尔说，历史给我们的教训是人们从来不从历史中汲取教训。其实历史学家给了过多的宏大叙事，让我们记住了历史的"规律"，却忽略了历史的细节。就如同当年报业改革，史书中可以概括为：报纸编辑进行了改革，"如突出了标题……"。殊不知在实践中，为了给新闻加个标题，给标题加个句读，再加大点字号，再给标题腾出个专门的空间，"突出了标题"也是走过了数年的时间……如同标题的进化一样，今天我们习以为常的所有编辑手段和规则，都是从一片没有规划的处女地上一点点成长出来的。从这一点上看，清末民初以近代报纸为代表的新式媒体所发起的变革，就其革新程度来说，大大超过了今天的新媒体时代。

今天面对新媒体技术冲击，我们从历史中获得的灵感就是一点一滴的沿着改革方向进行尝试，从每一种内容开始，从每一次发布开始——政论变成时评，由千把字到百数十字；字号有了大小的变化、还有了花边和空白；版面分开了、栏目分开了；新闻中慢慢没有了龙和僵尸的影子，皇帝也退后了，女性、体育、社交、天气等等都一点点出现在报纸上，这些在今天我们看来习以为常的内容，当它第一次出现在媒体上的时候，那是多么大的突破……新闻业务的改革，是新闻最核心和基础的部分，也是最显在的部分。

历史的魅力之一就在于找到那个引发变革和突破的最关键的地方……

当余玉将这一选题确立为博士论文题目的时候，我就知道这是一个又苦又累，还有点吃力不讨好的活儿。苦和累是要做好这个选题必须老老实实地翻报纸，那时《时报》还没有影印版，只能翻原报，从密密麻麻的印刷质量不高的版面上一点一滴地记录下报纸的样貌和内容，原报脆弱不堪，积攒了多年的尘螨，每次看报必须做好防护，互不伤害；吃力不讨好是这种研究没有什么新的概念和理论来装饰，显得不那么新颖。但余玉坚持做此研究。

其实这真是个好题目，对《时报》本来研究就不多，而《时报》一生最有特色的地方就是业务改革，如何推进新闻业务又是新闻业最核心的部分，做出来对当下新闻改革很有启发。这一研究主题突显了新闻的本体史路径，弥补了专业史的薄弱，使新闻史研究的主体性大大加强。当我们把这个题目汇报给方汉奇先生的时候，先生也非常认可。

余玉也适合做这个题目。他是我的第一个博士生，读博之前已有多年高校授业经历，也有过媒体从业经验，对报纸业务比较熟悉。他本人勤勉刻苦，耐得住寂寞，坐得住冷板凳，是踏踏实实做研究的人。读博三年，我在美工作两年，期间常常视频授课交流，他都非常认真地完成文献阅读，按时与我深入讨论新闻史研究的各种问题。纽约皇后区公寓里昏暗的灯光下，遥远曼哈顿的璀璨灯火，都是我们电脑屏幕前学术探讨的背景。其实很感谢这段经历，让我从心里感到还在人大，还没有离开我的课堂。

新闻史的研究要在有水的地方打深井，要挖出活水来，要开掘一个可以不断有新发现的领域，愿余玉在这片领域打出更多的活水来。

是为序，并以此与所有致力于新闻史研究的同仁共勉。

王润泽

于中国人民大学明德新闻楼

2017 年 12 月 5 日

绪　论

一、研究缘起、范畴和意义

（一）研究缘起

清末民初大型民营报刊在我国近现代史上具有特殊重要地位，值得持续而深入研究。目前，许多研究者针对晚近时期的大型民营报刊，如《大公报》《申报》《新闻报》《益世报》《世界日报》等进行了较深入研究，有一大批研究成果陆续问世，既有专著，也有学术论文。1904 年创刊于上海的《时报》在当时颇有影响，与上海的《申报》《新闻报》齐名。[①] 邵翼之曾撰文谈到，"在抗战前，《时报》为上海三大报之一，与《申报》《新闻报》鼎足而峙"，"沪人论报，简称'申'、'新'、'时'，亦即本此"[②]。也有学者认为，《时报》《时事新报》与《申报》《新闻报》一道被称为当时上海的"四大报"[③]，它们共同记录了晚清民国社会的历史变迁。然而，从已有的研究成果看，对上海民营大报中的"申"、"新"两报关注度较高，同属于民营大报系列的《时报》却备受冷落，研究成果寥寥，与《时报》的大报身份极不

---

① 曹聚仁:《上海春秋》，上海人民出版社 1996 年版，第 95 页。

② 邵翼之:《我所知道的上海〈时报〉》，《报学》1955 年第 1 卷第 8 期。

③ 吴廷俊:《中国新闻史新修》，复旦大学出版社 2008 年版，第 219 页。

相符。

上海《时报》① 从 1904 年 6 月 12 日创刊到 1939 年 9 月 1 日终刊,在上海延亘了 35 年,历时较长且地位颇高。关于该报的研究,从早期的姚公鹤、戈公振到当今的一些学人都有涉足,但从当前的研究成果看,对《时报》关注还很不够。研究论文方面成果很少,即便有些成果也只是对《时报》做些总体性的概述和梳理,或就《时报》的"某一方面"做些研究,对其极具特色的业务创新部分也只是沿用《时报发刊词》中提及的内容,按图索骥,简单印证,没有较好地结合《时报》的版面编排和文本内容来深入研究,往往浅尝辄止作罢,更没有揭示《时报》业务变革的时代背景和深层原因。从各类中国新闻史教材来看,对《时报》都有不同程度的涉及,这些教材也都不约而同地聚焦于《时报》的业务革新内容。当然《时报》最引人瞩目且特别值得称道的也是其业务革新成就,但现已面世的新闻传播史教材对《时报》的论及存在内容雷同现象,基本上是沿用或照搬《时报发刊词》中的内容,往往轻描淡写。所以,从已有针对《时报》研究的论文和教材中关于该报的论述来看,还没有人就其业务变革作较全面而系统的研究,本书缘于此,试图在前人研究的基础上,尽力对此作较深入的探讨。

从另一方面看,本书以《时报》的新闻业务变革作为选题,还由于笔者对这份大型日报充满崇敬之情,有一股对其业务变革探究其真谛的强烈欲望。特别好奇的是,在当时上海的"申"、"新"老牌报纸存世的情况下,《时报》为何如此受时人拥戴和悦看?其新闻业务是如何突破同类报纸陈规

---

① 《时报》前标注"上海"是为了区分天津出版的那份同名《时报》,为了行文方便,本书中《时报》前未标注地点均指上海《时报》。天津《时报》是清末外国人在华所办中文报纸,也是天津第一家中文报纸。1886 年由天津时报馆创办(同时还创办英文《中国时报》)。报馆主人为英籍德人德璀琳(Gustay Dertring),受到英国怡和洋行的资助。李鸿章积极支持。每日出版,内容分谕旨、言论、京津新闻、外省新闻、外国新闻等栏,也登科技文稿。1890 年 7 月,在李鸿章推荐下李提摩太(Timothy Richard)任主笔,每期著论一篇,条陈新政,鼓吹中国印度化,部分论说后编成《时事新论》一书。同时出《直报》周刊,刊登日报一周重要稿件。1891 年 10 月停刊。参见甘惜分主编:《新闻学大辞典》,河南人民出版社 1993 年版,第 287 页。

脱颖而出？正如胡适在《十七年的回顾》一文中提到的那样："我当时对于《时报》的感情，比对于别报都更好些。我在上海住了六年，几乎没有一天不看《时报》的"①。所以，笔者难以满足于目前教材中对《时报》业务"知其然"内容的浮光掠影式的叙述，更想探究"其所以然"的深层意蕴。本书以现存的《时报》报纸为蓝本，精心研读报纸，同时深掘《时报》旁系史料，"史料为先"，尽力加深对该报的认知，仔细辨识、提炼、抽拽出《时报》业务改革方面带规律性的内容，探寻当年时报馆报人进行业务变革的动因，在操作层面上又是如何把业务实践落到实处？对当时乃至后来的报刊在业务方面产生过什么影响？带着这一系列问题探索该报业务变革的"实然"内容，即考察《时报》是如何落实其宣称的办报旨意："吾之办此报非为革新舆论，乃欲革新代表舆论之报界耳。"②

其实，笔者当初野心十足，企望对《时报》做较全面、系统的梳理和研究。但当笔者进入中国人民大学图书馆地下一层报刊资料库时，看到密密麻麻整齐叠放于书架上的《时报》原版报纸，数量如此之大，不由得望报兴叹，不得不缩短研究"阵线"，只能截取《时报》的一个截面——新闻业务改革，针对该报这一最具特色内容，系统探究其业务革新的动因、表现及意义，以图抛砖引玉。若来日笔者对该报仍有持续的学术兴趣，再对《时报》进行更加全面的观照，这只能留待以后进一步探究。

（二）研究范畴界定

本书研究范畴定位于《时报》独具特色的新闻业务领域。需要说明的是，该研究不是对长达35年历史的《时报》进行全面、系统的研究，如上所言，《时报》是一家大型日报，报刊数量之大可想而知。由于精力、时间

---

① 转引自戈公振：《中国报学史》，生活·读书·新知三联书店2011年版，第134页。

② 戈公振：《中国报学史》，生活·读书·新知三联书店2011年版，第134页。

和学识所限，想在短短的博士求学期间完成"上海《时报》研究"这样宏富的课题，那几乎是奢望；但本书也不是对《时报》业务领域包罗万象式的、一般意义上的研究，即对《时报》的采访、写作、编辑、评论、图片、副刊、广告、发行、经营、管理等面面俱到的宽泛业务范畴，而是截取《时报》业务中极具特色且又有范式意义的部分进行探讨，主要还是专注于《时报》的新闻业务层面，经营管理层面的内容不在本书探讨之列。因此，本书以《时报》新闻业务为引线，聚焦于业务改革中的亮点内容，以使选题切口变小，既便于驾驭，又能让研究尽量做到深入。

（三）研究意义

本书是在现有研究基础上，对晚近著名大报《时报》的新闻业务革新进行较系统、细致的个案研究，研究在学术和实践层面有一定意义。

上海《时报》在清末民国时期存续时间较长，在当时地位较高，对中国知识分子影响很大。本书选择了中国新闻史上对新闻业务贡献最大的报刊之一作为研究对象，其学术价值毋庸置疑。《时报》作为旧中国风云报纸，在政治、社会生活和新闻舆论领域发挥过重要作用，该报尽管在新闻史研究领域时被提及，但尚未有全面而系统的研究，目前还只有一些零星的研究成果问世。在当今对《申报》《大公报》等大型报刊研究得如火如荼的学术界，研究者对《时报》关注的旁落无形使之受到"不公正待遇"。原因出于多面，客观上是由于《申报》《大公报》等报刊出版影印本较早，为研究者提供了研究蓝本，大大方便了研究者，而有关《时报》样本和资料的存佚境况不佳，加上人们在主观上认为《时报》的地位逊于"申"、"新"等大报，影响了对《时报》研究的热度。不过，上海《时报》影印本已于近年面世，相信会陆续进入研究者视野，本书或许为推进《时报》的研究步伐尽绵薄之力，从而推动学界对该报的关注。

本书选择了上海《时报》新闻业务改革作为研究主题，选题抓住该报历程中最核心且极具典型意义的内容，对此截面进行研究，抛砖引玉，以使学界逐渐认可其大报地位，使它获得应有的大报"待遇"。因此，本书在一定程度上弥补了对我国晚近时期民营大报系统研究的缺失，不但充实已有研究内容，而且对该领域进行较系统研究，为我国新闻史学研究添砖加瓦，丰富我国民营大报的研究成果，具有一定的学术意义。

新闻业务是中国近现代媒体发展过程中最愿意也最容易接受西方经验的部分。新闻的内容、类别和生产流程借鉴西方经验，这种变化体现在《时报》上最为明显，而《时报》也是一直引领上海新闻业务改革潮流，并通过上海媒体界影响全国，对当时乃至后来新闻业的业务改革影响深远。由于该报在新闻业务领域的改革具有特色，所以颇值得深入研究。众所周知，新闻改革历来是件错综复杂的难题，本书以《时报》业务改革为突破口，对其业务革新成就进行了提炼、抽象、总结，揭示办报规律，如果撇开时空，可以使当今报业继承和借鉴其业务革新传统和规律性内容。因此，本书提炼出报业共通的办报理念和业务变革经验，无疑对当今的新闻业务改革有现实启迪作用。

本书在关注《时报》新闻业务变革过程中，比较充分地挖掘了有关《时报》的第一手史料和旁系史料，并通过对史料的搜集、整理和分析，力求做到史论结合，从而使本书具有一定的史料价值，为今后的研究者进一步开展上海《时报》研究奠定一定的基础。

二、研究现状综述

目前，与《时报》处于同时期的大型民营报刊研究成果比较丰硕，既有研究专著，也有大量的学术论文。其中有影响的专著包括：对《大公报》的研究，如方汉奇的《〈大公报〉百年史》、吴廷俊的《新记〈大公报〉史稿》、周雨的《大公报史》、贾晓慧的《〈大公报〉新论：20世纪30年代〈大公报〉

与中国现代化》等，2013 年又有彤新春的《时代变迁与媒体转型：〈大公报〉1902—1966 年)》和郭恩强的《重构新闻社群：新记〈大公报〉与中国新闻业》，以及 2016 年俞凡的《新记〈大公报〉再研究》等最新成果问世；对《申报》的研究，有宋军的《申报的兴衰》和上海图书馆编的《近代中文第一报〈申报〉》，以及以史料形式面世的，如徐载平的《清末四十年申报史料》等；对《新闻报》的研究，如杨朕宇的《〈新闻报〉广告与近代上海休闲生活（1927—1937)》、张立勤的《1927—1937 年民营报业经营研究：以〈申报〉〈新闻报〉为考察中心》、高郁雅的《柜台报：上海〈新闻报〉研究(1893—1949)》等；对《世界日报》的研究，如张友鸾等著的《世界日报兴衰史》；对《益世报》的研究，如杨爱芹的《益世报与中国现代文学》等等。有关这些报刊的学术论文成果也极为丰硕，在中国知网上通过主题检索发现，到目前为止，有关《大公报》的论文数量达 7505 篇，有关《申报》的达 2436 篇，有关《新闻报》的达 286 篇，有关《益世报》的达 185 篇，有关《世界日报》的达 82 篇，而关于《时报》的研究论文仅 31 篇①。这份与"申"、"新"齐名且历史悠久而名重一时的上海《时报》，其研究成果与这些大报成果相比却相形见绌。通过笔者梳理，对《时报》及其业务方面的研究的专著尚付阙如，主要集中在相关论文和中国新闻史教材中的少量论述，以下对《时报》及其业务的研究现状作一简要梳理。

（一）国内对《时报》及其业务研究状况

1. 对《时报》及其业务的宏观层面研究

对《时报》及其业务从整体上进行概述和研究，主要体现在国内较有影

---

① 这些数据是在中国知网上分别通过主题词"《大公报》"、"上海 +《申报》"、"上海 +《新闻报》"、"《益世报》"、"成舍我 +《世界日报》"、"上海 +《时报》"检索所得，本次检索都带上了书名号以排除不必要的干扰，并剔除了不是报刊研究的论文，检索结果截至 2017 年 9 月 30 日。

响的中国新闻史教材中。《时报》作为清末民国时期较有影响的报纸，各类教材都不同程度地从总体上对《时报》作了相关叙述，既有对《时报》发展脉络的梳理，又都不约而同地对其业务革新内容作了突出叙述并给予充分肯定。对《时报》饱蘸笔墨的专著要数戈公振的《中国报学史》，在其第四章第四节中用了较大篇幅专门介绍《时报》，并全文收录了《时报发刊词》（附发刊例），这也许是戈公振本人在时报馆工作时间之久的感情和对《时报》熟透所致；作为上海新闻史研究的扛鼎之作——马光仁主编的《上海新闻史（1850—1949）》，对《时报》及其业务进行了一定的关注，分述于第三章第四节、第四章第三节和第七节、第五章第二节，这是由于《时报》土生土长于上海所致；王润泽的专著《北洋政府时期的新闻业及其现代化（1916—1928）》对《时报》及其业务也有相当程度的关注。

此外，当年在时报馆工作的一些编务人员在晚年回忆录中记述了大量有关《时报》的景况，其中对《时报》有较多篇幅介绍的是包天笑的《钏影楼回忆录》，作者在回忆录中回顾了当年《时报》的发展状况和情趣细节，及其本人在时报馆的工作经历。同样以回忆录形式呈现的著作是顾执中的《报人生涯：一个新闻工作者的自述》，该著也以一定篇幅对《时报》及其工作经历进行了追忆。对《时报》有较翔实回忆的著作还有金雄白的《记者生涯五十年》，比较完整地呈现了黄伯惠时期《时报》工作境况和报馆发展状况。另外，郑逸梅的《郑逸梅选集》中也以回忆录形式对《时报》的情况有一定程度的涉及。这些回忆录相对完整地复原了《时报》工作人员工作场景、报馆运行情况、编务人员工作状态及人事关系流变，虽然这些记载远没有达到研究的高度，但为苦于《时报》资料匮乏的研究者提供了难得的史料和研究线索。

目前的教科书对《时报》着墨最多的当属方汉奇主编的三卷本《中国新闻事业通史》，在其第五章第七节专设《狄楚青和〈时报〉》一目，对创办者狄楚青及该报的总体发展和业务革新状况作了描述，该书第九章第三节又专设《〈时报〉的变迁》一目，对黄伯惠经营《时报》的发展进行了介绍，尤其对《时报》业务方面变化进行了总体探讨；刘家林的《中国新闻通史》，在第二编的第四章第三节对《时报》及其业务发展叙述比较详尽，并对时报馆的主要人物，如狄楚青、陈景韩、雷奋、包天笑等都一一进行了介绍，在第三编的第二章第三节对黄伯惠时期的《时报》也花了一定笔墨；吴廷俊的《中国新闻史新修》对《时报》有一定的关注，对其业务革新成就给予充分肯定；台湾学者李瞻、曾虚白、赖光临在其中国新闻史著作中也都提到了《时报》，但都是轻描淡写。另外，国内其他同类教材和相关专著对《时报》及其业务状况涉及较少，即便论及，其所述内容也是大同小异，甚至语焉不详，远没有方汉奇和刘家林的教材所涉内容丰富。

从学术论文成果看，台湾和大陆都有学者对《时报》及其业务发展进行了较有见地的研究，台湾的张朋园是最早研究《时报》的学者，他发表于《"中央研究院"近代史研究所集刊》中的《时报：维新派宣传机关之一》一文，从报人与报史的关系探讨了《时报》的发展状况。大陆最早研究《时报》的文章是袁义勤的《上海〈时报〉》和《黄伯惠与〈时报〉》，前者对《时报》的创刊到停版全过程进行了梳理，从总体上展示了《时报》的发展脉络，是难得的较系统研究《时报》的成果；后者重点关注的是黄伯惠时期《时报》的业务特色，对《时报》的三色套印、体育新闻、社会新闻的业务特色充分肯定，是较早关注《时报》业务发展的专文。吉林大学董新英的硕士论文《黄伯惠时期〈时报〉特色研究》，作者从上海社会现状和报业生存环境入手，对黄伯惠时期《时报》的体育新闻、社会新闻、号外和广告等特色内容及报刊形态、经营策略等方面进行了梳理和论述，是较系统且有意义的研究成果。此外，张振亭、张会娜的《党人报、文人报、商人报：上海〈时报〉的蜕变及其原因初探》一文对《时报》的蜕变过程和原因作了探讨，颇有见地。

2.对《时报》及其业务的微观层面研究

从目前对该报的研究成果看，一些研究者就《时报》的"某一方面"进行了研究，视角不一，思路多维，出了一些成果，但数量有限，如前所述，关于上海《时报》的文章仅 31 篇。这些论文中，少数成果针对《时报》概况进行研究，大部分成果是对《时报》的某一具体方面内容进行研究，其中也有一些关于《时报》业务或新闻业务"某一方面"的成果。其中有关时评特色研究的，如刘霞的《风格多样，随事赋形——陈冷〈时报〉时评的艺术特色与写作手法》和《陈宇内之大势，唤东方之顽梦——陈冷〈时报〉和〈申报〉早期时评的思想内容分析》；有关《时报》小说研究的，如张丽华的《读者群体与〈时报〉中"新体短篇小说"的兴起》；有关《时报》专刊研究的，如宋三平、张振亭的《论戈公振与上海〈时报〉"专刊"》，张振亭、尹亭的《我国报纸创办专刊的最早尝试——上海〈时报〉专刊研究》；有关《时报》副刊研究的，如姚福申的《五四时期〈时报〉的副刊改革》；有关《时报》社会新闻研究的，如邵绿的《从"参考"到"表达"——黄伯惠时期〈时报〉的黄色新闻与上海的都市化》、吉铠东的《〈时报〉视野下的临城抢车案》；有的是在研究其他报刊过程中与该报比较时作了相关研究，如宋三平的《上海〈时报〉的改革创新与黄远生的成名》、郑琛琛的《〈申报〉成功原因新探》等。此外，近些年也出现了关于时报馆人员及其成就的硕博论文。

有的是关于《时报》"某一方面"而并非针对《时报》新闻业务进行研究，如有研究者从"公共性"视角研究的，如方平的专著《晚清上海的公共领域（1895—1911）》；有从"都市化"或"城市化"的视角研究的，如邵绿的博士论文《都市化进程中〈时报〉的转型（1921—1939)》、李楠的硕士学位论文《清末上海报纸"城市化"趋向的研究——以〈时报〉为中心的考量（1904—1912)》；有针对《时报》经营研究的，如张振亭、赵庆的《上海"〈时报〉系"及其"集团效应"初探》；有研究《时报》政治表现的，如荆烽的《上海〈时报〉在袁世凯统治时期的表现》；有针对《时报》作用进行探讨的，如冯剑侠的《辛亥前后报人的政治动员与政治参与——以〈时报〉为中心》；还有阅读关于《时报》成果时写的随笔，如王敏的《"中间地带"：晚清上海报人与立宪运动——读季家珍〈印刷与政治〉》等等。

　　真正对《时报》及其新闻业务方面进行较为系统研究的成果只有袁义勤的《上海〈时报〉》和《黄伯惠与〈时报〉》，还有复旦大学邵绿的博士学位论文《都市化进程中〈时报〉的转型（1921—1939）》和吉林大学董新英的硕士学位论文《黄伯惠时期〈时报〉特色研究》，对黄伯惠时期《时报》新闻业务进行了一些有意义的探讨，难能可贵。

　　值得一提的是，近年来以《时报》为研究对象申报了课题，如南昌大学宋三平教授于 2013 年申报的江西省高校人文社科项目"上海《时报》研究（1904—1939）"，2016 年笔者申请的江西省社会科学"十三五"规划项目"上海《时报》新闻业务变迁及其效应研究"，表明国内学人对《时报》研究热度初露端倪，也许今后逐渐有更多研究者参与其中，《时报》研究备受冷落的局面会有所改善。不过，经检索发现，针对上海《时报》研究的课题目前也仅此两项。

（二）国外对《时报》及其业务研究状况

　　据笔者目力所及，国外也有学者关注上海《时报》，并有相关研究成果问世，如：季家珍（Joan Judge）的著作：*Print and Politics："Shibao" and the Culture of Reform in Late Qing China*（Stanford：Stanford University Press,1996），该著作是作者季家珍在美国哥伦比亚大学攻读博士学位期间所写的博士论文，然后在此基础上修订而成，1996 年由斯坦福大学出版，该著于 2015 年 7 月翻译成中文版：《印刷与政治：〈时报〉与晚清中国的改革文化》[1]。她的研究视角新颖独特，以媒介环境学的视野把《时报》置于宏观社会背景下考察，从 Middle Realm（中间领域）的概念延伸开来，考察了中间领域与上层和下层之间的关系，同时，季家珍在著作中对《时报》的发行

---

[1]　［加拿大］季家珍：《印刷与政治：〈时报〉与晚清中国的改革文化》，王樊一婧译，广西师范大学出版社 2015 年版。

量做过统计，所提供的数据有一定价值；再如"中央研究院"国际汉学会议论文集中收录了作者 Nathan Andrew J . 的论文：The Late Ch'ing Press Role, Audience and Impact，该文对《时报》也有论述。另外，德国海德堡大学汉学系曾专门组建一个小组，对《申报》等早期中文报刊展开研究，其中与上海《时报》进行对比揭示《申报》的情境。另有海外中国研究者费南山所写《联合对划一：梁启超和中国"新新闻业"的发明》一文中，文章最后分析了 1905 年《时报》总编陈景韩倡议建立全国性报界组织的活动①。虽然成果较少，但至少说明《时报》进入了国外人的研究视野，值得称道。

（三）对《时报》及其新闻业务发展研究现状的评析

在林林总总的《时报》研究成果中，不乏一些有价值的开创性成果，为后人研究开辟前路，沿此路径深入研究，省时省力。但无论是新闻专业教材中关于《时报》的叙述，还是学术论文中关于《时报》的研究，这些成果仍存缺憾。

1. 总体研究方面蜻蜓点水，缺乏深刻性

从总体上看，对《时报》的研究过于简单，或对《时报》发展历程作一简要描述，如袁义勤的《上海〈时报〉》为《时报》研究开辟了前路，但此文是梗概式介绍而没有深入研究。目前一些新闻史教材针对业务革新作了雷同叙述，大都来自《时报发刊例》中的条规，也缺乏深度。

一些硕博论文较为系统关注了《时报》新闻业务，具有一定的新意，主要集中于黄伯惠时期《时报》新闻业务革新与转型，尚没有针对狄楚青时期《时报》业务革新的系统深入研究成果。如邵绿的《都市化进程中〈时报〉的转型（1921—1939)》，对黄伯惠时期《时报》的转型从新闻业务层面进行了系统研究，此文从社会新闻、体育新闻和图片专版三方面展开，针

---

① 周婷婷等：《海德堡大学汉学系早期中文报刊研究概况》，《新闻大学》2007 年第 3 期。

对后期《时报》的新闻业务从"都市化"视角切入研究，较有见地，背景材料甚为丰富，但全篇内容仍显单薄，研究不够全面。另一篇是董新英的硕士论文《黄伯惠时期〈时报〉特色研究》，比较系统地探究《时报》业务改革，这种研究尝试应该肯定，但全面性和深刻性不足。正如作者本人所言，苦于资料收集之难，只好仅依靠校存的 14 卷本的样本来取样研究。作者在其引言中谈道："幸运的是，吉林大学图书馆藏有《时报》原版报纸 14 本，除一本是 1906 年的《时报》外，其余资料的时间段都集中在黄伯惠主持《时报》期间，虽然报纸有残缺现象，而且并不完整，但这些原始报刊资料对本文的研究有颇大的帮助"。显然，仅凭这些有限的原版报纸为蓝本进行黄伯惠时期《时报》研究，难免会出现以偏概全的现象。这份历经 35 年的日报，中国人民大学图书馆收藏的 1912—1939 年的原版《时报》就叠满了几排书架，每排书架都是高过人头之上，层层叠叠摆放得密密麻麻，若补齐从 1904 年创刊到 1911 年的原版《时报》，其报刊数量可想而知了。2015 年年初，中国人民大学购置了全套上海《时报》影印本，虽然是缩影版，一共则有 240 大册，摆满了几排书架，所以仅仅依靠 14 本《时报》样本进行研究，就很难做到研究成果的全面和深刻。

2. 微观研究方面零星杂乱，缺乏系统性

现有的研究成果中，针对《时报》新闻业务革新和转型研究的选题多样，角度多元，但缺乏连贯性和系统性，表现在一些研究者主要从《时报》新闻业务的"某一特色"方面进行关注：或论及《时报》的时评，如前文提到刘霞的两篇文章；或研究《时报》的专副刊，如姚福申的《五四时期〈时报〉的副刊改革》，以及张振亭的上述两篇文章；或针对黄伯惠时期的社会新闻与黄色新闻进行研究，如袁义勤的《黄伯惠与〈时报〉》和邵绿的《从"参考"到"表达"——黄伯惠时期〈时报〉的黄色新闻与上海的都市化》，这些成果在《时报》业务的"某一方面"作了有意义的开掘，很有特色。不过，这些不成系统的零散成果，尚需要对《时报》的新闻业务变革进行总体观照、系统探索。

3. 上海地方新闻史专著对《时报》关注不够，有的甚至完全忽略

《时报》创刊于上海，与《申报》《新闻报》三报并称，但上海地方新闻史对三报的关注度极不平衡。早期姚公鹤的《上海报纸小史》一文对《时报》仅一笔带过，"前此所用印报之纸为油光纸，仅一面之用，自中外日报（现已停闭）时报开始用报纸两面排印，各报风行，今则书籍也已照刊"，文章结尾提到，"然随在与现存之各报有沿革关系，故本篇除有历史上必要之记载，如上海报纸之创办于申报，新闻报之购用巨机，中外日报之两面刊印，时事新报之登载公布，不能不详细叙述外，其余则概以浑括言之"[①]，本文在对上海有重大变革的报纸的描述中，却没有《时报》的踪影；马光仁主编的《上海新闻史（1850—1949）》一书，尽管对《时报》有一定的关注，还嫌着墨偏少，关注度不够，与大报地位不相称。然而，令人纳闷的是，秦绍德于1993年所著的《上海近代报刊史论》，该书对《时报》几近忽略，《申报》和《新闻报》在该著中花了很大笔力，给予了足够的关注，而《时报》只在第五章第一节中仅提了一下报名，这么重要的上海民营报纸，为何在这本上海新闻史的专著中没有篇幅？给人有意回避之憾。无独有偶，近期由吉建富所著的《海派报业》一书，也是专述上海报业发展的书籍，该著对《时报》也没有关注，令人费解。

总之，对《时报》及其业务变革研究还远远不够，抑或是客观上原版《时报》馆藏分散，原始史料不易获取，缺乏研究蓝本（近些年才出现《时报》影印本，比《申报》《大公报》影印本出版晚得多），抑或是主观上有意回避，抑或两者兼而有之。现在《时报》影印本已经公开出版，并在不断扩散，到该加强深入研究《时报》的时候了。所以，当今有必要对《时报》进行较系统、深入研究，何况该报在业务上有许多独创之处，尤应重视。

---

① 姚公鹤：《上海闲话》，商务印书馆1927年版，第198页。

三、研究思路和方法

（一）研究思路

本书的基本写作思路是按总述—分述—总述的路径展开，即先从清末民初的宏观背景切入，整体概述《时报》的发展脉络，再分述狄楚青时期业务革新的状貌与黄伯惠时期业务转型的表现，同时探讨两个时期《时报》业务革新的动因，最后从总体上对《时报》业务革新的社会地位和历史意义进行客观评述。为此，本书写作以问题入手，围绕以下核心问题展开：狄楚青时期和黄伯惠时期新闻业务革新表现在哪些方面？两个阶段的业务革新产生的原因是什么？《时报》业务革新对近现代报业产生哪些影响？其业务革新在新闻史上的地位怎样？即依据"是什么"、"为什么"和"怎么样"的路径展开，尽力从叙述层面提升至学理层面。

依据以上思路，本书具体从四个部分论述《时报》的业务变革。第一部分从总体上把握《时报》的发展和业务革新与转型情况，着重梳理其发展脉络，同时论及《时报》的读者定位和历史地位，为全书论述作铺垫，搭建宏观叙述框架，定下全书的叙述基调。

第二、三部分集中探讨《时报》的新闻业务变革过程，以 1921 年为界分为狄楚青和黄伯惠经营的前、后两个时期进行论述[①]，第二部分着重论述狄楚青时期的《时报》新闻业务革新的具体内容及其原因。本章先概述狄楚青时期《时报》的整体业务革新状况，然后从这一时期业务革新中抽拽出最具特色且颇具成效的四个方面，即报纸版式、时评、新闻专电、新闻通信分述《时报》业务革新的举措和实绩，凸显它在中国新闻史上创下的诸多报刊

---

① 关于《时报》的前、后分期，即狄楚青时期到黄伯惠时期，本书以 1921 年为界，这一点在第三章第一节"黄伯惠接办时间考辨"中有专门考证。

业务上的"第一"，从而建立起作为现代日报的报刊业务操作范式。第三部分论述黄伯惠接办《时报》后新闻业务转型的表现。黄伯惠对报纸进行了一系列改革，在办报设施、报纸风格和内容编排方面，尤其在新闻题材方面进行了大胆探索和实践，使报刊新闻业务发生了转向，报纸上娱乐消遣性文字增多。本部分从社会新闻、体育新闻和图片新闻来论述这一转变，展现出与前期《时报》迥异的风姿。

第四部分对《时报》业务革新与变迁作了总体评价。本部分是对前述内容的升华，集中探讨《时报》新闻业务革新和转型的积极影响与所存缺陷，以及对报业发展的历史意义。最后的结语部分对全文进行总结和归纳，收束全篇。

（二）研究方法

本书借鉴新闻传播学、媒介生态学、历史学、政治学等研究方法，在占有翔实史料的基础上，对上海《时报》新闻业务变革作较系统的探讨。因此，本书除了综合运用上述方法进行宏观指导研究，具体涉及文献研究法、文本分析法、个案研究法、系统分析法和比较研究法等。

1. 文献研究法

本方法是历史研究的最基本的方法，新闻史是历史学的一部分，所以，首先得围绕选题精心搜集各方面的文献史料，然后精研覃思，恰如其分利用好这些文献史料为我所用。为此，既要认真研读现存《时报》的原版报纸，下功夫收集新闻文本史料，又要充分利用国家图书馆内完整《时报》的缩微资料和中国人民大学图书馆整套《时报》影印本，研究过程中混合使用藏本、影印本和缩微胶片内容。同时，广泛搜集与《时报》相关的史料，包括新闻史教材、同人文集、档案资料、传记、回忆录等一手资料。另外，有意收集现已发表的有关《时报》和同类报刊的研究论文。该研究只有立足在大量原始史料和相关资料的基础上，才能得出较可信的结论。

2.文本分析法

对于获取的《时报》史料，写作时尽量避免对文献资料的简单堆砌和记录，更不能是单纯的史料展示和报纸文本介绍，而是把史料考证和规律探寻相结合，着重抓住《时报》业务革新的亮点内容，对其文本进行深层阐释，让史料发挥"说话"功能，既尊重史实，又提炼史识，两者有机结合得出结论。

3.个案研究法

新闻史学家方汉奇先生曾对新闻史研究工作者提出这样的期望："面上的研究，前人之备述矣"，"希望大家多花一点力气改做基础性的工作，多打深井，多做个案研究"[①]。本书以《时报》的新闻业务变革作为研究对象，显然是一项个案研究，尽量深掘这口"深井"。为此，研究时又把有关《时报》新闻业务方面内容细分，逐一解剖业务亮点内容，进行一个个更加微观的个案研究，如以《时报》原始报纸为基础，对版式、时评、专电、通讯、体育新闻、社会新闻、新闻图片等特色业务内容进行个案研究，一线串珠，从而勾勒出整个《时报》的新闻业务变革过程。

4.系统研究法

这是把"点"内聚焦与"面"上观照统一起来，做到点面结合。针对本书有两层意思：一方面，把《时报》独具特色的新闻业务分解成一个个微观的"点"，把它们置于《时报》35年的业务改革历程的"面"上进行观照，力求展示较完整而系统的《时报》业务变迁史；另一方面，《时报》这份从1904年到1939年间存续的报纸，是中国特定时空下的产物，把它的新闻业务改革与变迁看作一个"点"，置于整个晚清民国时期的报刊业务史中进行"面"上观照，点面结合，避免陷入"只见树木，不见森林"的狭隘境地，这样才能客观地看待和评价《时报》业务革新在近现代报刊史上的地位。

---

① 方汉奇、曹立新:《多打深井多作个案研究——与方汉奇教授谈新闻史研究》,《新闻大学》2007年第3期。

5. 比较研究法

这是历史研究常规性方法之一。只有通过比较才会发现事物的异同，更易揭示事物的本质和规律。本书采用此法，既进行横向比较，也进行纵向比较。横向比较是把《时报》的业务发展与同时期的《申报》《新闻报》等民营大报的业务情况进行比较，分清哪些是共性的内容，哪些是个性的内容，这样能找出《时报》的新闻业务特色所在；纵向比较的目的是："认清历史是怎样发展过来的，可以帮助我们去观察现在的问题，帮助我们从现在的许多事实中间看出将来的发展前途"①。纵向比较用于《时报》业务研究很有意义，如：陈景韩离开《时报》后，业务方面产生了哪些变化；再如：黄伯惠于 1921 年接手《时报》后，后期的《时报》与狄楚青时期的《时报》在业务上有哪些大的变化，为什么会出现报纸业务转向等。通过比较，更能凸显35 年历史的《时报》整个新闻业务变迁过程。

此外，研究时除了采用以上方法外，还会用到定量分析法，这种方法目前在新闻史研究方面常常被忽视。在本研究中，为了对《时报》业务的"某一方面"问题进行有说服力的阐释，适当采用一定的技术手段，把定性分析和定量分析相结合，进行较系统而深入的研究。如对《时报》的时评、新闻专电、社会新闻、新闻图片等业务特色内容运用量化统计方法，用统计表或图形的形式直观呈现，不但能提高本研究的可视化效果，而且使研究结论更具说服力和可信性。

四、研究面临的难题

本书力图对《时报》业务革新过程进行较系统的探讨，在研究过程中，面临以下难题：首先，资料的获取有难度。因为《时报》不如上海的《申

---

① 转引自程曼丽：《横向比较：中国新闻史研究的新思路》，《新闻大学》2007 年第 3 期。

报》《新闻报》资料充足，连《时报》的原版报纸都极其珍贵。通过我在北京地区的搜寻，《时报》影印本非常稀缺（上海和台湾存有影印本，最近中国人民大学图书馆也购进了一套），没有数字刊电子版，难得的是国家图书馆有完整的《时报》缩微胶片。目前了解到北京高校存有原版《时报》的是中国人民大学和北京大学，而中国人民大学相对样本储备丰富一些，但遗失不全，现存于中国人民大学图书馆的《时报》是从 1912 年到 1939 年的存刊（中间一些年份缺失不少，而 1904 年到 1912 年完全缺失）。这是非常宝贵的纸质样本，只是薄如蝉翼，且有很多是通过白纸对破损报纸进行对接修裱，翻阅时得小心翼翼。在笔者着手研究的初期，就是以中国人民大学现有的原版《时报》和国家图书馆完整的《时报》缩微胶片为蓝本。有关《时报》的样报况且这样，完整样刊缺损严重，而关于《时报》的旁系资料更显奇缺。所幸的是，在笔者写作的骨节眼上，中国人民大学于 2015 年初购置了一套完整的《时报》影印本，对笔者来说的确是一场"及时雨"，甚为雪中送炭，省了笔者时常奔忙于国家图书馆与中国人民大学图书馆之间的劳顿之苦，更是除却了笔者在国家图书馆翻看《时报》缩微胶片时常出现头晕目眩的烦恼，《时报》影印本确为笔者省了不少体力和目力，不过有些部分影印模糊，识辨困难，录入史料，极为耗时。

其次，研究方面存在难点。研究选题看似单一，实则复杂，《时报》的业务变革所涉及的方面颇多，体现在报纸上是点点滴滴，而要通过对大量《时报》的慢慢翻阅、精研覃思、从容体味才能探寻轨迹、总结规律。史学界都强调，做史学研究，资料的获取固然重要，但又不能仅囿于对史料的简单叙述，而应是史论结合，慧眼识珠，充分"用史料说话"，针对史料进行恰如其分的解读，逐步把这一选题往深处开掘，这正是该选题的难点所在。

具体而言，在研究过程中，以下问题难以把握：第一，《时报》在业务变迁中的每一项新闻业务革新的背景和深层原因怎样？即《时报》为什么在某一阶段会出现这些变革？第二，《时报》所进行的每一项业务变革，同时期的其他大报在业务上处于何种状态？需要通过翻检大量的相关报刊来对比找寻和揣摩，工作量可想而知。第三，陈景韩离开前后，《时报》在新闻业务方面发生哪些变化？为什么有这些变化？这需要仔细对比分析陈景韩离开前后的《时报》版面内容，才可能看出究竟。第四，黄伯惠1921年接手《时报》时，与狄楚青时期相比，在新闻业务上发生变迁和转型，具体有哪些大的变化？为什么会出现这些变化？第五，报界公认《时报》业务改革最具特色，贡献卓著，其改革对同时代的报纸和后来的报刊业务发展带来了哪些影响？第六，《时报》经过每一步的业务革新，串联出整个新闻业务变迁过程，其业务革新和转型的历史意义如何，怎样恰当定位其意义？等等。

　　总之，对于《时报》业务变革，我们既要"知其然"，还要"知其所以然"，不但要看该报在发刊词中宣称了什么，更要从《时报》的原版报纸中看时报馆报人如何落实他们宣称的业务革新内容，落实的程度如何？通过诸如此类问题的步步开掘，在务实和可见的背景下观照《时报》业务革新，探究新闻业务变迁过程，对此不断深入探究，正是本书逐步成形的过程。

第一章　上海《时报》的创刊与发展概述

　　上海《时报》是清末新政改革期间改良派在国内创办的第一份报纸，创办该报是改良派在戊戌变法后把舆论阵地从国外向国内扩张的一项重要举措。这份土生土长于上海的改良派报刊从酝酿、筹备、创刊、发展到终刊正好历经清末民初时期，比较完整地记录了中国近代风云激荡的社会变迁，对晚近知识分子影响深远，在中国近现代史和新闻传播事业史上的地位颇为显著。

第一节　上海《时报》的酝酿与创刊

　　随着改良派把目光从国外投向国内，身居日本的康、梁等人士酝酿在国内办报，以开启国内舆论阵地。鉴于清末民初上海特殊的报业环境，改良派把首个国内舆论阵地选择在上海。经过精心筹划，《时报》于20世纪初年在此创刊。

一、《时报》创刊前后的上海报业生态

　　上海具有相对宽松的政治环境。庚子事变、《辛丑条约》之后，百姓与清朝统治者的矛盾日益突出，国内民族矛盾空前激发，革命浪潮风起云涌，

革命派报刊势如破竹，一时间，上海成了革命派报刊最集中的地方，如《苏报》（1896 年创办，1902 年开始转向革命）、《民国日报》（1903 年创办）、《俄事警闻》（1903 年）、《警钟日报》（1904 年）、《神州日报》（1907 年）、《民呼日报》（1909 年）、《民吁日报》（1910 年）、《民立报》（1910 年）等报刊先后在上海创办。在风雨飘摇的情势下，清政府只能集中力量打击革命派报刊，对封建统治没有构成直接威胁的报刊则有所放松。因此，在清末新政期间，清廷解除报禁，革命派报刊借势盛行起来，一些较为温和的政论报刊有了生存空隙。正值此时，戊戌变法后在国外的改良派看到这一动向，着手在国内办报，扩大改良派的舆论宣传。改良派代表梁启超等人对当时国内政治局势的变化有了认知，故选择远离清末新政中心的北京，在革命报刊集中地——上海办报，《时报》就是在这种情况下创刊并发展起来的。随着清政府预备立宪的确立，一批政论报刊自此在国内也得到一定程度的发展，并且在当时还颇有影响。

辛亥革命后，国内、国际形势仍较有利于《时报》等报刊的发展。从国内状况看，国内党派林立，争斗激烈，特别是军阀割据，内战连年不断，造成国家政局极度不安的局面。从国际环境看，第一次世界大战后，国际风云变幻，政局动荡，特别是十月革命后，国际形势急剧变化。这一切大大刺激了人们对国际国内形势的了解和对国家前途的担心。从报业生存的政治环境方面考量，上海是一个国际大都市，又远离当时的政治中心，在舆论环境方面显然比北京宽松，再加上租界的庇护，新闻界比国内其他地区享有更多的言论自由。读者有强烈的信息渴求，新闻界又能享受到一定的新闻自由，上海民营报业在诸多有利因素中迎来了发展。

上海城市经济发展加固了报业的物质基础。一家报馆的生存和发展需要一定的经济基础，不但报馆的创立需要经济支持，而且维持报纸正常运转也离不开经济支撑，像报刊运营的一些重要环节，如采访、编辑、印刷、发行都得依赖一定的物质基础。一般来说，交通、邮政、电信等部门较发达的城市有利于报业的生存和发展，上海在这些硬件建设方面的发展处于国内领先地位。"19世纪60年代中期至90年代初，上海的工业开始改观"，"1895年以后，上海城市经济步入了大工业时代"①。上海工业时代较早到来，使上海的民族经济发展快于其他城市，大大地改善了城市系统设施的基础建设，促使上海城市交通设施和邮政电信事业飞速发展。这样，上海城市经济的发达为城市基础设施建设提供了物质保障，增添了发展动力，也为上海报业的发展带来了契机，对报业的新闻采集、传播和发行有重要影响。

与新闻采集密切相关的电报、电话、海底电缆、国际陆线等硬件设施，上海的《申报》《新闻报》和《时报》等大型报纸在清末就对这些设施开始运用。以电报技术为例，自从1881年中国自主建设的第一条长途公众电报线路，其后新闻界也开始利用这一新技术。1882年1月6日《申报》刊登了我国第一条新闻专电，即驻北京访员从天津电报局拍发的电讯：清廷查办云南按察使渎职的消息。后来电讯稿在上海各报陆续出现，至20世纪初，专电还成为要闻版的组成部分。1904年《时报》创刊后，专电成为其常设栏目，因专电传递新闻优势明显，致使各报竞相采用专电，每天多至二三十条。海底电缆在清末也相继铺设起来，"中国最早的海底电缆出现在1871年，丹麦大北电报公司擅自铺设的香港和日本长崎到上海的电报水线，其传输线路是从吴淞到川石山—香港—关岛—新加坡—欧洲，通过该线路，欧洲的电报通讯，在上海当天，最多不超过一天就可以收到"②。国外都把上海作为线路架设地点，不但有上海的地缘优势，也有他们的经济考虑。

上海的全国文化中心地位为上海带来良好的报业人文环境。晚清以来，上海的整个社会经济逐步发展，城市近代化进程加速，文化事业取得巨大建设性成就。上海的新闻事业伴随上海城市近代化的进程逐步建设起来，发展步伐走在全国前列，全国新闻中心地位在晚清得以确立，上海也就成为了晚清的中国新学传播基地。"从19世纪后半期起，上海就成为中国近代新型知

---

① 熊月之主编：《上海通史第4卷·晚清经济》，上海人民出版社1999年版，第339页。
② 王润泽：《中国新闻媒介史（1949年以前）》，北京大学出版社2011年版，第278页。

识分子的集结地"①，"上海的知识分子不仅处于引进西学的最前沿，而且形成了一种借用西方文化来批判传统的风气"②。这批新型知识分子逐渐脱离清朝中央和文化正统，形成了自己的工作和生活方式，对新型文化生活的追求、对新闻媒体的接受就变得极为正常了。

戊戌变法失败虽然极大地打击了渴求进步的文化人士，但他们也看清了清王朝必然灭亡的命运。到20世纪初年，一些新的报刊陆续创办，报纸出现了新的迹象，一些文章讴歌新文明、新文化，可见，知识分子对新旧秩序交替的渴望与憧憬。辛亥革命的成功，对向往民主、渴求进步的知识分子给予极大的鼓舞。由于上海不但远离当时政治中心，而且又有特殊的政治格局，两个租界当局和华界当局对于思想文化的禁忌各有不同，所以采取的措施和行动不尽一致，这造成了上海思想文化的活跃空间要比中国其他地方更宽阔。此外，上海的文化事业发达，文化人士的生存环境优于当时的北京和中国其他地区③。这种政治地缘优势使当时成批的崇尚自由、接受西方思潮的文化精英聚集上海，他们在上海已经积蓄起来的新文化土壤的基础上创造出真正的新型文化，上海新文化中心的地位确立起来。苏智良对此概括得很到位："上海作为中国新文化的中心，19世纪末20世纪初可以说已初现端倪，'五四'新文化运动中开始确立，二三十年代则进一步巩固。"④ 至此，一些民营报纸，如20世纪初在上海创办的《时报》以及先前的《申报》和《新闻报》，在辛亥革命后有了继续发展的空间。

综上所述，清末民初，上海现代化城市发展营造了良好的报业生存环境。她具有远离政治中心的地缘优势，加上资本主义经济的快速发展，以及全国文化中心地位的形成，还有租界的特殊环境，报业进一步发展的诸种条

---

① 熊月之：《新型知识分子集结》，载张仲礼主编：《近代上海城市研究》，上海人民出版社1990年版，第1024—1029页。

② 李天纲：《一种过渡形态的城市生活——知识阶层的生活》，载唐振常主编：《上海史》，上海人民出版社1989年版。

③ 许敏：《上海通史第10卷·民国文化》，上海人民出版社1999年版，第14页。

④ 苏智良：《上海近代新文明的形态》，上海辞书出版社2004年版，第13页。

件在上海都明显具备。因此，与报业生存息息相关的政治、经济、文化生态中，上海报业的发展繁荣是这些因素综合作用的结果，但各因素所起作用并非均等。促使《时报》在上海创刊起决定性因素的是它的政治环境，文化氛围也是重要因素之一，至于经济环境倒没有起到主导作用，因为当时国内其他一些大型城市办报的经济条件也基本具备，如北京、武汉、广州、香港等地便是如此。

二、《时报》的筹备

从报业的宏观背景看，清末民初上海较好的报业生态环境萌发了海外改良派选择上海办报的动机；从报业的微观生态分析，1900 年前后，世纪之交国内政治生态出现新动向，在清廷实施新政的背景下，改良派在国内创办《时报》的最佳时机已经到来。

《时报》创刊前正处于新旧世纪交替时期，1899 年到 1904 年这几年国内形势急剧变换，国人办报的时空条件也处在不断变化之中。自 1900 年的立嗣事件和自立军勤王之役发生后，康、梁等人在国内办报相当困难，哪怕他们当时就是在国外办的《清议报》《天南新报》都被清政府视为"逆报"而遭严厉查禁。当时就有上谕称："该逆等狼子野心，仍在沿海一带煽诱华民，并开设报馆，肆行簧鼓，种种悖逆情形，殊堪发指。……该逆犯等开设报馆，发卖报章必在华界，但使购阅无人，该逆等自无所施其伎俩。并著该督抚逐处严查，如有购阅前项目报章者，一体严拿惩办。"① 但到了 1903 年后，情况发生转机。自庚子事变后国内矛盾更为尖锐，封建王朝几近摇摇欲坠，国内革命呼声日益高涨，尤其自 1903 年拒俄运动和"苏报案"等事件相继发生，国内革命形势急剧变化。在严峻的国家形势面前，先前保皇派反对革命的阵营与革命派互相敌对的矛盾有所缓和，并有相互靠拢的趋势，海

---

① 转引自方汉奇：《中国近代报刊史》（上），山西教育出版社 2012 年版，第 267—268 页。

外改良派的《新民丛报》在早期还为革命鼓吹，这是康、梁等人萌生在国内办报的因素之一。更为重要的是，随着革命派的活动日益活跃，清廷与革命派的矛盾转变为主要矛盾，而与康、梁的矛盾降为次要矛盾，对康、梁的言论与出版方面的戒备有一定松动，清廷对康、梁出版的报刊不再视为"逆报"，虽然当时对康、梁的通缉还没有明令解除，但《新民丛报》《饮冰室文集》已经公然在书肆上陈列，行销于国内。正因为国内政治生态环境有了新动向，康、梁等人开始筹划在国内出版报刊，宣传他们的政治主张，扩大他们在国内的舆论阵地。

康、梁的办报动机决定了他们的办报实践。1904年初春，改良派便开始潜回国内，寻找开拓国内舆论市场的时机，当即狄楚青、罗孝高两人就奉康有为之命，从日本回到上海，筹办报纸。与此同时，梁启超主持完了保皇会在香港召开的大会之后，也由香港秘密来到上海，匿居虹口日本旅馆"虎之家"，暗中主持报纸的筹备工作。"先生以正月杪返国，往香港开会。二月末旬由港至沪，留数日，与狄楚青、罗孝高筹画开办《时报》各事。三月，复返日本"①。当时梁启超"尚在名捕中，未便露头角，乃改名姓，匿居虹口日本旅馆'虎之家'三楼上。时罗孝高、狄楚青方奉南海先生命，在上海筹办《时报》馆，任公实亦暗中主持，乃日夕集商，其命名曰《时报》及发刊词与体例，皆任公所撰定。旋即赴东，而《时报》初办时所等论说，亦多系任公从横滨寄稿来者"②。

由于康、梁等人不便公开在国内筹办报刊，《时报》筹备工作的实际主持者是狄楚青，他曾抱革新思想留学日本，"自日本归国后，即与《湘学报》主笔唐才常在上海组织中国独立协会，图大举。假名东文译社，以掩官厅耳目。经济无出，则鬻旧藏古书画以充之。初拟结连各秘密党，乘间入京。寻八国联军之役起，首都沦陷。乃一面邀集各省人氏，组织国会，推容闳、严

① 丁文江、赵丰田编撰：《梁启超年谱长编》，上海人民出版社1983年版，第336页。
② 罗孝高：《任公轶事》，载丁文江、赵丰田编撰：《梁启超年谱长编》，上海人民出版社1983年版，第337页。

复为正副议长，以为对外表示人民之机关。一面购置军火上溯汉口，欲占为起义之地。惜内部事机不密，功败垂成。从此狄氏灰心武力运动，乃创办《时报》，为文字上之鼓吹"①。适逢庚子国难，国内矛盾加剧，"同侪正如周䝿之不恤纬，但忧其国之将坠，日夕遑遑，唯救国之自务，无如叠遭蹉败，意志俱灰，乃变计而有从舆论挽救之策，此《时报》发起之原因也"②。狄楚青办报之意正合康、梁之意，可谓一拍即合，他们便倾心在国内创办《时报》，筹备工作便紧张有序地开展起来。起初开办费由康、梁多方资助，创刊前即 1903 年就曾一次性拨付了 7 万元，后来每年都给予资助，"《时报》除癸年（1903 年——引者注）拨七万外，甲年（1904 年——引者注）拨捐款约二万（又借广智两万两），乙丙（1905 年、1906 年——引者注）年皆过万，丁年（1907 年——引者注）一万，计合十五万（墨银行代出五六万，苦极），外另代交息（三年）三万余，合共总在廿万左右，无年不请款，似此实不可行"③。经过充分的酝酿和筹备，并得到康、梁改良派的人力和财力支持，《时报》便应运创刊了。

三、《时报》的正式创刊

《时报》于 1904 年 6 月 12 日（光绪三十年四月廿九日）在上海正式创刊。时报馆跻身于上海著名的报界一条街——望平街，即位于山东路福州路口的西北角。"那时候的时报馆，是在福州路巡捕房对面广智书局的楼上。走上去是一条黑暗的楼梯，到了楼上，始见光明"④。《时报》发刊时呈现给读者的是西洋白报纸双面印刷的对开大张报纸，一改我国几十年来老套的书

---

① 戈公振：《中国报学史》，生活·读书·新知三联书店 2011 年版，第 133 页。
② 狄平子：《时报万岁》，《时报》1932 年 6 月 27 日。
③ 康有为：《与任弟书》，载丁文江、赵丰田编撰：《梁启超年谱长编》，上海人民出版社 1983 年版，第 446 页。
④ 包天笑：《钏影楼回忆录》，中国大百科全书出版社 2009 年版，第 316 页。

册样式，以全新的报型与版面呈现在读者面前，编排生动活泼，信息内容丰富，"内容除论说、纪事外，有批评、小说、报界舆论、外论撷华、介绍新著、词林、插画、商情报告表、口碑丛述、谭瀛零拾等十门"①，丰富的内容和活泼的形式给人耳目一新之感。这份由改良派在国内创办的日报，起初每日刊行对开 2 大张，1907 年 2 月起增至 3 大张，民国时期一度增至 4 大张，后来逐步增张，逐渐发展成为具有较大影响力的全国性大型日报，与老牌《申报》《新闻报》并驾齐驱，致使一度申、新、时三报并称，成为共同记录中国晚近社会的历史文献。

作为改良派在国内创办的第一份报纸，他们十分重视国内这一舆论阵地，除 20 万元的资金支持外，还派康门得力弟子狄葆贤（楚青）和罗普（孝高）分别担任该报的经理和主笔。为了防止清政府的迫害，创刊时挂的是日商招牌，由日本人宗方小太郎出面担任名义上的发行人，实际由狄楚青主持报务。首任主编是罗孝高，之后历任主编为陈景韩、雷继兴、包天笑、戈公振等。

《时报》在国内创刊是梁启超精心筹划的，《时报》报名、发刊词与体例都由他撰定。梁回日本后，《时报》初办时所登论说，也多系他从横滨寄来。报名取义于《礼记》中的"君子而时中"一语，《时报发刊词》开宗明义："《时报》何为而作也？记曰，君子而时中。又曰，溥博渊泉而时出之。故道国齐民，莫贵于时"②。报纸的报头字由狄楚青亲笔所题，"狄氏书法宋柳，劲遒飞舞，自成一家。亲题《时报》报头，因不惬意，数易其稿"③。报头之下印有"Eastern Times"字样，即为"东方泰晤士报"之意。该报标榜宣传内容既要"与时相应"，适合于时，又要"随时而变"，故从创刊始，该报就以执中公允的姿态出现，既批评顽固派，"不及于时者蹉跎荏苒，日即腐败，而国遂不可救"，又批评革命派，"过于时者，叫嚣狂掷，终无一成，

①　丁文江、赵丰田编撰：《梁启超年谱长编》，上海人民出版社 1983 年版，第 338 页。

②　梁启超：《时报发刊例》，《时报》1904 年 6 月 12 日。

③　邵翼之：《我所知道的上海时报》，《报学》1955 年第 1 卷第 8 期。

或缘是以生他种难局，而国亦遂不可救"，而主张"若夫明达沈毅之士，有志于执两用中，为国民谋秩序之进步者，盖亦有焉矣"①。所以，该报初期的政治倾向主张君主立宪，提倡社会改良，抨击清政府的伪立宪，反对外国侵略，一度成为康、梁在国内的重要喉舌。

四、《时报》初创期的报馆阵容

《时报》创办时期，上海的报馆还没有形成责任分明的部门和名衔，报馆里一般由两人主政，即总经理与总主笔，算是两大权威。总经理负责报馆的一切事务（总经理也可以干涉到编辑部），总主笔担任编辑上的一切事宜②。《时报》初创时，狄楚青任总经理，罗孝高任总主笔。《时报》是康、梁改良派授意和指挥下创办起来的，初创期的报馆阵容多是康门徒弟及一些锐意革新的新派人物。总经理狄葆贤（楚青）和主笔罗普（孝高）、刘桢麟（孝实）和冯挺之都是康氏徒弟，而主持日常编务的陈冷（景韩）、雷奋（继兴）都是游学日本回国的新派人物。

《时报》初创期的报馆人员分工，基本情况是：狄楚青为总经理全面主持报务，罗孝高为总主笔，负审查论说之责，有时参与论文写作；另有两位主笔是刘桢麟（孝实）和冯挺之，他们负责撰写论说，不管编务之事；后来还有康门大将麦孟华担任总主笔整顿报务。除主笔之外，专门编辑新闻的人是陈景韩和雷继兴；此外还有一位翻译西文的程先生，一位专译电报的张先生和两名校对人员③。负责编辑新闻的人还要负责各自栏目新闻的时评写作。包天笑于1906年入时报馆，不久报馆在新闻编辑分工方面有了一次调整，陈景韩编要闻，包天笑编外埠新闻，雷继兴编本埠新闻，各人在所编栏目的当日新闻中，择要写一则极短的时评配以发表。其中"时评一"属于要闻，

---

① 梁启超：《时报发刊例》，《时报》1904年6月12日。
② 包天笑：《钏影楼回忆录》，中国大百科全书出版社2009年版，第317页。
③ 包天笑：《钏影楼回忆录》，中国大百科全书出版社2009年版，第317—318页。

"时评二"属于外埠新闻,"时评三"属于本埠新闻。他们分工明确,各司其职,但又通力合作,如一人有事告假,其余二人顶上。另外,在新闻和论说之外的"杂录"常常附在新闻之后,也没有专人编辑,自包天笑进时报馆后开设"余兴",专登载除新闻及论说以外的杂著,这个副刊性质的栏目由包氏专人负责,并任主编。

时报馆当年的编辑阵容复现图景已约略清晰,初创期的《时报》如同一台全新的机器,常年坐镇时报馆的这些人把《时报》运转得井井有条。《时报发刊例》的末尾也提及:"本馆广聘通人留局坐办外,尚有特约寄稿主笔数十人,俱属海内外名士,议论文章,务足发扬祖国之光荣。"[①]足见《时报》在创办之初人才济济,称盛一时,直至陈景韩被史量才挖走去《申报》,时报馆人才状况便急转直下。

狄楚青(图1—1)(1873—1941),原名葆贤,字楚青,号平子,别署平等阁主、楚卿、磁石、狄平、雅、高平子、六根清静人,江苏溧阳人。出身世家望族,早年中过举人,是改良派知识分子。受康有为影响,支持维新运动,戊戌时期康有为策动"公车上书",他名列其中,并成为康门弟子。1900年参加唐才常等人的自立军勤王活动,担任募款和购置军火等项工作,事败流避日本,加入保皇会。1904年奉康有为之命到上海筹办《时报》,出任总经理,主持该报工作17年之久,以报业的业务革新见长,他被称为"中国近代新闻史上报纸业务锐意革新与集大成者",与席子佩、史量才、汪汉溪并称为当年中国报界的"四大金刚"。1908年以后,狄楚青与康、梁关系疏远,而与江浙立宪派张謇等人关系趋近。辛亥革命后,《时报》由狄葆贤独资经营,民初倾向进步党,反对同盟会组阁,后来政治色彩渐趋淡薄。1921年狄葆贤因《时报》亏损过巨,加之体弱多病,将其出售给黄伯惠。他除创办《时报》外,还创办过有正书局,出版《小说时报》《妇女时报》和《佛学丛报》。他平生好佛,笃信佛教。早年信奉革命,晚年是名

---

① 梁启超:《时报发刊例》,《时报》1904年6月12日。

士，也是上海佛学界的著名人物。1941年狄葆贤在上海病逝。

图1—1　狄楚青肖像照

　　罗孝高（1876—1949），名普，字熙明，号孝高，又号披发生，广东顺德人，是著名的"康门十三太保"之一，康有为的嫡传弟子。少年时代的罗孝高，在广州长兴学舍和万木草堂跟从康有为读书，接受维新思想，戊戌政变后赴日本求学，毕业于早稻田大学，是我国最早一批留日学生之一。《清议报》《新民丛报》出版时，参与编辑，担任过译述工作，同时写下了《日本维新三十年史》《政党论》《二十年来之经济状况》等论著。1904年以后，他受康有为委派，到上海创办《时报》，担任该报总主笔，他与冯挺之主要负责言论方面的工作，新闻的采访编辑等项工作分工则由陈景韩、雷奋、包天笑等负责。民国成立后，罗孝高历任扬州政府顾问、广东实业司司长、广东电力公司及自来水公司督办、国务院咨议、交通部参事、京师图书馆主任等职。1926年以后，历任河北省政府、平汉铁路局、平绥铁路局、财政部税务署秘书。晚年退休回乡闲居，1949 年病逝。

陈景韩（图 1—2）（1878—1965），1878 年 11 月 25 日出生于江苏松江县（今属上海市），又名景寒，笔名冷、冷血、无名、不冷、华生、新中国之废物等，是清末民初著名的报人、时评家、小说家和翻译家。他从小接受的是儒家文化的熏陶，走科举功名之路，曾中秀才。1899 年留学日本早稻田大学，攻读文学，1901 年参加同盟会，1902 年回国任革命报刊《大陆》月刊编辑。1904 年离开《大陆》报，加盟狄楚青在上海创办的《时报》，陈景韩与其姐夫雷奋从事报纸的新闻编辑工作。《时报》创刊后，名义上总主笔由罗孝高担任，实际编辑工作由陈景韩总揽，在《时报》任主笔近 7 年，除主持日常编务外，还在《时报》发表了大量署名"冷"、"冷血"的短评，在当时的读者中影响极大。民国成立后，《申报》史量才高薪聘请陈景韩，长期担任总主笔。他在上海新闻界工作了 28 年，先后作为《时报》和《申

图 1—2　陈景韩肖像照

报》的掌门人，将两大报分别推到其历史上的巅峰状态，为黯淡的近代中国编辑了两份真正有品质的报纸。此外，陈景韩还曾与包天笑合编过《小说时报》，也曾编辑过《新新小说》。

雷奋（1871—1919），字继兴，江苏娄县（今上海松江）人，为陈景韩的姐夫。早年在上海南洋公学学习。1899 年，被派赴日本研习政法，毕业于早稻田大学。留学期间是留学生期刊《译书汇编》《民国报》的主笔，归国后支持上海《大陆》报。上海《时报》创刊后任编辑，主编本埠新闻，并在城东女学、务本女塾等校任教。旋任江苏省咨议局议员，资政院民选议员。曾主编《法政杂志》，发表文章，被袁世凯视为"立宪派"。辛亥革命前夕，雷奋受聘为张謇的高级顾问。民国成立，袁世凯任总统，许多法律规章大多由雷奋起草。留京任咨政院议员，及袁有称帝图谋，他即退出政界。

包天笑（1876—1973），小名德定，初名清柱，成年后改名公毅，字朗孙，号包山，笔名天笑、天笑生、春云、微妙、迦叶、拈花、秋星阁主、钏影楼主等。斋室名"秋星阁"、"钏影楼"。江苏吴县人。清末民初著名报人、小说家。19 岁中秀才。早年曾在苏州出版过《励学译编》《苏州白话报》等木刻杂志，后在山东青州中学堂任监督。1905 年来沪，参加南社。1906 年应狄楚青、陈景韩之邀进《时报》，起初主要是写论说，编辑外埠新闻和为《时报》写连载小说，后来又主编副刊《余兴》，兼任有正书局出版的《小说时报》《妇女时报》主编。陈景韩离开《时报》后，曾一度任总编撰。在《时报》的前期编辑人员中，他是工作时间最长的一个，前后服务于《时报》达 14 年之久。1919 年离开《时报》后，受文明书局之聘请，编辑《小说大观》《小说画报》和大东书局的《星期》、文华印刷公司的《女学生》等杂志，后来继张恨水之后接编过上海《立报》的《花果山》副刊。抗日战争胜利后，移居香港，在 90 多岁高龄时凭恒愈常人的记忆力完成了《钏影楼回忆录》，回忆录中对《时报》记述详备，给《时报》留下了十分鲜活的宝贵史料。1973 年病逝于香港。

清末民初，我国报人地位不断擢升，报馆也逐渐成为秀士荟萃、舞文弄墨之地。初创期的《时报》汇集了一大批才俊，可谓强将手下无弱兵，狄楚青选聘的编辑皆一时俊秀，诸如陈景韩、罗孝高、包天笑、雷奋等，他们依据特长分工，各展其长，使《时报》一出刊就令人刮目相看，与老牌报纸《申报》《新闻报》在上海滩并驾齐驱。时报馆这些报人对《时报》的开创功勋卓著，这些叫得当当响的名字在中国报刊史上占据了重要位置。与此同时，《时报》这一平台为他们提供了相会机缘，互相砥砺，各自都在时报馆积累了丰富的办报实践。可以说，他们成就了《时报》，《时报》也成全了他们。

第二节 上海《时报》的发展脉络

《时报》自创刊至终刊，其间于 1921 年为界从狄楚青转手黄伯惠，时间上相互衔接，风格上迥然不同，前后两个时期在办刊思想、版面内容、编排形式、社会影响等方面大不相同。两个阶段以业务变革为贯穿主线，前后各具特色铸就了《时报》辉煌的发展历程。

一、狄楚青时期的《时报》

狄楚青主持《时报》长达 17 年，期间以辛亥革命为界分为前后两个阶段，"前期很热闹，后期渐冷落，第一那个中心人物陈景韩去了《申报》，此外编辑部中人也变动了，息楼里的朋友们，做官的做官了，远游的远游了"①，这是时人对狄楚青经营时期《时报》的总体印象。

《时报》受保皇会提供的人力和财力支持，创办初期立场鲜明，拥清保皇，赞成温和改良，反对激进革命，是康、梁在内地的重要宣传机关。报纸

---

① 包天笑:《钏影楼回忆录》，中国大百科全书出版社 2009 年版，第 406 页。

创刊伊始就以全新的面貌出现，在报纸业务方面有诸多创举，对清末民初报界撼动很大，在中国报刊史上留下了浓墨重彩之笔。报纸在创刊之时也产生了一些较有影响的言论，引导了当时的舆论，如1904年至1905年间，《时报》关于向英帝国主义争回粤汉铁路筑路权的宣传，再如1905年前后的关于反对美国政府华工禁约及抵制美货、购买国货的宣传。不过，与同期其他报纸相比，舆论力量颇为有限，《时报》通过言论表现出来的政治倾向所产生的政治影响远没有它在业务革新方面的影响大，报刊业务革新方面表现出的旺盛生命力，对整个中国报界影响深远。总之，《时报》有影响的言论不多，相比业务革新方面则相形见绌。

从创刊到辛亥革命前是《时报》兴旺鼎盛时期，报纸运转顺畅。息楼①里常是宾朋满座，热闹非凡，他们乐意在此憩坐谈天，不经意间成为《时报》新闻线索来源之地。1908年以后，"狄楚青采纳了陈冷的主意，与康梁的关系逐渐疏远，逐渐接近江浙一带的新兴资产阶级势力的代表人物如张謇、赵凤昌等，报纸的康梁味道愈来愈淡化了"②。这时息楼里依然人来人往，成为立宪派的聚集之地。

狄楚青与康、梁开始出现裂痕正是1908年前后，梁启超在1908年初春的一封信函中写道："尚有一事极难处置者，则《时报》问题是也。据君勉、觉顿之说，则直指楚卿为叛党之人，谓其心叵测，君勉想早已有书寄先生处讦之矣。……吾党费十余万金以办此报，今欲扩张党势于内地，而此报至不能为我机关，则要来何用，无怪诸人之愤愤也。即湘伯秉三亦深不满于楚卿，其余在沪社员尤愤极，盖缘楚卿信任陈景韩即署名冷者，而此人实非吾党，孝高亦祖此人，怪极，故于党事，种种不肯尽力，言论毫不一致，大损

---

① 时报馆编辑部聚集了一大批当时在上海的新派知识分子，为了欢迎、接待这些朋友，狄楚青特地在报馆楼上辟出一室题名"息楼"，供这些知识分子经常集会活动，成为这些朋友的小型俱乐部。

② 马光仁主编：《上海新闻史（1850—1949）》，复旦大学出版社1996年版，第255页。

本党名誉。"①指斥狄楚青为"叛党之人"、"大损本党名誉",招来对《时报》曾颇费心思的康、梁等人极度愤怒,后来,《时报》在与康、梁的复杂微妙关系中维持了三年,直到辛亥革命后,康、梁不再问津《时报》之事,由狄楚青独资经营而跻身于民营报纸之列。《时报》独资经营后,在报上特别刊登一面醒目的飘扬大旗,旗上自左至右书写着"革命大报界"(五字自左至右排列),标志着该报的转变。从此,"保皇派少了一个喉舌,暗淡的晚清中国则多了一份真正有品质的新闻纸"②,独营后的报纸倾向进步党,后来政治色彩渐趋淡薄。

在《时报》前期发展中,期间虽然出现了康、梁党人与狄楚青在政治倾向上的变化,但没有影响报纸的发展。"十数年前风行海内,声名之佳,远超各报之上"③,这一点也能从当时一份上海报纸销数调查表得到证实。1909年前后,《时报》发行量在报业发达的上海曾跃居首位,每天发行量达到1.7万份(实际读报人数应该多于这数量,当时读报情况多是一人读过后又让他人传阅),占上海报纸总发行量的四分之一(表1—1)。《时报》发生变化而显冷清是从辛亥革命后开始的,主要原因就是报馆一些重要人物相继离开,动摇了《时报》的发展基础。雷奋在辛亥革命前夕撒手《时报》而进入政界。真正使《时报》元气大伤是在民国之后,狄楚青的得力助手陈景韩被史量才用重金挖去《申报》,无疑对狄楚青的事业是雪上加霜,继而黄远生的"北京通讯"也被《申报》夺去,再加上保皇党报纸的遗习总难抛掷,多重原因使日后《时报》逐渐衰落。据包天笑回忆,"编辑部中变化最多者莫如本埠新闻版,我初进去时,两三年后,一直雷继兴,自雷继兴去后,林康侯继之;既而林又去了,继之者为沈叔逵;沈叔逵去了,龚子英继之,龚子

① 梁启超:《与夫子大人书》,载丁文江等编撰:《梁启超年谱长编》,上海人民出版社1983年版,第432页。
② 傅国涌:《笔底波澜——百年中国言论史的一种读法》,广西师范大学出版社2006年版,第46页。
③ 郭箴一:《上海报纸改革论》,新生命书局1931年版,第20页。

英去了，瞿绍伊继之，以后又经数人，最后乃为戈公振"①。单从编辑部走马灯似的人员变动就可以窥见《时报》的中落命运，致使《时报》销数逐年下降，经济上的亏空变得越来越大。

表1—1　1909年前后上海各报发行量调查表②

种　类	每天发行量	占发行总量之比
申　报	14000	20.6%
新闻报	15000	22.1%
时　报	17000	25%
神州日报	9000	13.2%
中外日报	4000	5.9%
舆论时事报	9000	13.2%
合　计	68000	100%

《时报》的颓废趋势已然清晰，但狄楚青并不甘心，其办报努力一直没有停止。从1919年开始，《时报》相继创刊了一大批专刊如教育、妇女、实业、文艺、医学、英文、儿童等，以图力挽衰退之势，这在当时虽然对《时报》发展有一定缓和，但终将没能阻止《时报》的衰落趋势，不过狄楚青还是尝试了最后一搏，力图借用胡适的名人效应挽回残局，狄楚青多次接触过胡适，曾有过多次书信往来。1921年6月26日，胡适在日记中写道："昨晚得上海《时报》狄葆贤先生的快信，说《时报》附出的七种周刊将停止，改出一个'星期讲坛'，前已由张培风君向我说过，已得我的允许，担任主任，他不日将登广告发表此事，并云'从此敝报仗先生法力，将由九渊而登九天矣！'——这事太突兀！张君来说过，我并没有答应他。我怕狄君真如此发表，故急托张君发电阻他。我也写了一信给他"③。《时报》当时亏损严重，

---

① 包天笑:《钏影楼回忆录》，中国大百科全书出版社2009年版，第406页。

② 李少军编译:《武昌起义前后在华日本人见闻集》，武汉大学出版社2011年版，第419页。

③ 曹伯言整理:《胡适日记全编》(3)，安徽教育出版社2001年版，第334页。

图1—3 《时报新屋落成纪念增刊》刊头，《时报》1921年10月10日

图1—4 《时报》刊载胡适所作《十七年的回顾》一文版面，《时报》1921年10月10日

狄葆贤想借助胡适的名望挽救经营颓势，故有"敝报仗先生法力，将由九渊而登九天"这个说法，不过胡适起初并没有允诺狄楚青，后来由于主、客观原因所致，终因为情所动，应允了狄楚青。同年 7 月 31 日，胡适写了一封信给狄葆贤，最终答应为《时报》的周刊撰稿，"楚青托人来说，要我担任撰文，不拘字数，不拘体裁，每月送二百元。我颇思考了几日，因近来颇不满意于《时事新报》，故答应了他"①，从他俩的来往信件中能窥见狄楚青对《时报》所付出的努力。10 月 9 日重阳节，时报馆举行新楼落成庆祝仪式，第二天《时报》专门出了 40 个版面的《〈时报〉新屋落成纪念增刊》(图 1—3)，胡适为《时报》作《十七年的回顾》一文，对《时报》倍加推崇，刊于纪念特刊上几乎占了大半个版面②（图 1—4），该文后来还被收入时报馆出的新屋落成纪念册。狄氏尝试过种种努力最终还是没有挽回《时报》衰落局面，元气伤得太深的《时报》无法恢复到以前的兴盛。1921 年狄楚青因《时报》亏损过巨，加之家庭不幸和体弱多病多重打击，不堪疲累，不得不将其出售给黄伯惠。

二、黄伯惠时期的《时报》

狄楚青时期《时报》在政治方面的影响以辛亥革命为界分为前后两个时期。从创刊到 1911 年，《时报》办得欣欣向荣，在当时上海报界一般以"申"、"新"、"时"三家并称，可见其影响之大。入民国后，《时报》开始走下坡路，一方面是由于它曾是保皇派的机关报，声望大不如前；另一方面是《时报》骨干力量纷纷离去，或经商，或当官，或被其他报馆挖走，该报往日的光辉渐淡，走向低迷。1921 年狄楚青因受打击，无心报业，在《申报》《新闻报》的夹缝中生存得非常艰难，狄楚青遂将他主持了 17 年之久的

---

① 曹伯言整理：《胡适日记全编》(3)，安徽教育出版社 2001 年版，第 408 页。
② 胡适：《十七年的回顾》，《时报》1921 年 10 月 10 日。

《时报》以 8 万元的价格卖给了黄伯惠。

黄伯惠主持《时报》长达 18 年，他接办该报后，自任总经理，对报纸进行了一系列改革，与前期相比，报纸出现了脱胎换骨的变化，从此，《时报》从文人办报步入商人办报时期，走上民营报纸发展的路子。首先迁移了报馆，在狄楚青经营时期，"社址在山东路福州路口的西北角。房屋曾拆旧建新，为三层楼大厦，有七级浮屠大门楼，所以时人称《时报》为'塔报'"①。因为狄楚青是佛教徒，因而报馆被建成宝塔形（图1—5），著名的息楼就在其中。黄伯惠接办后，从原址迁到福州路湖北路转角的自己地产——福湖大楼，省掉了租赁馆舍的大笔开支。

图1—5 上海望平街的时报馆

其次，在内容与版面上，娱乐消遣性文字增多，大量刊登社会新闻、体

---

① 袁义勤：《上海〈时报〉》，《新闻与传播研究》1990 年第 3 期。

育新闻和图片新闻来吸引读者。黄伯惠爱好并擅长摄影，购置多架照相机，注重新闻照片，使版面图文并茂，赏心悦目，新闻图片与社会新闻、体育新闻一起成为黄氏时期《时报》的主打内容，《时报》也以摄影和制版设备精良著称。相比之下，黄伯惠时期《时报》的时政新闻的报道和评论敌不过前期，虽然前期在政治方面表现不突出，但黄伯惠对时事报道和评论更觉庸常了，与同时期的《申报》《新闻报》更无法匹比。再次，黄伯惠还不惜重金更新印刷设备，《时报》的印刷走在当时中国报业的前列，从以前局限于黑白印刷进阶到套红印刷，使《时报》看上去字体清晰，纸张洁白，印刷精良，读者捧上报纸时心情颇感愉悦。黄伯惠将该报精心打造成一份特色鲜明、具有浓烈的"小报"色彩。虽然论者对此做法毁誉参半，但黄伯惠的办报路子能契合当时上海市民的文化生活，从而在经营上获得了一定成功。

20世纪三十年代，《时报》适时扩张，曾一度日出三种报纸，除日报外，还出夜报、京杭版。九一八事变后，《时报》下午还增出"号外"，这是《时报》与路透社协商，每日午前取英文稿一份，自行翻译、编排出版。从1933年1月起改为夜报，一直出版到上海沦陷为止，发行量最高时达10万份，曾一度超出日报的两倍，极大地满足了战时人们的信息饥渴。京杭版每日子夜发行一大张，赶交京沪、沪杭夜车运往南京、杭州，次日一早与当地报纸同时发行。日报依然按常规于清晨发行。《时报馆》特殊时期"一报两翼"的做法富有新意，满足不同时段读者的阅读需求。

三、《时报》的终刊

1937年11月，日军侵占上海后，上海沦陷成为"孤岛"，上海民营报刊的生存空间挤占为零，原有上海报纸命运面临不同的抉择，许多报纸纷纷宣告停刊，有的报刊转移大后方继续为抗战宣传出力，有的挂洋商牌子苟延残喘，还有的报纸接受了日伪新闻检查，如《新闻报》《时报》《新闻报》后来也挂了外商招牌，而《时报》在与汉奸报纸为伍中维持出版将近两年，表失报格。"不谈国事、忘掉抗战。因此，销数越来越少，业务越来越困难，勉强维持至 1939 年秋，该报经理兼总主笔吴灵园公开宣布脱离该报，另谋出路。该报营业主任王季鲁也被人刺杀受重伤，只剩总编辑蔡行素一人勉强维持到 1939 年 9 月 1 日，出版到 12547 号，因赔累不堪，被迫宣布终刊"[①]（图 1—6）。包天笑晚年回忆，"《时报》好像是一件珍物，在一个顽童玩弄中失去了"[②]。可见，黄伯惠经营《时报》在业务上作了许多改革，有意避开

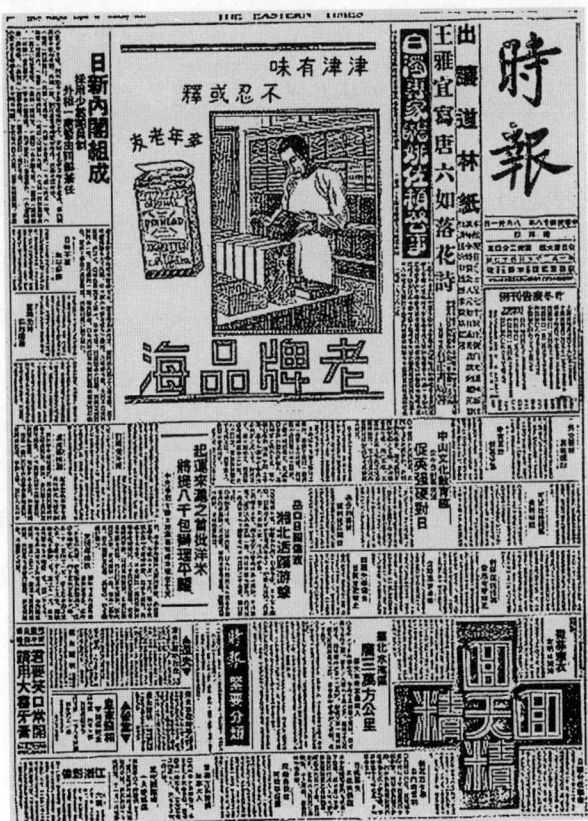

图 1—6 1939 年 8 月 31 日《时报》终刊号

---

① 《沪时报停刊》，《新闻学季刊》第一卷第二期，中央政治学校新闻学研究会 1940 年版，第 109 页；同时参见王文彬编著：《中国现代报史资料汇辑》，重庆出版社 1996 年版，第 40—41 页。

② 包天笑：《我与新闻界》，《万象》第 4 年第 3 期，中央书局 1944 年 9 月号，第 14 页。

政治走商业化、大众化发展之路，但最终仍因政治而走向终结。当然，它的终刊不仅仅由社会时局所致，尽管政治是非常重要的因素，而自身缺陷也当是考虑因素之列。

虽然最后时期《时报》甘愿、但又被迫和无奈地接受日伪检查，报格和骨气俱毁，但报人没有彻底沉沦。1939 年 5 月，汪精卫一伙汉奸来到上海酝酿劫持《时报》（由于《时报》以前与汪系的《中华日报》有过密切往来），黄伯惠发觉汪系汉奸对《时报》意存觊觎，黄伯惠在该报被劫持之前就当机立断，向租界当局宣告关闭报馆，及时将《时报》停刊，并请求工部局派探捕保护房产。后来即使有某方愿出巨资揽下《时报》招牌，但遭黄氏坚决辞绝。

1939 年 9 月 1 日，《时报》终刊后，黄伯惠与人合办房地产公司，将时报馆改为福湖大楼出租。《时报》机器设备在当时报界为最新式，日伪搜肠刮肚企图霸占，但日伪图谋没能得逞，"敌伪期间，上海所有各报馆的印报机器，都被没收，知道《时报》的机器最好，可以印各种彩色的，于是到处访问，并用特务侦查，时黄伯惠已离沪，竟不知《时报》机器之所在。及至胜利以后，方悉其事"，黄伯惠离开报馆前，已经把印报机藏得非常巧妙和隐秘，常人无从知晓，"原来他把全部机器，藏在四面围墙之中。因为装机器的地方，本是他的地产（即福湖大楼），而又在市区繁盛之处，上面又有神仙世界游戏场。他四面筑墙，把机器包围起来，密不透风，无门可入，人不知、鬼不觉，谁知道环堵之内，藏有这部印报机"①。抗日战争胜利后，这批机器被作为敌产为国民党接收，用以出版《正言报》。黄伯惠曾多次要求返还，未能如愿。"1947 年因房屋纠纷及其他债务问题遭狙击，后隐于市，不知所终"②。

针对《时报》发展的基本状况和来龙去脉，有研究者对《时报》发展历

---

① 郑逸梅:《黄伯惠接办〈时报〉》，载《清末民初文坛轶事》，中华书局 2005 年版，第 167 页。

② 徐友春主编:《民国人物大辞典》，河北人民出版社 1991 年版，第 1111 页。

程提出了三阶段划分，即"在政治、经济、社会急遽转型的大背景下，《时报》被动或主动地作出了两次重大政治转折，对报纸内容以及经营方向进行了调整：从党人报（1904—1908）到文人报（1908—1921）再到商人报（1921—1939）"①。我们不妨以此为基础加以拓展，把《时报》发展轨迹中的六个关键时间点，即 1904—1908—1912—1921—1937—1939 作为发展逻辑连缀起来，把上海《时报》35 年的发展路径用简图直观呈现如下（图1—7）：

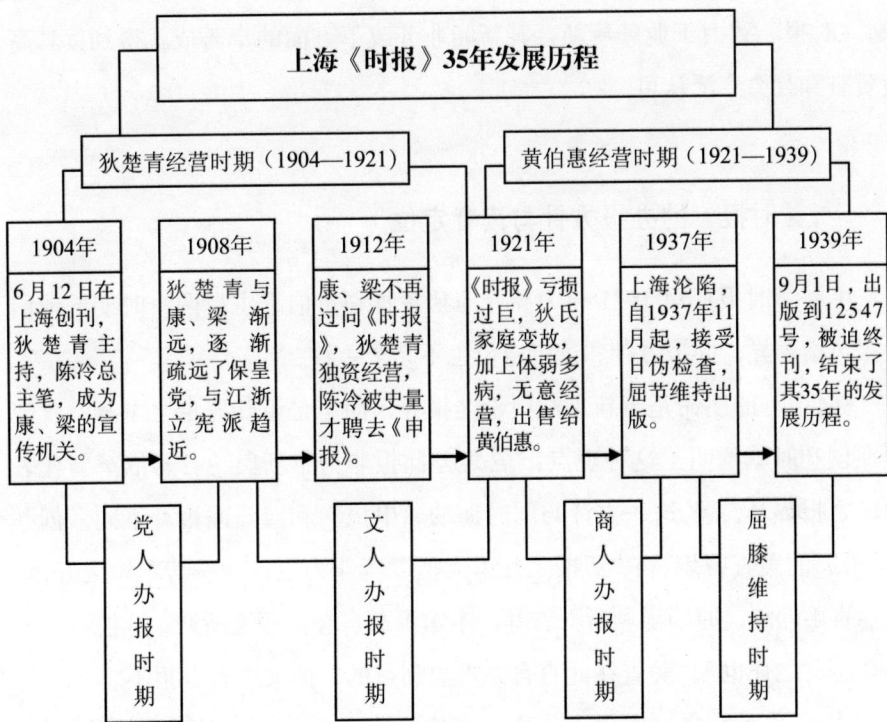

图1—7　上海《时报》35 年发展历程简图

---

① 张振亭、张会娜:《党人报、文人报、商人报:上海〈时报〉的蜕变及其原因初探》,《学术交流》2015 年第 1 期。

第三节　上海《时报》的基本定位与历史地位

上海《时报》创刊之时，老牌商业大报《申报》和《新闻报》已经营有年，为了在报馆林立的上海有立足之地，《时报》独辟蹊径，实行错位竞争策略，闯出一片天地，赢得了国内知识分子的青睐，狄楚青经营时期表现尤为明显，后期《时报》读者定位发生转向，但知识分子仍是其主要读者对象。《时报》致力于业务革新，其新闻业务改革方面的卓著成就得到读者高度赞誉和社会广泛认可。

一、《时报》的办报方针与读者定位

上海《时报》以 1921 年为界分为狄楚青和黄伯惠主持两个时期，他们办报风格迥异，办报方针和读者定位也不完全一致。

《时报》的使命是革新承载舆论之报界，而不是革新舆论之本身，狄楚青在创刊时就阐明了这种观点："吾之办此报非为革新舆论，乃欲革新代表舆论之报界耳。"[1] 这一方针与同时期的《申报》和《新闻报》不同，创办《申报》的美查曾坦言："新报之开馆大抵以营业为生计……若本馆之开馆，余愿直不讳焉，原因谋利所开者耳。本馆不敢自夸惟照义所开，亦愿自伸其不全忘义之怀也"。美查在此直言办报盈利目的，但又申言办报不忘"义"，明确表示："所卖之报皆属卖于华人，故依持者惟华人，对国家使除其弊，望其振兴，是本馆所以为忠之正道。"[2] 正因为《申报》申明"对国家使除其弊，望其振兴"，主动承担起引领社会舆论的责任，这是与《时报》办报方针之差异。

---

[1]　戈公振：《中国报学史》，生活·读书·新知三联书店 2011 年版，第 134 页。
[2]　《本报作报本意》，《申报》1875 年 10 月 11 日。

《新闻报》同样申明了办报旨趣:"本报有一始终不变之方针,是为主张明达之舆论,而又长持此明达之舆论于不衰。凡一切事业,足以助中国智识界道德界商务界工业界之进步者,本报无不助其张目。"①办报指导思想和理念不同,带来的结果和影响就有区别,《时报》在报纸业务革新方面确实成就斐然,许多创举为时人称道,对中国报界影响持久且深远;而《申报》《新闻报》在引导舆论方面要比《时报》更胜一筹,每当发生重大时政、经济等方面新闻,"申"、"新"二报凭敏锐嗅觉和社会责任,密切关注事情的发生和发展,引领社会舆论,推动社会发展。《时报》避开与舆论优势强的报刊争强斗胜,而是别开新路,在业务革新上大做文章,可见,办报旨趣不同带来办报方针和使命就不一样。

《时报》创刊时,《申报》已有几十年的历史,《新闻报》也有十几年的发展历程,《时报》这枝新苗为何一创刊就显耀于上海新闻界,这固然与《时报》的业务改革创新密切相关,还在于该报在读者定位方面具有极强的区隔意识。任何一家报纸在创办之时,定位读者群是首要考虑的问题。前期《时报》正处于清末民初时期,几家大报同时立足于上海滩,各自寻找合适的办报方针,定位适合自身的读者群,在竞争激烈的上海报业市场上各显神通,当时的《申报》《新闻报》《时报》和《时事新报》在办报特色上费尽了脑筋,力求错位竞争以获生存发展之机。从它们的报纸定位看,各有千秋、各具特色。"《申报》侧重于时事政治性新闻而又具有综合性,《时事新报》以介绍学术见长,《时报》以体育、教育、文化及娱乐新闻取胜。汪汉溪上任后,确定《新闻报》以经济新闻为重点,以工商界为主要读者对象。"②郑逸梅对上海三家鼎足而立的报纸读者定位作了更为简明的概括:"一般而言,当时《申报》的读者为政界,《新闻报》的读者为工商界,《时报》的读者为

① 《新闻报馆三十年纪念册》,第四部分《纪念文》,新闻报馆 1923 年版,第 1 页。

② 方汉奇主编:《中国新闻事业通史》(第 2 卷),中国人民大学出版社 1996 年版,第 54 页。

学界"①，它们各自占据了一定的报业市场份额。

狄楚青主持的《时报》，从版面编排、栏目设置、内容安排等方面专注于知识阶层，就连刊登广告也是以教育界为主，"初出版的几个月，第一版所谓封面广告，全是各书局的出版书目。……各学校招考学生，每年两期，亦专登《时报》，他报不登。至于洋行广告、香烟公司广告、大药房广告，那时不会光顾《时报》的"②。《时报》所刊内容受到教育界、文艺界的热捧，当时的知识阶层都以看《时报》为荣。这不单单是成年知识分子青睐《时报》，青少年也伴随《时报》一起成长，深刻影响着他们的心灵和智慧。胡适曾撰文《十七年的回顾》谈道："我那年只有十四岁，求知的欲望正盛，又颇有一点文学的兴趣，因此我当时对于《时报》的感情比对于别报都更好。我在上海住了六年，几乎没有一天不看《时报》的"，他还谈及："《时报》出世之后不久就成了中国智识阶层的一个宠儿。几年之后《时报》与学校几乎成了不可分离的伴侣了"③。当时参与《时报》编辑工作的包天笑也这么认为："他（《时报》——引者注）注意于文艺界、教育界，当时的知识阶级，便非看《时报》不可了。"④《时报》在教育界、文艺界所占分量不言而喻了，知识阶层对《时报》依赖非常强，当时上海各学校的贴报栏未必有"申"、"新"二报，但必张贴《时报》，该报在知识分子群体中牢牢站稳了脚跟。

黄伯惠接办《时报》后，办报方针仍然接续狄楚青的指导思想，重心还是以革新报业为己任。黄伯惠曾宣布了《时报》经营方针："《时报》以改良报纸为目的，与任何团体机关营业不发生关系，专为读者有益无害而改良《时报》，现已完全改良印刷，凡阅《时报》者，老者不至费力，青年不

---

① 郑逸梅：《清末民初文坛轶事》，中华书局 2005 年版，第 154 页。
② 包天笑：《钏影楼回忆录》，中国大百科全书出版社 2009 年版，第 422 页。
③ 胡适：《十七年的回顾》，《时报》1921 年 10 月 10 日。
④ 包天笑：《钏影楼回忆录》，中国大百科全书出版社 2009 年版，第 422 页。

至伤目，耳闻不如目见"①，这与《时报发刊例》中宣传的内容相互契合，《时报》前后期的办报方针是一脉相承的，他们不但是这样宣称的，而且在《时报》经营实践中较好地落实了这一方针。

后期《时报》在读者定位与前期《时报》既有重叠，又有拓展，在叠加中扩大受众面。该报依然重视教育界、文艺界读者，以此为目标读者群，但此时《时报》读者定位又在不断突破，《时报》定位灵活而不僵硬，在以特定群体为目标市场的同时，又给特定公众留有适度空间，保持了适度的弹性，把下层百姓也定位于《时报》之列。《时报》读者定位不断下移，非常关注中下层人士的阅读习惯和兴趣，力争报纸做到雅俗共赏，受众面随之扩大，所以后期《时报》在社会新闻、体育新闻、娱乐新闻以及图片新闻方面加大了力度，不但照顾到教育界、文艺界的读者需求，还增强了体育界和下层民众阅读兴趣，这是黄伯惠实行报刊大众化经营手段的有效措施。虽然社会新闻（包括黄色新闻）遭到当时报界的诟病，但这也契合了当时的社会环境，是新闻界与社会互动的一种表现方式。令人费解的是，黄伯惠主持的《时报》虽然对读者定位宽泛，却没有达到盈利目的，这也许与黄伯惠的个人旨趣、办报手段与经营策略有关，后文对此将会论及。

二、《时报》的历史地位

《时报》是在国运不昌之时由国人自创的一份大型日报，自 1904 年创刊到 1939 年终刊，对中国报业的业务改革和社会变革都产生了深刻影响，在中国新闻史上有很高的历史地位，主要体现在以下方面：

第一，开创近代国人在本土创办悠久的大型日报之先河。《时报》创刊前，作为全国新闻中心的上海，报业发展已经较为成熟。《时报》与当时的《申报》《新闻报》同属"上海老牌报纸"，但它不同于申、新两报，因为申、

---

① 转引自王文彬编著：《中国现代报史资料汇辑》，重庆出版社 1996 年版，第 39 页。

新两报起初都由外国人创办，权限都归属外人，几十年后才逐渐过渡到国人手中。《时报》也不同于早期"华人出资、华人操权"的《香港华字日报》和《循环日报》，前者是陈霭廷于 1872 年 4 月 17 日在香港创刊，是《中外新闻七日报》于 1872 年 4 月 6 日停刊后旋即改名独立出版的中文报，由英文《德臣报》馆出版发行；后者是王韬于 1874 年 2 月 4 日在香港创办的我国第一份政论报纸。这些有名的大型日报在我国近代报刊史上都有特殊的地位，但这些报纸要么不是国人首创，如申、新两报；要么是国人首创而要借助外人之力出版，如《香港华字日报》；要么不在本土创刊出版，如《循环日报》，而《时报》则完全不同，它是由国人自办且在本土出版的历史悠久、又具有很大影响的唯一大型日报，堪称中国人在中国本土上自办悠久大型日报之始，尽管 1898 年上海创刊的《中外日报》为本土创办的大型日报，但存续历史远远不及《时报》。

第二，引领中国民营报业跨越式发展。主持者狄楚青针对《时报》业务改革进行了大胆尝试，进行多项业务革新试验，发展自己的办报技能，充分实践办报理念，带动了我国民营报业新一轮业务改革，推动我国民营报业向前跨越式发展。"狄氏应当说正处于中国报业家由依附性、幼稚走向独立、成熟的交接点。自他起，真正的民族报业家才陆续登上报业舞台，开始了民营报业的新时代。"①

毋庸置疑，《时报》在推动我国报业跨越式发展方面起到了承上启下的作用，1905 年《申报》进行大幅度改革就是最好的例证。戊戌变法之前，我国民营报业无意改革，即使有些微改革，业务革新也是蜻蜓点水，报刊风格依然故我。中国在经历甲午战争（1895 年）、戊戌变法（1898 年）、庚子事变（1900 年）、日俄战争（1904 年）之后，"上海增添的报纸，如《中外新报》和《时报》乘时崛起，精神形式，力求更新，以促世人注意。独有《申报》仍坚守旧时的态度，以不触犯官绅为准则，于是渐被社会趋势所

---

① 程丽红：《清代报人研究》，社会科学文献出版社 2008 年版，第 221 页。

抛弃"①。不出所料，在几年之内，《申报》发行量不断下滑，从过去最盛时的近万份下跌到六七千份。1907年《申报》的主笔伍特公后来回忆说："沪上各报之主义随风气而变易。独本报（申报）则固步自封，力排新学。犹忆余在校课余入阅览室时，各报辄一纸而数人聚阅，独《申报》常闲置案上，苟有因老同学，辄以顽固、腐败等名词诋之。"②面目一新的《时报》一创刊便震动了上海滩，《申报》的改革已变得迫在眉睫了。

《时报》创刊的第二年，《申报》主笔们公推金剑花主持改革。《申报》这次改革不但在办刊宗旨上进行了更新，还从刊式到内容方面列举了十二项改革措施，包括扩充篇幅、改良形式纸张、专发电报、广译东西洋各报、敦请特别访员，广延各省访事，广采本地要事、选登时事来稿等③，这些报纸业务方面的改革显然是受到《时报》冲击而进行的。1909年，席子佩以7.5万元购得《申报》，外人经营了37年的报纸产权终归国人。1912年，史量才接办《申报》，该报实现了快速发展，这也是得益于对狄楚青主持的《时报》的学习。因为史量才在接办《申报》之前，他是时报馆"息楼"内的常客，史量才在"息楼"里"窥见"了《时报》运作和管理经验，学得狄楚青的报业经营手段来独立经营《申报》。"现在《申报》有了改革、新发展，实大声宏，举《时报》所长——而攫取之。"④史量才把《时报》业务革新方面的做法在《申报》上充分实践，获得经营上的成功。

《新闻报》在《时报》《申报》冲击下也实行了改革。该报股权于1899年由福开森购得后，即委任汪汉溪为总经理兼董事。1906年《新闻报》改组为公司。辛亥革命后，该报聘请李浩然为总主笔，并逐渐改革内容，以报道经济新闻为主，以工商界为主要读者对象。加强新闻采访，广开新闻来源，除设专职记者采访外，还在各行各业聘请通讯员，在会审公廨、捕房等

---

① 胡道静：《新闻史上的新时代》，世界书局1946年版，第89页。
② 转引自宋军：《申报的兴衰》，上海社会科学院出版社1996年版，第67页。
③ 《本馆整顿报务举例》，《申报》1905年2月7日。
④ 包天笑：《钏影楼回忆录》，中国大百科全书出版社2009年版，第424页。

处聘请特别报事员，在北京设常驻记者，国内各大城市均建立通讯网，在各国首都也聘请了访事人员，随时向报馆提供信息或直接供稿。除这两大报之外，其他民营报业在这次改革浪潮下，都在努力革新内容和形式，从整体上推动了中国报业的大发展。

第三，发挥引导社会舆论的作用。《时报》的每一项报业革新措施为我国暮气沉沉的报界吹入了清新空气，注入了新鲜元素，唤起了我国清末报纸创新热情，使得当时报业业务革新风潮势不可挡，产生了深远影响，当在中国报业史上占据了重要位置。

《时报》在业务革新方面的成就占主导地位，而它作为在我国社会矛盾最激荡时期始终相伴的报纸，对时势也给予了密切关注。"每至一次国家患难剧烈之时，时报同人尽其全力以奋斗，而同时时报之销数，亦必风行一时，为任何报纸所不及，此历经试验，而丝毫不爽者也"，"对于报纸，一以普及人民之智识为职志；对于国是，一以国家人民为重，而无其他特殊之主张"①。《时报》通过对时事新闻、尤其是重大社会问题的报道，设置多种"议程"引起国人对国事的关注，运用社说、时评等评论文体引领着舆论走向，激发民族精神和斗志，使国难中的人们一往无前。"作为一份有影响的大型日报，从 1904 年到 1927 年间，除了别有特色的时事报道与评论以外，它也对当时中国社会思潮、教育改革、实业发展、社会弊病给予了一以贯之的关注。因此它在思想文化、教育、经济诸问题上的观点与主张，及其刻意求新的报业意识与不断改革的趋新措施，也广泛获得了当时中国社会、国人尤其是知识界的好评。"②虽然在引导社会舆论方面不如当时的申、新两报，这方面也曾遭到了部分研究者的批判，但它在时局多艰时期也发挥了一定的舆论引导作用，这一点是不容忽视的。

第四，促进我国文学事业的发展。《时报》在发刊例中就申明了刊载小

---

① 《时报万号》，《时报》1932 年 6 月 27 日。
② 蝠池书院：《〈时报〉影印本序言》，蝠池书院出版有限公司 2006 年版。

说的旨意："本报每张附印小说两种，或自撰，或翻译，或章回，或短篇，以助兴味而资多闻。惟小说非有益于社会者不录。"①新创刊《时报》几乎每天都有长篇连载，译介了大量国外小说，特别是一些颇具影响的外国小说名著，"按日排登，以供同好"。羽阅、陈冷翻译的侦探小说《火里罪人》，陈冷翻译的法国大作家雨果的《悲惨世界》（《逸犯》）、法国浪漫主义作家大仲马的《基督山伯爵》（《窟中人》）、包天笑翻译的日本黑岩泪香的英译小说《野之花》（《空谷兰》）等，这些都是《时报》最早引介的译本。《时报》刊登国人自撰的长、短篇小说比重更大，成为《时报》版面内容的重要组成部分，为《时报》注入了新鲜血液。我国通俗小说家包天笑的许多作品就常刊于《时报》，其本人也被誉为"通俗文学之王"。他于1906年进《时报》，开辟"余兴"专栏刊登短篇小说、戏剧山歌等文艺作品，1909年创设《小说时报》，专以小说形式传播大量文学作品，后来开"鸳鸯蝴蝶派"之风，有力推动我国文学事业的发展。

进入民国初年，《时报》提倡白话文的贡献卓著。自黄远生聘为《时报》驻京特派记者，他以文学笔法写作的新闻通讯介于半文半白之间，在我国较早倡导和实践白话文写作，影响了一批文化人士，成为《新青年》倡导白话文的前兆，后人评价黄远生是五四新文学运动先驱。

第五，《时报》具有极高的史料价值。《时报》全息记录了清末民初风云激荡的历史变迁，该报留下的丰富记录具有"立此存照"的史料意义，如此难得的第一手资料非常宝贵，成为历史学、政治学等学界人士学术研究的重要史料来源。该报发端于清末新政，历经辛亥革命、民初共和、北洋政府、国民革命，最后在日伪侵略声中陨落，经历了清末民初几个重要发展阶段，记录了晚近风云变幻的社会现实和变迁过程。有关专家对《时报》的历史地位给予了中肯的评价，指出《时报》在晚清末年成为"了解立宪派的一面镜子"，在辛亥革命前后成为记录"立宪派与革命派斗法之全息"，在袁世凯

---

① 梁启超：《时报发刊例》，《时报》1904年6月12日。

统治时期的"北京通信"成为民众洞悉国家政局和政事内幕的信息通道，在国民革命时期用新闻和评论见证中国社会的艰难历程，在长篇历史画卷中相对客观地呈现了急剧社会变迁的事实全貌。即使在 1921 年黄伯惠经营报纸风格转变之后，仍为我国报业中一支重要成员。"像这样历史绵长而从未中断的大型日报，兼以信息量庞大而又及时、集中，自然当为记录存留清末民初中国社会政治、经济、文化生活全相之载体，因之不可能不成为海内外晚清史和近代史研究工作者必不可少的史料渊薮。"①

---

① 蝠池书院:《〈时报〉影印本序言》，蝠池书院出版有限公司 2006 年版。

第二章　狄楚青时期《时报》的新闻业务革新
（1904—1921）

上海《时报》是清末民初我国众多报刊成员中的一员，而且是重要的一员，不过，与同时期的民营大报不同的是，它的卓著地位来自业务革新成就，而非来自报纸舆论对社会的影响。多数论者认为，《时报》在舆论上表现相对平庸，而业务上却颇多革新，从《时报》的整个发展历程看，《时报》在政治上的影响的确远不如业务革新方面的影响大，这印证了狄楚青在《时报》创刊之初所宣称的办报宗旨："我的办报并不是要革新舆论，乃是想要革新代表舆论的报界"①。狄楚青主持《时报》循此宗旨着力于业务改革，在报纸样式和新闻体裁方面大胆创新，多项业务创举具有典型意义，而且其在业务上的每一项创新都对当时报界产生了广泛影响，并对后来的新闻业影响深远。从这个角度看，《时报》业务革新开启了晚近报业新闻业务改革新时代。

第一节　狄楚青时期《时报》业务革新概述

《时报》业务革新是在一个特定时段出现的，我们研究《时报》的业务

---

① 郭步陶：《编辑与评论》第二编《评论》，商务印书馆 1933 年版，第 129—162 页。

革新离不开清末民初整个报业的宏观背景，清末民初我国报刊业务总体发展如何？报刊业务水平发展到何种程度？而《时报》业务革新处于什么地位？把《时报》的每一项业务创举都应置于特定的历史时空下加以观照，把"点"放到"面"上去考察，做到点面结合，就能较为客观、全面地认识这些业务革新的价值和意义。

一、清末民初报刊业务演进概貌[①]

我国近代报刊业务发展历经外国传教士的传入和磨合、我国早期报人的理解和接受，以及国人办报尝试、体验而最终定型，进而朝专业性和现代化方向发展的长达百年的嬗变发展过程。清末民初我国报刊业务演进大致划分为两个阶段。

（一）尝试与定型：近代报刊业务的发展（1873—1911）

1815年英国传教士马礼逊、米怜率先在马六甲创刊了第一份中文期刊《察世俗每月统记传》，开启了我国近代化中文报刊的历史。正因为第一批近代中文报刊的创办，中国近代报刊业务也随西报移植到中国。吴廷俊教授认为："中国近代报刊是在外报的启示下，吸取西报的形式，沿用中国古代报纸的内核，根据新形势的需要再行设计的产物。"[②]这一时期，从近代报刊形态引入到"新闻"理念传播，以及采编、印刷、发行等具体业务思想，这些在邸报、京报时代不曾有的内容，让国人对报刊业增添了全新的认识，近代早期一些报人从中受到启发，为国人自办报刊时代的到来做好了必要的业务准备。

自19世纪70年代，国人开始尝试办报，先后办有《昭文新报》(1873)、《循环日报》（1874）、《汇报》（1874），早期国人在吸收外报业务经验基础

---

① 参见余玉：《移植与流变：我国近代报刊业务嬗变发展路径探析》，《新闻春秋》2015年第1期。

② 吴廷俊：《中国新闻史新修》，复旦大学出版社2008年版，第1页。

上进行了初步尝试和探索。戊戌变法期间，维新派创办《时务报》等进一步尝试报刊实践，提高了报刊业务水平，维新变法后出现了两次国人办报高潮，国人在吸收外报经验基础上进行了充分的报刊业务实践。

第一，新闻采写开始受重视并不断提高。自19世纪70年代开始，国人报刊和在华外报并存，越来越多的新闻性文字出现在报端，商业报刊更是如此。据统计，1872年一般只有数条新闻，十年以后增至十几条到二三十条①。1872年《申报》创刊后，曾花大力气招延访事，到1875年已在北京、南京、苏州、杭州、武昌等二十六个省会和重要城市聘有特约记者，及时报道当地新闻，对一些重大新闻派员现场采访报道。国人办报也很重视新闻采写，王韬把《循环日报》的第二版、第三版设置为新闻版，其新闻刊登顺序为："京报全录"、"羊城新闻"、"中外新闻"，遇重要新闻还刊印"号外"，在当时是一项创举，这是中文报印行"号外"之始②。维新变法之后，新闻的采写仍很受重视，新闻栏目增多，消息比重加大，数量明显增加。一般大型日报，每天都刊有二三十条新闻，多的时候达50条以上③。消息样式逐渐增加，既有短讯，也有长篇新闻，既有专门报道，还有综合报道。新闻写作有较大发展，消息写作按事实重要程度安排内容，采访时善于捕捉细节，写得生动活泼。

第二，政论的起步和大发展。国人办报是在内忧外患的形势下开始的，他们办报不得不用政论形式广泛议论时政，以唤起人们的觉醒。创办《循环日报》的王韬每天在头版显著位置发表一篇论说，议论时事以图国家自强，开启了中国报刊的政论时代，王韬成为我国新闻史上第一位报刊政论家。到19世纪末叶，甲午战败，举国震惊，中国民族危机日益加深，维新变法与革命运动相继开展，政论报刊勃兴。随着两次办报高潮的到来，两派报刊都

---

① 宁树藩：《中国近代报刊的业务演变概述》，《新闻大学》1981年第1期。

② 转引自卓南生：《中国近代报业发展史（1815—1874）》，中国社会科学出版社2002年版，第192页。

③ 方汉奇：《中国近代报刊史》（下），山西教育出版社2012年版，第577页。

充分利用政论文体，使政论获得大发展。早期国人还大胆革新报刊政论写作。王韬在《循环日报》上充分发挥"办报立言"的功能，其政论言之有物，密切联系现实，有感而发，摆脱八股文的羁绊，纵横驰骋，无拘无束，在当时产生了一定影响，为政论文写作提供了重思想而不拘泥于形式的指导原则，时人称之为"报章文体"。维新变法期间，为了宣传变法主张，梁启超改革和发展了王韬的报刊政论文体。他在《时务报》上运用这种新文体，以半文半白、平易畅达和饱含感情为特点，传播新思想，冲击着国人的思想，拓展了人们的视野，形成了自己的独特风格，时人以《时务报》之名而称之为"时务文体"，后来许多报人深受其影响。

第三，新闻图片开始出现。19 世纪 70 年代以后，报纸上出现了配合文字报道的新闻图片，最先刊登图片的是《申报》。早期时事图片运用得比较突出的是 1884 年广州出版的《述报》，借助石印技术，常常刊登中法战争的图片。1900 年前后，照相铜版制版技术传入中国，铜版照片影像逼真，上海《大陆报》是较早刊登铜版照片的报刊之一。国人最早使用照片的是 1904 年商务印书馆编印的《日俄战纪》和《东方杂志》。1906 年轰动一时的"南昌教案"，北京《京话日报》于 3 月 29 日在显著位置刊出《南昌县江公召棠被刺的照相》，用事实有力地揭穿了外界的谎言。辛亥革命时期，革命军与清军交战的照片也时常出现在报纸上，引起业界和读者的共同重视。这一时期报纸开始变得图文并茂，耐人阅看。

第四，副刊性文字出现与正式副刊诞生。副刊是我国报纸颇具特色的内容，具有符合我国读者对象的文人特性。我国正式副刊诞生之前，我国报纸也刊登一些副刊性文字，没有在报刊上开辟固定的栏目和版面，也无固定的编辑，常以"余兴"、"杂俎"、"补白"等名称自限于"报屁股"地位。1897 年 11 月 24 日《字林沪报》出版的专登文艺内容的《消闲报》，每日一张，随报附送，为我国正式副刊之始。其功能定位于"遣愁、排闷、醒睡、除烦"①，实属我国娱乐或文艺报纸之鼻祖。20世纪以后，大部分报纸设置了副刊，在当时较有影响的有《中国日报》的《鼓吹录》、《申报》的《自由谈》、《新闻报》的《快活林》等。1900年后，一些副刊突破"消闲"定位，开始关注时事政治，用诗歌、戏剧、小说、杂文等形式讽刺和揭露清政府的腐败，为五四时期副刊转型埋下了伏笔。

综上，在戊戌前的二十余年国人办报过程中，报刊业务变革较为缓慢，到19世纪末，维新变法期间报刊业务开始有大幅度提升。特别在进入20世纪以后，改良派和革命派报刊以及一些商业性大型报刊在实践中进一步提升报刊业务水平，积累了丰富的报刊业务经验，并形成自己的业务特色，报刊业务进入发展最快、改革最大的高峰发展时期。到民国成立前，无论是报刊形式，还是采、写、编、评及发行等具体业务基本得到定型。

（二）专业性与现代化：近代报刊业务的深化（1912—1928）

民国成立后，国内和国际的形式发生了急剧变化，在复杂的媒介生态环境中，我国新闻业开始出现专业主义萌芽，突出表现在政论的衰退和新闻报道的重视。国人在救亡图存背景下创办的政论报刊开启了我国报纸的政论时代，戊戌变法前后，政论进一步发展，一直延续到民国成立，有长达近40年的历史。二次革命前各报还普遍设有社论、论说、时评等栏目。二次革命以后，政论开始衰退，报纸上政论所占的篇幅逐渐减少，有些报纸很少发社论，有些只写不痛不痒的短评，还有的报纸根本不发言论。其原因主要是袁世凯、段祺瑞等封建军阀的言论禁锢，"癸丑报灾"②大大束缚了报刊言论自由，另一主要原因是由于民国后蜂起的政党报纸多以言论对付政敌，互相丑诋而令人生厌，此类言论自然不受欢迎。其间，第一次世界大战的发生更

---

① 冯并：《中国文艺副刊史》，华文出版社2001年版，第84页。

② 癸丑报灾是指"二次革命"失败后袁世凯对新闻界的大扫荡。据统计，到1913年年底，全国继续出版的报纸只剩下139家，比1912年年初的500家锐减了300多家，北京的上百家报纸也只剩20余家，同时有大批报人受到迫害。1913年是农历癸丑年，因而中国近代新闻上称其为"癸丑报灾"。

刺激了人民对新闻信息的需求。"五四"之后进入国民革命时期，国内形势依然复杂多变，报刊不断满足人们的"新闻欲"，消除"信息饥渴"。所以，在整个北洋政府时期，国际、国内政局引起了我国媒介生态变化，从而导致了新闻报道得到长足的发展，促使我国报刊向新闻时代演变。

民国后的新闻报道不但表现在新闻数量增多，而且还在于新闻质量的提升。从数量上看，消息比重比以前增大，特别是民国后政府开始实行新闻专电的优惠政策，各报纷纷利用电报进行报道，大大提高了新闻传播的时效性。黄远生开创的新闻通讯，颇受读者青睐，该文体通过民初一批记者的实践而定型，成为日后一种重要的新闻文体。从质量上看，为了发布真实、准确、有时效的新闻，各报馆普遍认识到访员的重要性，一些报纸除增设本埠访员和外部通讯员外，还竞相争聘一流的驻京特派记者采写中央政治新闻，黄远生、邵飘萍、张季鸾都担任过上海报纸的驻京记者，他们采写的独家新闻、内幕新闻、新闻通讯，以及以事实为依据的专电，成为上海报纸的抢手货。随着新闻时代的到来，至五四前后，一些报纸广辟国际新闻来源，聘请国外特派员，丰富报纸的国际新闻通讯。1918 年秋，《大公报》经理兼总编辑胡政之赴法国采访巴黎和会，为该报发回一批专电、通讯。1920 年秋，北京《晨报》和上海《时事新报》合筹经费，向美、英、法、德、俄等欧美5 国一次派出 7 名特派员，开辟国外新闻来源。其中派往俄国的瞿秋白、俞颂华、李宗武 3 人，成为我国采访报道列宁领导的苏维埃俄国实际情况的第一批新闻记者。

摄影和图片得到进一步运用和发展。19 世纪 70 年代图片开始运用于报刊，一直受到欢迎。辛亥革命后一两个月内，报纸上的时事照片激增，民国成立后，摄影图片的运用有了进一步发展，并渐趋常态，致使图片报道越来越成为报纸的一项重要内容。1912 年 6 月在上海创刊的《真相画报》，以"讨论民国真相"为宗旨，是中国摄影照片图画杂志的先驱，其所刊登的有关宋案的十几幅照片，有很强的新闻性。民国后规模较大的报馆还设立了铜版部。1920 年，《新闻报》添设照相制版部，专制铜版锌版铅版及各式照片，各种铅字铜模。1921 年，黄伯惠接手《时报》，注重新闻照片，使版面图文并茂，新闻图片与社会新闻、体育新闻一起成为黄氏时期《时报》的主打内容，《时报》也以摄影和制版设备精良著称。

报纸副刊实现转型和公共性凸显。清末以来，中国报纸副刊自萌芽到成型基本上都以"报屁股"自限，一度成为供人消遣的"雅兴园地"。五四新文化运动兴起后，许多报纸副刊弱化消闲定位，变成介绍新思想、新知识、新文艺，反对封建思想文化，传播马列主义，传播新文化的重要阵地，并出现了颇有影响的"四大副刊"。受其影响，各地报纸副刊都不同程度地进行了改革，突破了报纸副刊低级趣味占统治地位的状态，传播新思想和新文化，使副刊成为新文化运动中的"公共讨论空间"。副刊打破长期以来的桎梏，实现了副刊从"雅兴园地"到"公共论坛"的转型，开启了副刊公共性之门，为办好我国报纸副刊提供了行之有效的经验，也为我国报纸副刊奠定了光荣传统[1]。

从总体上看，民国成立后，社会急剧变革给报刊业带来一系列变化，包括：政论衰退，新闻时代到来，记者地位进一步提高，报业走向职业化，新闻专业主义开始萌芽。这又带来记者采访业务娴熟、新闻来源增广、写作水平提高、通讯文体定型、发行成为谋生职业等报刊业务上的一系列变化，最终导致一批名记者出现。随着新文化运动发起，报纸版面再次革新、副刊实现转型，近代报刊向现代化方向演进。与此同时，民国初年也是我国媒体在物质基础、组织结构、媒体经营、业务和理论观念都在朝现代化方向发展[2]，为中国报业步入现代报业阶段奠定了基础。

---

[1] 余玉：《从"雅兴园地"到"公共论坛"：五四时期报纸副刊公共性探析——以〈学灯〉〈觉悟〉和〈晨报副刊〉为考察中心》，《编辑之友》2015 年第 3 期。

[2] 王润泽：《北洋政府时期的新闻业及其现代化（1916—1928）》前言，中国人民大学出版社 2010 年版，第 5 页。

二、狄楚青时期《时报》的业务革新简况

《时报》创刊号上的《〈时报〉发刊例》阐释了业务革新的具体措施，共列出了 25 项内容，几乎全部针对报刊业务而设，业务举措涵盖了报纸业务的许多层面。前 9 项针对论说和报道提出的具体要求：第 1 至 4 条规定专对论说提出"公"、"要"、"周"、"适"四点要求；第 5 至 9 条规定专就报道提出了"博"、"速"、"确"、"直"、"正"五条纪事要求。其余 16 项针对版面编排、栏目设置、版面内容、副刊专刊及人员延揽等业务内容，昭示《时报》将对过去报界业务的老套做法有很大颠覆。该发刊例甫一出台便一鸣惊人，打破了上海报界的沉寂，掀起了巨大的波澜。1904 年创刊的全新《时报》在上海横空出世，不但对报界自身震动巨大，使得各报纷起效法，开创了报纸业务的新时代，而且对读者影响也极大，当时远在山东青州的包天笑非常喜欢《时报》的创新举措，"其时的《时报》，在新闻界如异军突起，一洗向者凡庸之习"，成为"《时报》忠实的读者"，"我在没有入时报馆之前，便喜欢阅《时报》，差不多从《时报》出版第一天起，一直到进《时报》馆为止，我没有一天间断过"①。胡适在写作《十七年的回顾》时回忆，"《时报》于我少年时很有影响；我十四岁到上海（甲辰），《时报》初出版，我就爱看；我同他做了六年的朋友，从十四岁到十九岁，正当一个人最容易受到影响的时代"②。

狄楚青创刊《时报》，不随流俗，不沿旧习，独创一格，以致它能问鼎申、新等商业大报挤占的上海报业市场，并与之平分秋色。"他（《时报》——引者注）的内容与办法，也确然能够打破上海报界的许多老习惯，能够开辟许多新法门，能够引起许多新兴趣。"③《时报》清晰脱俗的版面设计，一改以前单调拥挤的版面编排形式，首创对开印刷，分版编辑，掺用大小字排印

---

① 包天笑：《我与新闻界》，《万象》第 4 年第 3 期，中央书局 1944 年 9 月号，第 14 页。

② 曹伯言整理：《胡适日记全编》（3），安徽教育出版社 2001 年版，第 489—490 页。

③ 胡适：《十七年的回顾》，《时报》1921 年 10 月 10 日。

专电、时评，读者感觉层次分明，错落有致。特别是《时报》在业务方面有许多的首创，开了报纸在版式、时评、专电、特约通讯、副刊、画报六大先河，深得教育界、文学、艺术界青睐，成为文化人的"新宠儿"。1932 年，《时报》创刊一万号时，老汉（即民初名记者徐凌霄）也撰文谈道："《时报》首先取法英伦敦泰晤士，创办之时，即具世界眼光。编辑撰述，均取清爽生动，一扫固滞干燥之病"[①]。林语堂对《时报》也赞叹有加，"《时报》的编辑方针别开生面，它在业务上的改革，令当时的新闻界耳目一新"[②]。正是业务革新为《时报》带来了生机，为读者所青睐，也深刻影响了广大读者。

在《时报》工作了十四年的包天笑谈道："中国报纸的编辑上，有三件事，都是由《时报》创之：一是专电，二是特约通讯，三是副刊。"[③] 当然，这"三件事"是《时报》业务方面最主要的革新，其实，《时报》业务的大胆革新有诸多建树，引领了当时报业变革之风潮，为当时报业之前锋。具体而言，全新、活泼、诱人阅看的《时报》从以下创新中得到体现：第一，革新版式和版面。打破书册式，首创对版式，版面摆脱横长式，采用分栏式版面，并对编排、栏目、标题、字体等都有许多改进。第二，短小精悍的"时评"成为《时报》的品牌。《时报》首先将梁启超在《新民丛报》上创造的"时评"这种新的报章文体移植于日报，开辟了《时评一》《时评二》《时评三》三个栏目，配合当天重大新闻，发表短论，分版设置，抢其时效，"时评"带来的品牌效应明显，也推动了我国评论体裁的发展。第三，设立"北京特约通信"，聘请特派访员报道政治中心的独家新闻和内幕新闻，深深吸引读者，对报业影响深远，报界采用通信体裁风靡一时，吹进各大报竞聘特派访员之风。第四，《时报》创设多个报纸专、副刊，形成规模效应。该报在每周固定的日期推出教育、实业、妇女、儿童、英文、图画、文艺等 7 个专版，分别聘请专家负责编辑，开我国报纸专副刊先河。第五，版面编排讲

---

① 老汉：《时乎时乎》，《时报》1932 年 6 月 27 日。

② 林语堂：《中国新闻舆论史》，刘小磊译，上海人民出版社 2008 年版，第 112 页。

③ 包天笑：《钏影楼回忆录》，中国大百科全书出版社 2009 年版，第 345 页。

究科学和人性化。《时报》首先采用 1 至 6 号铅字排版，大中小字在版面上分布错落有致，"论说批评中之主眼，新闻中之标题，皆加圈点以为识别。凡以省读者之目力而已"①。版面层次清晰，追求"显醒"。正是《时报》大胆革新，刻意摆脱旧报业务方面的窠臼，打开我国报刊进化的新阀门，引领报刊业务进入新时代。

三、狄楚青时期《时报》的业务革新动因

狄楚青时期《时报》的业务革新对近代报业带来的影响极为深远，引起了清末报刊业务大变革。"现代报纸的雏形，大体上是在辛亥革命时期奠定下来的"②，《时报》从中充当了重要角色，它对推动我国近代报业发展功勋卓著。《时报》的业务革新是在清末特定时空背景下出现的，是客观和主观原因双重规制所带来的结果，客观原因在于清末的报业生态环境，主观原因则在于《时报》编务人员的报业修养、偏好及个性特征等。

（一）清末报业环境及生存境况

《时报》创刊时国内政治环境复杂，"清末新政"初行，日俄战争初起，戊戌政变之后，改良派的国外舆论宣传势头发展迅猛，此时，改良派力图在国内扩大舆论阵地，作为改良派的喉舌《时报》应运而生，目的是为了更好地在国内宣传资产阶级改良派的主张。《时报》的业务革新正是适应"清末新政"时期的报业环境，为了着力提升国内的舆论宣传效果，编务人员着手报业革新，尽可能以读者喜闻乐见的形式达到最佳传播效果。"报刊业务工作的这些改进，是和这一形势以及资产阶级宣传工作的需要相适应的。其目的，是为了更好地发挥报纸这一舆论工具的作用。"③

然而，就当时国内报业发展状况来看，《时报》创刊之际正是上海报业

---

① 梁启超：《时报发刊例》，《时报》1904 年 6 月 12 日。
② 方汉奇：《中国近代报刊史》（下），山西教育出版社 2012 年版，第 598 页。
③ 方汉奇：《中国近代报刊史》（下），山西教育出版社 2012 年版，第 598 页。

处于暮气已深之时。上海报刊业务承袭几十年发展基本未变，报人的革新意识不强，报界的沉寂无法泛起报业革新的涟漪。以《申报》为例，单从其形式上看，"原来版面上无论是新闻还是评论文章，文字标题一样大小，看上去黑压压的一片，题文不易分清"①（图2—1），而且，编排方式存在两个明显缺点，"一是版面次序不方便人们阅读，并且一些版面内容不确定，来回跳跃，不容易找到；二是新闻版的随意性，新闻只是填补广告的空白，赚钱成为出版商超越一切的利益"②。《新闻报》比《申报》的编排稍有进步，把一版电讯、二版通讯、三版本埠新闻，分成"新闻一"、"新闻二"、"新闻三"，使版面略显清晰，但这也只是"戴着镣铐在跳舞"，没有多大起色，更没有带来报业革新的震动。即使在日俄战事初起之时，战争在国人中引起极大震动，人们渴望阅读报章上的论述，"但是当时的几家老报纸仍旧做那长篇的古文论说，仍旧保守那遗传下来的老格式与老办法，故不能供给当时的需要。就是那比较稍新的《中外日报》也不能满足许多人的期望。《时报》应此时势而产生"③。

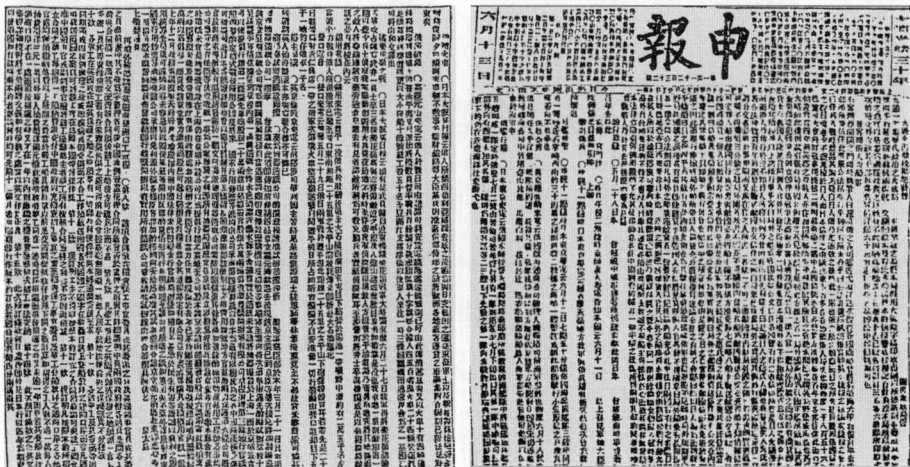

图2—1　1904 年 6 月 13 日《申报》的头版和二版

---

① 宋军：《申报的兴衰》，上海社会科学院出版社 1996 年版，第 69 页。
② 王润泽：《中国新闻媒介史（1949 年以前）》，北京大学出版社 2011 年版，第 361 页。
③ 胡适：《十七年的回顾》，《时报》1921 年 10 月 10 日。

　　时报馆里这批经历过资产阶级的办报实践和报刊观念熏陶的编务人员绝不会沿袭旧有办报模式，大胆进行业务革新是其首要举措，所以从发表《时报发刊词》到实际业务操作都着手大改革。《时报》甫一问世，就以全新的面貌赢得读者青睐，给沉闷的报界吹起了扑鼻的清新之风。首先在编排上就有诸多进步，处处以"显醒"和"便利"为原则，"本报为两大张而均属竖折，开卷而一目了然，四排顺序而下，各页由此而传，变换极简，头绪最清"①（图2—2），通过对比同日《申报》版面便形成鲜明对比。不仅如此，它还新创了各种编排符号，运用多种字号、字体，充分调动多种版面编排元素，利用"无声"的版面语言传递"有声"的版面信息，提升了报纸传播效果，影响了一大批知识分子，而当年酷爱《时报》的胡适就是其中之一，他曾指出，"《时报》出世之后不久就成了中国智识阶级的一个宠儿"②。

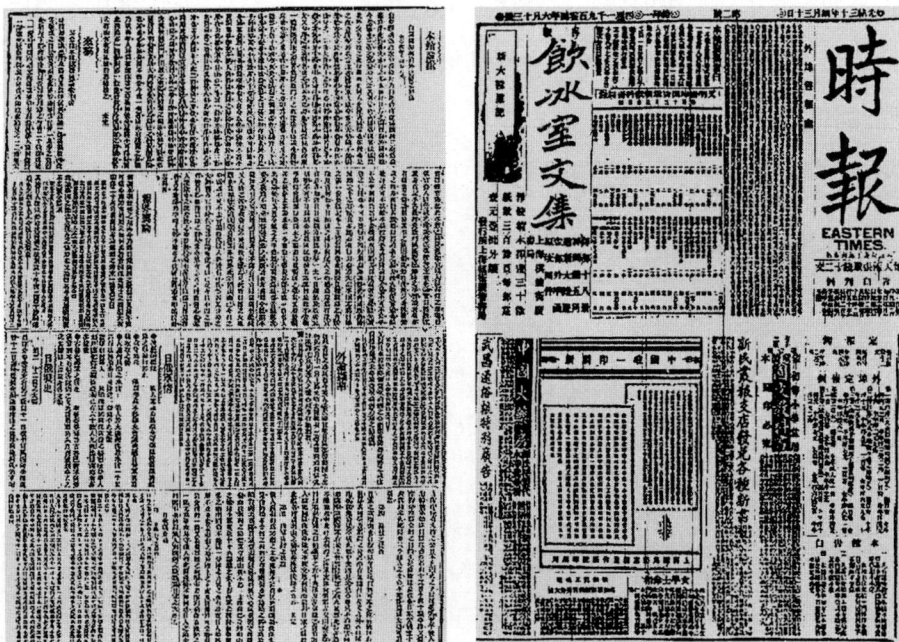

图2—2　1904 年 6 月 13 日《时报》头版和二版

---

① 冷：《论日报之大活动》，《时报》1905 年 2 月 8 日。
② 胡适：《十七年的回顾》，《时报》1921 年 10 月 10 日。

总体上看，《时报》是在清末上海《申报》《新闻报》两大强劲报刊的夹缝中创立并发展起来。《时报》创办者经过酝酿，仔细分析当时上海的媒介生态环境，政治环境的考虑是重中之重，而对当时我国民营报业发展现状也作了准确评估。申、新老牌报纸经过相当长时间的发展，在上海报业市场牢牢站稳脚跟，但报业发展存在问题不少，最致命的是现有报刊居功自傲、麻痹大意、不思进取、缺乏危机意识，老牌报刊暮气十足，读者也不乏反感和厌弃。"庚子事变后，新政勃兴，上海增添的报馆，如《中外日报》、《时报》等，乘时崛起，精神形式，力求更新，以促世人注意；而《申报》仍坚守旧时的态度，于是渐被社会趋势所抛弃。"①

深咎其因在于，长期独占鳌头的申、新两报，新闻业务运作流程牢靠稳固，报人和读者形成了一种固定的编读模式，编辑人员的思维定势限制了他们能动性的发挥，对突破传统办报观念产生阻碍，因为"思维定势一旦形成，就会作用于新闻活动主体，影响传播者新闻传播活动及受者信息接受活动的开展"，所以，"受传者的思维定势对新闻传播活动产生影响"②。其次在于上海老牌报纸一味注重赢利，"不肯有一些改革"，"他们以为改革以后，读者将不欢迎，而且对于广告有窒碍。这两个老爷报，都执持一见，他们原以广告为养生之源也。"③ 正因如此，"这两大报倚仗自己的老牌子，几十年一贯制，不思改革。"④《时报》的到来对于广大读者如同一场"及时雨"，它以全新形式和内容缓解了知识阶层的"信息饥渴"，因为"那时，出版界萧条极了；除了林琴南的小说之外，市上差不多没有什么书。《新民丛报》已近死期，《民报》还没有出来，别的杂志也没有可看的。《时报》的短评、小说、诗话，都能供给一般少年的一种需求"⑤。显而易见，《时报》以革新的

---

① 杨光辉等编：《中国近代报刊发展概况》，新华出版社1986年版，第314页。
② 刘京林：《新闻心理学原理》，新华出版社2012年版，第214、212页。
③ 包天笑：《钏影楼回忆录》，中国大百科全书出版社2009年版，第422页。
④ 刘家林：《中国新闻通史》，武汉大学出版社2005年版，第152页。
⑤ 曹伯言整理：《胡适日记全编》（3），安徽教育出版社2001年版，第490页。

面貌问世，打破了上海报界"死水"般的沉寂，荡起了圈圈涟漪，为报业带来了生机。

（二）《时报》主持者和编辑人员的求学经历和个性特征

《时报》的主持者和编务人员着手"革新代表舆论之报界"，无不与他们的个人学识、新闻眼界和鲜明的个性特征有关，他们都是些出国留学和"喜新厌旧"之人，对清末报界暮气沉沉之境况心怀不满。时报馆的主干力量几乎都东渡日本，受到资产阶级办报风格影响，把从日本练来的武艺到国内进行充分实践，所以编务人员"以新的视角、新的话语分析时政，因此立即吸引知识阶层的注意力，报纸更受到青年学生的欢迎"①。由于他们眼界不同，视野更宽，所以能摆脱国内旧有报刊办报窠臼，突破陈规，锐意进取，苦思改革，敢于创新，对《时报》进行了大胆的业务革新实践。如对新闻体裁，包括专电、时评、新闻通讯的探索；写作方面突破长篇论说，尝试时评文体那种精短的写作风格；编辑上善于调动版面元素进行版面分栏，添加各种插画与图片，运用多种编辑手段使版面图文并茂；版面配置上设置多种专、副刊等，这些都是《时报》革新报刊业务方面的可圈可点之处。

新闻心理学原理告诉我们，新闻传播者的性格特征不但决定他们对社会的态度，而且影响他们的办报实践。"有的新闻创办者热爱祖国、热爱人民，具有高度的社会责任感，关心社会进步和人民幸福，以天下为己任；有的人则对国家、社会漠不关心，玩世不恭，一心只追求自己的功名利禄和物质享受，甚至会作出危害社会、危害国家利益的行为来。"②不同态度的人从事报刊实践，会影响其办报风格和旨趣。《时报》幕后支持者梁启超是戊戌变法的主要发动者，实际主持者狄楚青在戊戌变法时期名列康有为策动的"公车上书"，并成为康门弟子，他们都非常关切国家的前途和命运，对民族的振兴有过深沉思考。变法失败后他们东渡日本，坚持他们的事业，从事舆论宣

---

① 王敏：《上海报人社会生活（1872—1949）》，上海辞书出版社 2008 年版，第 27 页。
② 刘京林：《新闻心理学原理》，新华出版社 2012 年版，第 312 页。

传，在异国他乡办报，深受日本报刊风格影响，《时报》的形式和内容都能从日本报纸中找到痕迹。可见，他们对社会的积极态度使他们胸有大志，以图在创办《时报》扩大国内改良派舆论阵地。为了能有较好的传播效果，不断地努力以使《时报》为读者喜闻乐见，因而该报一创刊就以革新的姿态出现，单从梁启超起草的《时报发刊词》中就能看出该报的业务革新理想和勇气，加上狄楚青在办报过程中大胆践行发刊词宣称的办报方针，以致《时报》引领了清末报界业务改革之风潮。毫不夸张地说，《时报》的声名鹊起与狄楚青革新报界的努力是不可分割的。

从新闻心理学层面来看，新闻传播者的性格特征决定他们对新闻事业的态度，"有的人勤奋拼搏，执著追求，自强不息；有的人则懒惰懈怠，胸无大志，无所作为"[1]。时报馆中的陈景韩、雷奋、罗孝高、包天笑等编务人员都有各自鲜明的个性特征，为《时报》孕育了报业革新的种子。陈冷（景韩）是个特立独行的人，"脾气古怪而突兀"，故人称"冷血"。他喜欢标新立异、我行我素，青年时代甚或有些张扬，不够低调，"这位留日的总主笔（陈景韩——引者注），生活相当洋派，身服猎装，头戴鸭舌帽，有时骑自行车，个性有点自负，谈起话来有旁若无人之慨"[2]。包天笑晚年回忆录中也有同样的印象，"主笔陈景韩是时报馆中最早剪掉辫子的人。他常常戴鸭舌帽，吸板烟斗，骑自行车，在当时人看来，洋派十足"[3]。正因为此，他才在留日前就有革命倾向，甚至有被通缉的危险。陈景韩个性中的"不安分"贯穿其一生，在不同的人生阶段，以不同的方式表现出来。青年时代因不满晚清政府的腐败无能，有革命倾向；中年以笔为旗，在报业疆场对抗一切有碍社会发展、文明进步的黑暗势力；晚年到中兴煤矿任总经理，实践自己一直提倡的"实业救国"的理想。恰恰是他的这种上下求索的"不安分"，给近

---

[1]　刘京林：《新闻心理学原理》，新华出版社 2012 年版，第 312 页。

[2]　曹聚仁：《陈冷血的时评》，载《20 世纪上海文史资料文库》（6），上海书店出版社 1999 年版，第 24 页。

[3]　包天笑：《钏影楼回忆录》，中国大百科全书出版社 2009 年版，第 406 页。

代中国报业带来了活力与惊喜，也正是因为他的不随俗流、洒脱个性，才能使"时评"在他笔下丰富多彩、血肉丰满，并大刀阔斧地进行各项业务探索，稳步推进《时报》的业务革新。

罗孝高与陈景韩的性格有相似的一面，"性格滑稽多智，不拘小节。留学日本时，把长发披散在两肩，留发而不留辫，与同学比起来，显得落拓不羁而善于取巧"，"的确是一个甚有个性的才人"[1]。雷奋（雷继兴）与陈景韩为郎舅关系，才华出众，口才笔才俱佳，也曾东渡日本，同样接受过西方民主思想的洗礼，为他们的报刊事业注入了新鲜血液，易摆脱国内旧有办报思维的羁绊，形成革新报业的思维。1906年加入《时报》的包天笑虽未留洋日本，但他是典型的"喜新厌旧"之人，激励他在报业上锐意创新，他在晚年回忆录中自诩："实在说，报纸总在日求进步，《中外日报》出版后，报纸有一进步，《时报》出版后，报纸又有一进步，我是不喜欢墨守而喜欢创新的"[2]。《时报》的编务骨干个个都持有鲜明个性，骨子里都存有革新的锐气，因而《时报》在全新理念下走出了一条与众不同的办报路子。

第二节　报纸的新版式：报型与版面

前期《时报》业务革新首先从报纸形式着手，在版面样式、版面设置和布局方面都进行了革新，以新版式呈现的报纸内容与众不同，新创办的《时报》具有极强的现代气息，给人耳目一新之感。

---

[1]　百度百科词条"罗普"，百度搜索：http://baike.baidu.com/link?url=MMxD3hCT8L9F-qb81YYbgBHalpblN4fxelrLrKrN0sOsxhRZFXT_gVlKx2Bv2XtvqEr3qEr9pvkBO1iM-xk5Sq。

[2]　包天笑：《钏影楼回忆录》，中国大百科全书出版社2009年版，第229页。

一、《时报》开创对开双面印刷先河

报纸的样貌是在形式和内容的统一中综合呈现出来的，任何一份诱人阅读的报纸都应有得体的版面形式和悦目的版面内容。版面内容对形式起决定作用，而形式对内容又有反作用，好的报型和得体的版面能一下抓住读者，并对他们产生继续阅看的心理效应，因为报纸样式与版面编排能给读者留下"第一印象"，产生"晕轮效应"，所以版面形式又表现出相对独立性。从新闻心理学角度看也是如此，好的版面形式应符合读者的阅读习惯，激起他们阅读报纸的欲望，进而产生对报纸的心理接受行为。《时报》所开创对开双面印刷大型日报的形式和生动活泼的版面编排就是遵循这一阅读规律，进行了有益的版面创新实践。"版面创新是在内容或形式方面，对原有版面规范的突破，对新的版面规范的确立。"①《时报》的外观和结构，包括版面样式、版面尺寸、版面平面结构、标题样式和版面组合方式等方面进行创新，颠覆了传统的报刊编排模式，对我国报纸革新具有划时代意义。

从我国报刊版式的变化轨迹来看，从早期邸报公告牌形式到近代报刊书册式，再到双面印刷的单页形式，最后演化到双面印刷对开形式，逐步形成了现代报纸的固定样式，一步一步地朝着方便读者阅读、符合阅读习惯的方向发展。不过，从近代报刊传统书册式到现代对开式演化的过程艰难而漫长。自 1815 年我国第一份近代中文报刊诞生到 19 世纪 70 年代以前，大部分报刊还都是书册状，如《察世俗每月统记传》《遐迩贯珍》《六合丛谈》等，当时报、刊不分，就是用大张印刷的报纸，也以书本的形式进行分页，以便读者剪裁装订成书本的样子。然而，从 1828 年创刊的《天下新闻》开始，外报突破中国古代报纸的书册式，用铅印单张印刷，此后外报约经历了 40 年从书册式发展为近代报型。国人办报直接"移植"这一报型，1874 年王韬创刊《循环日报》时就用洋纸两面印刷。进入 70 年代，有的日报版面也

---

① 　王咏赋:《报纸版面学》，人民日报出版社 2006 年版，第 445 页。

开始由书册改为单页式，我国报纸的这种过渡是艰难的，绝非一蹴而就，报刊书册式一直统治到 19 世纪末。当时多数报刊是期刊，单张的日报也还按书籍的版式排印，就是双面印刷的报纸也不是对开形式①。

20 世纪头十年，报纸的报型发生重大变革并逐步定型成今天的报纸样式。1898 年 5 月，汪康年在上海创办的《时务日报》（同年 8 月改名《中外日报》）面世，这份有革新意识的报纸，开始采用两面印的白报纸，突破了以前用油光纸一面印刷的状况，逐渐改变中国人阅读报纸的行为习惯，不过该报还没有发展成为对开两面印刷的现代样式。1904 年《时报》创刊完全打破书册式样态，印成两面印刷的对开报纸，新创刊的《时报》首先映入读者眼帘的是报纸的新式报型，给人耳目一新之感。"过去报刊多是书本式，该报（《时报》——引者注）首创'对开报纸，分为四版，两面印刷'的现代型版式"②。报型的变化带来报纸内容的变化，报纸取材宏富，内容多样，特印成两大张，版面分为一、二、三、四共四个版编排，双面印刷承载着丰富的信息量。"本报别类务多，取材最富。既用各小号字排入，尚虑限于篇幅，不能全录，特于每日排印洋纸两大张，不惜工资以求赡博，而定价格外从廉"③。不过，在采用新式报型初始，一些守旧势力还很顽固，为社会所反对，以为"面积太大，不便阅览"④。后经过短时期过渡，新报型就得到了广大读者认可，可见，一项创举囿于习惯势力难以出台，革新的勇气终于战胜传统习惯。这一创新为《时报》造就了姣好的"面容"，为自己带来了魅力，对读者产生很大吸引力，读者顿有清风扑面之感。在《时报》的带动下，各报陆续仿行，更新报纸版式也风行一时。"1906 年至 1911 年之间，上海报刊界基本完成了报与刊的分离，大型日报和'小报'的分离，报刊与书籍的

① 参见余玉：《移植与流变：我国近代报刊业务嬗变发展路径探析》，《新闻春秋》2015 年第 1 期。

② 甘惜分主编：《新闻学大辞典》，河南人民出版社 1993 年版，第 287 页。

③ 梁启超：《时报发刊例》，《时报》1904 年 6 月 12 日。

④ 戈公振：《中国报纸进化之概观》，载《中国近代报刊史参考资料》（上），中国人民大学新闻系 1979 年版，第 3 页。

分离，各有自己的位置了"①。民国成立后书册式完全被淘汰，这种报型一直延续至今。

中国近代中文报纸报型演化经过了三次大的飞跃，作为报纸容量的基本单位，从摆脱"本"的束缚到"张"的变化是报刊形态演化的关键一步，再从"张"的单面印刷转变为双面印刷又是一大进步，再往后进化到对开双面印刷，以致用最少的版面承载最多的信息，同时注意到版面次序的安排。报纸版式每一次向前迈进，都是围绕方便读者而革新，时刻考虑读者兴趣、阅读习惯和接受心理，即"日报之改良也，为阅者计便利也"。《时报》便是如此，"自开创至今，为阅者计便利之心，未尝一日稍懈"②。《时报》首开对开分版双面印刷先河，不但使日报向现代化报型迈进，而且大大便利读者阅读，使版面安排也向更加人性化方向转化。因而，《时报》不仅开创了对开版八版面形式，而且在版面设置和版面安排上也力求合理、科学，处处考虑到读者的阅读，还注意到读者阅后方便收藏和保存，"其一为折叠，开卷有益，不能掩而读也；其一为装订，心有所好，或被查考，不忍舍之去也；其一为裁割，取其所取，弃其所弃，欲撷再精而采其华也，若此者其事又满不一"③。不仅如此，在新型版式上努力探求版面内容与编排形式的统一，为各类阅者带来"便利"。《时报》创刊半年后，1905年春节刚过，在报纸的显要版位的"本馆论说"栏目悉数了《时报》为读者带来的十大便利：

　　试以本报之体例与以上所云者合观之，本报之电报、要闻悉登于第二页上，欲信息之灵便者，阅此而已足，其便利于好事之人一；搜罗安富，考订确实，其便利于学问之人二；有秘密之语，兼有商务之调查，其便利于查考之人三；有小说、有杂录、有诗话、有风俗谈等，其便利于消闲之人四；本报为两大张而均属竖折，开卷而一目了然，四排顺序

①　马光仁主编：《上海新闻史（1850—1949）》，复旦大学出版社1996年版，第334页。

②　冷：《论日报之大活动》，《时报》1905年2月8日。

③　冷：《论日报之大活动》，《时报》1905年2月8日。

而下，各页由此而传，变换极简，头绪最清，其折叠上之便利五；本报之阳面，均属告白与调查之件，本报之阴面，均属新闻与议论之件，故当有留心时事之人，则可折阴面于外以装订，留心官场之人，可反第七页于上以装订，留心商务之人，可反第八页于上以装订，其装订上之便利六；本报之纸，虽属两面全印，然阴阳两面，所区之类，全然不同，裁割于此者，决不至有害于彼，其裁割之上便利七；有此七便利而本报之为阅者计，也可谓尽心矣，而况又有特别之告白，插入新闻之中，其便利于告白者八；各处学堂，其开学放学日期，皆有汇记，其便利学界者九；语语有来历，人人尽惬意，以天下之人心为心，以天下之人口为口，知无不言，言无不尽，其便利于世界公道者十。①

《时报》版式革新对当时报纸影响颇为深远，不但大型报刊为之触动，不得不变革报纸版式，就连"'小报'也改成白报纸两面印刷，篇幅普遍只有大型报的一半大小，连最早创造出'一论八消息'模式的《游戏报》也向《世界繁华报》的分栏编辑模式靠拢"②。这种版式对读者的影响也是颠覆性的，中国读者历来形成的固有阅读模式从此发生改变，突破先前禁锢的阅读习惯和思维模式，从此进化到现代报刊的阅读和思维模式。

二、《时报》版面编排变革

从 19 世纪 70 年代开始，随着大部分日报版面由书册式改为单页式，报纸编辑随之复杂起来，在原来对稿件简单集纳基础上有了整理和分类。90 年代以前的二十年间，报纸形成了一种流行编排模式，即："首论说，次上谕或宫门钞辕门钞，次为各省各埠要闻，末为本埠新闻"，此外便是洋行广

---

① 冷：《论日报之大活动》，《时报》1905 年 2 月 8 日。
② 马光仁主编：《上海新闻史（1850—1949）》，复旦大学出版社 1996 年版，第 334 页。

告，而且广告又多于新闻，这种版式后来多遭人诟病，其实这是报纸版面分栏之始。这时的版面编排形式都是一排到底的长栏式，这一形式垄断了几十年，直到19世纪末才得到改变，"最早在版面形式上突破过去一行到底老框框的，是1898年在上海创刊的维新派的报纸《时务日报》"①。

《时报》继承《时务日报》的版面改革并加以发展，栏数增加，栏目多样，还分版设置"时评"，与新闻栏相映衬。所以，它一出版就和老气横秋的申、新两报区别开来，"在《申报》、《新闻报》的当初，编辑方面，更为简单了，他们是所谓混合编辑。用一种只可以一面印的油光纸印的，统共只有一大张，倘然加半张的话，名之曰附张，附张上专载各省督抚的奏折之类"②。《时报》却以对开四版的新型版式、错落有致的栏目设置和生动活泼的不同文字而大放异彩，吸引了广大的读者。《时报》在版面安排、栏目设置、标题制作和穿插图画方面都算是几大亮点。所以研究者认为："真正按照新闻规律，对编辑业务进行改革的，有论者推1904年创办于上海的《时报》，其主持人是狄楚青。"③

（一）首版编排，突破流俗

翻开《时报》创刊号，报头醒目，一号楷体"时报"二字，活泼遒劲，跃然纸上，下配有英文报名"Eastern Times"，以"东方泰晤士"自居，彰显大气。整版刊登外埠售报处和以学堂用品、新书出版、学校招生为主的广告，这符合它的读者定位，版面编排分版设置，上、下两栏，层次分明。版面上的标题和正文以不同字号区分，标题配以各体文字，隽秀自然，整个版面显得黑白分明、疏密相间、搭配和谐，与当时申、新二报的首版编排大相径庭，版面样貌别具一格。另外，首版大面积刊登广告为《时报》独创，

①　姚福申：《中国编辑史》，复旦大学出版社2004年版，第273页。

②　包天笑：《钏影楼回忆录》，中国大百科全书出版社2009年版，第319页。

③　韩松、黄燕：《当代报刊编辑艺术》，复旦大学出版社2006年版，第12页。

"以首页刊广告，为一大胆之尝试，盖申、新等老资格报纸皆不如此"①。整个版面以全新的编排呈现出来，打破了几十年呆滞的编排版面形式，令读者眼前一亮，阅读欲望倍增（图2—3）。

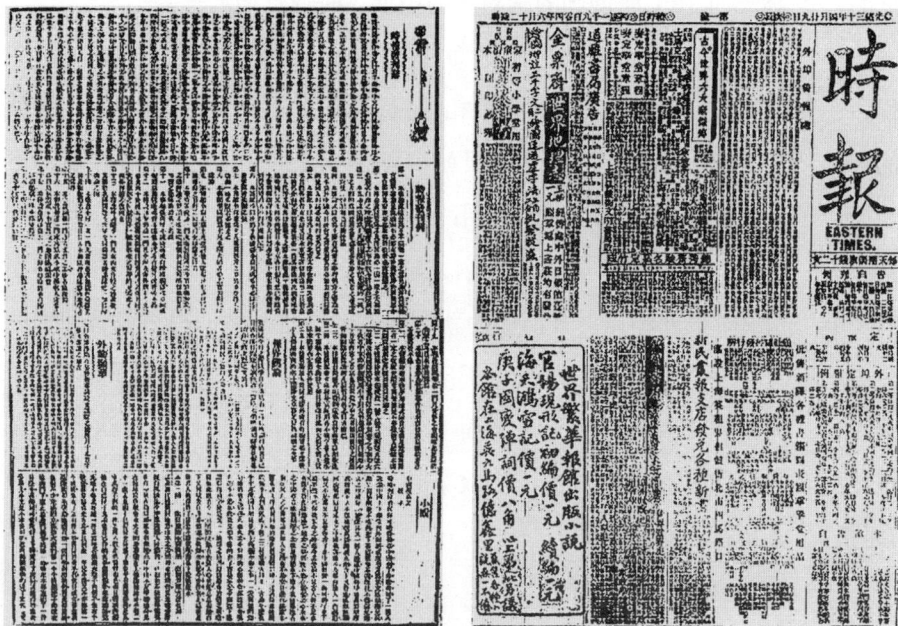

图2—3　1904年6月12日《时报》创刊号的头版和第二版

（二）分栏编排，极省目力

我国报刊版面尺寸的变化导致分栏编排意识出现。早期报房《京报》，为了蜡刻印刷方便，制成"豆干版"的小版面，每册长约22厘米，宽约9厘米的横长式，到了近代报刊诞生初期，版面依然是横长式，正因为版面是横长式，版面即使不分栏，对读者阅读也没有多大障碍。随着日报逐渐过渡到黄金版型（即以几何学的黄金分割点来确定版面的长和宽），版面宽高加长，若依然用一排到底的方式编排，对读者的阅读带来极大不便。《申报》

---

① 张朋园：《时报：维新派宣传机关之一》，《"中央研究院"近代史研究所集刊》1973年第4期（上）。

初创的二三十年间就是保持这种长栏编排，读者阅读容易窜行，影响阅读效果。到了维新变法前后，报纸编辑有一项重大改进，就是版面分栏、句读加圈加点，改变了以往一排到底的形式和句读难辨的烦恼。自汪康年1898年5月在上海创办的《时务日报》开始，每版上、下分为二栏，并首创新闻分类编辑方法，从此开始引起国人报刊的重视。《时报》一创刊就采用版面多栏编排法，每版分成四栏，显得眉清目秀，黑白搭配，方便阅读。此后，《时报》逐渐向多栏探索，首先发生改变的是"本埠新闻"栏，自1904年10月29日开始，该栏从以前一栏编排分隔为两栏，栏长变短，整个版面栏目从四栏增至五到六栏，其他版面仍保持四栏，这显然是向多栏过渡。1911年，《时报》增出《滑稽时报》，率先以八栏为基本栏，新闻版面以六七栏编排也较为普遍，此后，版面栏数逐渐增加到七至八栏，已成今天的版面栏目布局。《申报》受《时报》的影响，在《时报》创刊半年后，该报于1905年2月进行多项改革，版面以上、下两栏的方式进行编排。其他报刊也为之触动，版面由通栏长行逐渐改为多栏短行，革新编排方式蔚然成风。

（三）字号变化，眉清目秀

近代报刊诞生后很长一段时期里，报纸上全版内容普遍采用通用的四号字编排，题文字号无区分，整个版面无法凸显主次。《时报》显得层次清晰和错落有致，字体、字号的变化是重要因素。报纸突破陈规，字号按稿件重要程度不同加以区分，"一号、二号、三号、四号、五号、六号字模及各种圈点符号，俱行置备。其最要紧之事则用大字，次者中字，寻常新闻用小字。用大字者，所以醒目也；用小字者，求内容之丰富也"，以"务求显醒"①。

《时报》初创时的版面字号变化还不太明显，以四号字作为通用体，字号变化主要体现在栏目名称上，栏目名用大一号字以区分版位，少数栏目如本馆论说、来稿、小说等已初现标题，标题字号加大，但报纸初期标题使用

---

① 《时报发刊例》，《时报》1904年6月12日。

还不普遍，标题字号变化在版面上并不明显。后来发展到在“专电”、“新闻”等栏目中，掺用大、小字样，并采用多样的圈点符号，以显“醒目”。《时报》创刊四个月后，对报纸采用字号和圈点有了明确的规定：“极要者（二号、双圆圈符号）、要者（二号）、次要者（四号、实心圆圈符号）、又次要者（四号）、又其次要者（五号、空心圆圈号）、又其次要者（五号）、非常可怪新异离奇者（四号或五号、实心小三角形）、尚未确定者（四号或五号、空心小三角形）、间接传闻及补叙者（四号或五号、实心顿号符号）、与前报有出入者（如更正之类）（四号或五号、空心顿号符号）、又疑而未定之处用？感叹词之下用！”①(图2—4）。运用这些编辑手段以达到《时报》“自开办以来，屡易格式，渐次改良”②之目的。

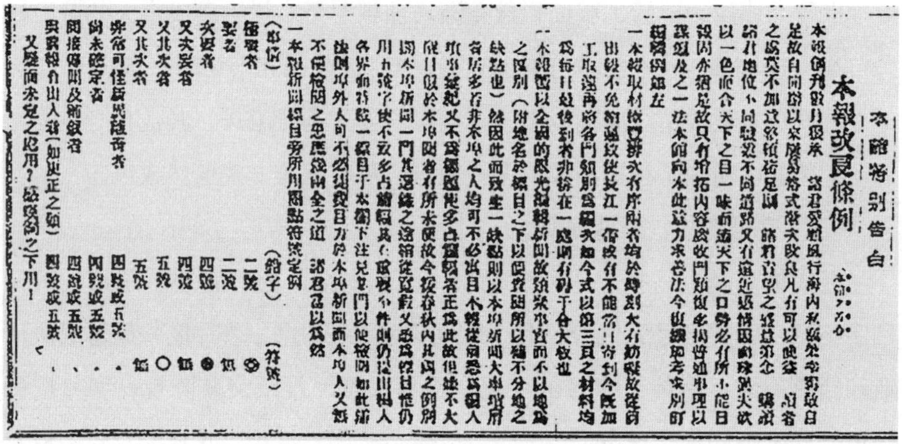
本館特別告白

本報改良條例

一本報新聞標目旁所用圈點符號定例

(事項)	(鉛字)	(符號)
極要者	二號	
要者	二號	
次要者	四號	
又次要者	四號	
又其次要者	五號	
又其次要者	五號	
非常可怪新異離奇者	四號或五號	
尚未確定者	四號或五號	
間接傳聞及補敘者	四號或五號	
與前報有出入者(如更正之類)	四號或五號	

又疑而未定之處用？感歎詞之下用！

图 2—4 《本报改良条例》示例，《时报》1904 年 10 月 12 日

《时报》版面从整体上体现字号变化是从 1907 年 6 月开始的，单行标题普及起来，栏目和标题都用比正文大的字号，而且新闻标题的大小依据新闻的重要性来确定。《时报》版面所用字体也有讲究，楷书、隶属、行书、变体字在版面适当采用，表现明显的是标题、插画（如滑稽画、滑稽字等）、

① 《本报改良条例》，《时报》1904 年 10 月 12 日。

② 《本报改良条例》，《时报》1904 年 10 月 12 日。

图片注释部分，尤其广告版面更为普遍。这时的《时报》版面大小字号合理使用，字体适当变换，文字与留白搭配得当，疏密相间，整个版面既显美观，又诱人阅读，读来清爽悦目、轻松陶醉。而《时报》诞生前的《申报》，版面沿用一排到底的编排方式，版面使用同一字号的四号字编排，字体也无变化，标题制作与编排不讲究，不论是新闻还是评论，题文字号大小一样，难以分清标题和正文，全版显得密密麻麻，版面沉闷，加上印刷又不光鲜，阅读窜行，家常便饭，视力疲劳，难以卒读（图2—5）。《申报》在1905年

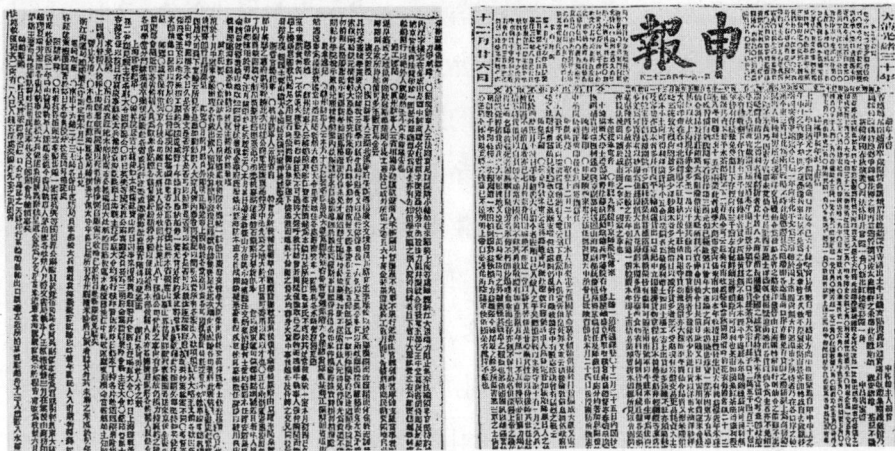

图2—5　《申报》改革前的头版和二版，1904年12月26日

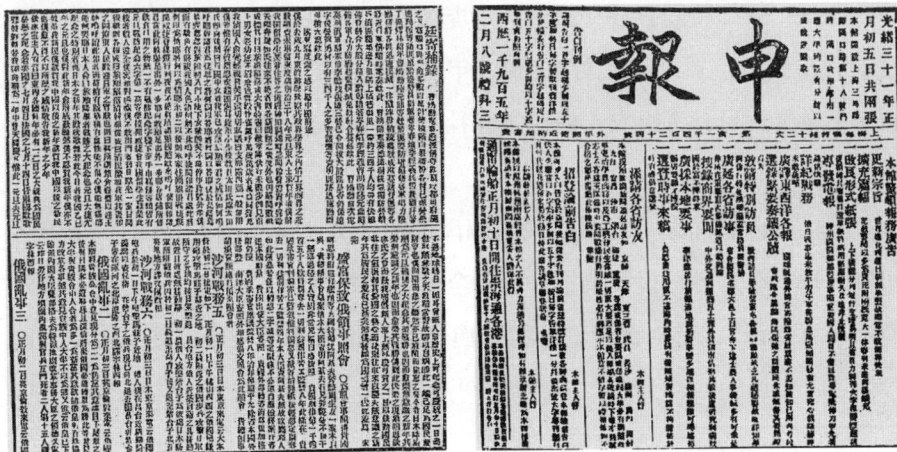

图2—6　《申报》改革后的头版和二版，1905年2月7日

2月7日施行改革，以前整版的通用字号发生了变化，要闻改用二号字，而奏议章程及社会新闻用五号字，题文使用不同字号区分，版面分栏编排，对比《申报》改革前后的版面编排，整个版面比以前醒目，进步很大（图2—6）。清末一些大报对运用大小字号的尝试，使报界对字号的讲究成为报人的共识。

（四）栏目设置，变化多样

《时报》栏目设置科学、合理，使版面内容各归其位，论说和新闻结合，做到事实与观点统一，新闻和时评搭配，力求严肃与轻松并重。《时报》内容广泛、信息丰富，为了能生动活泼、条理清晰地呈现出这些内容，而不至于显得杂乱无章，编排打破"首论说，次上谕……"的框框，率先提出："本报编排，务求秩序。如论说、谕旨、电报及紧要新闻，皆有一定之位置，使读者开卷即见，不劳探索。其纪载本国新闻以地别之；外国新闻，以国别之"①，分条缕析、分门别类展示，使版面显得清爽。新闻作为报纸的主打内容，精心设置的新闻栏目品类很多，基本涵盖国内外。"本报纪事，以博为主。故于北京天津金陵，均置特别访事；其余各省皆有坐访。又日本东京置特别访事二员，伦敦、纽约、旧金山、芝加哥、圣路易各一员，其余美洲澳洲各埠皆托人代理。"②《时报》依此设置了宫门抄、奏折、上谕、各省辕抄、电报、京师新闻、各省新闻、本埠新闻、各国新闻、海外殖民新闻，并设置有一固定位置刊登。对比1905年改革以前的《申报》，在报纸编辑方面，不设置栏目，工、农、商、文和社会新闻混合编排，不如《时报》的分类编排效果好。

除了国内新闻之外，同时采用翻译外报的方式搜集国外新闻，"上海各西报，日本东京各日报及杂志，购备全份，精择翻译。欧美各大日报，亦定购十余家备译"，针对此设置了报界舆论、外论撷华等栏目，博采众议，增

---

① 《时报发刊例》，《时报》1904年6月12日。
② 《时报发刊例》，《时报》1904年6月12日。

长国人见识。同时，《时报》还紧扣时局设置新栏目，如《时报》创刊时适逢日俄战争，"本馆特派一观战访事员随时通信"，特设置"日俄军情"、"日俄战史"栏目，人民对有关战争的信息饥渴得到缓解。瞻观整份《时报》，重要新闻基本一网打尽，"务期材料丰富，使读者不出户而知天下"①。评论在《时报》上也颇具分量，设置了重角色的"本馆论说"和严肃辛辣的"批评"（后来发展为时事评论、时评）栏目，引导舆论，针砭时弊。此外，《时报》还刊载副刊性文字，设置了小说、词林、谈瀛零拾等，消闲除烦，读者青睐。现代报纸所含的新闻、评论、副刊、广告四大内容，《时报》基本具备，现代报纸风貌已基本显现。

（五）标题编辑，由简到繁

近代报刊诞生之初，报刊基本不讲究标题制作和编辑，甚至版面无标题。进入 19 世纪 70 年代，标题制作有了起步，出现了以地域为基础制作而成的四字标题，如"沪上春色"、"鹤楼留韵"、"西湖棹歌"、"羊城夕照"，让读者一看便知。后来经过二十年发展，尤其是戊戌变法时期维新派创办的报刊，新闻标题进一步改进，从地域性标题变为抓取新闻事实的"一事一题"。新闻标题从无到有、从简到繁发展，慢慢切近新闻标题的实质含义。到 19 世纪末，标题编辑还没引起重视，题文不分，标题不占用独立空间，只是在正文开始时空一格来区隔上、下则新闻。《时报》一创刊就认识到标题的重要性，"纪事贵简要，而《时报》之标题视他报为独长，何也？则对之曰此正所谓求简要之道也"，"其读唯有借助于题目，题目能提明其事之全体，则事多之阅其题目而已，知其事之与己有关涉与否，而得任意以取舍之。"②《时报》编排新闻时不但用栏目区分要闻、各省、各国、本埠新闻，而且各栏目内新闻以地点集纳编排。在各自新闻栏目内，每条新闻都制作了言简意赅的标题，如"又误订招华工之约"、"提讯赌犯"、"英皇将往德国"

①　《时报发刊例》，《时报》1904 年 6 月 12 日。
②　《读本报问答》，《时报》1904 年 10 月 13 日。

等①。编排时在每则新闻标题前加圈，圈后接标题，然后空两格排上正文。加圈以区分上、下条新闻，空两格以示题文分开。

从整体看上去，《时报》版面新闻栏目各自独立，自然区隔，自成板块，栏目内新闻分条缕析，清晰易读，整个版面眉目清秀，而且读者还能自由选择，自主性增强。所以，时人对当时上海各日报编辑法进行评论时，对《时报》的标题编辑做法就很赞赏，"《时报》只有二张，本埠一张，专电及各省要闻一张，在本埠的一张，又有全报的总标题，比较算是最醒目些"②。

当然，《时报》在标题制作方面仍有缺陷，主要是新闻标题没有独立空间，依然是标题和正文混合一起编排，只是用空两格的方式简单区分，题文字号相同，仍不能显示层次，离现代标题编排还有距离。《时报》创刊两个月后，自8月14日开始，标题制作和编排出现了一次质的飞跃，部分新闻栏内开始加大标题字号以示题文分开，但还没有全版普及标题加大字号的做法，仍然没有另列一行的单独标题空间。不过，本馆论说、批评、译丛栏目出现了单独标题，而且用加大字号题文分开编排，足见《时报》在标题编辑方面的进步。直到1907年6月，《时报》标题编排又发生一次质的飞跃，各新闻栏目内的每则新闻都开始单列标题，标题与正文分开，标题字号加大，并占独立空间，题文界限清晰，一看标题就能把握新闻内容。自此，《时报》标题编排基本走向成熟。无论新闻、论说，还是其他内容，正文都配上标题，而且通过字号、字体、修饰、加框等方式以示区隔，标题真正成为报纸的眼睛，闪烁于报端，眉目传情，整个版面标题编辑基本过渡到现代样式。

《时报》上的标题除了通过变化字号、变换字体、加框区隔、适当修饰等编辑手段进行凸显，以彰显层次、体现特色，而且注重标题制作本身。《时报》上的标题制作也经历了一个从简到繁的变化过程。制作标题采用首句标题、寻章摘句、内容概括、精华提升等方式提挈新闻核心内容。标题形式逐渐变

---

① 参见《时报》1904年6月13日。

② 郑振铎：《评上海各日报的编辑法》，载管照微编：《新闻学论集》（第三辑），汉文正楷印书局1933年版，第252页。

得复杂多样，从创刊时的题文并排，到单行题在文前单独编排，直至民国成立后的一段时期，《时报》各栏目基本都是为单行题所垄断，至 1918 年前后，主、副型双行题开始在《小时报》上率先出现，如"督军署戏台落成 / 一片声歌舞太平"①、"清室过节之所闻 / 磁缸一对代价万金"②，已经很注意主、副题的搭配和作用。说明《时报》对标题的制作很讲究，能够看出《时报》在标题制作方面大有进步，逐渐逼近现代标题制作的水平。下文列举两篇短新闻，体味他们制作标题的艺术：

无锡发现归邪党

离奇百出

无锡北乡张淦桥、八土桥一带，近忽发现一种归邪党者，其宗旨为胡行乡里、调戏妇女、鱼肉愚民为主。自成立至今，为时仅十余日，而所犯之罪恶，则已彰彰在人耳目矣。

（《时报》，1918 年 6 月 9 日）

六足巨蟒出现

长约丈余　腹生六足

镇江之小孤山脚下，忽现一六足巨蟒，为该山寺僧所见，即奔回报告方丈，后经方丈带领众僧前往捕捉，所至众皆惊骇，不敢前进，其中有一僧胆大不畏，以绳缚其前部两足，该蟒即悬于游运，为寺僧所获，悬于寺内廊下云。

（《时报》，1918 年 6 月 10 日）

这两则新闻标题都是由主、副题组成的双行题，主题"无锡发现归邪党"和"六足巨蟒出现"都抓取了新闻的核心事实，副题各有特点，第一则

---

① 参见《时报》1918 年 6 月 8 日。

② 参见《时报》1918 年 6 月 9 日。

新闻副题"离奇百出"对主题作了延伸，第二则副题"长约丈余腹生六足"对主题作了补充，两则新闻标题与主题都不重复，又能添入新的新闻信息，相辅相成，可见《时报》上的标题发展到了相当成熟的程度（图2—7）。双行题的出现不但丰富了标题形式，而且恰恰说明《时报》编辑有很强的标题意识，体现编辑们对报纸业务不断革新和进取的探索精神。《时报》继首创现代化报型之后，"又改进标题、字体、圈点符号等编排形式"①，已经和今天的报纸状貌颇为接近。

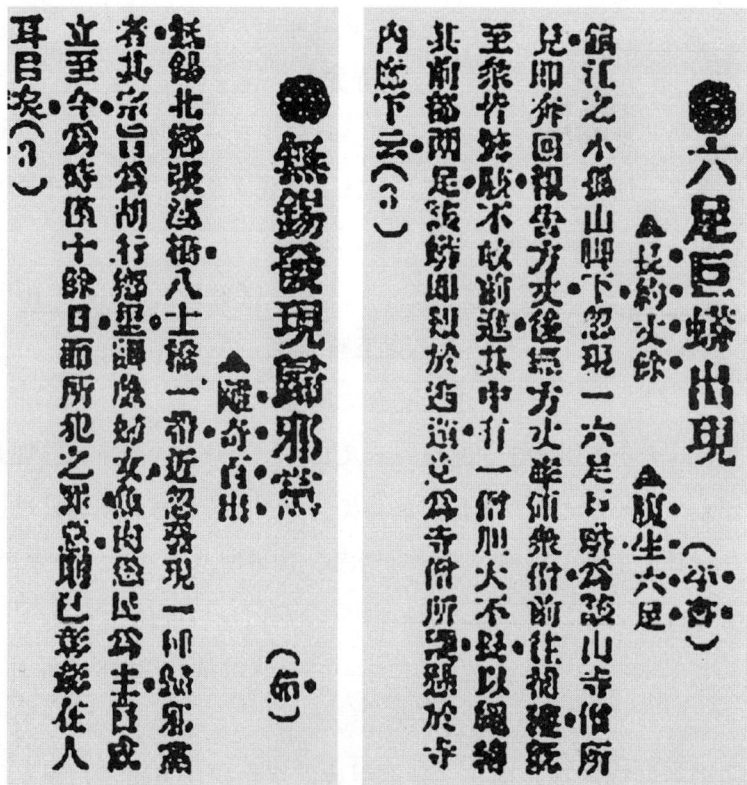

图2—7　两则主、副双行题示例，《时报》1918年6月9、10日

---

① 甘惜分主编：《新闻学大辞典》，河南人民出版社1993年版，第287页。

（六）添加插画，版面添彩

报刊上使用与版面主题和风格相匹配且寓意深刻的插画，既耐人玩味，又美化版面，使版面生动活泼。现在看似极为平常的版面插画，却是清末时期报刊上的一项创举。"上海报刊上的初期插画，追溯渊源，以 1900 年之间的《南方日报》为最早，继其后者，有《时报》、《申报》、《新闻报》、《民呼日报》、《民吁日报》、《民立报》、《大共和》、《神州日报》等也添插画一门"[①]。与申、新两报相比，《时报》是清末上海著名大报中较早使用插画的报纸，"《时报》辟《小时报》，似在申新两报之前，报刊之有插画，也较申新两报为早"[②]。《时报》在发刊时就宣称："本报设插画一门，或寓意讽事，或中外名人画像，或各国风景画，或与事实比附之地图，随时采登。"[③]看来《时报》在版面设计方面很有前瞻意识，能从清末沉闷的版面编排风气中突破陈规，注意到了版面的审美艺术，追求版面编排的更高境界，探索精神值得称道。

通过研究《时报》版面可知，该报在创刊时并没有立即落实发刊词宣称的"设插画一门"，而是到 1907 年新年伊始，即 2 月 16 日始见插画，在第五版上半版的"译丛"栏目内插上了一幅风景画。此后几乎每日都安排了插画，不断变换插画的花样，连续安排了风景画、滑稽画、滑稽字、风俗画、讽刺画、悬赏画、滑稽几何等（图 2—8 至 2—15），通过内涵丰富的各式插画反映社会现实。

《时报》处理插画的手法不同，有的配有详细的文字说明，有的只作简略的提示，有的不配任何文字说明，只成为文字稿的装饰材料。安排插画方式也多种多样，有的单幅画出现一天，有的连续几天内围绕同样主题连续刊

---

① 丁悚:《上海报纸琐话》，载《上海地方史资料》（五），上海社会科学院出版社 1986 年版，第 89 页。

② 丁悚:《上海报纸琐话》，载《上海地方史资料》（五），上海社会科学院出版社 1986 年版，第 87 页。

③ 梁启超:《时报发刊例》，《时报》1904 年 6 月 12 日。

图2—8 滑稽画,《时报》1907
年10月9日

图2—9 讽刺画,《时报》1907年10月
28日

图2—10 滑稽画,《时报》1907年7月23日

图2—11 滑稽画,《时报》
1907年6月29日

图2—12 滑稽画,《时报》1907
年5月6日

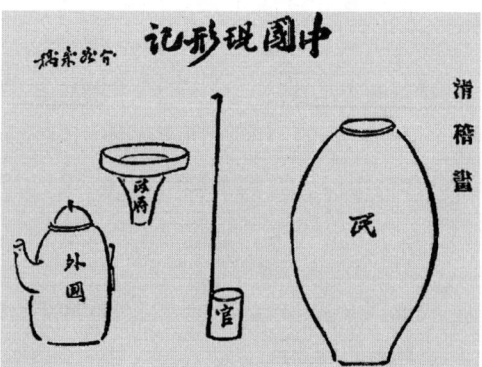

图2—13 滑稽画,《时报》1907年10月
1日

图 2—14　滑稽画，《时报》
1907 年 9 月 19 日

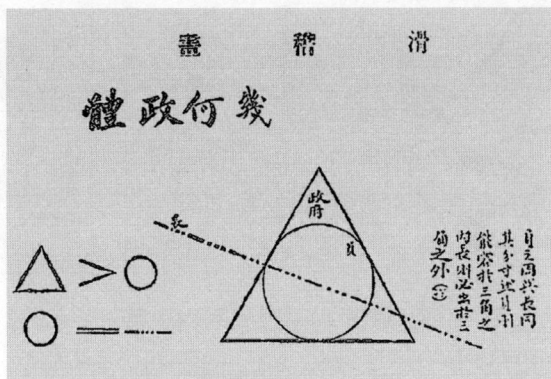

图 2—15　滑稽画，《时报》1907 年 9 月 21 日

登不同插画，还有的是同一主题的风俗画连续刊载上 1 个月，如自 1907 年
9 月 30 日开始在第五版"报余"栏内刊载《上海百手》的风俗画，一直刊
载到同年 10 月 27 日结束，将近一个月的时间里，展示了各种各样的"手"，
如鼓掌手、敬神手、乞丐之手、侦探之手、雉妓拉客之手等（图 2—16 至
2—23），可谓千姿百态，趣味万千，从"手"的视角巧妙地反映当时社会
的风俗人情和百味人生，不但经过连续刊登插画制造悬念，延伸读者的期
待，而且使版面醒目且锦上添花。富有内涵的各类插画成为《时报》的一大
特色，使版面图文并茂。徐咏青、周柏生是当时有名的插画画家，其插画作
品经常在《时报》上发表。

图 2—16　风俗画，《时报》1907 年 10
月 1 日

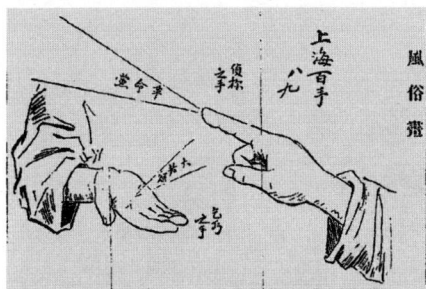

图 2—17　风俗画，《时报》1907 年
10 月 3 日

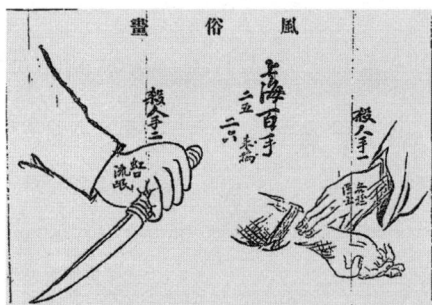

图 2—18　风俗画，《时报》1907 年 10 月 14 日

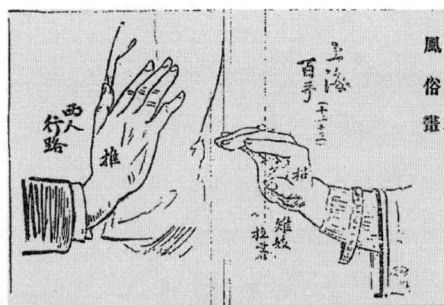

图 2—19　风俗画，《时报》1907 年 10 月 5 日

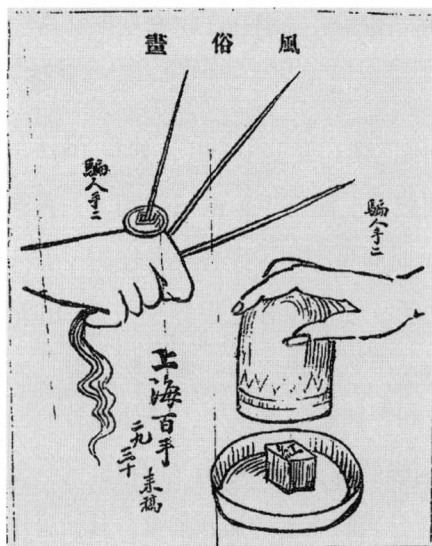

图 2—20　风俗画，《时报》1907 年 10 月 16 日

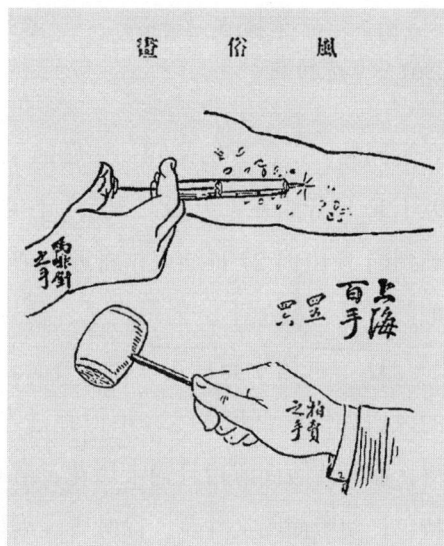

图 2—21　风俗画，《时报》1907 年 10 月 24 日

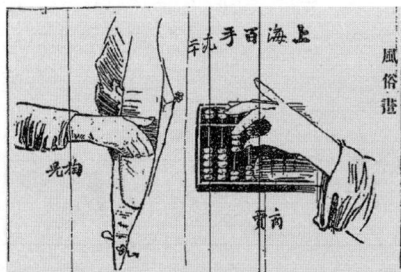

图 2—22　风俗画，《时报》1907 年 10 月 9 日

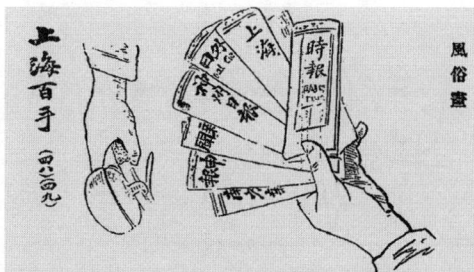

图 2—23　风俗画，《时报》1907 年 10 月 26 日

《时报》版面方面的上述革新处处是为了读者阅报"便利"而展开，"既有明白之题目，后有分类以为之界，有二号五号字以为之区别，有各种符号以为之醒眉目，故言本报之详尽愿他报为独多，其趣味虽尽一日而未已，言本馆之简约，则仅费三分钟时，而紧要之事已无遗漏，此乃本馆为阅者代筹区区之苦心美意"①。为此，《时报》在编辑上充分调动了字号、字体、圈点、句读、标题、插画等编辑元素，运用了多种编辑手段来区隔、凸显、装饰版面，这些"在当日都是日报界的革新事业，在今日也都成为习惯，不觉得新鲜了。我们若回头去研究这许多习惯的由来，自不能不承认《时报》在中国日报史上的大功劳"②。

第三节　评论的新发展：时评

时评是《时报》一项重大业务创举，其发展历经孕育、初创、成熟、下滑、衰颓五个阶段，在《时报》演绎了一条独特的演进轨迹，成为该报最大亮点和特色之一。《时报》时评思想内容丰富，议题广泛，呈现出随体附形、多姿多彩的艺术风格。这一"独创文体"适时诞生，不但开中国报纸言论由"论"入"评"之先河，而且在构建我国早期公共领域过程中发挥了引导舆论"轻骑兵"的作用。时评是《时报》编辑人员用力弥深的栏目，深受读者青睐。

一、时评缘起与《时报》时评的发轫及意义

自 19 世纪 70 年代以来，我国报刊在外报启示下，充分认识到政论文的

---

① 《读本报问答》，《时报》1904 年 10 月 13 日。

② 胡适：《十七年的回顾》，《时报》1921 年 10 月 10 日。

重要性，初创期的中国近代报坛对政论文体甚为看重，尤其自王韬于1874年在香港创办我国第一份以政论著称的《循环日报》开始，我国报刊逐渐形成了长篇论说之风，大约垄断了近三十年，直至19世纪末，这种长篇之风才有所改变。进入20世纪，随着改良派和革命派报刊的大发展，这时的报刊大都设有"社论"、"社说"、"论说"、"时论"、"代论"或"来论"等栏目。同时，报界开始打破长篇大论的垄断局面，在我国评论百草园中出现了一种新成员——"时评"逐渐流行起来，活泼、精短的评论活跃于版面，这种尖锐犀利的评论形式，一改过去评论冗长之风，使评论文体长短相济配置于版面，"批评简而明，论说长而详，批评指其事之是否，论说指其事之原委，批评不常有，论说常有，此犹戚继光之用兵，长短以相卫也"①。精短时评一出现就受到读者的青睐，给读者带来清新扑面之感，而且生命力极强，一直延续至今。

　　"时评"的源头可追溯到立宪派在日本横滨出版的《清议报》，1899年该报开始出现"国闻短评"，它不完全配合新闻而论，只是"稍具时评之体"。1902年《新民丛报》将之继承下来，并于1903年设一子栏目"时评"，"择中国外国近事之切要者，略加绪论，谈言微中，闻者足戒"②。自《新民丛报》振臂一呼，当时留日学生杂志，如《湖北学生界》《浙江潮》《游学译编》《江苏》等相继仿行，纷纷开设"时评"专栏，这些短评比《清议报》上的"国闻短评"有了进步，开始配合新近时事而论，注重时效性和针对性。1904年3月，香港出版的《中国日报》也设有"时评"专栏，同样配合时事而论，但上述报刊都不在本土出版，而且刊登时评数量都较有限，因而没有引起国内报界的重视。1904年《时报》首先将这种文体移植于大型日报，不但配合当天重大新闻，发表短论，抢其时效，而且成为《时报》经常性的主要评论手段，栏目设置、版面位置、作者队伍都相对固定，读者与

---

① 《读本报问答》，《时报》1904年10月13日。
② 《新民丛报章程》，第二章"门类"的第十五条"国闻短评"。

之产生心灵契合，渐成依赖，深受国内读者欢迎。《时报》上时评这一"独创体裁"归功于主笔陈景韩，他"首立时评一栏，分版论断，扼其机枢"①，逐日发表短论，抨击国事，持之以恒，轰动一时，成为《时报》招牌栏目之一。时评对于《时报》有着特殊涵义："'时评'两字，景韩所题，说是有双关之意，一是时事评论，一是《时报》评论"②，自诩之情言表于外。

其实，《时报》创刊前的老牌报纸《申报》《新闻报》也议论时政，并开设相关栏目，但它们所载评论在形式上与政论报刊无大区别，犹如"报章八股"、长篇大论，评论内容往往不咸不淡、不痛不痒，评论态度暧昧，这也许是民营报刊的生存策略，但对于读者和社会所产生的影响却无足轻重。时评在《时报》一问世就放一异彩，不但活跃了报纸版面，使读者耳目一新，而且传播效果极佳，很快就对报界产生辐射效应，致使当时报界仿效者甚众，影响极为深远。"《时报》创始后，曾于社论外别立时评一栏，分版论断，扼其机枢，与今之模棱两可，不着边际者截然不同，故能风靡一时"③。在《时报》的带动下，当时的《新闻报》就借鉴了《时报》的分版设置时评的方式，不但把一版电讯、二版通讯、三版本埠新闻分成"新闻一"、"新闻二"、"新闻三"，而且各版分别配短评，成为"新评一"、"新评二"、"新评三"，简短时评，言简意赅，较受读者欢迎。所以，真正使"时评"发扬光大者则是《时报》。

《时报》时评适时诞生，其积极意义明显。首先，有效发挥引导舆论的作用。《时报》问世之时，适逢国难当头，"庚子国难以后，庚子之国难其影响于五千年文明古国者甚巨，牢固闭塞紊乱混茫之政治社会，亟须有思想有组织之新的舆论机关，振聩发聋，俾政府人民，一新耳目，盱衡世界，竞争

---

① 戈公振：《中国报学史》，生活·读书·新知三联书店 2011 年版，第 133 页。

② 包天笑：《钏影楼回忆录》，中国大百科全书出版社 2009 年版，第 416 页。

③ 戈公振：《中国报纸进化之概观》，载《中国近代报刊史参考资料》（上），中国人民大学新闻系 1979 年版，第 3 页。

生存，《时报》即应此时势之要求，出而问世"①。《时报》时评正是在清末政局复杂多变的政治环境下诞生的新式评论文体，它契合了当时社会和读者的需要。"需要是创新之母"，对社会而言，报业生态中剧烈变化的时局催生新的文体出现，"从1896年到1918年是我国报纸文体的大变革时期"②，这种新文体配合新闻发表峻简隽利的短评，能有效引导社会舆论；对读者而言，传统的长篇评论样式和评论风格无法满足处于时局剧烈变化中的读者，"当日看报人的程度还在幼稚时代，这种明快冷刻的短评正合当时的需要"③，而且，"在这个时期，报纸文体的变革已变成报人们自觉的行动"④。可见，报界评论自身缺憾急迫呼唤新文体。时评的最大特点除了精短之外，还在于能配合新闻及时发表评论，新闻和评论两相配合，阅读效果远远超过冗长的论说，在时局维艰之时引导舆论有很强的针对性和时效性。

其次，时评开中国报纸言论由"论"入"评"之先河，成为报纸评论的新创体和新范式。清末报业长期被论说垄断的"论"的时代曾经发挥了重要作用，到20世纪初，在多变的政治环境下一味地去"论"则遭到了挑战，何况坐而论道的长篇论说文章存在致命缺陷，"当时科举还没有全废，办报的大多是半路出家的文人，因此他们所写的论文，仍不免有八股气味。写的人写腻了，找不到题材，每天凑几百字算数，看报的人越来越觉得没有意思，因此报纸的销路也始终没法打开，当时担任《时报》主笔的陈景韩先生，看到了这一危机，开始倡用短评，使当时的读者耳目一新，也使中国报纸的言论，由'论'进入'评'的阶段"⑤。时评的出现，使长篇论说文章再也不能按老样子做下去，报刊中"评"的出现就合于时宜，分布于《时报》第二、三、四版，短小精悍的"评"比第一版显要版位中有板有眼的

---

① 老汉：《时乎时乎》，《时报》1932年6月27日。

② 李良荣：《中国报纸文体发展概要》，福建人民出版社2002年版，第29页。

③ 胡适：《十七年的回顾》，《时报》1921年10月10日。

④ 李良荣：《中国报纸文体发展概要》，福建人民出版社2002年版，第30页。

⑤ 朱传誉：《报人·报史·报学》，台湾商务印书馆1985年版，第20页。

"论"更受人欢迎。包天笑曾回忆："当时报纸上那种长篇累牍的论文，倒不如短小精悍的短评，易于使人动目。大概普通读报的人，一份报纸到手，翻开来最主要的是要闻与专电，其次是本埠新闻与外埠新闻，就在那时候便有一二百字短文连带一起读下去了。"①时评以短小、及时、尖锐的特点广受报界和读者青睐，报纸纷纷开设时评专栏成一时风气，摆脱以前传统的评论写作样式，从而左右了评论的写作方式和风格，带来了报业评论的新风气，成为新闻评论的新创体和评论写作的新范式。经过清末民初报界的充分实践，型塑为新闻评论的新样式，发挥着新闻评论"轻骑兵"的作用。

再次，时评为我国早期公共领域建构增添了新的羽翼。近代中国公共领域建构和报刊密不可分，我国报刊建构公共领域在清末已现端倪。自从王韬开创报刊政论时代，开启我国报刊"文人论政"的先河，到了戊戌变法时期，维新派康有为、梁启超坚持"监督政府、向导国民"的办刊方针，充分发挥报刊政论文的作用，积极监督政府、议论朝政，宣传改良思想，论说在建构早期我国公共领域方面发挥了重要作用。19 世纪末，我国报刊言论在长篇论说之外新增时评新创体；进入 20 世纪，通过陈景韩、包天笑等时评作者在《时报》上充分实践，篇幅精短、视角独特、观点犀利的时评特色显现出来。《时报》时评紧跟新闻事件和社会热点，及时发表投枪式短论来褒扬正义、鞭挞丑恶、建言社会。《时报》通过分版设置，连续刊登，持续作用于读者，为读者和社会提供了"观点的公开市场"和沟通渠道，报刊"公共性"得以凸显。正如陈景韩所言："摆脱过去做古文长篇论说的老腔调，每篇 200 字左右，短小精悍，敢于大胆说话，笔锋犀利，切中时弊，能引起许多人的注意，产生过有力的影响"②。可见，时评成为当时议论时政的新锐武器，为我国早期公共领域建构增添了新的羽翼，与"社论"、"社说"、"论说"、"来论"、"代论"等多种报刊评论形式共同推动我国公共领域的萌发。

---

① 包天笑：《钏影楼回忆录》，中国大百科全书出版社 2009 年版，第 321 页。

② 曹聚仁：《陈冷血的时评》，载《20 世纪上海文史资料文库》(6)，上海书店出版社 1999 年版，第 23 页。

二、《时报》时评的演变发展轨迹

《时报》的时评"这一创体"不是一天两天形成的，而是一个不断尝试、演进的变化过程。从初创到演化成型，经历了时评作者从单一到群像、时评形式从统一到多样、时评内容从狭窄到多元的发展过程，其演化过程大约经历了如下几个阶段：

（一）时评孕育期（1904 年 6 月—1907 年 1 月）

《时报》创刊时，我国报刊上的评论类文章被"论说"、"社说"等形式的长篇大论所垄断，既无生气，又单调沉闷，《时报》企图摆脱长篇论说窠臼，创设"简短隽利"的短论来寻求突破，力图革新评论样式。《时报》在发刊例中声称："本报特置批评一门，凡每日出现之事实，以简短隽利之笔评论之。使读者虽无暇遍读新闻，已可略知梗概，且增事实之趣味，助读者之常识。"① 发刊词宣称创设"批评"，以"简短"的形式和"隽利"的风格，是大型日报创设"时评"之始。《时报》创刊初期登载短论的栏目名称并不固定，不是以"时评"命名，而是采用"批评"、"评论之评论"等名称，1904 年 12 月 9 日，"批评"又改名为"时事批评"，和"时评"已经很接近，而真正的"时评"栏目到 1907 年初才出现，期间经历了约两年半的孕育期。

统观初期《时报》两年多所发新闻评论类文章，除了每天一篇与申、新两报长篇论说风格相似的"本馆论说"或"代论"，还在《时报》创刊的最初几天同时编发了一篇相对较短的"批评"或"评论之评论"，这是"时评"的雏形，意味着《时报》开始冲破长篇论说的垄断，版面初现评论长短相济的苗头。然而，初期点缀了几篇短论后，又连续沉寂了几个月，直到 1904 年 12 月前的半年时间里，间歇性出现"批评"或"评论之评论"的文章，且绝大部分时间这类短论缺位，只剩"本馆论说"垄断版面，长篇论说又占据了主导地位，直到 12 月 9 日"时事批评"栏目出现，日后基本能保持"时

---

① 《时报发刊例》,《时报》1904 年 6 月 12 日。

事评论"文章刊出，版面大致保持评论文长短搭配的混合编排风格。不过，"时事评论"栏的评论文章还没有达到"时评"所要求的精短，大部分长达五六百字，甚至更长，但比"本馆论说"要短，版面上长短评论搭配样态还不甚明显，而且自1905年下半年开始到1906年底，短论又长时期缺位。可见，中国报刊史上新闻评论摆脱长篇窠臼，呈长短搭配的常态经历了一个艰难的转变过程。

虽然孕育期的评论类文章还不够短，刊载短论的栏目很不稳定，而且栏目也没有正式以"时评"命名，但业已出现的短论都能结合新近发生的时事，内容相对简短，风格尖锐隽利，尤其在1905年1月10日的"时事批评"栏同时刊出两则短论，都只有几十字，笔锋犀利，同后来的时评基本相差无异，表明精短时评在孕育期初露端倪。《时报》初期的时评类文章署名比较混乱，要么不署名，要么署名"冷"，因报馆编辑人员有限，前期短论数量不多，以陈景韩的短评为主。所以，人们对陈景韩在报刊史上的地位有很高的赞誉，"陈景韩的时评短峭犀利、活泼隽永，在当时沉闷的舆论环境中独树一帜，开中国报纸言论由'论'入'评'之先河"[①]。

（二）时评初创期（1907年1月—1908年6月）

自1907年1月5日开始，《时报》版面上出现了以"时评"命名的栏目，由以前的"时事批评"栏目更名而来，编排在社论之后，标志着"时评"文体在《时报》上正式诞生。同时，《时报》依然保持了"社论"、"代论"等长篇论说，只是"本馆论说"此时开始改为"社论"。社论和时评各自使命不同，"论说者，举国家之大问题，原原本本而演绎之，所谓晨钟暮鼓，朝夕警醒我国民者也。批评者，举当时之紧要问题，抉其要窍，明其得失，所谓耳提面命，随事以提撕我国民者也"，"批评者，论说之变也；论说者，批评之常也"[②]。它们长短相济，互为补充。自1907年1月6日始，《时

---

① 程曼丽、乔云霞主编:《中国新闻传媒人物志》（第三辑），长城出版社2012年版，第1页。

② 《读本报问答》,《时报》1904年6月13日。

报》在第三版还增设了与"时评"相仿的变异栏目——"报余",下设"闲评",每天就新近发生的事件刊登一至三则简短评论,文风与时评一致,但笔法比时评随意。1907 年 4 月 1 日在"报余"栏内又增加"释画"小栏目,每天刊登一篇滑稽画、讽刺画、时事画等,也是以新近发生的事为主题,旁边配有几十字的解释性文字,以新闻由头引出对图画的解释,"释画"栏目以图文并茂的形式对社会现象进行评论,对社会流弊尽情嘲讽,极尽揶揄之能事,言简而意丰,读后忍俊不禁。闲评、释画探索了时事评论的新形式,是时评的有力补充,不但丰富了版面内容,而且美化了报纸版面。

不过,这时期虽然出现了"时评"栏目,但时断时续,很不稳定,还出现过长时间的缺席现象,倒是"闲评"和"释画"栏目保持得比较好,栏目内基本上能保证每天一二则短论刊出,多的时候一天还出现过三四则,且第一行用标题与正文隔开。所以,从时评初创期评论文章布局看,虽然"时评"有时缺位,但"闲评"能够弥补,整个版面还是体现出了长短搭配的言论格局。

时评初创期不但改变了自 1905 下半年至 1906 年底短论的沉寂状况,短论数量呈增加趋势,而且在评论形式和风格方面也力求突破,以《时报》刊登的第一篇时评为例试作分析:

> 谁谓我政府乏财?
>
> 镑亏矣,镑亏矣,而今日乃有镑余一千数百万以上。
>
> 广西以灾与乱而捐,捐之溢款,又达百万以上。
>
> 奉天以乱离而赈,赈之溢款,又达二百万以上。
>
> 然则苟有一于国于民不利之事也者,政府必得多金。①

这篇时评从前期几百字的"时事批评"过渡到不足一百字的"时评",

---

① 冷:《谁谓我政府乏财》,《时报》1907 年 1 月 5 日。

写作上力求言简意赅，风格上颇为辛辣。全文以反问起头，以事实串联成篇，运用排比手法，逐句设段，最后一语道破天机，直斥政府向民众贪婪敛财的无耻行径。

总体上看，这一时期的"时评"栏目缺乏稳定，评论数量不多，简短而犀利的"时评"风格还没有形成气候，倒是"闲评"较能更充分实践简短的写作风格，但"闲评"不是正宗的时评，所以，时评初创期只是为下一阶段发展作了铺垫。

（三）时评成熟期（1908 年 6 月—1912 年 10 月）

在《时报》时评初创期，时评文体的简短形式和隽利风格已经显现，但时评栏目不稳定，在版面上没有形成规模，对读者的影响缺乏连续性。自1908 年 6 月 17 日开始，这种状况得到彻底改变。当日报纸在第一版刊出《本馆特别告白》，主张将新闻进行分栏并分别配上短评，"第一页为言论，第二页为电报、要闻，第三页为外埠新闻，第四页为本埠新闻；每种新闻之下各有批评，以批抉新闻中有关系之点，如第一页为批评一，第三页为批评二，第四页为批评三"①，这意味着《时报》在业务上又将发生一次大变革。从当天开始，《时报》撤销"报余"栏目，其子栏目"闲评"随之不复存在，《时报》分版设置批评一、批评二、批评三。半年之后，这三个栏目于 1909 年 1 月 28 日分别更名为"时评一"、"时评二"、"时评三"，风格一如以前。当时编辑人员分工是：陈景韩编要闻，包天笑编外埠新闻，雷奋编本埠新闻，"个人在他所编的一栏里，就当天所发的新闻中，择要写一个极短的时评。时评一，属于要闻；时评二，属于外埠新闻；时评三，属于本埠新闻"②，从此，《时报》每日三篇时评的格局基本固定下来，版面上长短搭配的评论编排风格正式形成，标志着《时报》时评进入成熟期。

时评从以前的不定期出现到现在的每日三篇，"分版论断，扼其机枢"，

---

① 《本馆特别告白》，《时报》1908 年 6 月 17 日。
② 包天笑：《钏影楼回忆录》，中国大百科全书出版社 2009 年版，第 320 页。

直到 1921 年黄伯惠接办之前几乎没有间断。各版由专人写作，各担其责（当然分工并非绝对），时评作者队伍稳定，从单一作者走向群像，每年下来时评数量相当可观，论题非常广泛，包括时政、经济、文化、社会、军事、民生等，栏目连续设置，时评数量大增，时评逐步走向稳定化、规模化，时评在报纸上的地位显著提升，真正发展成为报纸品牌栏目，对读者和社会影响很大。如《中国有六大患》（1909 年 7 月 15 日）、《中国之人民与政府》（1909年 8 月 17 日）、《闪电打雷之中国官吏》（1909 年 6 月 19 日）、《今年中消灭之报纸》（1909 年 9 月 30 日）、《中国人之特性》（1910 年 8 月 31 日）、《剪发易服说》系列（1910 年 9 月 24 到 1910 年 10 月 7 日）、《学界之吸烟说》（1911年 7 月 6 日）、《时局平心谈》系列（1912 年 7 月 5 到 1912 年 7 月 15 日）、《国光新闻殴打国民公报》（1912 年 7 月 9 日）等，在当时都曾产生过较大反响。

《时报》时评除了数量明显增加，规模逐步稳定，在版面上已成气候，更重要的是这一时期时评写作日益成熟，全面实践了时评文体的写作笔法，形成了精短、犀利、及时的时评特点，以致栏目优势突出，时评文体在报纸上的地位提升，不但为《时报》带来了声誉，而且在中国报刊史上占据了一席之地。

陈景韩是《时报》时评的开拓者和实践者，从时评创设到分版设置，时评在《时报》逐步壮大离不了他的功劳。就他个人而言，不但发表时评总量相当大，曾有人统计，在他从事报业工作的 28 年中（当然，报刊工作的前期，即在《时报》的 1904—1912 年期间是他最激情勃发的时期），潜心写作时评达 9000 多篇，而且代表了这一时期时评写作的最高成就，"当时陈就是以善写这一类的短论见称，初读之，不三不四，莫名其妙，好像在讲玄理与哲学，也好像在讲故事与童话，如丈二和尚摸不着头，细细再读，则皮里阳秋，各有所指，他在暗中骂人讽刺人，而不指出具体的对象，故不为人所仇恨"①。他的时评写作高人一筹，绵里藏针，含沙射影，不露声色，赋予时

_____

① 顾执中:《报人生涯——一个新闻工作者的自述》，江苏古籍出版社 1987 年版，第 177 页。

评强烈的讽刺意味。所以，"当时有人把冷血比作伦敦《泰晤士报》的狄雷（John T.Delane,1817—1879），认为我国读者不可不读冷血的时评，犹如英国读者不可不看狄雷的评论"①。陈景韩的时评辐射能力很强，带动了其他时评作者，如包天笑、毕倚虹、"萍"、"迦"等人②，在陈景韩周围形成了一个稳定、有力的时评写作队伍，不但保证了时评数量，每天能按期发表，而且保证了时评质量，有力地影响了广大读者。写作成员思维敏锐，视角独特，时效性强，评论时事一针见血，鞭辟入里，小版面发挥了大优势，通过连续作用于读者，在社会上获得很高的认可度。

（四）时评下滑期（1912 年 10 月—1921 年 7 月）

《时报》时评经过了四年多的繁盛期，自 1912 年到 1921 年经历了两度下滑，即自 1912 年 10 月开始呈逐步下滑趋向，1916 年后加剧了下滑步伐，两度下滑归因于陈景韩的离开和波谲诡异的时局。陈景韩的离去对《时报》来说是极大的损失，这个"中心人物"③去了《申报》是《时报》兴衰的分界点，首当其冲的是《时报》时评受到严重影响。通过查阅这一时期《时报》时评发现，在《时报》上最后一篇署名"冷"的时评是 1912 年 10 月 5 日，此后再也没有出现署名"冷"的时评。民国成立后，陈景韩曾一度负责的"时评一"栏内的时评没有署名，至 10 月 24 日才恢复署名，第一篇为"珉"，后来"时评一"署名"笑"的居多，可以断定陈景韩去《申报》后停止了《时报》的时评写作，编辑部人员也相应作了调整，包天笑同时负责时评一和时评二，时评二、时评三曾出现过"虹"、"萍"、"迦"、"灰"、"洁"、"水"、"阿严"、"公振"等众多署名。《时报》少了陈景韩这位时评写作骨干，

---

① 曹聚仁：《陈冷血的时评》，载《20 世纪上海文史资料文库》（6），上海书店出版社 1999 年版，第 23 页。

② 这些名字是作者们在时评发表时的署名，难以考证作者的具体姓名，采用简称，特此说明。

③ 包天笑：《钏影楼回忆录》，中国大百科全书出版社 2009 年版，第 406 页。

编辑部一时缺乏人手，造成时评作者队伍不稳定①，虽然保证了时评数量，却难保证时评质量，主要表现在时评写作的风格上，文笔不如以前辛辣、犀利，题材逐渐狭窄，从以前的广泛题材逐渐萎缩到以时政居多，关注老百姓的民生论题减少。

经过民初头四年的下滑后，《时报》时评再受重创。自1916年开始，中国整个报界的评论文体，包括政论和时评等都进入全面下滑期，由于当时中国的政治环境对报业生态的影响，言论自由受到限制，言论的保守状况直接从报纸版面和版位上得到体现，"民国五年以后，国中几乎没有一个政论机关，也没有一个政论家，连那些日报上的时评也都退到报纸角上去了，或者竟完全取消了"②。徐铸成在回忆录中对此也很纳闷："陈景韩原在《时报》任主笔，协助狄平子做了许多创造性的改革，文笔也相当犀利，受到读者的尊重。为什么到了《申报》就暮气沉沉了呢？……可怪的是袁世凯窃国时缇骑四出，特务密布，大批新闻记者被下了狱，那时的《申报》还敢于批逆麟，反洪宪，为什么到了段祺瑞、徐世昌执政时，北洋淫威已鞭不及驷，江南一隅又长期保持半独立状态的时候，处身在租界里的报纸，反而'冷'了'默'③了呢？"后来徐铸成把此归因于当时的政治环境，负责报纸言论工作的人"不得不采取'冷'的'默'的态度"④。这进一步导致时评缺乏锋芒，反应迟钝，评论时政没了锐气，态度暧昧，议事不咸不淡，观点不痛不痒，

---

① 包天笑在回忆录中也谈到那时合适的编辑人员一时难以找到，编辑部里走马灯似的人员变换的状况。"编辑部中变化最多者莫如本埠新闻版，我初进去时，两三年后，一直雷继兴，自雷继兴去后（辛亥革命前夕，他已进入政界了），林康侯继之（林原为上海南洋公学附属小学校长）；既而林又去了，继之者为沈叔逵（沈又号心工，继林康侯南洋附小缺，即是最初编《学校唱歌集》的）；沈叔逵去了，龚子英继之（龚为苏州人，久居上海，为金业学校校长），龚子英去了，瞿绍伊继之（瞿亦上海人），以后又经数人，最后乃为戈公振（戈初入《时报》为校对）"。参见包天笑：《钏影楼回忆录》，中国大百科全书出版社2009年版，第406页。

② 罗家伦：《近代中国文学思想之变迁》，《新潮》第2卷第5号，1920年9月。

③ 此处"冷"和"默"是《申报》发表时评时的作者署名，分别指陈冷和张蕴和。

④ 徐铸成：《报海旧闻》，生活·读书·新知三联书店2010年版，第11页。

请看时评《王揖唐胡不去耶》：

> 王揖唐非动以诚意求和示人乎？夫求和之道不一，自王来沪，和局转因之益增危象，是王之来，固不能求和也，进一步言之，王若去，或可有和之一线希望也，王既诚意求和，当此之际，胡不速去，而必实逼处此又奚为耶。
>
> 或曰，王之总代表南方，本未承认王之来去，现已不成问题耳。①

后期这类缺乏锐气、隔靴搔痒式的时评不在少数，读来不如以前快慰，读者阅读也远没有以前那样如饥似渴，胡适在《十七年的回顾》中就责问过《时报》没有保持先前所起到的"先锋"作用，为之失望。

（五）时评衰颓期（1921 年 7 月以后）

在狄楚青经营《时报》的后期，时评已显衰颓之势，到黄伯惠接办后，时评衰颓趋势更加明显，时评的栏目特色失去，在读者中的影响日衰，这跟黄伯惠接办《时报》的经营方针发生一百八十度的大转折有关。黄氏率领报纸走大众化、娱乐化之路，注重社会新闻、体育新闻和图片新闻，冷落言论，狄楚青时期的时评品牌地位在黄伯惠时期褪去，栏目变得无足轻重。不过，时评虽然被边缘化，但在版面上并没有完全消失，也许它毕竟是报纸不可分割的一部分。不争的事实是，时评数量减少，自 1921 年 7 月 2 日开始，一日三篇时评格局开始打破，每日刊载两则时评，没有标注时评一、时评二，版面位置也不起眼，仅仅蜷缩于版面一角，此时报纸增张，越发难找到时评的位置，版面地位明显下降，在读者中的地位大跌。作者对时评也不重视，选题基本退缩为时政内容，且写作风格不温不火，对读者影响甚小。因时评的衰落处于黄伯惠经营时期，不在本章论述之列，故此处不作进一步探究。

---

① 迦：《王揖唐胡不去耶》，《时报》1919 年 9 月 26 日。

三、《时报》时评的思想内容和艺术特色

从时评内容上看，时评作者笔触广泛，内容全面，思想丰富，主要涉及政治、经济、文化、军事、外交、社会、教育、民生、实业、伦理、观念、报业自由等多个方面。以下从五个方面分析《时报》时评的思想内容和艺术特色。

（一）评论时局，对国内外发展局势密切关注

时评是配合时事、应时而作的，针对国内时局发表评论是题中应有之义。《时报》存续于清末至民国时期，国内外局势变幻无常，国家发展方向不明，政局极其不稳，人心思想漂浮。此时在报刊上时兴的时评，对国内外发生的重大事件基本做到有闻必评，无一遗漏。所以，现在回看《时报》上的所有时评，我们能感知到清末民初国家发展的艰难历程。

《时报》创刊不久，紧密配合"对付俄兵砍毙华人案"、"争回粤汉铁路主权"、"抵制美国华工禁约"、"抵制美货运动"等时事问题纷纷发表时评，声势浩大，也正因为配合时事而发，有效引导社会舆论，传播效果明显，受到国民赞誉。例如《时报》针对"筹拒美国华工禁约公启"发表时评，指出："美国华工禁约问题，关于政权及国体之大问题也，关于吾国商工业之前途之大问题也，关于吾全国四百二十兆同胞之人格之大问题也，吾知吾全国将无一人不当寻法对付此约者"，从国家政权高度认识华工禁约问题的重要性，表露出国民抵制华工禁约的决心和强硬态度，并提醒全体国民应团结一致，共同抵制，显示国人声威，"吾尤望全国人闻风而起，合大群而共谋抵制之策，使吾政府耳有舆论以为之声援，而又使外国知吾国民之并非可侮"①，时评发表后发挥了积聚人心的作用。

辛亥革命爆发之后，《时报》密切关注这场革命，配合发表的时评规模宏制，内容大异其趣，且看几例。先看《革命军第一战》，文中写道："革命

① 《时事评论》，《时报》1905 年 5 月 10 日。

军一起而举武昌，再进而取汉阳、汉口，此皆唾手而得也。今乃炮声一发，而又毁长江之兵轮一。呜呼！视政府之兵，已如摧枯拉朽矣！"①辛亥革命爆发，《时报》态度明朗，毫不犹豫支持革命，时评对革命军第一战给予了高度赞赏，令人激奋。再看《速战与罢兵》：

> 今日之貌似仁爱者，多主罢兵之说，以免生灵涂炭，而余谓欲免生灵之涂炭者，莫如速战。盖战事早进行一日，即早一日解决。战事多延长一日，即多一日吃苦也。罢战之说决不能成，不过因此延长战事耳，窃为不取。②

又如《速战！速战！》：

> 今日之时势，所谓千钧一发之时也。民军之举动速，则民军战胜者，清政府之举动速，则清政府占胜者。胜败之解决，只在此数日之间，民军当出毕身之精神力量，奋勇直前，不可须史暇豫者也。速战！速战！③

两则时评竭尽全力鼓励军民坚定决心，一战到底，告诫军民，除了革命别无选择，切不可半途而废，对于鼓舞士气，稳定人心，最终革命必胜，增添了革命者的信心。革命夺取胜利后，又作《中华民国万岁》一文，兴奋地写道："民军已得南京矣，东南大局从此定矣，中华民国之根基于此立矣。由是以直捣燕北，横扫中州，则北京不足平，北军不足戮，而所有一切停战议和之浮说，可以全消"④，令人欢欣鼓舞。当革命军推翻清政府后，密切关

---

① 冷：《革命军第一战》，《时报》1911 年 10 月 15 日。
② 冷：《速战与罢兵》，《时报》1911 年 11 月 24 日。
③ 冷：《速战！速战！》，《时报》1911 年 11 月 25 日。
④ 冷：《中华民国万岁》，《时报》1911 年 12 月 3 日。

注形势变化，对于那些破坏共和的守旧专制势力不遗余力地贬斥，如《袁世凯受炸弹》：

> 袁世凯在今日宜其受炸弹也。现尚不知掷炸弹者其为革命党中人，抑为满族中人。然无论其为革命中人，为满族中人，而袁世凯对之，皆有受此炸弹之资格也。袁世凯如为满族忠臣，则当一意主战以革民党，今不能战，满人当掷以炸弹也；袁世凯而为民党功人，则当从速推倒满洲政府，今又迟迟不决断，与满人争权利，此民党当掷以炸弹者也。今虽不死，亦足以夺其魄矣。①

辛亥革命之后所发表的一系列时评，如《革命军第一战》《革命军第一胜》《大局已定》《平和改革之无望》《战与平和》《速战与罢兵》《速战！速战！》《民军今日之方略》《中华民国万岁》等，如连珠炮式不断发出，不但助长了革命军的军威，而且告诫国民不要轻易相信袁世凯，认清他的面目，千万不可把革命果实拱手让人，鼓励革命军丢掉幻想、一鼓作气战斗到底，为缔造共和而争取胜利。《时报》上这时期的时评显得干脆利落，不仅内容看后使人热血沸腾，单从鼓舞人心的标题就能大大鼓人士气。

《时报》时评不仅关注国内局势，而且关注对外关系，利用时评文体评论我国与他国之间的外交局势，当时许多国家对中国心存觊觎，及时跟踪国外动向，配合时事发表时评，适时警示政府、警醒国民，以维护国民的人格尊严和国家的切身利益。20世纪初年，列强不断对外扩张势力，企图蚕食中国，他们在骨子里抱有排华心理，陈景韩针对俄人明显的排华倾向极度不满，所作《一日而逐华民万人》时评诘责此行径：

> 中国人稍有得罪于外人之处，外人辄日排外排外，今俄国一日而逐

---

① 《袁世凯受炸弹》，《时报》1912年1月17日。

华侨万人出海参崴，世界敢有公言俄人为排外者乎？且俄人此举，非特国际上排外也，于人道主义亦大背。中国人之在海参崴者，大概全国商人均有身家产业，一旦退去，其损失讵可胜计，是无异俄人之虐杀犹太人也。虽然俄人之为此，其本意尚非止此而已也。俄人欲下手于蒙古，而尚无可以藉口之端，故借此以挑中国人之怒耳，我中国上下之对付此事，宜知其意。①

陈景韩不但谴责俄国置中国人的利益于不顾，连连责问这种排华行为有违人道主义，而且提醒国人，这种行径不仅仅只是排华，其不可告人之目的是以此激起国人之怒，以图进一步侵华寻找借口，告诫国人对俄的排华行为应知其险恶用意。时评直切事情的本质，让国人洞穿云雾，以联合力量抵制外敌。再如《一年之内》，也是这类从外交层面警示国人的时评：

今有警讯曰，倘中国于一年之内，再无统一及改良之望，则各国将开特别国际大会，以了结远东各问题，无论中国是否同意。乌乎此何谓耶，岂中国陆沉，即在一年之后耶。

然而当此之际，国人能不急起直追？②

民国之初，国内政局混乱，社会动荡不安，帝国主义列强借口保护其利益，步步进逼，国家安危难保。作者洞穿这一严峻形势，告诫国人落后将挨打，激起国人树立信心，奋勇向前。

（二）批评政府，对政府的腐败给予无情鞭挞

报刊不仅具有新闻信息传递的功能，而且也具有舆论监督的功能。《时报》在监测社会环境方面也付出了一定的努力，时评在这方面发挥了较重要

① 冷：《一日而逐华民万人》，《时报》1912 年 9 月 16 日。
② 迦公：《一年之内》，《时报》1921 年 3 月 12 日。

的作用。《时报》时评是密切配合新近发生的各种新闻事件和社会现象及问题，以敏锐的视角对清末民初政府的所作所为，尤其对政府的腐败行为进行鞭挞。从整个时评内容上看，这类时评所占比重相当大，写作手法也多种多样，呈现出多姿多彩的写作风貌，试从以下方面剖析其思想内容和写作手法。

其一，取譬设喻，妙趣横生。

这类时评通过比喻的方式对社会现象进行形象化的评判。作者善于抓取本体和喻体之间的相似之处，先言它物，后落脚到所评事实和现象上，让读者在不经意间领会到作者的观点。如陈景韩所作《中国之人民与政府》：

> 我尝窃譬焉，中国人民之力量如牛筋，拽之则长，弛之则短。中国政府之力量如弹簧，屈之则短，舍之则长。是故我人民有事要求于政府也，或有事与政府反对也，其始人民之力长，而政府短也。盖人民拽之而政府屈之也。其继人民之力渐短而政府渐长，盖人民与政府之力量各归本位也。今观国会之现状，又将如此矣，我人民奈何？①

陈景韩写作时评善于运用贴切的比喻，把道理说得通俗、晓畅。该时评就用形象的比喻，把人民与政府之间的力量消长比作弹簧的拉拽和松弛，置民众与政府于双方力量"拉长"与"缩短"的二元对立中，为民众指点迷津，提醒他们如何处理与国会之间的关系。最后通过反问，把问题摆在民众面前，激起民众，用强大力量迫使政府改变原来的处事方式。再看一例：

> 闪电之后，必闻打雷，打雷之先，必见闪电。然亦有闪电而不闻打雷者，打雷而不见闪电者，然一次闪电，只有一次之打雷应之，在后，一次打雷只有一次之闪电开之于先。试静观之中国之官吏，无一事

---

① 《中国之人民与政府》，《时报》1908 年 8 月 17 日。

不如是也，今之禁烟，电已闪矣，一声之雷声，势必随其后也，然而
自后……①

　　这篇时评同样是运用妙趣横生的比喻，即用闪电打雷之比喻来观照政府
处理禁烟一事，作者运用曲笔手法直戳统治阶层的痛处，抨击政府处理禁烟
一事的敷衍行为。更有兴味的是，时评结尾还留有空白，不言自明，致使政
府虎头蛇尾的办事作风尽览无遗。这两则时评很能代表陈景韩时评的风格，
即曹聚仁曾评价的那样，"冷血文笔以峻简见长，议论波谲翻腾，盖脱胎于
《东莱博议》"②。
　　其二，类比推理，令人叹服。
　　作者通过异乎寻常的想象，把事物的相属之处进行类比，通过推理，顺
理成章地得出想要表达的观点。陈景韩、包天笑等时评作者善于发现社会敏
感问题，通过类比联想，戳穿社会隐藏极深的痛楚，并试图寻求社会的病痛
根源。试看几例：

　　　　鸡与鸡斗，狗与狗斗，牛与牛斗，利害不相同则相忘，利害相同则
　　相轧，中国今日之能任事者，其现状如此。③

　　作者从鸡、狗、牛等动物习性说到政府官员行为，用极为平常的叙述方
式，以超凡的联想力把这些动物和这类社会现象进行类比，看似不动声色，
却在寥寥数语间，一针见血地对政府的尔虞我诈和利益倾轧丑行暴露无遗。
再如：

---

① 《闪电打雷之中国官吏》，《时报》1909 年 6 月 19 日。
② 曹聚仁：《陈冷血的时评》，载《20 世纪上海文史资料文库》(6)，上海书店出版社
　　1999 年版，第 23 页。
③ 《无题》，《时报》1906 年 6 月 20 日。

兵所以卫民也，今反以苦民，巡缉侦探队，所以稽察盗匪也，今反以扰纷闾阎。养兵乃以豢贼也，酬饷又以济匪也，不意清乡清乡，乃竟如是如是。①

这篇时评从兵、民本是一家的思想前提出发，指出兵应是"卫民"，今天却变得相反，充当"苦民"、"扰民"的角色，不仅如此，他们还压榨百姓，无所作为，充当了劫匪的角色，通过兵、匪类比，最终得出兵、匪一家的结论，自然激起人民对当今官兵的痛恨。再看一例：

有时谓近世医学愈精，而奇异之病愈多，其实非也。医学未精时，奇异之病未尝不有，唯人不知之耳。近时整饬，官方严禁贿赂之论愈多，而贪赃舞弊之案亦愈多甚。然则所以愈多者，果如医学之日精所致欤？抑奇异之病流传盛也？是则我不敢以强断也。②

时评从医技精湛与怪病多寡的荒诞之关系出发，推理严禁贿赂之论与贪赃舞弊之案多少之关系，两者进行类比分析，自然破解了当局对官场贪赃枉法胡乱寻找根源，为自己的贪腐行为寻求庇护，这种毫无逻辑的推理无法使人信服，也从另外角度证明，查实贿赂越多，贪赃舞弊者不断浮出水面，揭露官场舞弊成风的丑恶社会现象。

其三，巧于发问，警醒世人。

从《时报》时评来看，许多篇章能看出作者有极强的问题意识，敏锐抓取那些不便直接评论的社会现象和敏感问题，通过简单发问，简短渲染，看似矛盾的问题，实则态度明朗，结论显现，这种在矛盾对立而统一中寻求病理根源，毋庸多言，读者豁然开朗。例如：

---

① 笑：《兵也匪也》，《时报》1909 年 1 月 30 日。
② 《病与医》，《时报》1910 年 8 月 12 日。

第一问：百政不举，病在乏财，乏财之原，病在实业，然而近人竞求实业无不失败而致财愈乏者，其故安在？能有良法以挽回此现状否？

第二问：上有改革之君，下有改革之民，中有改革之亲贵大臣，然而每欲改革一事必至阻挠无成者，其病根安在？须从何处入手方能有效？

附言：此发问非征文亦非募集意见书，唯记者以为凡此诸问题均为我中国人应当尽心研究之事，阅报诸君决宜日夕往来于胸中，故特为之提出，然苟有切当高见，惠示本报者，本报亦愿为之宣布。①

时评直接以"发问"为题，抓住社会上存在的问题，运用欲擒故纵的手法，最后直击要害，揭穿了各项改革政策失败的深层原因，同时在嬉笑怒骂中痛斥政府的不作为行径。再看时评《罕譬》：

或问一指独健而全手萎可乎？曰：不可。

一手独健而全身萎，可乎？曰：不可。

一人独健而全家萎，可乎？曰：不可。

一事业独健而全国萎，可乎？曰：不可。

然则今日在上者独注意于军备而忘其余，何也？②

时评针对一些常理问题入手，每句设段，层层设问，一问一答，每问都事先树立靶子，最后直击靶心，落脚点定位于政府的政策偏颇上，使读者顿有洞穿云雾之感，甚为发人深省，可见，用发问方式能收到事半功倍的传播效果。再看下例：

---

① 冷：《发问》，《时报》1910 年 8 月 14 日。

② 《罕譬》，《时报》1910 年 12 月 3 日。

人谓今日南京城中最趾高气扬者，有二人焉，一为潘学祖，一为孙廷林。潘学祖前办造币厂，亏欠至数百万，所入官邸偿之房屋，今已以兵力驱之，改作潘公馆矣。孙廷林办裕宁官钱局，吞没官欠至一百余万，今又寅缘李盛录而为财政司矣。谁谓贪吏之不可为哉？如此用人安得而不速亡其国哉？①

时评开头先陈述事实，平铺直叙，无意渲染、粉饰，最后连续两问，问得政府无言以对，同时，使整个社会和民众如春雷惊蛰，顿生紧迫之感，振聋发聩，引人警醒。

其四，讽刺幽默，入木三分。

讽刺是鲁迅杂文的常用手法，所以其杂文如匕首、投枪，直刺被抨击者的内心。他指出："一个作者，用了精炼的，或者简直有些夸张的笔墨——但自然也必须是艺术地——写出或一群人或一面的真实来，这被写的一群人，就称这作品为'讽刺'"②。时评以讽刺手法贬斥社会丑陋现象，能产生强烈鞭挞效果。《时报》上运用这类写作手法的时评占有很大比重，信手拈来几例试作分析：

谓中国政府之不治事，冤也；谓中国政府治事之不尽力，冤也；然尽力治事而中国政府仍似有而若无者，何也？以中国政府之治事，如风也，如潮也，如电光也，如石火也，其始可畏也，其未可笑也，其来突然也，其去寂然也，其势忽起而忽落也，其形忽隐而忽现也，为之人民者，讵能捉摸之哉？计划计划，转瞬间耳。③

---

① 笑：《贪吏可为》，《时报》1913 年 9 月 25 日。

② 鲁迅：《鲁迅杂文全集》，河南人民出版社 1994 年版，第 805 页；同时参见吴庚振、要清华：《喻巧而理至——比喻在新闻评论中的应用研究》，河北大学出版社 2006 年版，第 161 页。

③ 《如风如潮如电光如石火之中国政府》，《时报》1908 年 6 月 28 日。

时评表面通过为政府喊冤，实则讽刺政府如风飘浮、如影随形、时常变卦、捉摸不定的施政风格，对政府的丑行刻画得入木三分，使政府人员犹如老鼠入洞，无地自容。且看：

> 我政府我疆吏，皆善于词令者也。凡有取于人民之欶，必曰上不病国，下不病民也。政府之通饬，疆吏不准加盐酒税也，曰民不堪命焉，而已乃定加盐税四文也。疆吏之奏请增加盐税也，亦曰民不堪命焉，而已又加二文。玩其词气，均若深护我民焉，而实均向我民加税者也。我欲不谓其词令之善而不得也。①

时评开篇直陈政府善于词令，讽刺他们花言巧语、言行不一的拙劣行为，并尽力为自己的欺诈百姓行为寻求辩护，展示当局政府狡辩、虚伪的本质。再如以下两则前后刊出的同题时评《呜呼进步矣》：

> （1）向者官府之对付国民也，如火之烈，今者官府之对付国民也，如水之懦；向者如虎，今者如狐；向者如暴客，苟不应者，以白刃相加矣，今者如偷儿，乘其无觉，为此祛箧之手段，及彼略有所觉，而已席卷所有去矣。呜呼进步矣！进步矣！②
>
> （2）向者官府之对待国民也，用强硬，今者官府之对待国民也，用阴柔；向者用威，今者用诈；向者以直接，今者以间接。呜呼进步矣！进步矣！③

时评从官府对付国民手段的转变，从以前的直接、强硬的蛮横手段变为隐蔽、狡猾的阴柔手段，文尾连呼其统治方式的"进步"，一针见血，犹如

---

① 冷：《善于词令》，《时报》年 1908 年 7 月 31 日。
② 笑：《呜呼进步矣》，《时报》1908 年 12 月 24 日。
③ 笑：《呜呼进步矣》，《时报》1908 年 12 月 25 日。

匕首直刺事物的内核，反讽效果强烈。再如：

> 中国之政府其闻也近，其视也远。何谓近闻？京城以外，虽大声疾呼不之闻也，所闻者近臣之言耳。何谓远视？国内之事不之察也，所考察者重洋以外耳，此近日中国政府之特色也。①

时评通过政府近闻和远观的矛盾，力斥政府对国内之事不闻不问，装聋作哑，然而令人啼笑皆非的是，中国政府竟远踏重洋所谓考察，在滑稽可笑中讽刺政府的不为民、不务实的作风。又如：

> 近日政界中人，往往于不欲告人之事实，辄大声以宣言之曰中止，于是有始虽中止而终且实行者，有貌为中止而实不中止者，而欲求一名实相符之中止，盖受戛乎难之。今者续向银行团募债之一千万元，又可宣言中止矣。吾不识其名实果相符否，或亦于斯二者而自撰其一耶。②

时评言及中国政府对利己害民之事，表面说"中止"，实则暗地在"继续"，说一套做一套，言行不一。讽刺政府隐瞒真相、欺骗百姓，处事敷衍塞责的无耻行径，深刻表达了作者对政府玩弄权柄之伎俩的愤慨。

其五，陈列事实，力透纸背。

这类时评主要用铺陈手法，不发半点议论，通过事实的逻辑力量传达深刻寓意，因此，表面看似仅为简单罗列社会现象，仔细琢磨却意味深长，耐人玩味。请看两则《京中近状》：

> （1）死、病、假、参劾、放逐、哭、持刀、药单箱、恐慌、缉捕、

---

① 《近闻与远观》,《时报》1910 年 9 月 1 日。
② 《中止》,《时报》1915 年 11 月 7 日。

秘密、拐逃、严拿，此今日京中近状也。①

（2）或曰否，昨所云特京外人所见之京中近状耳，正确之京中近状则为考试、谋差、运动、选举、借款回扣、军装回扣、宴客、挟妓、奔走迎送而已。②

这两篇时评皆为陈景韩所作，集中体现了其时评"短小精悍、冷峻明利"的风格，堪称陈景韩时评的经典之作。《京中近状一》全文31字，时评看似仅摆事实，实则通过事实的缜密安排，折射出深刻的思想意蕴，使读者在不经意间且不费思量就能得出结论，尤其文中抢眼、简短、有力的词语，排列成串，犹如鼓点，振聋发聩，引人警醒。

《京中近状二》也只有几十字，陈景韩应时而发，从另一角度罗列京中的各种社会现象。他以冷峻的笔调直陈时弊，文字洗练明快，时评短小隽永，褒贬好恶藏于字里行间，体现了陈景韩高人一筹的驾驭时评文字能力，他把时评中列出的事实串联在一起，让读者体会到政府看似整天忙忙碌碌，终究庸碌无为的可耻行为，讽刺意味力透纸背。

其六，手法另类，诙谐理趣。

《时报》上还有一些另类时评，如运用对话、玩文字游戏、释画注解等奇特手法，看似另类，但理趣自然，且又新颖洒脱，令人叹服。例如：

有两车夫相对谈曰："我辈今日所出之力与昔日等，所做之事与昔日等，所索之价与昔日等，所得之钱与昔日等，然而昔日虽非有余，尚不至不足，今日每食不能饱，衣不能暖，妻子不能养者，何欤？"

一车夫曰："是因物价贵。"

旁人晓之曰："非物价贵，铜元贱耳。"

---

① 冷：《京中近状一》，《时报》1910年4月12日。
② 冷：《京中近状二》，《时报》1910年4月13日。

车夫曰："一铜元作十文，何得谓贱？"

旁人曰："汝亦知须有一百三十五铜元，才得换一小洋乎？"

车夫曰："我何知，我辈未曾有洋。"①

《时报》自1909年6月3日至15日刊登了13篇谈铜元的系列时评，该时评是系列文章第一篇。该文摆脱常规的写作手法，作者巧设由头，对话成篇，层层剥笋，诙谐理趣，无须发论，结论却乐于使人接受。再如：

中国政界之名字以拆字法解之，鲜有不与真情相吻合者，兹特略举数字如左：

政字，政为正文，正在旁为不正，右为反文，为反乎文明，故政者不正，而反乎文明者也。

府字，府为腐字去肉，本为腐败之肉，肉既为食肉者所食，故肉去而仅存一府也。或曰腐败之腐字乃府字加一肉耳，政府中而多食肉者，故腐败耳，二说未知孰是。②

陈景韩以另类视角，巧拆汉字，巧妙解读，如同玩文字游戏一般对当时政府的腐败行为作了淋漓尽致的嘲讽，看完令读者忍俊不禁。

（三）关注民生，对百姓日常生活及生存境遇给予人文关怀

《时报》上不乏关注百姓生活的时评，尤其在清末和辛亥革命前后这类时评数量不少，对清末腐朽统治和战乱频仍下的百姓生存际遇和状态给予了温情关怀，陈景韩在《岁暮之预言》中这样写道："岁暮异于平时，今年之岁暮又异于他年之岁暮，今年岁暮时之可预言者，空房必更多也，旧物必更贱也，救火钟必更忙也，喊救命必更烈也。其原因为何？"③时评对百姓常年

① 《铜元谈一》，《时报》1909年6月3日。
② 陈冷：《拆字一》，《时报》1908年8月18日。
③ 冷：《岁暮之预言》，《时报》1909年1月3日。

的生存状况作出预言，其实无需预言，清末百姓年复一年过着水深火热的生活，最后用责问的方式对当局发出了强烈的控诉。以下这篇更能体现这一思想内容：

> 巴拿马河工不可往，往者非病则死。
>
> 美人招巴拿马河工尤不可往，往者非病死则受虐。
>
> 此其理由，国人知之，政府知之。
>
> 然而美公使仍向政府请求不已，何也？必政府未尝拒之也。
>
> 政府固尝闻议拒矣，然而奸民辈能立合同回国招工，何也？必政府拒之而未尝决绝也。
>
> 谓政府不知，而政府岂真聋聩？谓政府不理，而政府竟无心肝，无以名之，名之曰非真爱民。故吾不责奸民，而惟责政府。[1]

全文 173 字，字字珠玑，紧扣美招华工一事，一句一段，层层深入，不断质问清政府，最终剥开清廷非真爱民的真面目，行文流畅，一气呵成，将清政府的丑陋本质暴露无遗。更重要的是，作者对在美华工的生存境况甚为担忧，对困苦民众给予默默同情和温情关怀。在写作上也颇具特色，体现了时评"用简短的词句，用冷隽明利的口吻，几乎逐句分段，使读者一目了然，不消费功夫去点句分段，不消费功夫去寻思考索"[2]。

《时报》时评除了通过控诉政府来凸显百姓生活贫苦，从而给予百姓人文关怀外，作者还常常选取与老百姓日常生活息息相关的问题写作时评，如用水、用电、使用电话、乘坐电车等方面，常以系列时评形式推出，对这些问题给予长期关注，扩散影响，切实关心百姓生活。

陈景韩曾于 1907 年 9 月对于上海之外的内地城市的公共供水系统发表

---

① 《巴拿马河工不可往》，《时报》1907 年 1 月 18 日。

② 胡适：《十七年的回顾》，《时报》1921 年 10 月 10 日。

过多篇时评，先告诫大家关注水质，而后针对水质不洁寻找病因，再后敦促有关部门立即采取切实有效措施改善居民用水。自当月 21 日，他在"闲评"栏内推出时评，提醒大家关注自来水水质问题，"今内地自来水之不洁，与河水井水等且又加甚焉。若之何其不害生也。井水河水之不洁，或当其地之一流一泉而已，若自来水则同此一管清则俱清，浊则俱浊"①，"井久不用而枯，河久不开而涸，至自来水之不洁甚于河井之时。即转欲还我河井之不洁，而亦不可得矣，是自来水不改良，而实无知之和也"②。次日又发表时评分析自来水不洁之原因："内地自来水之不洁非公司中故使之不洁以害人也。盖亦有数故：其一、中国人之本不知洁为何物，苟以我所谓之不洁之水，示之公司中人必不服，曰此已大洁矣，何勿洁也。其二、公司之资本不足欲其水之洁，诚大非易事……其三、与自来水相关之各种事务不能相称，如内地马路无阴沟，则水管只能装于泥内，一经大雨积水不去，则易烂水管，稍破则泥土因而入。此则自来水公司独力不能成，而不可过责自来水公司。"③条分缕析，原因明确，百姓信服。24 日，陈景韩还针对内地自来水公司部门发表时评，提醒并督促其添设清水池来切实解决居民用水卫生问题，"余至其地，见清水池之为添设且未动工亦如故，明知集与大难，举事不易，民非水不生活，清水池一日不添设，则水之一日不清，而欲饮此水者一日受其苦。余之为此言者，岂有他意哉？诚恐公司中人之久忘前言，不得不为提撕耳"④。这组时评采取系列形式，环环相扣，层层递进，让百姓真正意识到卫生用水与身体健康密切相关的重要性。

这类以系列时评关心百姓日常生活的话题很多，如以老百姓生活密切联系的电话为题材，同样推出了四篇时评《上海电话》，请看系列时评之三：

① 冷:《论内地自来水一》,《时报》1907 年 9 月 21 日。
② 冷:《论内地自来水二》,《时报》1907 年 9 月 21 日。
③ 冷:《论内地自来水三》,《时报》1907 年 9 月 22 日。
④ 冷:《论内地自来水公司四》,《时报》1907 年 9 月 24 日。

上海内地电话，因日久不能与租界电话相接，故南市城内各处装租界电话者，日多一日，设上海内地电话，一旦加价则用户出费几与租界电话相等，转不如装设租界电话之为愈也。

故为上海内地电话计，如因赔折而加价，吾知愈加价，则会赔折，徒为租界电话扩增势力而已。①

这组时评在当时较有影响，作者抓取与百姓日常生活相关的电话为题材，敏锐发现市内电话不能与租界电话相接，造成电话不断加价，最终导致恶性循环，危害百姓的切身利用，呼吁南市城内与租界电话相接，不但有利于百姓生活，而且有利于国家势力。

《时报》上还有许多时评特别关注百姓的生命和财产安全，借助报纸呼吁当局应切实关心百姓安全。如针对当时上海法租界电车屡屡伤人事件，作者甚为担忧，陈景韩即作时评《电车与性命》关注此事，"电车为文明利器，固不当阻止，然生命为人类同具，亦安可漠视勿顾哉。今者法界电车肇祸者屡屡矣，以视英界尤酷且烈。除西门相近报纸未载外杀人之事，已有数起。长此不事改良，则生命岂真儿戏哉？窃谓此事上海道宜与干涉，速与电车公订伤或死人罚律，悬之车中，则司机之人或知所警，不然，此辈无识之徒安识利害哉？"②时评先抑后扬，提出应接受而非排斥先进交通工具，但更应关心百姓的生命安全，敦促当局抓紧订立处罚条例，给肇事者绳之以法，把百姓安全放在心上，从内心为百姓安全着想。再如关于盗劫事件，关涉百姓财产安全，时评针对此写道："近数日内租界之中，几无日无盗劫案，而盗劫之时间，每在下午七时及十一时，正巡捕上差落差之际。窃以为租界巡捕上差落差，宜仿内地警察，上差者既到岗位后，方可令落差者离此岗位，否则上差者未到，而落差者先去，盗匪即以此时行其强抢之手段，迨巡捕闻

---

① 《上海电话》（三），《时报》1912 年 7 月 24 日。

② 冷：《电车与性命》，《时报》1908 年 7 月 17 日。

警而至，而匪已远飚矣。不知捕房中亦以此言为然否？"①时评针对租界盗劫猖獗，作者仔细分析，查寻问题根源，对巡捕漏洞提出合理建议，殷殷期望当局调整相关政策，以确保百姓一方安宁。

以上时评是从整体层面关注百姓安全，但《时报》也有些时评从个体层面关注公民安全，如《疑团，疑团》即为一例。文中指出："半月以前之吴顺生父子，盘踞于徐仲鲁之门，半月以后之吴顺生父子，大呼救命于徐仲鲁之门。吴顺生父子大呼救命之当夜，众邻叩门，徐仲鲁答称无事，然而大呼救命之翌日，不见吴顺生父子矣。呜呼！吴顺生父子安在？敢问徐仲鲁，须知吴顺生父子一日不见，即疑团一日不释，疑团一日不释，地方官对之如何？侦探家对之如何？"②时评对吴顺生父子的安全连续反问，为百姓呼号，以引起政府和社会重视，督促案件尽快破获，公布真相，起到了舆论监督作用。

（四）塑造民格，对国民弱点与陈腐习气进行说服和批判

清末民初是我国除旧布新的大转变时期。自19世纪末以来，国内形势急剧变革，中西交流日益频繁，出国留学渐成风气，通过东西交流，西方思潮渐入国门，国内新旧思潮相互交汇、碰撞、融合。在国内社会思潮吐故纳新的交替过程中，守旧习气受到冲击，国民劣根性也纷纷暴露。处于此时创刊的《时报》，充分运用时评对国民陋习无情批判，对新思潮适时分析和引导，力图修正国民性，以利于国人民格的塑造。

时评主笔陈景韩受过西方思潮的洗礼，抓住国内不合时宜之事进行评论，他善于从传统习惯、文化和民族心理等方面进行批判，如针对清末的剪发易服问题就发表了不少时评。宣统二年（1910年），资政院提出了剪辫的动议，青年学生欢欣鼓舞，在获批之前就纷纷剪去发辫，风潮迅速波及十多个省份，但在国民中全面接受剪辫则是相当艰难的过程。早在1910

---

① 《无题》，《时报》1914年2月24日。

② 灰：《疑团，疑团》，《时报》1911年7月30日。

年 8 月 8 日，陈景韩发表了一篇几十字的简短时评《剪发易服说》，以此拉开了评论此事的序幕，约一个半月之后，阵势正式架起，从 1910 年 9 月 24 日至 10 月 6 日，陈景韩在《时报》连续发表 13 篇题为《剪发易服说》的时评，呼吁行动起来剪发易服。他在首篇时评中明确指出："其反对之要点有二：其一曰体制问题，其二曰经济问题。剪发易服之后，必改拜跪婚丧之礼，与国家之典礼有关。……剪发易服之后，必改冠履衣饰之制，与国民之经济有关。……此二问题而不解决，而欲剪发易服，诚哉，其难也。欲剪发易服者，必自解决此二问题始"①。中国经历两千多年的封建统治，陈腐思想根深蒂固，守旧习气异常顽固，要想改变传统观念极为不易，只能通过谆谆善诱、以理服人才有收效。这篇时评分析原因击中要害，见解独到，结论合理，让人易于接受。这组时评逐日推出，每篇均在 250 字以上，每次安排一个观点，全方位说服民众剪发和易服，抛弃陈腐观念，接受新鲜事物，形成了强大的舆论场域，影响很大。

与《剪发易服说》的正面说服不同，《电车初试》同样是评论接受新鲜事物的话题，作者却毫不留情给予批判。这则时评以"电车"为由头，时评辛辣指出："上海电车，一礼拜来，已在静安寺一带开试，定于礼拜一开车搭客，昨日又驶至英大马路，一时观者甚众，两旁如堵墙。余因有感我中国人之性情，大凡一事之创始也，人怀疑虑，种种之浮言起，及其既成则又如蚁之附膻物，其蠢既可笑，亦复可怜甚矣"②。这则在《闲评》栏目中的时评，陈景韩把国人在新鲜事物面前表现出的"愚蠢"和"可笑"的"性情"一针见血地提了出来，对国民弱点进行无情鞭挞，具有很强的警示意义。再如《中国事之一例》，"松江四乡多牛疫，牛死每弃之河，河有为之塞者。或曰：此乡民之愚无识也，河水染牛疫多及于人，奈何不埋之土？然而乡人则亦有说：疫牛埋之土，土苟生草，他日牛食久必又疫，故不埋之土而弃

---

① 冷：《剪发易服说》（其一），《时报》1910 年 9 月 24 日。

② 冷：《电车初试》，《时报》1908 年 3 月 2 日。

之河，呜呼！消毒之法不明，卫生之政不讲，弃河与埋土两者均害而已矣，尚安责哉？尚安责哉？"①时评对百姓错误的卫生观念提出质问，嘲讽那些守旧之人思想僵化，对国民不思改变的陈腐旧习给予有力地敲击。

以上时评都以具象入题，具有批判的针对性，而《中国人之特性》从形象类比入手发表短论，对国民劣根性刻画得入木三分，很有批判的震慑力，请看：

> 中国人之特性，其动也如狂犬，其静也如死蛇。何谓狂犬？不问尧跖，而吠之以为雄也；何谓死蛇？既无生气又极柔顺，任人玩弄而无所不可也。阅者疑我言乎？试息心以观之，死蛇之后狂犬，狂犬之后死蛇而矣，安有他哉？②

时评猛烈抨击国民痼疾，尖锐指出中国人被压榨得死气沉沉之后胡乱狂吠，狂吠一番之后便偃旗息鼓，无心努力改变现状，如同死蛇，任人宰割，对于逆来顺受之国民，作者既"哀其不幸"，又"怒其不争"，时评高度体现出陈景韩时评写作"犀利峻冷"的"冷血体"特征，现在读来仍有很强的讽刺意味和现实意义。显然，此类时评从批判视角入题，由"破"而"立"，达到塑造民格之目的。

（五）反对报律，为报业言论自由呐喊助威

独立报格是一家报纸受人尊重的重要因素，这需以独立的言论自由空间为前提。《时报》创刊之时，正是"中国新势力复活的酝酿时期"③，也是清末报律接踵出台的时期，报界的言论自由空间大大受限，报刊与政府之间矛盾不断加剧。《时报》一创刊就处于恶劣的媒介生态环境中，所以，创刊不久就倡导组建报业同盟，呼吁报界以团体力量维护报业的言论自由。1905年

---

① 《中国事之一例》，《时报》1910年8月7日。

② 冷：《中国人之特性》，《时报》1910年8月31日。

③ 李剑农：《中国近百年政治史》，上海人民出版社2014年版，第177页。

3 月 13 日和 14 日，《时报》连续发表《宜创通国报馆记者同盟会说》，在我国首倡组建新闻团体，"报界之知有团体，似自此始"[1]。文中敏锐指出："使我记者而有同盟会在，则在上而用强硬，通国之记者，不能尽杀而尽拘；在上而用摇惑，通国之记者亦得，以待外人之法待之，而后之不得逞其志"[2]。不出所料，《时报》创刊两年后，清廷在随后的两年内先后颁行了《大清印刷物专律》（1906 年 7 月）、《报章应守规则》（1906 年 10 月）、《报馆暂行条例》（1907 年 9 月）、《大清报律》（1908 年 3 月）等报律，这些报律为我国报业套上了重重枷锁。

《报章应守规则》中明文规定报章"不得诋毁宫廷、不得妄议朝政、不得妨碍治安，不得败坏风气……"[3]。颁行不久，北京就有报纸受到封闭。10 月 10 日，《字林西报》报道了北京《中华日报》遭到封禁，且"尽数年来有报馆三家均遭封闭"。针对清末政府相继颁行苛责报律并狂妄借机封禁报纸的恶劣行径，陈景韩及时发表"时事批评"，力斥其"妄"："宣布预备立宪之后，而第一阻遏人民之言论自由，其妄一；封禁报馆之未足，而又颁发此千古未闻之报律，其妄二；颁发报律而不知所谓报，不知所谓律，其妄三；不知其所谓妄，而乃唯恐人之不妄，其妄四"[4]，给予了清末报律有力的控诉和回击。然而，这仅仅是我国报界厄运的开始。

1907 年至 1908 年初，时报馆连连遭受政府当局纵火，蓄意毁坏报馆，压制报界言论自由。陈景韩针锋相对，及时发表社论《再火》以示控告，"天其助政府以压抑舆论欤，不然，何火我报馆之不已也？"时报馆同人并没有为这般卑鄙恶行所吓倒，他们强烈控诉清政府覆辙秦始皇焚书之法，用专制手段钳制舆论，"我中国之压抑舆论，自古唯火是赖矣！秦始皇者，专制之元首也，其愚黔首曰焚书。今者政府之心，虽欲效始皇，而力有所不

① 戈公振：《中国报学史》，生活·读书·新知三联书店 2011 年版，第 257 页。

② 《宜创通国报馆记者同盟会说》，《时报》1905 年 3 月 14 日。

③ 戈公振：《中国报学史》，生活·读书·新知三联书店 2011 年版，第 304 页。

④ 冷：《安哉警部之所谓报律也》，《时报》1907 年 10 月 17 日。

逮，欲举天下之言论而尽灭之，其势有未能，乃仅发此倾倒之命令，以阻民气"，通过卑劣手段阻止报纸不能应时发售以压制舆论，可见清政府已黔驴技穷。同时，陈景韩等报馆同人表明与之顽抗到底的坚强决心，"本馆同人不为火屈，自当收合余烬，再整旗鼓，以求最后之胜利"①。清政府为何如此畏惧报刊？包天笑在时评《报纸多与报纸少》中对中国官场看待报纸的矛盾心理作了真实刻画，"或曰，报纸多，国民之程度进焉；或曰，报纸多，州县官乃大困焉，谓余不信，请观湖北之枝江令"，相反，"报纸少，官场之所喜也"②，包天笑在时评中直接通过报纸多与少的矛盾，把当局畏惧报纸的复杂心理呈现在读者面前，可谓一语中的。

然而，清末政府对报界的压制并没有收敛，通过接踵而至的报律对言论自由进行严厉控制，导致报纸与政府之间的矛盾日益激烈，报纸在与政府的斗智斗勇中争取自身的言论自由空间。但在苛责的报律面前，报纸动辄得咎，1909 年多家报纸在斗争过程中又遭受关停、归并的厄运。对此，陈景韩痛恨地写了《今年中消灭之报纸》的时评：

> 《舆论报》，上海，归并《时事》；
> 《大同报》，北京，归并《中央》；
> 《民呼报》，上海，勒闭；
> 《国报》，北京，封禁；
> 《中央大同报》，北京，封禁；
> 《吉林日报》，吉林，封禁。
>
> 不及几月中，报界之被摧残者，已落花流水如此矣，此亦预备立宪第二年应有事耶？呜呼！③

---

① 冷:《再火》,《时报》1908 年 1 月 15 日。
② 笑:《报纸多与报纸少》,《时报》1908 年 12 月 23 日。
③ 陈景韩:《今年中消灭之报纸》,《时报》1909 年 9 月 30 日。

陈景韩悉数了几个月内所遭受当局封禁的报纸，时评以事实为根据，简要罗列封禁报纸，分行设段，无需发一句议论，干脆利落，最后的诘问把当局钳制言论的行径暴露无遗，使读者对腐败政府控制言论、封杀舆论的行为恨之入骨。

从以上论述可知，《时报》上的时评涉及内政外交、国计民生、社会弊端、国民痼疾等内容，呈现出视角独异、形式灵活、笔调冷峻、文字洗练、短峭活泼的艺术特色。这些随体附形的时评，在激情与理性糅合中传递真知灼见，凸显出联系实际、尖锐泼辣、多姿多彩的风格，使时评百花园呈现一派艳丽多姿的言论景观。

总体来看，纵观《时报》的时评，特别是民国成立以前的大量时评，艺术成就很高，对读者和报界影响极大。而此时的申、新两报评论则多遭人讥讽："《新闻报》的'新评'，大都揣摩一般商人的心理而说的，归纳起来，不外乎祈求和平和劝告军阀（劝告军阀不打仗，以利于做生意——引者注），这几个老套。至于精实的评断、奇拔的见解，在该报的新评中，是不容易发见的"；《申报》的时评，既不应"时"，又很少"评"，"往往是无时间性的，有人说过他的时评，隔两三年还可以应用。那些有时间性的，简直都是无意义可言。他所说的，都是不说也明白的话"①，同时，"国家大事很少触及，专谈小问题，而且文笔曲折，兜圈子，耍笔头，不伤脾胃，不关痛痒的'太上感应篇'"②。所以，相比之下，《时报》的时评不但有较高的艺术成就，而且有很强的现实意义，它以新的样式发挥新闻评论"轻骑兵"的作用，成为早期公共领域建构的新锐武器。

---

① 郭步陶：《编辑与评论》第二编《评论》，商务印书馆 1933 年版，第 161 页。
② 徐铸成：《报海旧闻》，生活·读书·新知三联书店 2010 年版，第 11 页。

第四节　新闻的新样式：新闻专电

新闻专电是以电报技术为基础传递新闻的新闻体裁。《时报》充分利用新技术和专电优惠政策及时刊发大量专电，是《时报》业务改革的又一创举。

一、《时报》创刊前后我国新闻专电发展概况

电报技术力推了我国近代新闻业的发展，在报刊史上具有里程碑意义。我国电报技术在清末已有起步，天津至上海于 1881 年底 1882 年初新开通电报，是我国最早架设的电报线路，随后是 1883 年北京与天津之间电报线路架设。《申报》开风气之先，于 1882 年元月采用电报技术传输新闻。自第一条新闻专电刊登后，新闻专电在我国一些大型报刊上陆续出现，如上海的《中外日报》和《新闻报》，但此时上海各报馆真正运用电报传递新闻的，主要限于北京，其他城市专电新闻很少，而且专电只用于重要新闻的传递，还无法普及到一般性新闻传递。20 世纪之初，新闻专电业务不断加强，1904 年《时报》创刊后，专电增加，地域扩大，该报创刊号刊登了五则新闻专电，分别来自北京（1 则）、香港（1 则）、东京（2 则）、奉天（1 则）四地①，改变了报界以前所发专电多限于北京的状况。民国成立后，政府加大电报的优惠力度，专电成为大型报纸的常备栏目，而且在数量、类型、地域等方面都大大扩展，这一切都得益于我国电报线路的延伸和新闻电报优惠政策的出台。

电报线路是传递新闻专电所必需的硬件设施，我国电报线路架设经历了一个不断拓展的过程。19 世纪 80 年代是我国电报线路建设的辉煌时期，自津沪、京津电报线率先开通后，其他地区电报线接力式诞生。1884 年建成

---

① 参见《时报》1904 年 6 月 12 日。

上海至广州的沪浙闽粤陆路大干线，与此同时，长江电报线经江苏镇江、安徽芜湖、江西九江至湖北汉口而得以架设。中法战争前后，因边防、海防需要，我国电报线路有了进一步扩展，西南的云南、广西，华南的广东，华东的福建、浙江、江苏、山东，华北的直隶以及东北的奉天都相继架设了电报线。西北自 1889 年着手西安至嘉峪关线路的建设，之后陆续建成保定至西安、甘肃至迪化等线路。至 20 世纪末叶，电报线路基本触及全国主要地区，"东北则达吉林、黑龙江俄界，西北则达甘肃、新疆，东南则达闽、粤、台湾，西南则达广西、云南，遍布二十二行省，并及朝鲜外藩"[①]，全国电报网已初具规模。20 世纪初继续拓展电报线路，至 1911 年底，中国共建成电报线路 100001.03 里，电报局房 503 所，遍及除青海以外的所有省区，基本建立起全国范围的电报网[②]，奠定了我国新闻专电传递的坚实物质基础。从此，电报来源再也不拘泥于北京为主，其他地区电报在报刊上也占有很大比重。

新闻专电优惠政策的出台加速了各报新闻专电的发展。清末民初有两次大的优惠政策出台，"电报，前清新闻电，减收对折。民国元年，于右任君长交通，照商电减收四分之一"[③]。虽然我国电报技术在 19 世纪 80 年代已开始使用，但由于拍发电报资费昂贵，"从天津到上海，每字一角五分，从宁波到上海，每字一角二分"[④]，报界难以承受，迫使报社对电讯稿特别慎重，只是朝廷重要新闻拍发电报，一般性新闻不用电报传递。"直到清末，《申报》的电传新闻主要是朝廷要闻"[⑤]。不过，比没有电报的时代还是有很大进步，"在大清朝，当政治、经济运作高度缺乏透明度时，无论经商还是做官，能

---

① 中国史学会主编:《洋务运动》第 6 册，上海人民出版社 1961 年版，第 446 页。
② 交通史编纂委员会编:《交通史·电政编》第 2 册，民智书局 1936 年版，第 47 页。
③ 汪汉溪:《新闻业困难之原因》，载《新闻报馆三十年纪念册》，第四部分《纪念文》，新闻报馆 1923 年版，第 4 页。
④ 转引自陈钢:《晚清媒介技术发展与传媒制度变迁》，上海交通大学出版社 2011 年版，第 68 页。
⑤ 陈昌凤:《电传新闻对中美新闻叙事结构的影响——1870—1920 年代〈申报〉与〈纽约时报〉的叙事结构比较》，《国际新闻界》2009 年第 1 期。

早一刻看到谕旨，就等于在早一刻得到天气预报，能早一刻趋利避害"①。电报只限于传递朝廷要闻的情状直到 19 至 20 世纪之交才发生改变。1899 年 8 月 6 日，中国电报总局颁布《传递新闻电报减半价章程》，新闻专电渐趋兴旺，后来，由于各地报业的发展和电报线路的完善，邮电部进一步调整了新闻专电的收费政策，减半收费从明码新闻专电扩展到密码新闻。

《时报》创刊正逢其时，把专电作为业务革新之一，力图变革清末沉闷的报界，新闻专电大大增加，并成为报纸版面常设专栏，其他有实力报馆也陆续重视专电，报界专电增多，专电从重要新闻拓展到一般性新闻，专电也成为要闻版的重要组成部分。民国成立，上海日报公会呈请南京政府准减少电费四分之一，5 月 4 日《政府公报》电报栏内的《交通部饬各电局新电报收费办法电》明文规定："新闻电报，不论远近，每字收费三分，原为优待报馆，开通风气，故不惜特别减价，以为提倡"②。民初新闻界以积极姿态迎接这一政策，纷纷利用电报进行报道，新闻专电的数量、类型、地域都有了较大幅度拓展，带来了民初新闻报道的全面、时效、真实、客观等观念的加速发展。

二、《时报》专电的发端与拓展

专电虽不为《时报》首创，"《申报》《新闻报》从前皆无专电，这个专电之制，也是《中外日报》所创始的"③，但《时报》一创刊就重视新闻专电，不像之前其他报刊时断时续登载，而《时报》是每天连续刊登，成为报纸不可或缺部分，"以前报纸自己每日没有专电，从《时报》起，方每日有专电了"④。可见，《时报》刊载专电是该报的一项重要举措，不但专电成为

---

① 雪珥：《〈申报〉：中国第一份触"电"报纸》，《兰台内外》2015 年第 1 期。
② 转引自戈公振：《中国报学史》，生活·读书·新知三联书店 2011 年版，第 284 页。
③ 包天笑：《我与新闻界》，《万象》第 4 年第 3 期，中央书局 1944 年 9 月号，第 13 页。
④ 包天笑：《钏影楼回忆录》，中国大百科全书出版社 2009 年版，第 312 页。

《时报》的常设栏目，坚持逐日刊登数条专电，后发展为整版刊载，而且从刊载专电的数量、地域和类型三个方面得以拓展，以致专电成为《时报》吸引读者的手段之一。

《时报》创刊时就措置了"专电"栏目，每天有数条专电刊出，紧接"上谕"之后并列排在报纸版面顶栏的强势位置，国内外专电混合编排，题文字号不分，编排略显呆板。自 1904 年 10 月，对专电的编排越来越讲究，重要专电加大字号，加粗字体，显得醒目。创刊半年之后，专电数量增多、地域扩大，栏目设置从一栏变为两栏，自 1905 年 2 月 7 日始，电报分为电报一（国内）、电报二（国外），国内与国际归类编排。此后的 3 月 9 日，电报栏又分为电报一（国内）、电报二（国内、国外）、电报三（国外），直至 5 月 30 日，电报栏又恢复为电报一、电报二，往后就成为专电栏目设置的常规做法。1908 年 3 月 2 日，撤除电报一、电报二的分类法，直接冠名"专电"栏目，之后栏目类型增多，逐渐增加"译电"、"特约路透电"、"要电"、"战电"、"公电"等多种专电栏目。

民国成立以前，《时报》上的专电数基本稳定在平均每日十几条，几乎不超过二十条（表 2—1）。民国成立后，《时报》上专电的地位越来越重要，专电数量、版面位置、版面大小都比以前发生很大变化，有时整版刊载专电，这得益于民国之后政府对专电政策的调整。民国刚成立，政府交通部门进一步实行新闻专电的优惠政策，规定各登记报馆可以领取新闻专电执照，以普通电报三分之一的价格拍发新闻电。民国初期的新闻界以积极姿态迎接这一政策，纷纷利用电报进行报道，致使电报技术在民初报界得到较广泛使用，《时报》更是积极响应，带来报纸上电讯稿明显增多，版面加大，栏目类型多样并稳定。这里采取抽样统计的方法，等距抽取民国成立前、后各四年的《时报》，对其 5 月份内逢单日刊登的电讯数量进行统计、比较（选择 5 月份是考虑到该月节假日少之故）（表 2—1）。

表 2—1　民国成立前后《时报》刊登电讯数量对比变化列表

年份 日期	1905	1907	1909	1911	1913	1915	1917	1919
5月1日	12	8	6	11	27	39	68	72
5月3日	18	10	6	21	38	27	52	75
5月5日	22	17	13	18	36	41	76	77
5月7日	20	12	16	23	28	35	45	85
5月9日	17	12	16	17	34	23	59	86
5月11日	15	17	17	15	34	39	59	51
5月13日	20	16	19	13	31	45	56	97
5月15日	23	11	15	6	31	39	51	74
5月17日	17	9	8	16	36	35	65	85
5月19日	20	12	17	14	32	49	64	92
5月21日	12	9	16	13	22	45	66	102
5月23日	19	7	10	12	39	40	54	88
5月25日	19	8	14	13	33	31	54	75
5月27日	8	8	11	16	28	28	74	98
5月29日	16	8	10	12	38	33	54	58
5月31日	25	10	9	18	33	43	69	64
合计（则）	283	174	203	238	520	592	966	1279

　　从上表明显看出，民国成立前，《时报》每日刊登专电数基本上都在 20 则以下，少的时候只有几则点缀版面，5 月份半月总计也在 200 条左右。民国成立后，专电数成倍增长，专电总数明显增加，尤其到 1917 和 1919 年增速更快、数量更大，分别为 966 和 1279 条专电，每日刊载几十条，有时日载量还达百条以上（1919 年 5 月 21 日就达 102 则之多），所以时常能在《时报》上看见整版专电，战争期间，版面专电甚至增至一个版面以上，专电成为《时报》的重要组成部分。

　　为了完整地考察《时报》专电的变化状况，我们不仅从专电数量的变化来考察，而且从专电的来源和类型进行考察。为了分析《时报》专电来源的地域及专电类型变化的状况，这里同样采取等距抽样方法，以民国成立前后为界，每隔四年随机抽取 1905、1909、1913 和 1917 年双月份 15 日的《时报》

为样本，对比新闻专电在民国成立前、后的变化，以探知《时报》专电的变化轨迹（表2—2和2—3）。

表2—2 民国成立前（1905、1909年）《时报》专电抽样统计

日　期	电讯类型、地域、数量（1905年）	电讯类型、地域、数量（1909年）
2月15日	电报一：香港(2)、伦敦(1)、开封(1) 电报二：东京(1)、柏林(1)、伦敦(4)	专电：北京（5）
4月15日	电报一：北京（1） 电报二：东京（3）、香港（2）、柏林(1)、新加坡(2) 电报一：伦敦（4）	专电：北京（5）、广州（1） 译电：伦敦（3）、东京（2）、东京(2)、纽约（1）
6月15日	电报一：北京（3） 电报二：伦敦（4）、东京（1）、柏林(4)、巴黎（1）	专电：北京（7） 公电：南京（1） 译电：伦敦（3）、纽约（1）、北京(1)
8月15日	电报：东京(7)、伦敦(4)、巴黎(1)、香港（1）	专电：北京（5）、东京（4） 公电：苏州（1） 译电：东京（1）、柏林（1）、路透(1)、北京（1）、伦敦（2）
10月15日	电报一：北京（2）、东京（2） 电报二：横滨（1）、伦敦（7）、柏林(6)、巴黎（1）	专电：北京（5）、天津（1）、芜湖(2)、广州（1）、杭州（1） 来电：美洲必时比埠（1）、吉林(1)、安庆（1） 译电：东京（1）、香港（1）、北京(1)
12月15日	电报一：北京（5） 电报二：巴黎(2)、柏林(1)、伦敦(2)	专电：北京（4）、南京（1）、东京(1) 译电：东京（1）、伦敦（5）、香港(1)、柏林（1）
电讯总数	78则	78则
备注	地名后括弧内数字是当日刊载电讯数量。	

表 2—3　民国成立后（1913、1917 年）《时报》专电抽样统计

日　期	电讯类型、地域、数量（1913 年）	电讯类型、地域、数量（1917 年）
2 月 15 日	1. 专电：北京（13）、哈尔滨（1）、南昌（1）、南京（1） 2. 特约路透电：北京（3）、成都（2）、哈尔滨（2）、东京（1） 3. 译电：柏林（1）、北京（2）	1. 国内专电：北京（17）、香港（1） 2. 译电： 1）对德要电：北京（6）、汉口（1）、巴黎（1） 2）英德交涉要电：伦敦（2） 3）海军战电：伦敦（2） 4）国内杂电：北京（1）
4 月 15 日	1. 专电：北京（16）、武昌（1）、哈尔滨（1）、南昌（1）、杭州（2）、苏州（1）、东京（1）、南京（3）	1. 国内专电：北京（14） 2. 译电： 1）对德要电：北京（3）、汉口（1）、华盛顿（1） 2）英德交涉要电：华盛顿（2） 3）俄国革命消息（2） 4）海军战电：伦敦（1）、巴黎（1） 5）国内杂电：北京（6）、成都（1）、南京（1）、汉口（2）、东京（1） 6）国外近信：东京（4） 7）欧洲战电：俄京（2） 8）各国近信：伦敦（1）、海牙（1）、雅典（3）、华盛顿（1）、东京（1）
7 月 15 日 （1919 年仍取样 6 月 15 日）	1. 专电：南昌（2）、北京（4）、奉天（1）、广州（3）、南京（3） 2. 特约路透电：北京（6）、九江（1）、成都（2）、东京（2） 3. 译电：牯岭（庐山——笔者注）（1）、北京（8）、柏林（2）	1. 国内专电：北京（16）、南京（3） 2. 译电： 1）国内杂电：北京（16）、汉口（1）、奉天（2）、南京（1） 2）国外近信：东京（1） 3）海军战电：华盛顿（1） 4）欧洲战电：伦敦（3）、巴黎（1） 5）各国近信：伦敦（2）、俄京（1）、雅典（2）、华盛顿（1） 3. 公电（2）
8 月 15 日	1. 专电：南京（11）、大通（1）、芜湖（3）、北京（1）、徐州（1）、太原（1）、安庆（1）、广州（4）	1. 国内专电：北京（20） 2. 译电：北京（2）、南京（3）、汉口（3）、东京（1）

续表

日　期	电讯类型、地域、数量（1913 年）	电讯类型、地域、数量（1917 年）
8 月 15 日	2.特约路透电：北京（11）、广州（2）、香港（1）、成都（1）、大理（1）、东京（2） 3.译电：北京（6）、香港（1）、伦敦（2）、柏林（2）	1.国内专电：北京（20） 2.译电： 北京（2）、南京（3）、汉口（3）、东京（1）
10 月 15 日	1.专电：北京（8）、广州（3）、奉天（1）、重庆（2）、汉口（1）、香港（1）、南京（9） 2.特约路透电：北京（7）、东京（1）、大理（1）、福州（1）、贵阳（3） 3.译电：北京（8）、柏林（2） 4.公电（4）	1.国内专电：北京（27） 2.译电： 1）国内杂电：汉口（1）、北京（9）、南京（2） 2）国外近信：东京（8） 3）海军战电：阿姆斯特丹（1）、伦敦（1） 4）欧洲战电：巴黎（1）、伦敦（3） 5）各国近信：俄京（1）、巴黎（1）、阿姆斯特丹（1）、伦敦（1）
12 月 15 日	1.专电：北京（11）、九江（1）、香港（1）、南京（5） 2.特约路透电：汉口（1）、武昌（1）、神户（1） 3.译电：柏林（1）、伦敦（4）、罗马（2）	1.国内专电：北京（18） 2.译电： 1）国内杂电：北京（16）、汉口（6）、哈尔滨（1） 2）国外近信：东京（11） 3）俄国革命消息：伦敦（1）
电讯总数	220 则	272 则
备　注	1.因 1913 年 6 月份报纸全部缺期，故取样 7 月 15 日，1917 年仍取样 6 月 15 日； 2.地名后括弧内数字是当日刊载电讯数量。	

从上表的专电统计能清晰地看出，《时报》专电来源和类型从《时报》创刊之初到民国成立前后同样经历了不断拓展过程。首先，从专电地域方面看，专电来源从相对狭窄到逐步走向全面。《时报》创刊之初就注意到国内外专电的刊登，上海的申、新无法与之比拟。当时，国外专电多于国内专电，国内也主要以北京专电为主，地方发来的专电所占比重极小，到民国成立之前的几年里，国内专电来源增多，地方专电也有所增加。但从整体看，国内外专电来源地域不够广泛，远不如民国成立后的专电来源地域之广。民国成立是《时报》专电变化的分水岭，数量大增，国内和国外专电兼有，专

电来源地域广泛。从表2—3得知，民国成立之初，国外专电增加不甚明显，往后逐年都在发展，1917年的国外专电来源增加明显，世界各地重要城市都有专电发往《时报》。国内专电自民国成立开始，除了北京来源之外，地方专电增加明显，除一些省会城市不断有专电出现，连地方城市如九江、安庆、苏州、芜湖、大理等城市的专电也常在版面上出现。新闻源增加意味着新闻全面性逐渐得到落实，报纸更能呈现出一个真实的图景。

其次，从专电类型来看，从不分类型的笼统专电到分为专电一、专电二，到民国成立后，专电、译电、要电、战电、杂电等多样专电类型出现，国内、国外分开，战时另设专电，版面上的专电分类编排，条目清晰，加上字号字体的变化，分条缕析，方便读者阅读，以致专电又成为《时报》版面的一道风景，是吸引读者的重要栏目之一。

三、《时报》专电促进新闻报道观念的发展

"新闻传播的基本要求有五个，即真实、客观、公正、全面、快捷"①，如果按照这一标准来建立讨论的依据，那么借助电报传播技术，《时报》利用新闻专电积极开拓新闻报道的宽度与深度，扩大新闻报道数量与内容，新闻报道观念在此基础上从浅层到深层、从表面到内在发展，即依从新闻的全面、时效的表层观念渐入真实、客观的深层观念的逻辑顺序发展；同时，这些发展着的新闻观念反过来又影响了传播新技术在新闻业务领域的运用与发展。

首先，专电推动"全面"报道观念的发展。

"全面"是新闻媒介和传播工作者的职业追求，"新闻工作就是当代的地图绘制工作。它为公众画出探索社会的地图。那也正是它的功能和存在的经

---

① 童兵：《理论新闻传播学导论》，中国人民大学出版社2011年版，第67页。

济理由。……就像地图那样，新闻工作的价值取决于是否全面和均衡"①。在民国成立以前，《时报》相较其他大型日报刊登的电报数量要多，但清末电报费用贵得惊人，"每字一角起，每间一局递加一分。当时系以线路之远近，定收费之多寡"②，致使只有传递重要新闻时报馆才用电报，真正意义上的电传新闻还是凤毛麟角，相对于报馆全部新闻而言是沧海一粟，国外专电要么靠翻译外报，要么付高昂费用从路透社购得，新闻的全面很难保障。进入民国，由于电报资费优惠政策的出台，这种情况大为改观。政府对新闻界拍发电报的优惠政策大大刺激了报界对电报技术的运用，从而使新闻专电有效拓展民初新闻报道的宽度，民初新闻的"全面性"得到大幅度提升，表现在报道地域和领域大幅度扩展与报道类型、新闻数量的倍数增多。

《时报》新闻专电的不断拓展较好地推动了新闻"全面性"观念的发展。该报新闻包括三个部分："一是要闻，质言之便是北京新闻；二是外埠新闻；三是本埠新闻。"③要闻位于第一位，且专电和通信一般置于要闻版，电传新闻在《时报》上占据重要地位。从《时报》刊登的专电看，不但民国成立后电讯数量大增，专电类型增多，出现了专电、公电、译电、外电、通电、要电、战电（战争时期出现）等多种类型，专电覆盖地域扩大，包括国内如上海、北京、广州和各省电讯，同时兼及国外。另外，专电内容也相对全面，包括政治、经济、文化、外交。仅从《时报》刊登的数量看，根据表2—1中等距抽样的统计数字，下面我们针对该表中的电讯总量用图展示，更能直观感受到在民国前后电讯数量的增幅变化（图2—24）。

我们再以同时期的《申报》为例，抽取民国成立前后的1911年和1912年5月份的逢单日《申报》，对其所登电讯量进行比较，同样能管窥民国成立前后专电数量的变化（图2—25）。

---

① ［美］比尔·科瓦齐、汤姆·罗森斯蒂尔：《新闻的十大基本原则》，刘海龙译，北京大学出版社2014年版，第248页。

② 刘磊：《电报与中国近代报业》，《传媒》2002年第4期。

③ 包天笑：《钏影楼回忆录》，中国大百科全书出版社2009年版，第318页。

电讯数（则）

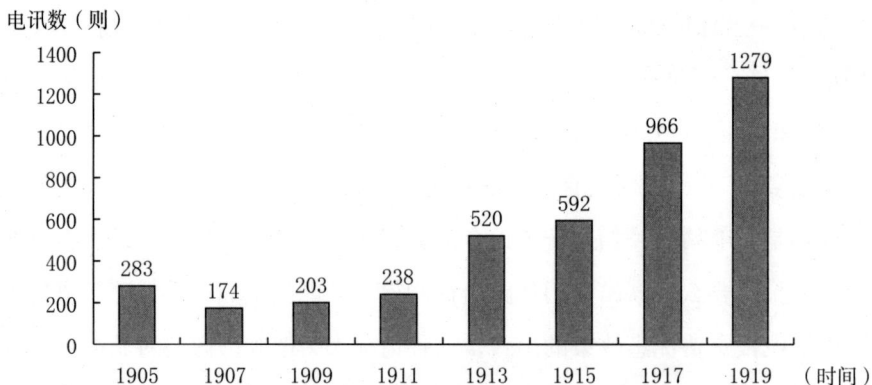

图 2—24 民国成立前后《时报》刊登电讯数量对比

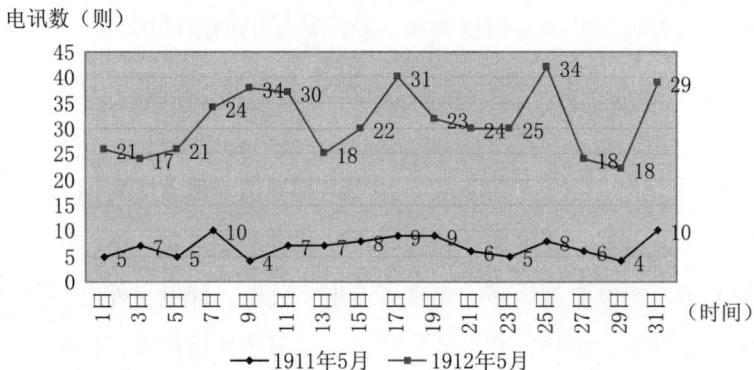

电讯数（则）

图 2—25 民国成立前后《申报》刊登电讯数量对比

专电作为各报竞争的筹码，其作用在民国成立后凸显。据包天笑回忆：中国的报纸要到外国的报纸上转译，才能获得本国的新闻，"岂不可耻"①。《时报》率先打破这一做法，专派北京专员，专发政界要闻电报，《时报》有了专电之后，别的报馆也陆续效仿，尤其在民国成立后，有一定规模和实力的报纸都积极响应政府的电报优惠政策，利用电报技术加大专电报道力度。不但加强全国各地专电报道，而且重视国外专电，"各报亦多注意于国际电讯，举凡世界各地所发生之大事，经外国通讯社之传递，莫不尽量揭载，于

① 包天笑：《钏影楼回忆录》，中国大百科全书出版社 2009 年版，第 345 页。

是国人视线，始移于国境之外，亦知国际动态，固无往而不影响于中国之局势也"①。可见，民国成立后的大型日报大量采用外国通讯社的稿件，如路透社、东方通讯社；派驻北京特派员；建立全国通讯网；加强本埠新闻；外加聘请旅行记者和海外访员；等等②。这些措施大大拓展了新闻报道的宽度，所以，民初《申报》《时报》《大公报》等每天多达七八十条，少亦一二十条，还时常出现整版刊载专电的情况，这些专电基本覆盖了国内各地和国外主要国家，新闻源比清末明显扩大，版面上新闻信息量大增，有利于读者多方面了解国内和国外的情况，摆脱晚清前期由外国垄断舆论的状况。当专电成了各家报馆的新闻竞争目标时，民初报界在无形合力中实现了新闻的"全面性"。

其次，专电加速新闻报道"时效"观念的发展。

"就纪事言之，消息敏速，自以电报为最"③。正因电报传递新闻迅捷，所以《时报》创刊时就明确提出，"本报纪事，以速为主"，并要求访员"凡遇要事，必以电达，务供阅者先睹之快"，遇到紧要新闻拍发"特别电报"，"以期敏速"④。不过，在民国成立前，《时报》和其他大报拍发的专电主要是重要新闻，由于电报诞生初期资费较贵，报馆仅限紧要新闻才使用电报，而一般新闻和篇幅较长的通讯仍然由陆路或水路传递，路上耗时太多，上海的申、新、时等报纸，如通过陆路传递北京信息，从北京骑马到上海得20多天。如通过水路，得先骑马到天津，再由轮船带到上海，也需要一周左右，关于京城的新闻见报就很滞后，新闻的时效大打折扣。

民国成立后，电报技术在新闻时效性上的优势渐渐显现。如上海《民国日报》在袁世凯死后的第二天就刊出了"袁世凯一命呜呼"的"本报专电"。民

---

① 赵君豪：《中国近代之报业》，商务印书馆1938年版，第13页。

② 马光仁主编：《上海新闻史（1850—1949）》，复旦大学出版社1996年版，第479、480页。

③ 李浩然：《十年编辑之经历》，载《〈新闻报〉馆三十年纪念册》，第四部分《纪念文》，新闻报馆1923年版，第14页。

④ 《时报发刊例》，《时报》1904年6月12日。

初报纸电讯中常常出现"今日"或"今日几时"的专电，甚至到截稿前的电讯稿都能见报，这和现代报刊的新闻时效相差无几，且看几例（表2—4）。

表2—4 《时报》新闻专电列表一

专电内容	刊发日期	备注
奉天将军赵次帅电，请东三省采伐材木及鸭绿江捕鱼权，不日将与日本开始交涉。（二十四日戌刻北京专电）	1905年10月23日	戌刻：19—21点
监国摄政王醇邸决定明年春间加各部院以御前会议衔，以便有要政开御前会议定夺。（十七日亥刻北京专电）	1908年12月11日	亥刻：21—23点
外务部上书梁敦彦谕各司员，外交往往失败多由昧于地理所致，切宜详细研究，而不至临事张皇，云云。（念七日申刻北京专电）	1909年6月15日	申刻：15—17点
英公使声称，威海卫如果交还中国，则英国兵队及军船须分驻各部。（廿六日酉刻北京专电）	1909年7月14日	酉刻：17—19点
英国决案印藏铁路由外吉达拉萨，并欲由拉萨达四川。（廿六日戌刻北京专电）	1909年7月14日	戌刻：19—21点
甘肃提督马安良之公子因国体事来京，已奉派卫侍武官。（北京六日亥刻专电）	1915年11月7日	亥刻：21—23点
张謇日前辞水利总裁，政府复电慰留，闻张去志甚决且有续请之举。（北京六日亥刻专电）	1915年11月7日	亥刻：21—23点
司法部将派员分赴各省调查司法情形并监狱改良事项。（北京六日亥刻专电）	1915年11月7日	亥刻：21—23点
明日（廿四日）开军事特会，商滇桂等省善后事宜。（北京二十三日亥刻专电）	1916年7月24日	亥刻：21—23点
参众两院议员明午（廿八日）开茶话会，研究是否继续开会及给还证书等问题。（北京二十七日酉刻专电）	1917年6月18日	酉刻：17—19点

这些截止到当日"几时"或当晚八点甚至更晚的电传新闻，民初报纸上比比皆是。这类新闻事件都是当日或当晚发生，报纸迅速报道，当晚排版见报，次日清晨读者就能读到鲜活的新闻专电，民初记者时效观念可见一斑，也因此民初报馆编辑开始有了值夜班的职业作息，由于报馆的电报要排在官电和商电之后拍发，报馆为等待新闻电报，截稿时间大为延后，甚至到

午夜时分，这改变了报馆日落而息的作息时间。《时报》总编辑陈景韩就处于这样一种工作状态，"《时报》刊登的要闻，以北京专电为多。这种专电要到每天很晚才能收到。陈冷为了不使当天的要闻漏掉，每晚都在报馆里等几个小时，有时甚至等到凌晨三点多钟"①。包天笑对当年时报馆深夜等待专电的情形也有如此回忆："上海报馆里接到电报，都在深夜。……可是报馆编辑最头痛的，就是深夜来的电报，那个时候，报纸将要开印了，但专电不能不加进去，而且极迟来的电报，往往是极紧要的新闻。所幸我们时报馆里翻电报的张先生，他已翻得熟极而流了，不用翻什么电报新编，信笔疾书的写下来。但是电报号码上，倘有错误，他却不管，翻好以后，就送到主笔房来"②。但也有实在来不及加进当日版面的情况，不得不和第二天的专电一起刊出，并在专电旁标注："以下各电系十三日酉刻所发，到迟不及排登昨报"③，以示与当日专电区分。到二十世纪二十年代，一些有实力的报馆还设立了电讯科（下分收电股和译电股），专门应对越来越多的中外电讯报道。这一切都说明民初报馆采编人员在电报技术的推动下形成了很强的时效观念。

再次，专电推动"真实"报道观念的发展。

中国古代报刊信息来源全部为政府，因此其真实性受到各级读者的推崇。法国来华耶稣会士龚当信（Cyr Contancin，1670—1733）在 1725 年寄回本会的报告中提到，中国邸报没有欧洲地方报纸上的无稽之谈、恶言中伤和造谣污蔑，"中国的邸报只登与皇上有关的事情"，它所刊登的内容"都是摘自奏章、调查报告、颁布全国的皇帝的训示和指令，其事实是真实可信的"④，对政府治理国家非常有帮助。但近代报刊出现后，由于社会新闻和

① 夏林根主编：《近代中国名记者》，福建人民出版社 1990 年版，第 128 页。
② 包天笑：《钏影楼回忆录》，中国大百科全书出版社 2009 年版，第 346 页。
③ 参见《时报》1917 年 6 月 15 日。
④ ［法］杜赫德编：《耶稣会士中国书简集》，郑德弟等译，大象出版社 2001 年版，第 241—268 页。

政治新闻来源的多元化、对新闻真实性认知的不足和当时社会政治、科技、文化知识的匮乏等原因，导致报纸内容真实性的退步。道听途说、虚假信息甚至故意编造的新闻常常出现在报端。1895年，当李鸿章接受《纽约时报》采访时，曾这样表达过对中国民间报纸的失望，"中国办有报纸，但遗憾的是中国的编辑们不愿将真相告诉读者，他们不像你们的报纸讲真话，只讲真话。中国的编辑们在讲真话的时候十分吝啬，他们只讲部分的真实，而且他们的报纸也没有你们报纸这么大的发行量。由于不能诚实地说明真相，我们的报纸就失去了新闻本身的高贵价值，也就未能成为广泛传播文明的方式了"①。电报出现后，这种状况大大改观，新闻真实性得到加强。

"电报显著地改变了新闻界，它增强了现代的新闻观念，改善了我们现行的新闻采集方法。"②新闻专电为真实报道新闻提出了较高的要求。在《时报》出现之前，由于报纸采用专电不多，没有成景成气，对新闻真实虽有一定加强，但不明显。《时报》率先大量使用电报，报界纷纷仿效，专电成为各报竞争的法宝。由于拍发专电资费高，因此在专电写作方面，要求记者对电讯字斟句酌，不能空发议论，主观性内容在电传新闻中不允许出现，只能据实报道，强调报道的"信息模式"，而非"意义模式"。"可以说，电报规划了新闻要报道的事实，以及要报道哪些事实要素。报道向'信息模式'方向发展"③。又由于电报报道新闻的模式与中国文人熟悉的起居注和起居录文体非常相似，只要略加揣摩这种报道模式，中国近代报人们就可以轻车熟路地运用专电报道。下面随机拾取几则《时报》专电，其写法已经非常符合近代新闻的规范（表2—5）。

---

① 郑曦原编：《帝国的回忆：〈纽约时报〉晚清观察记》，生活·读书·新知三联书店2001年版，第342页。

② ［美］丹尼尔·杰·切特罗姆：《传播媒介与美国人的思想——从莫尔斯到麦克卢汉》，曹静生、黄艾禾译，中国广播电视出版社1991年版，第13页。

③ 陈昌凤：《电传新闻对中美新闻叙事结构的影响——1870—1920年代〈申报〉与〈纽约时报〉的叙事结构比较》，《国际新闻界》2009年第1期。

表2—5 《时报》新闻专电列表二

电 头	专电内容	刊发日期
北京电	政务处商定，大小武职及水师陆军巡警并兵各学堂学生一律改服西装，将于日前出奏。（廿三日午刻北京专电）	1905年9月22日
北京电	日前，钦定监具奏十五日月食，摄政王破除迷信谕令，毋庸循例，救护都下中外人等，无不称颂王之明决。（十七日亥刻北京专电）	1908年12月11日
北京电	度支部上言统一币制，可以消省界，一分量便伸缩，去阻碍，免中饱，有此种种利益，不容缓办，云云。（念六日酉刻北京专电）	1909年6月15日
北京电	学部会计自光绪三十一年起至今止，共用去经费百五十余万两。（廿六日酉刻北京专电）	1909年7月14日
安庆专电	皖省绅商公呈袁世凯总统，弹劾柏都督任用私人，凡诸戚友悉处重要位置。（三日未刻发）	1912年11月4日
北京电	内务部注意边荒，现会同蒙藏院并农商财政二部会订内蒙放荒通则日内即呈请政府核准。（北京六日亥刻专电）	1915年11月7日
南京电	雷震春电称已离津赴京，天津临时总参谋处机关取消。（南京十七日酉刻专电）	1917年6月18日
南京电	宁城内外商铺全体于今日（六日）午后二时一律罢市。（南京六日申刻发）	1919年6月7日

　　电传新闻必须在来源可靠、事实准确的基础上体现真实，所以记者采写新闻专电必须以可信的消息来源为基础，写作凸显事实，简明扼要据实报道，严格遵循新闻真实性的报道原则。表2—5所列电讯稿都不过几十字，而且有明确的消息来源，新闻的时间、地点、人物、事件等要素齐备，对事实叙述一目了然，真实、准确传递了新闻信息，符合当今新闻真实性的报道要求。当民初电报优惠政策出台时，各报都争发专电，电报局对访员拍发专电也提出了要求，"各访员发递新闻电报，倘有报告失实或采及谣传有妨大局者，一经发电局或收电局查出，即行扣留，不为递送"[1]。当民初新闻专电在传播技术和优惠资费的基础上扩大专电数量和报道面时，采写专电就成为

---

[1] 《新闻电报章程》，转引自戈公振：《中国报学史》，生活·读书·新知三联书店2011年版，第286页。

职业记者经常性的业务活动，拍发、采写专电的真实性要求提高了众多记者的职业素养，而且真实性成为各报竞逐的目标，因此，民初新闻界在追求真实的氛围中增强了新闻报道的真实理念。

最后，专电推动"客观"报道观念的发展。

从客观性的内涵看，新闻传播的客观性包括内容与形式两个方面："就内容而言，新闻传播的事实，必须是客观存在或客观上正在发生与发展的事实"；"就形式而言，新闻的客观性要求通过新闻事实的客观叙述等手段，运用事实的自身逻辑力量显现新闻传播的倾向性。即报道者应善于寓褒贬于客观叙述之中，而不随意加以主观的解释"[1]。其实，新闻客观性与电报技术有着密切的渊源关系，中西方学者在追溯新闻客观性起源问题时，就注意到了电报与新闻客观性之间的密切关系。唐纳德·L.肖（Donald L.Shaw）和詹姆斯·凯瑞（James Carey）认为，新闻客观性从十九世纪末期开始确立，理由主要是电报技术和通讯社的发展促进了客观报道。电报催生了简洁、讲求事实的风格，通讯社需要不掺杂价值评论的报道来满足所有的客户[2]。我国对新闻客观性的认知比西方晚，我国新闻客观性萌芽于民初，正与电报技术在民初报界广泛使用有关，催生了新闻时代的到来，"'报纸之所赖以发展者，电讯之灵敏'，应该说，是'新闻专电'促成了中国报纸'重政论轻新闻报道'时代的完结"[3]。

从我国近代报刊史来看，新闻专电的运用有两次大的飞跃：第一次是《时报》创刊后，重视刊载专电，加大了其他报纸的压力，致使各报纷纷仿效；第二次是民国成立后，电报优惠政策激励报界大量使用专电，大大超过第一次飞跃。所以，民初报界对客观理念的践行受电报技术的催动（当然技

---

[1] 童兵:《理论新闻传播学导论》，中国人民大学出版社 2011 年版，第 74 页。

[2] Michael Schudson,"The objectivity norm in American journalism", *Journalism*, 2001, Vol.2（2）, pp.149–170.

[3] 王润泽:《北洋政府时期的新闻业及其现代化》，中国人民大学出版社 2010 年版，第 211 页。

术不是唯一诱因），但由于电讯稿是用有线电报传输，所以记者对电讯字斟
句酌，把一切空话废话，一切议论统统去掉，只简洁朴实地叙述事实①，因
而政党报刊强调事实与观点分开，这大大强化了记者客观报道新闻的观念，
带来新闻业的重大变革。下面摘录几则《时报》专电来看其写法。

　　北京电：皇太后定于重阳日在颐和园开一游园大会，遍请各国公使
及公使馆员，其翌日则请各公使夫人等相与行乐，一则祝颂东亚之复
观太平，一则欲藉此以敦列国之邦交。（初四日申刻北京专电）（载《时
报》，1905 年 10 月 3 日）

　　特约路透电：俄国飞船家古米里斯基今晚驾乘飞船由某处升空，翔
游于禁城之上，观者颇众，皆诧为奇观，使馆附近聚观者约十万人，古
米里斯基绕城三匝，即在升空之地降落。（初三日北京专电）（载《时
报》，1912 年 11 月 4 日）

　　北京电：督军团极力反对李经义组阁，无融通余地，颇闻有一致取
消独立之举，但不撤兵。（北京十八日亥刻专电）（载《时报》，1917 年
6 月 19 日）

　　汉口电：武汉学生罢课、演讲，军警捕拿三十余人，王占元曾下格
杀勿论之令，国立高师学生陈开泰已伤重毙命，中华大学学生两人已经
垂危。（汉口六日申刻发）（载《时报》，1919 年 6 月 7 日）

　　民国初年，类似《时报》这类客观写作专电的手法几成气候，老牌的
《大公报》《申报》《新闻报》都有很好的表现，略举几例（表2—6）。

---

① 　李良荣：《中国报纸文体发展概要》，福建人民出版社 1985 年版，第 11 页。

表2—6 《大公报》《申报》《新闻报》几则专电列表

电头	专电内容	所载报纸	刊发日期
汉口专电	老河口防务吃紧,军署电令驻防仙镇之鄂军第三旅前往协防。(二十三日午后三时发迟到)	《大公报》	1918年7月25日
上海专电	连平浙军兵站,现为便利军事,移设粤境界浮山。(三日十二时发)	《大公报》	1918年8月4日
北京电	昨晚,警务员突然至中央报馆,将陈主笔拘去,谓其毁谤内务总长赵秉钧及各国务长。	《申报》	1912年6月4日
北京电	张偕李今日下午二时半到京,将磋商其余条件,并为李斡旋一切。(十四日下午三钟)	《申报》	1917年6月15日
巴黎电	海员罢工后旅客羁留马塞者,迄今已达五千人。(三十日巴黎电)	《新闻报》	1922年10月1日
北京电	今日午后蒙藏事务局长达旺(译音)及有名蒙人多人将谒见黎总统,闻乃讨论恢复外蒙问题。	《新闻报》	1922年10月1日

这些专电运用"春秋笔法",写得简洁凝练,直截了当,不事铺陈,没有多余的议论,通过对事实的选择和叙述表现出观点和倾向,符合新闻客观性的写作规范,如此简洁、客观的电讯稿在民初民营大报中俯拾皆是。其实这种客观报道也是由客观条件制约的,因为发电讯除了费用外,有时电报信号难以保证,时断时续,在战争期间更是如此,所以报道者必须在发送新闻时首先要报道最重要的事实。新闻专电所必须具备的客观报道手法能提高记者专业素养,强化他们的客观报道意识,同时,新闻专电还加大了民众接触更多新闻信息尤其是民初政坛动态消息的机会,扩大了信息的分享面,也力推记者形成新闻的客观报道理念,所以有研究者认为,"电报传播推动了民主市场社会的平等文化的扩展,催生了新闻职业共同体内部的客观报道实践及理念,从而带动报刊主导模式从政党报纸向专业化的商业报纸过渡"①。因此,新闻专电对加速报界客观理念的确立贡献很大。

---

① 孙藜:《重构"共同体想象":从电报诞生到新闻客观性在美国的确立》,《苏州大学学报》(哲学社会科学版)2015年第2期。

第五节　深度报道的初尝试：特约通信①

特约通信为《时报》首创，不但为我国新闻业探索出一种新闻报道新体裁，是我国深度报道的最初尝试，而且真实、形象、翔实地记录了当时纷繁复杂的社会现实，展示了丰富的人生百态。

一、《时报》特约通信的产生和发展

清末民初报界派驻访员成一时风气，不仅带来了新闻专电普遍使用，而且带来报刊"通信"栏目的出现，民国成立后"通信"进而发展为"北京特派通信"，通讯文体随之诞生，19 世纪末 20 世纪初发轫于英美的深度报道就此在中国找到了适宜的生存土壤，民初的驻京特派记者成为我国深度报道的最早尝试者。

（一）《时报》"通信"栏目的出现

通信是通过信函传递新闻的样式，它既是一种新闻写作文体，又是一种新闻传播渠道，还是当时报纸的栏目名称。通信与专电不同，专电是通过电报以简洁的文字传递外埠新闻，而通信是通过邮递的方式以更全面而深入的文字报道外埠新闻，是我国深度报道的最初样态。"电报业产生了对电报通讯员的需求"②。清朝末年，我国驻外访员就产生了，较早的是《申报》，它从 1872 年起就注意"招延访事"，在创刊三年后就向北京、南京、苏州、杭州、汉口、宁波、扬州等二十六个省会和重要城市派往 40 多位访员③。

---

① 此处所用"特约通信"一词是沿用当时《时报》刊登此类报道所设栏目的称谓，故没有使用现在通用的"特约通讯"一词，特此说明。

② ［美］丹尼尔·杰·切特罗姆：《传播媒介与美国人的思想——从莫尔斯到麦克卢汉》，曹静生、黄艾禾译，中国广播电视出版社 1991 年版，第 16 页。

③ 方汉奇：《中国近代报刊史》（上），山西教育出版社 2012 年版，第 49 页。

《时报》创刊后，逐年添设访员，1909 年刊登告白向社会公开诚招成都、西安、太原、济南、汉口等地访员①。1910 年，《时报》又诚招济南、太原、西安、成都、重庆、兰州、梧州、烟台、云南、贵州、绍兴、湖州、太仓等地访员②。但是，民国成立前受主客观条件制约，各报添设访员多受制约，力度不够。

通信稿件的采写与传递同样依赖驻外访员。《时报》一创刊就设有"通信"栏目，创刊号上刊登署名为"本报特派圣路易博览会采访员如月女士"的"美国特别通信"——《圣路易博览会开会盛况》一文，开《时报》刊登通信之先河，如月女士在博览会期间采写了多篇通信，以连续报道形式对开会盛况进行了较翔实报道。紧接其后，《时报》配合日俄战争派出"日俄战役观战采访员"，邮传"观战通信"给予刊发。《时报》创刊一周后，6 月 20 日首设"特别通信"栏目，既有国外访员，也有国内访员采写的通信。民国之前，《时报》版面上开设过美国通信、观战通信、云南通信、英国通信、东京通信、京师近信、河南秋操通信等，有时直接冠名"通信"，适逢大事件发生就设这类通信栏目，每次推出一篇，题材较为重大，篇幅较长，报道手段客观，报道内容翔实，但"写法'忽左忽右'，时而把文学中的虚构手法运用过来，并加上与主题无关的抒情、写景，写得如文学作品，时而又机械地照事实记录，单调而又刻板"③。不过，这可以看作新闻通讯文体的雏形。《时报》创刊初期的这类长篇通信较为活跃，而后却时断时续，章无定法。1908 年 3 月，《时报》开始添设"地方通信"栏，与"京师近信"栏目并举，综合各地来信集纳编排，信息量丰富，但篇幅都不长，显示不出

① 《时报》于 1909 年 1 月 28 日刊登《本馆特别启事》，全文如下：本馆现拟添招成都、西安、太原、济南、汉口各访员，有熟悉各界情事，信息灵通者，请即通函，以使本馆延请，不合恕不作复。

② 1910 年 1 月 23 日又刊出招聘访员的启事：本馆添招济南、太原、西安、成都、重庆、兰州、梧州、烟台、云南、贵州、绍兴、湖州、太仓各地访员，如有熟悉各界情事、信息灵通、报告确捷者，连寄新闻数天，自当函订，不合恕不作复。

③ 吴廷俊：《中国新闻史新修》，复旦大学出版社 2008 年版，第 142 页。

《时报》创刊之初那种长篇通信的某些个性，具有通讯文体特征的作品很少，直至民国成立前基本维持这种状态。进入民国初年，这种情况随着"北京通信"的创设而彻底改观，通讯文体特征凸显，并逐渐定型为一种新的新闻报道文体。

（二）《时报》"北京通信"① 的创始与发展

民国成立之前，《时报》所刊的时断时续的长篇通信是"北京通信"的前兆，为民国成立后新闻通讯文体的成型奠定了基础。民国成立后，电报技术的发展和新闻专电优惠政策的施行，直接推动了我国报纸驻外访员的大量出现，访员的身份也更为公开化，"在辛亥革命以前，上海报馆在北京所委托的通信员，有些是秘密的。……时报馆曾经有一个通讯员姓钟的（杭州人，还是王文韶的孙媳），为了泄露秘密消息而被捕，幸有王文韶的老面子，得了轻罪。不过到了革命以后，那些通信员，也就公开了"②。访员不但可以利用电报技术传回本埠以外的新闻，也可以通过邮递方式发回外埠报道。"《时报》于其销行最广之长江各口岸，每一口岸，派一二通信员常驻之，专采集该地新闻，逐日报告"③。民国初年，《时报》连年添招访员，访员逐渐遍及全国的重要城市，如 1912 年添设了杭州、绍兴、福州、济南、成都访员④；1917 年聘请济南、南昌、徐州、扬州等处访员⑤；1918 年添设武昌、西安

---

① "北京通信"是民初驻京特派记者采写的通信，后来发展成为一种新闻文体，现在普遍称为"新闻通讯"。

② 包天笑：《钏影楼回忆录》，中国大百科全书出版社 2009 年版，第 346 页。

③ 徐宝璜：《新闻学》，中国人民大学出版社 1994 年版，第 28 页。

④ 《时报》于 1912 年 4 月 30 日第一版刊登《本馆特别启事》，全文如下：本馆添招杭州、绍兴、福州、济南、成都访员，如有于政界消息灵通新闻快捷者，连寄新闻三天，自当专函订定，不合恕不作复。

⑤ 1917 年 4 月 15 日刊登启事：本馆现拟添招济南、南昌、徐州、扬州等处访员，如有能熟悉政界情事，请连寄新闻三次，本馆自当专函奉订，不合恕不作复。

访员[①];1919年又添设广州、南宁、太原、安庆、蚌埠、天津等处访员[②]。至此，全国重要城市几乎都有《时报》访员的身影。

北京作为当时的政治中心，是时政新闻的重要发源地，当然是各报派驻访员的重要之地。从当时上海的报业生态看，在北京增派特约通信员极为有利，"北京之报与上海之报不同，上海报能唤起全国注意，造成舆论；北京报则不能"[③]，上海远离政治中心的地缘优势使得上海报纸有较宽松的自由空间，上海报纸的驻京访员就有一定的活动空间和传播平台。北京特派访员可以既写通信，又发专电，起初的邵飘萍即是，后来他只发专电，不写通信了，而黄远生在《时报》只写通信，不发专电，徐彬彬作为《时报》的特派访员写作北京通信，他们各展其长，满足了报馆和读者的需要。

从北京特派访员的发展过程看，民国成立前，上海各报向北京派驻访员还没有足够重视。民国成立后，国际、国内形势急剧变化，为了让读者了解政治中心的时政动态，获得确切且重要的时政新闻，揭示官场内幕，提供独家报道，《时报》率先延请一些有政治视野、善于把握分析时事局势且文笔优美的文人为驻京特约通讯记者，所以《时报》当时注重聘请与政界有密切过往之人，包天笑对此曾回忆，《时报》驻京访员"也有的是政界中人，因为非此不足以得到正确重要消息"[④]，所以报馆把谙熟政情、思维敏锐、文笔极好作为选派驻京访员的标准。当时的黄远生是最为理想的人选，"北京特约通信，系《时报》与黄远庸创始的"[⑤]。他活跃于北京官场，熟悉政情，文笔极佳，观察时局，分析世事，很有洞见。黄远生于1912年5月受聘为《时

---

① 1918年6月5日《时报》也刊出启事：本馆现拟添招武昌、西安访员各一人，如有能熟悉政界情事，请连寄新闻三次，本馆自当专函奉订，不合恕不作复。

② 1919年5月11日登出启事：本馆现拟添聘广州、南宁、太原、安庆、蚌埠、天津等处访员，如有熟悉各界情事愿充斯职者，请即寄稿三天，本馆当通函奉订，不合恕不作复，特此布告。

③ 邵飘萍：《中国新闻学不发达之原因及其事业之要点》，《新闻学名论集》，联合书店1930年版，第48页。

④ 包天笑：《钏影楼回忆录》，中国大百科全书出版社2009年版，第346页。

⑤ 包天笑：《钏影楼回忆录》，中国大百科全书出版社2009年版，第518页。

报》驻京特派访员①，他为《时报》采写的"北京通信"深受读者青睐，为报纸带来良好声誉，引起其他报纸的重视。

"与专电相辅而行的'特约通信'，也从《时报》创始，而为上海各报陆续采用了"②。自从黄远生成为《时报》首位驻京特派访员后③，上海各报纷起仿效，争相向北京派驻访员，采写独家新闻和内幕新闻，驻京特派访员制度才开始真正建立起来。像上海的《申报》《新闻报》《时事新报》等各地都有访员，但它们仍不惜重金派驻京记者，加强政治中心的报道。1915年黄远生喋血美国旧金山后，《申报》于1916年改聘邵飘萍为驻京访员，他同时为《时报》写稿。当时活跃于北京地区且名重一时的访员还有《新闻报》的张季鸾和《申报》《时报》的徐彬彬等。"这班北京特约通信员，都在报上标明'北京特约通信记者某某'，虽不是天天要写通信，但一星期至少要有两篇通信。这种有系统的、文艺性的，观察时局，评论人物，用一种轻松而幽默的笔调写出来，颇为读者所欢迎"④。特派驻京访员采写的"北京特约通信"对时人影响极大，老报人徐铸成回忆道："而对我最有吸引力，看到必细细阅读的，是几家报纸的'北京特约通信'。每篇都署了名，如《申报》的飘萍通信，《新闻报》的一苇通信，和《时报》的彬彬通信。文笔各有风格，而都能夹叙夹评，酣畅地或曲曲折折地描述出北京政局勾心斗角的内幕和一些军阀、政客们的面目"⑤。

从民国成立后《时报》版面的编排内容看，1912年5月的《时报》要闻版开始出现"北京通信"栏目，有时以"北京近信"形式出现，第一篇署

---

① 宋三平：《上海〈时报〉的改革创新与黄远生的成名》，《南昌大学学报》（人文社科版）2010年第2期。

② 马光仁主编：《上海新闻史（1850—1949）》，复旦大学出版社1996年版，第339页。

③ 黄远生与《时报》的雷继兴是同学，狄楚青与他也相熟，《时报》一创刊，黄远生就担任《时报》通信。后来史量才接办申报馆，便把黄远生拉去了，但黄远生仍偶尔为《时报》通信。参见包天笑：《钏影楼回忆录》，中国大百科全书出版社2009年版，第347页。

④ 包天笑：《钏影楼回忆录》，中国大百科全书出版社2009年版，第347页。

⑤ 徐铸成：《旧闻杂忆》，辽宁教育出版社2000年版，第25页。

名"北京特派员通信"的文章是《参议院开院记》。黄远生自 1912 年 5 月 12 日开始在《时报》要闻版发表"北京通信",首篇通信题为《大借款波折详记》,署名为"北京第一特派员远生"。次日以相同署名发表了《政界内形记(一)》,其续篇《政界内形记(二)》发表于 5 月 30 日,之后相隔三四天不断地刊出他的北京通信(有的时候间隔略长些)。他在《时报》担任特派记者大约一年半时间,1913 年 11 月 30 日被《申报》应聘为驻京特派记者,之后只偶尔为《时报》效力。从《远生遗著》四卷收录的文章看,共收录论说、通讯、时评和杂著四类文章共 237 篇,其中通讯占有 168 篇,大部分刊登于《时报》,外加一些《远生遗著》未收录入册的通讯,在这 17 个月内,他为《时报》采写"北京通信"约 170 余篇,平均每月发表 11 篇,数量相当可观。

《时报》特派记者发表通信有些署上了作者的名字,如黄远生、邵飘萍、徐彬彬[1],但有些未署名,这些记者名字难以考证。从《时报》当时所刊的通信作品看,在"北京通信"栏目开办之初,与黄远生同时期刊出的通信作品出现过署名"本馆第二特派员"、"本馆第三特派员"、"本馆参议院特派员"等,可见栏目创设之初并不只聘请黄远生一人为驻京记者,不过,黄远生的作品都编排在其他作者的作品之前,黄远生在《时报》上的地位可见一斑。1913 年 11 月,《时报》由于黄远生的离去,报纸上的"北京特约通信"出现了空隙,此后包天笑介绍邵飘萍入《时报》担任特派记者,邵氏又于 1916 年 7 月应聘为《申报》驻京特派记者,他负责上海申、时两家大报的"北京特别通信"。徐彬彬也是《时报》延请的一位出色的驻京特派记者,他于 1916 年继黄远生任上海《申报》《时报》的驻京记者,长期为两报撰写北京通讯和随笔,1921 年黄伯惠接办《时报》后,他仍为该报撰写"北京

---

① 徐彬彬(1888—1961),原名徐凌霄,笔名彬彬、凌霄汉阁主,江苏宜兴人,民初著名的新闻记者和剧评专栏作家。1916 年起,继黄远生之后任上海《时报》《申报》驻京特派记者,长期为两报撰写"北京通讯"。20 世纪 30 年代起长期担任天津《大公报》副刊主编,在《凌霄随笔》《凌霄汉笔记》等栏目连载文史短文,介绍近代文物典章制度和历史掌故,成为文史掌故方面的巨擘。

通信"。这位著名的新闻记者，"当时在《时报》发表'彬彬通信'（'彬彬'乃其笔名），夹叙夹评，揭露和抨击北洋军阀政客的丑行；'彬彬通信'与《申报》的飘萍通信、《新闻报》的一苇（张季鸾）通信，当时影响很大"①。可见，民初《时报》"北京通信"栏目周围有数位特派记者，黄远生是其中的佼佼者，其他作者也非常出色，"特约通讯亦多为各报所不及，彬彬振青万叶小可其著者也"②，他们合力供奉于《时报》，共同把"北京特约通信"打造为《时报》的一大品牌栏目，与此同时，"北京通信"也为他们提供了施展才华的平台，从而成全了他们的成名。

此外，"《时报》上偶然也有国外通信，那时难能可贵的，是几位留学在欧美日本的，或是使馆里的朋友写来的，这是他们一时高兴，而也是不收什么报酬的，并非是一种职业性的通讯员"③，这些国外通信延伸了新闻触角，加强了读者对外国信息的了解，拓展了读者视野。

二、《时报》特约通信的思想内容和特色——以"远生通信"④为个案⑤

黄远生（1885—1915），原名基，字远庸，笔名远生，江西九江人。少年勤奋好学，16 岁中秀才，20 岁中举人，21 岁中进士，获得"知县即用"的资格，弃官不做，东渡日本官费留学，攻读法律，1909 年回国被清政府任命为邮传部员外郎兼参议厅行走和编译局撰修官。他不甘心"以极可爱之青年之光阴，而潦倒于京曹"，混迹官场一年后，就离职投身新闻界。黄远

---

① 朱小平：《凌霄老人二三事》，《民主》1996 年第 5 期。

② 郭箴一：《上海报纸改革论》，新生命书局 1931 年版，第 21 页。

③ 包天笑：《钏影楼回忆录》，中国大百科全书出版社 2009 年版，第 347 页。

④ "远生通信"缘于 1912 年初《时报》上署名为"远生"的"北京通信"，驰名中外，影响很大，自成一体，故以黄远生的名字命名为"远生通信"。

⑤ 本部分请参阅作者与余芬霞合作的论文《试论黄远生新闻通讯的思想内容、采写特色及影响》，《上饶师范学院学报》2016 年第 4 期。

生的新闻生涯仅约三四年光景，从 1912 年在北京创办并主编《少年中国》周刊开始，到 1915 年 12 月喋血美国旧金山，期间编辑过梁启超主编的《庸言》月刊，并担任上海《时报》《申报》驻京特约记者，还常为《东方杂志》、《论衡》杂志、《东方日报》、《国民公报》和《亚细亚日报》撰写稿件。虽然他的新闻生涯短暂，"却像彗星一样，一时显著于报界"①，成为民国初年"三大名记者"，戈公振称他为"报界之奇才"。

黄远生为《时报》采写北京通信集中于 1912 年 5 月至 1913 年 10 月，《时报》以他采写的北京通信最为出色，该报也因"远生通信"而名重一时。"飘萍太忙，发专电是专长；彬彬得不到重要消息，文章多肉而少骨，都不及黄远庸"②。"远生通信"俨然成了《时报》的一块金字招牌，他的名字与《时报》紧紧相连，成为当时《时报》的符号。"远生通信"涉及大量的人物和事件，议题相当广泛，叙述客观公正、写作有声有色，风格亦庄亦谐，时人读了他的通信可了解时局动态，后人读之也可得到历史纪录。"从某种意义上来说，黄远生的通讯是当时社会的一面镜子"③。

（一）《时报》"远生通信"的思想内容

大体上看，"远生通信"所涉内容主要体现于内政、外交、财政三大方面，而多数篇章聚焦于内政，所以他所采写的政治通信居多。统观《时报》上的"远生通信"，关于民初时事政治、政坛风云、官场内幕方面的通信占绝大部分。黄远生敢于碰硬，又巧妙用笔，善于报道读者极为关心的政治问题，且敢于触及重大题材，每逢内政外交方面有重要事情发生及政府要员的不轨行为，他用最迅速快捷的手段，探得最重要的新闻素材，写成有声有色新闻通讯。举凡重要事件如宋教仁被刺、袁内阁两次倒台、六国大借款、丧权辱国的"二十一条"、唐绍仪被迫下野、陆徵祥不再理政等，黄远生必会捕捉报道，告知世人，对远离京城的上海报刊来说，"北京通信"是一条极

① 胡太春：《中国近代新闻思想史》，山西教育出版社 1987 年版，第 247 页。
② 包天笑：《钏影楼回忆录》，中国大百科全书出版社 2009 年版，第 347 页。
③ 丁淦林：《中国新闻事业史》，高等教育出版社 2007 年版，第 112 页。

为重要的获取政治中心时政新闻的独家渠道。

　　一位出色的外埠访员"要有交游的新闻鼻，而又有优美的文笔"①。黄远生曾于前清做过官，对当局政坛颇为熟知，他交游于民国总统、内阁总理、各部总长和党政要员之间，周旋自如，利用这一特殊身份常能采写别人所不能的内幕新闻。民国成立伊始，政局不稳，要员内部关系微妙复杂，外界各种猜测不断，不实之情四处谣传，黄远生及时采写了两篇题为《政界内形记》的政治通信，对袁世凯政府内部要员间的关系进行了梳理报道，如袁世凯与唐绍仪、唐绍仪与梁士诒、唐绍仪与熊希龄之间的关系探得清楚后报道出去，抑制了谣言肆意蔓延。如外界对袁、唐之关系的猜测，黄远生在《政界内形记》的第一篇谈及："自唐氏为入京以先，政界纷传袁唐龌龊之说，来往电报上多有可证者，惟唐氏到京后，袁唐之外面神情，仍是极相融洽，殊难窥其深处"，后列举证据化解谣传，最后直截了当指出："唐氏似确有不能自信者然，然外间谓袁氏已入统一党，且谓宣言书系章太炎所作，则实系谣传。"②这样的政界新闻既依赖于黄远生特殊的记者身份，又凭借于他敏锐的观察能力和深邃的思考能力。

　　"远生通信"有不少篇什是针砭当朝政府，对袁世凯的黑暗统治和形形色色的军阀、官僚、政客给予无情贬斥。《外交部之厨子》是这类通信的代表之作，曾风靡一时，时至今日仍广为传诵。此文视角独异，选取一位在政界穿梭自如、神通广大的外交部厨子，从其长盛不衰的地位落笔，刻画出这位趋炎附势、八面玲珑的附庸在官场要员之间如何左右逢源，继而跳出厨子本身而生发开来，把当朝政府的腐败暴露无遗，"外交部之厨，暴殄既多，酒肉皆臭"③。通信不但表达了作者对民初一帮助纣为虐之流的痛恨，而且折射出当朝统治者搜刮民膏、懦弱昏庸的本质，使读者读后顿生怨恨，对官场痛心疾首。因而，黄远生在《国人之公毒》一文中得出这样的结论："今中

① 黄天鹏：《新闻学概要》，中华书局 1934 年版，第 96 页。
② 黄远生：《政界内形记》，《时报》1912 年 5 月 13 日。
③ 黄远生：《外交部之厨子》，《时报》1912 年 7 月 10 日。

国之医生，亦既多矣，其最先者曰，中国之病，由政府不良，顾政府何以不良？则曰当局不良，……试问何以有此不良之当局，夫放纵、专恣、贿赂、残虐等之恶德，质言之，皆人类意思之自由之过其限度而已"①，寥寥数语，直揭本质。

《囍日日记》②是黄远生又一篇脍炙人口篇章。他作为民初名噪一时的记者，应邀参加袁世凯就任大总统宴请的活动，依此为素材而采写的一篇现场目击记。文章开篇写道，当日对袁氏当朝可谓双喜之日，而对记者却是遭受双重厄运之日，"然此最可纪念之日，吾曹新闻记者乃有两重厄运：一庆祝大总统就职之庆祝员，须穿大礼服；是日（初十日）晚间外交部茶会，又须穿晚礼服。保存国粹之吾曹，向以对襟马褂为大礼服者，至此乃不能不东西借凑成两套之礼服，其困难不下于大借款矣"③，记者应邀参加盛宴却为借礼服之事发愁，文中记述宴会之盛，规格之高，国家危难之时仍腐败奢靡，把大借款与借礼服有意关联起来，两相对照，使堂皇的盛典与空虚的政权形成强烈的反差，使读者读后对统治阶层心生切肤之恨。黄远生在《新政府之人才评》中同样对此类腐败、奢华之风直陈："自政府成立后，除借款外，一事不能办，所纷纷扰扰者，裁汰旧员调用新员之一事，运动—腐败—攻讦—奢华—之风，实无以异于往日。"④

黄天鹏曾论及特派访员应守信条时强调："如为采访重要的新闻，顺每一线索而追究到底。"⑤黄远生正是如此，他撰写北京通信，以追踪政坛内幕见长，并自成一体，所以他非常擅长运用连续报道的方式，及时追踪事件发展动态，揭露袁世凯政府的黑暗内幕，如其通信涉及的"六国大借款"、"张振武案"都是采用多篇报道形式，连续追踪，层层剥笋、从多个视角揭

① 黄远生：《国人之公毒》，《东方杂志》1916年1月10日。
② 所谓"囍日"，是指双喜双贺之日，即1913年10月10日，既是袁世凯就职之日，又是共和纪念国庆。参见《远生遗著》卷三，商务印书馆1984年版，第207页。
③ 黄远生：《囍日日记》（其一），《时报》1913年10月17日。
④ 黄远生：《新政府之人才评》，《时报》1912年5月24日。
⑤ 黄天鹏：《新闻学概要》，中华书局1934年版，第75页。

橐袁世凯及一帮军阀政客的龌龊丑行。1912 年，中国发生了长时间的"大借款风波"，袁世凯为稳固摇摇欲坠的统治根基，不惜以领土主权抵押为条件，向国外大借款，作为反革命的内战经费，上海的《申报》《新闻报》《时报》及其它各报对此大加报道。从 1912 年 5 月谈判开始到 1913 年 2 月借款失败，黄远生利用驻京记者的特殊身份，展开探访作跟踪报道，并对之穷追不舍，十个月内发表了十八篇通信，以《大借款波折详记》[①] 开场，连续发表了《借款里面之秘密》[②]、《借款内脉之解剖》[③]、《借款交涉者七零八落》[④]、《伦敦借款与英国》[⑤]、《断送蒙古声中之大借款》[⑥]、《借款交涉内脉之解剖》[⑦]、《最后借款之命运》[⑧]、《奈何桥上之大借款》[⑨] 等通信作品，揭露了民国初年政府腐败无能，任人宰割的局面，痛贬袁世凯政府对内残酷压榨，对外卑微屈节、卖国求荣之行径，同时揭露英、法、德、美、俄、日等帝国主义国家之间勾心斗角、互相倾轧，袁世凯窃国大盗和各国丑行跃然纸上。

关于"张振武案"同样是以连续报道的形式进行，1912 年 8 月 15 日发生了谋杀张振武案（张振武为参加武昌起义的革命党人，任前湖北军务司副司长），黄远生在一周之内连续发表三篇通信，即《张振武案始末记》[⑩]、《张振武案——礼拜之经过》[⑪]、《张振武案之研究》[⑫]，不但追踪了张振武被谋害的经过，还通过秘密探访，揭秘了黎元洪与袁世凯密谋策划谋杀之详情，以及展示了社会各界对此事的反映和民众的强烈控诉，"议场中之光景，几于以

①　黄远生：《大借款波折详记》，《时报》1912 年 5 月 12 日。
②　黄远生：《借款里面之秘密》，《时报》1912 年 5 月 18 日。
③　黄远生：《借款内脉之解剖》，《时报》1912 年 7 月 9 日。
④　黄远生：《借款交涉者七零八落》，《时报》1912 年 9 月 20 日。
⑤　黄远生：《伦敦借款与英国》，《时报》1912 年 9 月 30 日。
⑥　黄远生：《断送蒙古声中之大借款》，《时报》1912 年 11 月 21 日。
⑦　黄远生：《借款交涉内脉之解剖》，《时报》1912 年 11 月 15 日。
⑧　黄远生：《最后借款之命运》，《时报》1912 年 12 月 24 日。
⑨　黄远生：《奈何桥上之大借款》，《时报》1913 年 2 月 15 日。
⑩　黄远生：《张振武案始末记》，《时报》1912 年 8 月 23 日。
⑪　黄远生：《张振武案——礼拜之经过》，《时报》1912 年 8 月 28 日。
⑫　黄远生：《张振武案之研究》，《时报》1912 年 8 月 31 日。

痛骂痛哭顿足鼓掌之声充满"①，通过多个侧面报道集中揭露袁世凯及当政要员的无耻流氓本质。

外交题材是黄远生所写通讯的又一重要内容，密切跟踪风云变幻的国际形势是"远生通信"中与内政相辅相成的内容。黄远生"为《时报》所做通讯，全部涉及政治，黄远生是不折不扣的政治记者"②，此言不无道理。他发表于《时报》的北京通讯几乎都涉及内政和外交，内政占了绝对多数，外交题材的通讯也不少，而且外交事件较为重大。民国初年，我国政局不稳，外交活动频繁，每逢重大外交事件发生，黄远生都敏锐捕捉写成通讯，满足了战时读者的"信息饥渴"。《外交总长宅中之茶会》是围绕"中俄交涉"问题而作③。《惨痛之外交》针对民初外交上的西藏问题、蒙古问题、赔款展期问题、大借款问题等展开，警示国家情势危矣，"盖奄奄待亡者其实，至悲惨之死期"④。《呜呼中国末日之外交》针对我国当前外交上的死征立意，通信内容振聋发聩，引人警醒。

"远生通信"还有一部分内容关注的是国计民生问题，国计方面以财政金融为题材写作了多篇通讯。既有针对财政政策的，也有针对财税腐败的，还有针对国家与他国财政关系的。如《中国银行之离奇》以中国银行开业之际，政府假借银行改换招牌来掩盖其巧取豪夺之面目，"中国银行于八月一日开始营业，外间咸以为异，该中国银行即大清银行之化身，大清银行之欠商欠官欠款已近千万以上，既无法清理，乃以大清银行处之一招牌了之"，⑤记者不得不惊叹这等"离奇"之事；《最近财政之一般》是对最近财政现状的报道，以社会上纷传的小借款一事展开，通过具体事实指出最近财政不景

---

① 黄远生：《张振武案——礼拜之经过》，《时报》1912 年 8 月 28 日。
② 宋三平：《上海〈时报〉的改革创新与黄远生的成名》，《南昌大学学报》（人文社科版）2010 年第 2 期。
③ 黄远生：《外交总长宅中之茶会》，《时报》1912 年 12 月 9 日。
④ 黄远生：《惨痛之外交》，《时报》1913 年 1 月 18 日。
⑤ 黄远生：《中国银行之离奇》，《时报》1912 年 8 月 13 日。

气，民众所期待的小借款一时无法落实①；《财政部重要法令之说明》是针对财政法令的制定和情况说明，为财政法令的实施进行舆论造势②；《虎头蛇尾之国税厅》一文黄远生敏锐发现国税厅存在七大严重问题，然后一一指出和解释，认为照此下去，将会导致"财政统一之破裂"，这实则"财政亡国之先声"③；《发现南京政府时代特许日人阪谷设立国家银行事》涉及的是我国与他国财政关系的题材，针对日本在中国特许设立国家银行一事，建议"整顿国家财政，增进国利民富"④。此外，"远生通讯"还有些篇什关乎民生，对于民初普通民众，包括流亡者、受灾饥民、妓女等弱势人群的生存境遇给予温情般的关注。

（二）《时报》"远生通信"的写作特色

1.客观真实、绘声绘形

"历史是昨天的新闻，新闻是明天的历史"，撇开时空观念，新闻与历史之间存在相通之处。真实客观的新闻报道是历史研究者的重要素材。黄远生从事新闻活动大概三四年光景，他在短暂的新闻生涯中所采写的新闻通信，是用写实手法记录民初那段历史，所以其新闻通信被称为"民国初年政治斗争的实录"和"信史"，"不看过他的通讯，就不配谈民国初年的政治动态"。⑤他善于捕捉民初重大内政外交事件进行报道，如《政界内形记》《北京黄花岗纪念会》《教育部之重要议案》《张振武案始末记》《借款交涉内脉之解剖》等都是民众瞩目的重要历史事件的真实记录，这些新闻通信成为后人研究的宝贵材料。"黄远生的许多文章都是当时历史事实的忠实记录，为历史学家所看重。解放前出版的《中国政治史》（李剑农编）、《中国近代史》（陈恭禄编），就有多处取材于黄之通讯。黄对新闻作品真实性的态度，实

① 黄远生：《最近财政之一般》，《时报》1912 年 8 月 14 日。

② 黄远生：《财政部重要法令之说明》，《时报》1912 年 10 月 31 日。

③ 黄远生：《虎头蛇尾之国税厅》，《时报》1913 年 2 月 1 日。

④ 黄远生：《发行南京政府时代特许日人阪谷设立国家银行事》，《时报》1913 年 5 月 19 日。

⑤ 曹聚仁语，转引自刘家林：《中国新闻通史》，武汉大学出版社 2005 年版，第 262 页。

是抓住了'新闻'的'生命',成为历史时,也是不失'本色',对今天仍有学习借鉴的价值"①。

就具体写作而言,客观地记录现场是"远生通信"的常用手法。《囍日日记》以客观写实手法构建了一篇现场目击记,文中写到庄重肃穆的典礼场面,要统一穿大礼服、晚礼服,戴高帽子,一般客乘马车、骡车、洋车,侍从总统乘轿。金服辉煌护卫森严,"至西华门下车后,门前有金服辉煌之警卫,有礼服灿烂之部员,共同查验","入门步行,则见无数之戴高帽子著礼服者之三三五五而进,亦有爱惜大礼服而遮洋伞者"。进入太和殿又是庄严的仪式,"赞礼官程客,按照礼单,一一唱赞,其先总统入席立台上,(对议员而立)宣誓—读宣言书—鞠躬—唱万岁而礼毕矣",总统宣誓时"精神矍铄,音吐甚朗,军服灿然"②。全文用客观报道的手法把当时情景活灵活现地再现出来,全篇洋溢着浓浓的现场感,可谓绘影绘形,总统好大喜功、踌躇满志、不可一世的情状跃然纸上。

《北京之新年》一文中客观记述了这一场景:"是日午后一二时许,记者(黄远生——引者注)有友人数辈,以所谓禁门者初次开放,故群往观览,诇行至东安门桥边,忽见禁卫军数十在桥左右纷纷殴打行人,行人被打者殆至百数十以上,方欲前往观览,而有一兵丁猝以靴踢其同行者之足,与辩,又踢一足,记者之友亦被推跌,愤问其故,皆置不答。"③这里只有事实呈现,无需一句议论,袁氏政府豢养的那些趋炎附势、野蛮无理的禁卫军形象浮于纸面。在《张振武案始末记》中,黄远生为了清晰勾画案件发生现场情况,巧妙地用一图表示大清门周围情况,客观展示,还原现场,使得张振武案件发生时的情况一看便明。

2. 辛辣尖刻、鞭辟入里

"远生通信"关注黑暗的民初政坛,对军阀专横、官僚腐败,以及党人

---

① 邦梁:《试论黄远生的新闻思想》,《视听纵横》2006年第1期。

② 黄远生:《囍日日记》(其一),《时报》1913年10月17日。

③ 黄远生:《北京之新年》,《时报》1913年1月7日。

政客、国会议员的种种丑态和卑劣行径，进行深刻揭露和辛辣嘲讽，《外交部之厨子》即是这类作品的代表作。清末民初政坛可谓"铁打的衙门流水的官"，而作品中那位余厨子却能长期盘踞外务部，"但凡稍有声势者之家，皆有厨子之车辙马迹"，一针见血点出了其处世哲学。厨子原本家产和地位平平，他却通过阿谀奉承、暗自贿赂等不轨手段在官场如鱼得水，因而他"声势浩大，家产宏富"，乃至可以力回西太后之意和对抗李鸿章。该作仅从厨子这一角色就折射出民初整个官场的昏庸和黑暗。

《北京之新年》作于民国刚成立不久，"此次新年于北京尚为第一新纪元"，文中谈及"蒙古交涉—西藏交涉—借款交涉—危亡一线之中国，零丁困苦，以度此新年矣"，然而袁总统大肆挥霍，依然大摆四百人的宴席慰劳一年来与之共甘苦的达官贵人。"呜呼！就北京而论，北京表面上之荣华富贵，不得谓非一年以来之大变迁也"。袁世凯统治下的中国已经"事事皆现死机，处处皆成死境"，所以，"新年之现象，惟政界及洋式之饮食店、洋式杂货店等有之，普通人民毫无感觉，其最可怜者，为困苦颠连之商家票号已倒四处"①。该篇与《囍日日记》有异曲同工之妙，把袁世凯在国难当头仍醉心于摆排场、奢靡浪费的品行大胆暴露出来，讽刺意蕴藏于其中，痛恨之情表于言外。

《铸党论》关注的是"波糜全国"的"党之问题"。民国初年，党派林立，"一般之贤愚不肖，既尽驱率入于此围幕之中，旗帜分张，天地异色，又有一群矫异自好或无意识之徒，以超然为美名，以党为大恶，相戒以勿争党见为爱国"，各政党为自己的小团体盘算，尔虞我诈，纷纷扰扰的政党之争把民初政坛闹得乌烟瘴气，"攘往熙来于通衢大道之中，指天画地于密室之内，目有视视党，耳有闻闻党，手有指指党。既已聚千奇百怪之人而相率为党，遂即铸为千奇百怪之党，蔓延于中国，乃复演为千奇百怪之崇拜政

① 黄远生：《北京之新年》，《时报》1913 年 1 月 7 日。

党论或毁谤政党论，以相攻于一隅"①。文章深刻揭露了民初政党不顾百姓利益，一味谋取私利而互相攻讦的丑陋现象，把这些政客的龌龊本质刻画得入木三分。

3. 亦庄亦谐、涉笔成趣

"远生通信"的主题往往重大，而他又能通过幽默、风趣的语言风格表现出来，诙谐而不失庄重，读者在轻松愉悦中欣赏其内容，体味其内涵。《外交部之厨子》把政府腐败如此严肃的话题以调侃的口吻写出，尽情戏谑、无情鞭挞，竟把外务部调侃为"狗窖子"，而北京俗语"狗窖子"即是"妓女院"之意，"外交部之厨，暴殄既多，酒肉皆臭，于是厨子畜大狗数十匹于外交部中而豢养之，部分之狗，乃群由大院出入，纵横满道，狺狺不绝，而大堂廊署之间，遂为群狗交合之地，故京人常语外交部为狗窖子。窖子，京中语谓妓女院也"②。黄远生通信的语言风格具有极强的表现力，他善于捕捉细节，通过夹叙夹议的方法，运用半文半白的语言，熔文、白于一炉，语言极富喜剧感和趣味性，犀利而幽默，且极为自然、晓畅，在嬉笑、戏谑中贬斥民初黑暗势力。

《呜呼中国末日之外交》开篇指出中国失败外交带来国家岌岌可危的命运，"呜乎！今一国之亡也，是非旦夕间事"。作者继而分析了"吾国根本上外交之死征有二，吾今假为之名曰：（一）大势的外交，由各国势力范围画定之结果而亡国者也；（二）财政的外交，由财政上之干涉而亡国者也"。话题可谓严肃，但形象地指出国危之命运，"盖亡人国犹剥梨棘，去皮见肉，去肉见核，今中国乃在肉尽而行见核之时期中也"③，对亡国如此沉重问题以比喻手法指出，语言形象，耐人寻味，读后引人警醒，作者的语言功力甚是高超。

4. 文体多样、风格殊异

新闻通信这一创体最早是由黄远生在《时报》上实践，新闻通信问世初

---

① 黄远生：《铸党论》，《时报》1912 年 8 月 20 日。
② 黄远生：《外交部之厨子》，《时报》1912 年 7 月 10 日。
③ 黄远生：《呜呼中国末日之外交》，《时报》1913 年 10 月 7 日。

期，黄远生进行了多种通信文体的探索试验，若对其发表的所有通信进行简要归类，大致有公告体、访谈体、漫谈体、杂记体、日记体等。黄远生根据素材特点和性质选择写作文体，拿捏适当，体现了严肃和轻松的统一。公告体和访谈体具有严肃性，其余文体则带有自由性。

公告体："远生通信"中有不少公告形式的新闻通信，从文章结构安排看，一般是开头和结尾对相关议案或告示背景的简要交代，中间部分用大量篇幅罗列内容，往往分条列项。如《教育部之重要议案》①以通信的形式及时公布临时教育会会议议案，包括学校系统草案、学校不应拜孔子提议案、划一学生男女冠服案、划分大学区议案四种，各案以条款的形式列出，犹如公告牌；《蒙古人奇怪之告示》②列出税务章程，包括4章共16条内容，开头部分指出，"照得征收税租以济国需"，昭告天下，"倘有任意抗违，或有偷漏等情况，若经查出，定即照章惩罚，决不宽贷"；《发行南京政府时代特许日人阪谷设立国家银行事》③围绕设立国家银行之事列出了27项条款。另外，诸如《蒙古马贼题名录》④、《北京之党会与报馆》⑤、《教育部半年以来大事记》⑥、《交通部之政见书及大事记》⑦、《蛛丝马迹之省制案》⑧、《虚三级省制案之轮廓》⑨等。这类以公告体的形式呈现通信作品所起作用是双重的，既发挥了新闻传媒传递重要信息的作用，又丰富了新闻通信报道形式，可谓一举两得。

访谈体：人物专访现在成为新闻写作的常用文体，若回溯到一百年前的民国初年，这是一种创体，黄远生是这一文体的最早探索者。《时报》所发

---

① 黄远生：《教育部之重要议案》，《时报》1912年7月18日。

② 黄远生：《蒙古人奇怪之告示》，《时报》1912年8月3日。

③ 黄远生：《发行南京政府时代特许日人阪谷设立国家银行事》，《时报》1913年5月19日。

④ 黄远生：《蒙古马贼题名录》，《时报》1912年9月23日。

⑤ 黄远生：《北京之党会与报馆》，《时报》1912年10月22日。

⑥ 黄远生：《教育部半年以来大事记》，《时报》1912年10月23日。

⑦ 黄远生：《交通部之政见书及大事记》，《时报》1912年10月25日。

⑧ 黄远生：《蛛丝马迹之省制案》，《时报》1912年10月26日。

⑨ 黄远生：《虚三级省制案之轮廓》，《时报》1912年12月7日。

的《记者眼中之孙中山》（其四）[①]是一篇成熟的人物专访，该文是四篇同题系列通信之四，布局谋篇方面相异于前三篇，篇章结构独特，耳目一新。全文约三千多字，除了头尾两段交代记者来意和辞别场景之外，其余部分从头至尾都以一问一答的形式构成，黄远生在通信中精心设计了 23 个问题，孙中山一一作答，每问每答独立成段，分条缕析，醒目易读，方便读者浏览自己感兴趣的问题，且通过孙中山对问题的回答逐步构建其在记者心目中的形象。《外交总长宅中之茶会》一文是黄远生与外交总长陆徵祥的访谈，该文不是以一问一答的形式构成全篇，而是在文中针对一些主要问题采用了问答形式，通信围绕"中俄交涉"之事，黄远生在陆徵祥宅中就读者关心的问题连连发问，如"现在驻京各使态度如何？""法使康悌君出而调停，乃纯系以私人资格，并未奉本国之训令乎？""据先生所见列使何以持此一致沉静之态度？"[②]等，外交总长就此系列问题一一作答，记者适时地交代现场情况，同时在文中穿插了问答，解决了民众萦绕于心的问题。虽然该文是以茶会的形式进行访谈，气氛轻松，但对问题的提出和陆徵祥的回答则是严肃认真的。《北京之新年》[③]一文同样是一篇问答体形式的专访，记者就大借款问题对话一位六国借款团人士，以环环相扣的问题一一剖开借款团人士的内心想法。

漫谈体："远生通信"中一些以自由漫谈方式写作的通信别有风味，使读者在如同对友谈心的氛围中欣赏通信内容。如《外交总长宅中之茶会》，黄远生受外交总长陆徵祥之邀出席宅中的茶会，"记者以中俄交涉方急，官中人既坚守秘密，报章则所纪各殊，无从得其真相"[④]，黄远生针对社会上大家关心的外交问题，在陆徵祥家自由漫谈，边饮茶边聊天，以促膝谈心的方式采访到外交总长对"中俄交涉"的态度和各方看法，呈现出来的通信现场

---

① 黄远生：《记者眼中之孙中山》（其四），《时报》1912 年 9 月 10 日。

② 黄远生：《外交总长宅中之茶会》，《时报》1912 年 9 月 10 日。

③ 黄远生：《北京之新年》，《时报》1913 年 1 月 7 日。

④ 黄远生：《远生遗著》卷三，商务印书馆 1984 年版，第 14 页。

感强，且文笔朴实自然，平易近人，让读者感觉在围炉畅聊中接受信息。

《茶话一席》同样是漫谈体，写的是驻京日使伊集院君在使馆中开茶话会，宴请宾客共三百余人，"愿诸君今晚尽一夕之欢，无等级，无一切界限"，"此会不设座次，用立食法，由客自由以盘取食"，自由漫谈的氛围显现。黄远生对漫谈的惬意场景如此描述，"是夕天气凉爽，星稀云净，草花红白乱发，短山衔接，杂树参绕，极有山林之致，散坐朋饮，凉风徐来，四望寥阔，此为吾人最可纪念之一清静时光"。然而，虽是轻松愉悦的漫谈，但触及的问题颇为重要，都关乎国家形势，如"问政府某君，近来南方形势如何？得不至决裂乎？答恐将不免，以彼中无统率之人也"；再如"余谓调停之效力如何？答恐甚难，究竟国家如何，决非调停可了也"①。严肃问题在轻松中获得，问题回答也是直截了当，犹如同挚友聊天，语言朴实自然，通信耐人阅读。

杂记体：这也是"远生通信"自由体形式的一种。《大小零星杂记》②以杂记的形式记述了三件事：似辞职非辞职之政府、国务员之最近麟爪、二大奇案。三者互不相及，看似各自独立，但都是围绕当时大家共同关心的话题展开，作者任意捕捉，信手拈来，不紧不慢，自由叙述，所传递的信息最能解人们心头之渴。《政界小风潮零记》③一文涉及甘肃之暗潮、禁卫军内潮之由来、藏事务处之现状、北方军队之实情四件事，各不相属的四个方面在同一篇中呈现，内容看似分散，笔法似显杂乱，实际上很注重选题和章法，因为四者都是大家关心的话题，且往往揭示的还是带有内幕式的新闻，几件事放在同篇呈现，信息量丰富，所以这些素材取杂记体行文比较合意。

日记体：《囍日日记》是代表作。记者记录的是受邀参加袁世凯就任总统庆祝宴会一天的行踪，记者观察仔细，记叙详备，各方人等的行为都有记录，不但是一篇现场目击记，而且完全是一篇记者的观感日记。黄远生进入

---

① 黄远生：《远生遗著》卷三，商务印书馆 1984 年版，第 126—127 页。
② 黄远生：《大小零星杂记》，《时报》1912 年 6 月 19 日。
③ 黄远生：《政界小风潮零记》，《时报》1912 年 6 月 21 日。

《申报》后，他为该报采写了大量的《新闻日记》，新闻通信中采用日记体写作变得习以为常，运用也更加娴熟。

三、《时报》"北京通信"的地位及影响

《时报》的"北京通信"是我国报业发展特殊时空下的产物，它呼应了读者的需要，契合了社会心理需求。《时报》上"北京通信"从不固定到常规发展，栏目影响日益凸显，进而发展为《时报》不可或缺的品牌栏目，乃至成为当时中国新闻界的一面旗帜，在《时报》及在民初整个报业中都占有重要地位，产生了深远影响。

对《时报》而言，"北京通信"在该报占有重要地位。《时报》不但率先重视选派有能力的记者驻京采写"北京通信"，而且特别看重他们发来的"北京通信"，编排于专电之后、各类新闻之前。仅以1912年6月19日《时报》为例，当日报纸共十二个版面，版面安排情况是：一版除报头，其余全为广告；二版为社论、来稿、要件、小说；三版为专电、要闻、时评一；四、五版全为广告；六版为要闻；七版为地方通信、来件、公电、时评二；八、九版全为广告；十版为本埠新闻；十一版续本埠新闻、琐闻、来件、时评三；十二版为滑稽余谈。编辑对北京通信的处理颇为讲究，黄远生的"北京通信"《大小零星杂记》安排于第三版要闻栏之首，即专电与新闻之间，版面位置显要，《时报》基本保持这种处理方式，体现了"北京通信"在《时报》的显赫地位。

对民初新闻业而言，"北京通信"带来的影响是多重的。首先，开创了一种新的报道文体。新闻界都一致认为黄远生是我国新闻通讯之鼻祖，"我国报纸之有通讯，实以黄远生为始"①，"自黄远生出，而新闻通信放一异

---

① 黄流沙：《从进士到记者的黄远生》，《新闻业务》1962年第8期；另参见张宗昌《黄远生》，《新闻界人物》（一），新华出版社1983年版，第42页。

彩……为报界创一新局面"①。黄远生所创的翔实细密的通信文体与消息区分
开来，与之前所谓"通信"也有很大区别，那时的"某地通信"只是停留于
"消息"的地位，其特点是简短，没有过多的描写，记叙事件也不详备。而
北京通信"大约每篇总要有两三千字，过短觉得不足以过瘾，过长则又觉
得冗长无味，甚而至于画蛇添足"②。写作方法夹叙夹议，善抓细节，客观真
实，文字生动，独具特色。黄远生开创了这种新的报道文体，为我国新闻通
讯奠定了文体基础，通过邵飘萍、徐彬彬（徐凌霄）、刘少少等一批民初记
者的大量实践，逐渐定型为一种重要的新闻通讯文体，使我国报道文体变得
多样而成熟，在新闻史上意义重大。

其次，促使我国报刊从政论时代向新闻时代的转变。民初大量使用电信
技术带来了新闻专电的普及，使我国报纸进入到从以政论为主到以新闻为主
的过渡时期，逐渐推动了我国政论时代向新闻时代转变。"北京通信"的出
现加速了转变的步伐，因而有学者认为，"黄远生以自己的新闻实践改变了
中国近代早期报刊以政论为主的发展轨道"③，他所创新闻通讯文体，与专电
等新闻样式一起加速了政论时代向新闻时代的复归，促使"新闻本位"时代
真正到来。与此同时，这一创体的开拓者黄远生在新闻史上也获得了应有地
位，"黄远生是中国新闻史上第一个以新闻采访和新闻通讯写作而负有盛名
的新闻记者，他是中国报纸从政论时代向新闻时代演变的开拓者"④。《时报》
大量刊登新闻通信，使民初更多记者有机会进行实践，不但造就了民初一大
批名记者，"如果说中国近代以降的言论史上，此前出现过王韬、梁启超那
样著名的报人，那么，这时承前启后的则是黄远生、邵飘萍这样的以新闻通
讯为见长的著名报人了"⑤，而且摘掉了当时记者头上的"斯文败类"、"落魄

---

① 黄天鹏：《新闻文学概论》，光华书局 1930 年版，第 30—31 页。
② 包天笑：《钏影楼回忆录》，中国大百科全书出版社 2009 年版，第 347 页。
③ 乔云霞：《黄远生——新闻通讯文体的开创者》，《天津师大学报》1986 年第 5 期。
④ 吴廷俊：《中国新闻史新修》，复旦大学出版社 2008 年版，第 141 页。
⑤ 郭汾阳：《铁肩辣手——邵飘萍传》，浙江人民出版社 2006 年版，第 65 页。

文人"等耻辱帽子，记者地位大升。

最后，新闻专业理念开始付诸实践，加速了新闻专业理念的形成。新闻专业理念在民初开始萌芽，黄远生是新闻专业理念的早期尝试者和探索者。民初记者通过通信文体的写作实践，促使记者追求真实、客观的报道理念，"上海报纸早期的通讯多为纪实性的，把一件事情的来龙去脉作全面客观地描述出来，很少直陈己见"①。这批特派记者还以强烈责任感报道民初发生的重大事件，每篇"北京通信"都有作者的署名，赋予作者应有的地位，增强了新闻的权威性和记者的责任感，强化了他们的责任意识，促使特派访员按新闻专业理念操作。虽然民初记者对于新闻报道的客观、真实、责任意识和报刊功能等理念的认知只是停留在感性层面，即还没有把它们上升到理性层面而"有意"为之，但他们对于新闻专业理念内涵已有认知，并在其新闻实践中已有大量尝试，这本身就是历史的进步。所以，新闻通信与新闻专电的出现，带来了我国专业理念的萌芽，加速了新闻专业主义的形成，对后来的新闻界影响颇为深远。

对民初报人而言，《时报》"北京通信"对邹韬奋、徐铸成等一批名报人影响非常大，后来他们选择了记者职业，踏上了新闻工作的道路，而且在某些方面还青出于蓝而胜于蓝。邹韬奋从小在上海南洋公学读书时就对黄远生的"北京通信"一片倾心，并为之倾倒，"我特别喜欢看他（黄远生——引者注）的通讯，有两个理由：第一是他探访新闻的能力实在好，他每遇一件要事，都能直接由那个有关系的机关，尤其是那个有关系的政治上的重要人物，探得详细正确的内部的情形；第二是他写得实在好！所以好，因为流利、畅达、爽快、诚恳、幽默"②。不仅如此，甚至影响了他的职业选择，以致他从小就立志做一个新闻记者，"有一点却在小学的最后一年就在心里决定了的，那就是自己宜于做一个新闻记者。在那个时

---

① 马光仁：《上海新闻史（1850—1949）》，复旦大学出版社 1996 年版，第 483 页。

② 汉国萃辑录整理：《近现代人论黄远生》，载《新闻研究资料》第 28 辑，中国社会科学出版社 1984 年版，第 116 页。

候，我对于《时报》上的远生的《北京》通讯着了迷。每次到阅报室里就去看报，先要注意《时报》上有没有登着远生的特别通讯。……他所写的内容和所用的写的技术，都使当时的我佩服得很，常常羡慕他，希望自己将来也能做成那样一个新闻记者"①。果然，邹韬奋的记者之梦得以实现，而且表现极其优秀。

《时报》驻北京特派记者除黄远生之外，还有一位名记者——徐凌霄，他为《时报》服务了很长时间，用"彬彬"笔名为该报撰写了大量的北京通讯，笔触广泛、内容全面，而且观察细致、剖析入微，为民初读者提供了大量有价值的报道。徐彬彬长于文学，娴于经史，熟悉历史掌故，常能运用有趣的内幕材料，故所写通讯内容隽趣，文笔晓畅，深受读者欢迎。他还善于用讽刺笔法刻画袁世凯及政党要员，对他们丑态揭露之深刻，剖析之透彻，描绘之惟妙惟肖，无不令读者赞叹。著名报人徐铸成在回忆此事时说："我在中学时代，就极为倾倒他以'彬彬'笔名刊登在《时报》上的北京通讯。也像《申报》的飘萍写的通讯一样，每篇都吸引我细细阅读，不仅分析局势和各方面的利害关系清清楚楚，而且文笔恣肆，鞭辟入里，刻画那些军阀、政客，如'鬼趣图'，个个跃然纸上"②。他在江苏省立第三师范读书时对读报很感兴趣，时常在休息时间去读报室读报，憧憬着能当上名记者或名主笔，他在回忆录中坦言，"深感前述这些新闻记者，具有史家的品质学养，是救国不可少的崇高职业，从心底开始向往这种工作"③。如其所愿，他在20岁就任国闻社记者并兼任《大公报》记者踏入了新闻圈，1938年《文汇报》在上海创刊，他被创办人严宝礼聘请为主笔，该报在抗战时期办得风生水起，"尤其徐铸成所撰的社论成为沪人每日必读的文稿，犀利热情，勇敢的笔锋给予黑暗中的沪人不可名状的鼓舞以至于安慰，于是徐铸成三字不胫而

① 邹韬奋:《韬奋:韬奋画传·经历·患难余生记》，生活·读书·新知三联书店2007年版，第122页。

② 徐铸成:《报海旧闻》，生活·读书·新知三联书店2010年版，第49页。

③ 徐铸成:《徐铸成回忆录》，生活·读书·新知三联书店1998年版，第13—15页。

走,《文汇报》因之一纸风行"①。

对"五四"新文化运动而言,民初记者在《时报》上的"北京通信"体现出半文半白的语言风格,是白话文兴起的先兆。在1914年到1915年间,黄远生曾给章士钊主编的《甲寅》杂志记者写信明确倡导新文学,"其选事立词,当与寻常批评家,专就见象为言者有别,至根本救济,远意当从提倡新文学入手",并进一步主张"以浅近文艺,普遍四周,史家以文艺复兴,为中世改革之根,足下当能语其消息盈虚之理也"②,他早在北京通信中就对此主张付诸了实践,可见,在陈独秀、胡适提出白话文之前,黄远生已经作了用白话文写作的尝试。因而有人评价:"黄远生称得上五四新文学运动的先驱者之一"。③

①　徐铸成:《徐铸成回忆录》,生活·读书·新知三联书店1998年版,第149页。

②　黄远生:《致甲寅杂志记者》,载《远生遗著》卷四,商务印书馆1984年版,第189页。

③　孙文铄:《黄远生及其新闻通讯》,《暨南学报》(哲学社会科学版)1989年第3期。

第三章　黄伯惠时期《时报》的新闻业务转型
（1921—1939）

自 1921 年开始，上海《时报》由黄伯惠接办，黄氏由此开启了他的报业生涯。由于他与狄楚青所处时代和个人阅历差异很大，两人的办报理念很不一样，《时报》的新闻业务革新自此发生转型，从前期"新闻体裁"革新转向"新闻题材"变革，后期《时报》上的社会新闻、体育新闻和图片新闻做得有声有色，以致带来前、后时期《时报》的形式和内容大相径庭，报纸呈现出与前期不同的样貌。

第一节　黄伯惠接办《时报》与《时报》业务转型概述

狄楚青经营《时报》长达 17 年，正值他经受打击、无心经营报业之时，黄伯惠顺势接手《时报》。黄氏是一富商，以充足的资金投入，按自己的兴趣经营报业，从此该报走向商人办报之路。

一、黄伯惠接办《时报》

（一）黄伯惠其人及接办《时报》

黄伯惠（1894—1982），名承恩，字伯惠，松江洙泾人，原籍安徽休宁，系黄公续①之长子。黄公续与陈景韩是世交，且因时报馆辟有"息楼"成为友朋谈话休憩之所，黄伯惠常随父亲到时报馆，后来还常常独自来"息楼"，结识了息楼里的一班人，对报刊事业耳濡目染，运作流程了然于胸，为后来接办《时报》奠定了基础。1921年从狄楚青手中接办《时报》，至1939年9月1日终刊，主持后期《时报》达18年之久。停刊后的黄伯惠在沪与人合办地产公司，1949年黄伯惠定居香港，1982年去世。

黄氏家财豪富，祖辈以远洋船运起家，在上海滩广置地产，拥有多处市肆、钱庄。他继承家业后，因在疯狂一时的橡胶股票投机中获得巨利，丰富的家财遂使他萌生了办报的雄心。再者，黄伯惠年轻时曾自费游历欧美日本，考察机械、矿务、经济及印刷工艺，对西方发达的报业很感兴趣。"伯惠享荫下之福，富于资力，得自费游历欧美、日本，考察机械矿务及经济，尤注意《伦敦时报》的设施，颇有归国办报之意。"②1921年留学回国，适逢狄楚青面临多重打击，《时报》营业不振，损资过巨，狄氏无心经营，走投无路，狄楚青"只好挥此慧剑，以求解脱"③。黄伯惠办报机会终于来临，他一向对新闻事业充满兴趣，力图开创一番文化事业，"得此也可以一过新闻之瘾"④。陈景韩出面为狄楚青解围，陈氏与黄伯惠同乡素识，由他居间说合，黄伯惠毫不犹豫以八万元（一说四万银元）巨资购进《时报》全部产业。接办续刊后，"一面由他自己的天才及勤力，并利用他调动的资财，对这一张报纸，努力改进，不料在报坛上开出了一朵奇葩"⑤。

---

① 黄公续是上海有名的富商之一，他开有大钱庄和当铺，另外在本乡拥有大片田产，在上海公共租界浙江路以及杨树浦一带也有不少房地产，是时报馆"息楼"里的常客。还曾参与发起江苏学务总会，与狄楚青等组织发起中国图书公司，加入预备立宪公会，与狄楚青、雷奋、杨廷栋曾被推为预备立宪公会的会董，成为该会早期会董之一。

② 郑逸梅：《黄伯惠接办〈时报〉》，载《清末民初文坛轶事》，中华书局2005年版，第165页。

③ 包天笑：《钏影楼回忆录》，中国大百科全书出版社2009年版，第426页。

④ 包天笑：《报坛怪杰黄伯惠》，《大成》1984年第131期。

⑤ 高拜石：《新编古春风楼琐记》（六），作家出版社2004年版，第228页。

包天笑称黄伯惠为"报坛怪杰"①，童轩荪称之为"奇人黄伯惠"②。在他主持《时报》的历程中，通过一些场景我们就能充分感受到他与众不同的怪异性格。作为时报馆老板，他对办报充满热情，上至报馆管理，下至机器修理，事无巨细，事必躬亲。"有一次，他的儿子举行婚礼，当主婚人入席，遍找这主婚人不得，既而发现他在机器下操作，一身油污，立即请他洗涤，易衣登堂，举行仪式，宾客为之大笑"③。当时的《大亚画报》就曾这样描述过黄伯惠，"他工作成天不辍，弄得满身油污，并不以为稀罕。站在工厂内，进去的宾客看不出他是老板"，所以，在时报馆内，黄伯惠"并不搭大老板的架子"④，甚至甘愿当报馆外勤记者的司机，使馆内记者甚感难堪。金雄白曾回忆他与黄伯惠外出采访的尴尬经历，"我出去采访，他就常为我驾车，他预先叮咛我，切不可把他介绍给任何人。车子一到目的地，他就同我一起入内……我与人谈话时，他就默坐一旁，静听而不发一语……由于他不许我向人介绍，尤其不愿人家知道他是《时报》老板，别人看到与我同去而又穆然默坐的他，不免露出了疑愕之态，这样每每使我陷于窘境"⑤。怪异性格带来办报风格也与众不同，邵翼之谓之办报"怪诞不惊"⑥。他引领《时报》走大型民营日报"大众化"之路，注重社会新闻和体育新闻的写作，外勤记者采写的这类新闻常以煽情、怪异等写作手法，以娱乐化的手段让读者感知新闻内容，令读者颇觉新奇，读后印象深刻。他效法美国赫斯特的办报手法，不觉竟成为当时我国"黄色新闻"的滥觞。

生活中的黄伯惠在众人眼里同样是"奇人加怪人"形象。"以他的财富身份，却穿戴得不如一个工友；他可以二十四小时在报馆里东看西摸，莫名

① 包天笑：《报坛怪杰黄伯惠》，《大成》1984 年第 131 期。
② 童轩荪：《奇人黄伯惠·南北画报潮》，《传记文学》1970 年第 17 卷第 1 期。
③ 郑逸梅：《〈时报〉的后期主持者黄伯惠》，《瞭望周刊》1985 年第 10 期。
④ 谷声：《记时报老板黄伯惠》，《大亚画报》1932 年 11 月 12 日。
⑤ 转引自张功臣：《民国报人——新闻史上的隐秘一页》，山东画报出版社 2010 年版，第 107 页。
⑥ 邵翼之：《我所知道的上海时报》，《报学》1955 年第 1 卷第 8 期。

其妙地无事忙而忘倦。……他没有一定的睡眠时间，有时深夜动手修机器，疲乏了便不管身手油污，来不及洗，也来不及脱，和衣就向被窝里一钻，继而鼾声大作"①，其妻受不了这不正常与无规律的生活，最终以离婚解脱。令人难以置信的是，他不但答应与妻离婚，而且选择离婚日期，操办离婚宴，在其妻生日那天，大摆筵宴宴请所有亲友以示庆贺，夫妻俩都殷勤招待宾客，等到宴终人散，然后同意办理离婚手续。

1939 年《时报》停刊后，他把报馆改为福湖大楼出租，"这个楼共有七层，他一个人独住了五六七三层，不但不给别人住，别人也不许上去，至亲好友也不例外"，这是一怪；然而，用膳不开火，以电话叫外卖果腹，但送外卖者只能送至四层就得辍步，"老妈子也不用，吃饭打电话到外面去叫，但是送菜的只能走到第四层为止，在第四层高声大叫！'黄先生菜来了'，由他自己来拿"，旁人觉得又是一怪；其住处如此神秘莫测，不免旁人多加猜测，"他所住的那三层究竟是个什么世界，谁也不能明了。有时三更半夜，他楼上灯火通明，据说在洗照像。因为这样，他这位先生，在邻居眼光中他好像是'夜半歌声'中的那位怪人"②，他对自己热衷的摄影事业如痴如醉。黄氏晚年定居香港后，对摄影艺术仍热情不减，相机随身携带，"如其马路上看到有一位衣履不整，神态木然，而身上总悬着一架照相机的老翁，定然就是他了"③，但谁也不知道这就是当年《时报》的主人。

（二）黄伯惠接办《时报》时间考辨

目前学界关于《时报》从狄楚青转手到黄伯惠的交接时间问题，学界对此莫衷一是，颇多看法，各类新闻史教材和研究论文互相借鉴和引证，显得有些混乱，所以很有必要进行一番考证，何况《时报》的前、后交接时间关涉到本书的章节划分。为此，笔者通过查阅相关书籍、论文及回忆录等资

---

① 高拜石：《新编古春风楼琐记》（六），作家出版社 2004 年版，第 230 页。

② 拾遗：《黄伯惠二三事》，《评论报》1947 年第 17 期。

③ 转引自张功臣：《民国报人——新闻史上的隐秘一页》，山东画报出版社 2010 年版，第 108 页。

料，并通过《时报》原件仔细比照、考证、甄别，对目前学界较认可 1921 年存疑，笔者认为 1925 年交接有较大可能性。

从现有的资料来看，关于《时报》前后交接时间的不同看法集中在 1921 年到 1926 年间。戈公振在《中国报学史》中提到："民国十年，狄氏积劳成疾，以《时报》售于黄承恩（伯惠）"①；方汉奇的《中国新闻事业通史》、吴廷俊的《中国新闻史新修》都取 1921 年的看法，"1921 年，在陈冷在撮合下，狄楚青以 8 万元的代价将《时报》出售给黄伯惠"②；陈彤旭、李磊在《影响中国的新闻人》一文中谈道："1921 年《时报》因经营不善而出售"③；《民国人物大辞典》在黄伯惠词条中提到："以四万元巨款从狄楚青手里购进《时报》全部产业。"④ 王润泽在其著作《北洋政府时期的新闻业及其现代化 1916—1928》中认为："1922 年上海《时报》易主，狄楚青将其以 8 万元出售给黄伯惠。"⑤ 与上述时间相距甚远的是，郑逸梅在《〈时报〉的后期主持者黄伯惠》一文中认为是"民国十四年二月"⑥，即 1925 年。邵翼之又指出："黄伯惠氏于民国十五接办时报"⑦，即 1926 年；曾服务于《时报》14 年的包天笑曾作《报坛怪杰黄伯惠》一文，在文末特加按语强调，"林熙按：《时报》是光绪三十年狄楚青创办的。戈公振《中国报学史》说，楚青于 1921 年将报馆盘给黄伯惠云云，误，《时报》出盘，系 1926 年事"⑧。当年的《时报》记者顾执中在回忆录中提到他于 1923 年进入《时报》，并明确提及当

---

① 戈公振：《中国报学史》，生活·读书·新知三联书店 1955 年版，第 145 页。

② 方汉奇主编：《中国新闻事业通史》（第 2 卷），中国人民大学出版社 1996 年版，第 132 页。

③ 陈彤旭、李磊：《影响中国的新闻人》，《新闻与写作》2007 年第 7 期。

④ 徐友春主编：《民国人物大辞典》，河北人民出版社 1991 年版，第 1111 页。

⑤ 王润泽：《北洋政府时期的新闻业及其现代化 1916—1928》，中国人民大学出版社 2010 年版，第 204 页。

⑥ 郑逸梅：《〈时报〉的后期主持者黄伯惠》，《瞭望周刊》1985 年第 10 期。

⑦ 邵翼之：《我所知道的上海时报》，《报学》1955 年第 8 期。

⑧ 包天笑：《报坛怪杰黄伯惠》，《大成》1984 年第 131 期。

时主持者是黄伯惠，并谈到当时黄伯惠带他见总编辑陈景韩的情形①。看来1921—1923年间交接较为可靠，不过，仅凭回忆录推断又显草率，由于事隔多年后回忆出现差错在所难免。显然，交接时间仍难以裁定。

笔者通过翻阅《时报》原件发现，该报于1921年10月10日增出了一期多达40个版面的《时报馆新屋落成纪念特刊》，该纪念刊上刊有狄楚青照片，其下配有文字"平等阁主人"，至此，《时报》肯定还是狄楚青主政。如果是1921年交接，那只能是新屋刚刚落成不久后的两个月内狄楚青就转手交接，这种可能性不大。笔者通过查考原版《时报》还发现，1921—1925年元旦的新年刊报头旁都并列排印"本报同人敬祝"和"狄葆贤拜手"字样（图3—1），而自1926年后报头旁只有"本馆全体同人拜手"字样，再无"狄葆贤拜手"字样（图3—2），这也许隐含了《时报》交接时间的变化。

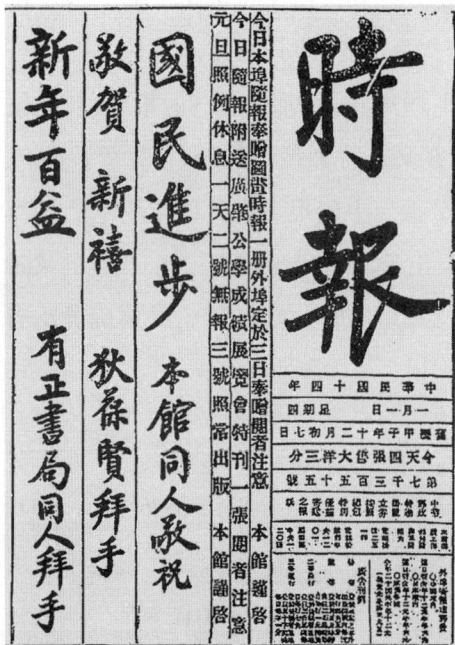

图3—1　1925年元旦《时报》报头　　图3—2　1926年元旦《时报》报头

---

① 顾执中：《报人生涯——一个新闻工作者的自述》，江苏古籍出版社1987年版，第176、177页。

再者，从《时报》原件的版面分析发现，在 1925 年 1 月 20 日以前的报纸每天都有"社说"专栏，从 20 日至 26 日该报在春节期间休刊一周，而从 27 日开始"社说"专栏取消，这符合黄伯惠重娱乐轻言论的办报风格，意味着春节期间可能就是他们的交接时间，这样看来郑逸梅和包天笑的 1925 年和 1926 年较为可靠。再翻阅 1925 年和 1926 年《时报》，仔细比较它们的版面内容和编排，发现《时报》风格从 1925 年 2 月后也出现变化。综合以上观点，笔者较倾向于黄伯惠接手时间是 1925 年 1 月底。

虽然对 1921 年交接存疑，但笔者又有这样的考虑。从中国报刊史来看，报刊的交接很难做到一次性交接完成，如《申报》在史量才接手时就有一个过渡期，《时报》是否也存在类似情况？由于目前学界一致认同 1921 年为交接时间，这也许由于狄楚青与黄伯惠的交接不是一次性完成，刘家林教授认为："到 1920 年便转让给黄伯惠（承恩），次年由黄正式接办，直至 1939 年 9 月 1 日因经济困难而停刊。"[①] 另也有可能从 1921 年开始交接，直到 1925 年 2 月交接完成，其中有五年的过渡期，所以 1921—1925 年仍有"狄葆贤拜手"字样，到 1925 年 1 月底彻底交接完成，所以 1926 年再没有出现"狄葆贤拜手"字样，虽然看起来 1925 年较为可靠，但目前尚缺乏确凿证据。

另外，从《时报》当年参与编辑的人员的记载和回忆录来看，也引起笔者对 1925 年的怀疑。包天笑和陈景韩都是时报馆老职工，虽然包天笑在《时报》工作长达 14 年，但至 1919 年下半年，他"正式脱离时报馆，结束他长达 14 年的《时报》生活"[②]。陈景韩于 1912 年底被《申报》老板史量才挖角而离开《时报》，尽管此后他遥领过《时报》编辑工作，但他们都没有亲历《时报》交接过程。《时报》交接过程的最有力的见证者当属戈公振，他自 1914 年进《时报》开始任校对，后逐步晋升为助理编辑、编辑、总编

---

① 刘家林：《中国新闻通史》（修订版），武汉大学出版社 2005 年版，第 154 页。
② 栾梅健：《通俗文学之王包天笑》，上海书店 1999 年版，第 142 页。

辑职务，到 1927 年初离开时报馆，前文分析的交接时间 1921 年到 1926 年正是戈公振在时报馆的工作时段，而他在《中国报学史》中提到交接时间恰是 1921 年，该著出版与交接时间仅仅相隔几年，所以较有可靠性。再一个见证者则是顾执中，他于 1923 年进入《时报》工作，他明确指出当时的《时报》主政者是黄伯惠。综上所述，笔者虽然对 1921 年交接存疑，但是本书取保守看法，仍暂取 1921 年为交接时间，并以此为划分章节，在这里特作说明。当然，关于《时报》的交接时间在这里无法定论，抛砖引玉，有待于研究者进一步考证。

（三）黄伯惠接办后的报馆阵容及编务人员变化

《时报》在其 35 年的发展历程中，狄楚青时期的时报馆"息楼"内的人员络绎不绝，编辑部热闹非凡，后人记忆深刻的主要在前期。其实，"前期《时报》有辉煌的业绩，后期《时报》也有值得一书的历史"①。包天笑曾指出，"读者每喜谈前《时报》而忽略后《时报》，固然黄伯惠不及狄楚青的有名望，但黄伯惠的办后《时报》，亦有可记者在"②。后期虽不如前期那样辉煌，编辑部也没有前期"息楼"内的那番热闹景象，不过黄伯惠时期时报馆同样有一群为之效力的编务人员，这些人员不如前期名气大，但他们同前期时报馆人员一起共同创造了《时报》的辉煌，真实记录了清末民初 35 年的发展历程，前后时段相继，两者不可或缺。因而，后期报馆人员同样功不可没，他们的工作情形和成就也应值得回味和铭记。

从现有资料看，《时报》前期所存史料比后期详备，前期编辑阵容较为清晰。而记录后期《时报》发展脉络的史料不很充分，虽然我们不能完全复原当年黄伯惠时期《时报》编辑部的情形，但在各类回忆录中对主要编辑人员不乏记载，所以大致轮廓也可复现。黄氏接办初期主要骨干分工情况如下：黄伯惠自任总经理，陈景韩遥领《时报》编务，"陈先生（陈景韩——

---

① 方汉奇主编：《中国新闻事业通史》（第 2 卷），中国人民大学出版社 1996 年版，第 134 页。

② 包天笑：《报坛怪杰黄伯惠》，《大成》1984 年第 131 期。

引者注）在民国初年到《申报》，但是他对《时报》仍旧关切。黄伯惠氏接任《时报》总经理的时候，他仍旧遥领《时报》的编辑"①，实际担任总编之职的是金剑花，负责编辑电讯，金氏是新闻界的前辈，曾做过《申报》总主笔、《新闻报》及《中外日报》的总编辑，主笔为蔡行素，负责外埠新闻，本埠版和副刊由吴灵园负责，此两人性情正好相反，服务《时报》的时间长短不一，蔡氏"老成持重，与世无争"，以《时报》相始终，而吴氏"聪颖活泼，富创造性"，中途退辍从商成"富商巨贾"。不过，"时报版面之标新立异，多出吴（灵园）建议，颇得黄信赖"②。因而，在接办初期《时报》骨干中，黄所倚重的是吴灵园和实际负总编之责的金剑花，时报馆内的"三驾马车"是推动《时报》向前的核心力量。

　　黄伯惠接办《时报》之前，陈景韩、包天笑等报馆成员已相继离开（陈氏于 1912 年、包氏于 1919 年），狄楚青时期延揽进时报馆除蔡行素外，还有戈公振、毕倚虹等少数骨干继续为《时报》效力。在狄楚青《时报》末期晋升为总编的戈公振，进入黄氏《时报》退为副总编，"1921 年冬，狄楚青将《时报》售于黄伯惠，曾任《申报》总编辑的金剑花为新总编辑，戈公振退为副总编"③。前期编副刊的毕倚虹在黄伯惠时期仍编辑"小时报"和"余兴"两个副刊。金雄白（金剑花之侄）于 1925 年初夏入时报馆，与报馆另一位青年顾芷庵同为校对。至此，编辑部成员的分工格局是：处理要闻的是蔡行素和姚鹓雏，本埠版仍是吴灵园，毕倚虹、张碧梧主编副刊，戈公振专管画报。金雄白任校对两个月后便借题升迁，补充为助理编辑，帮助吴灵园编辑本埠新闻，开始摆脱校对那种"无足轻重的末职"，正式进入报人圈子，1926 年 5 月毕倚虹病逝后金雄白又一度代为编辑副刊。1922 年以后，《时报》原先陆续创刊的一些专刊，因乏人主持，先后停刊。后期《时报》的采

---

①　朱传誉：《报人·报史·报学》，台湾商务印书馆 1985 年版，第 22 页。

②　邵翼之：《我所知道的上海时报》，《报学》1955 年第 1 卷第 8 期。

③　吴翔：《戈公振在何时当总编辑——从戈公振〈时报〉新闻活动的考订看民国报人转型》，《青年记者》2013 年第 5 期（上）。

编人员中还出现了一些出色的外勤记者，如负责社会新闻的顾执中、体育新闻的藤树谷和摄影记者郎静山，前期《时报》受聘的徐凌霄依然聘为驻京特派记者。

黄伯惠对编务人员延揽和人事安排与狄楚青的用人理念大不相同，前期可谓"任人唯贤"，后期则是"任人唯亲"。黄伯惠时期时报馆内有浓浓的松江、青浦地区宗派氛围，如为《时报》卖命病死的毕倚虹是扬州仪征人，"他是一位小说家，在《时报》做副刊编辑，颇有才气，也有名望，但在报社却不为器重"①。后来戈公振和顾执中的离开都与此直接相关。戈公振在黄氏手下一直没有受到重用，黄伯惠"只请戈公振搞搞《时报》画报，每星期只有两三天来《时报》工作一二小时，完全在投闲置散的地位"②，而且工作环境也不尽人意，"放在二层楼的小室中，像在冷藏库中，编星期画报"③。顾执中对此颇感惋惜，"戈公振先生在上海的所有新闻记者中是比较进步的，比较热心于参加社会活动的，如由他来担负《时报》的总编辑之职，让他放手搞去，一定能把《时报》搞得比较像样"④。戈公振受黄的冷遇最后连画报也不编了，1927年初辞职去欧美考察，"其实出国考察是无须离开《时报》的，但《时报》的头头们对他毫无挽留，从此他就跟《时报》脱离了关系"⑤，1928年底考察归国去了《申报》。

顾执中几乎与戈公馆同时离开《时报》，他于1923年加盟《时报》担任社会新闻采访工作，入时报馆不久他便发现，"《时报》馆中充满着相当浓

① 顾执中：《一所并不理想的新闻学校》，载《新闻研究资料》第26辑，中国社会科学出版社1984年版，第49页。
② 顾执中：《跟〈时报〉发生矛盾》，载《报人生涯——一个新闻工作者的自述》，江苏古籍出版社1987年版，第238页。
③ 顾执中：《我与戈公振》，载《戈公振纪念文集》，江苏文史资料编辑部1991年版，第5页。
④ 顾执中：《跟〈时报〉发生矛盾》，载《报人生涯——一个新闻工作者的自述》，江苏古籍出版社1987年版，第238页。
⑤ 顾执中：《一所并不理想的新闻学校》，载《新闻研究资料》第26辑，中国社会科学出版社1984年版，第49页。

厚的松江、青浦人的宗派气氛，黄伯惠以及金剑花、金雄白、吴微雨、顾芷庵和蔡行素，都是属于那一地区的人，所有编辑方面的重要职务都由他们掌握"①。顾执中对他们还有颇多微词，"他们都是些同乡人，目光浅狭，当面敷敷衍衍，背后叽叽咕咕，活像婆婆"。所以，顾执中空闲之余与他们接触甚少，常去找主编"图画时报"的苏北人戈公振聊天，原因是"我和他都不是他们的同乡人，生不出感情来"②。时报馆内复杂微妙的人事关系使顾执中不断地与《时报》产生矛盾和裂痕，工作不到四年便撒手《时报》，"瓜熟蒂落，缘尽分手"③，最终花落《新闻报》。④

总之，在时报馆的核心力量中，第一位高管当属黄伯惠，第二位是陈景韩，第三位是蔡行素、吴灵园、金剑花。从相关史料记载来看，《时报》在后期18年的发展中，其他骨干成员如戈公振、毕倚虹、马群超、鲍振青、郑耀南、顾执中、藤树谷、郎静山、蔡仁抱、金雄白、谢菊曾、郑逸梅、邵翼之、何西亚、王季鲁等，都是推动《时报》发展的重要力量。随着《时报》编务状况变化，不断有新的采编成员延揽进来，他们的职务在时报馆内

---

① 顾执中：《跟〈时报〉发生矛盾》，载《报人生涯——一个新闻工作者的自述》，江苏古籍出版社1987年版，第238页。

② 转引自张功臣：《民国报人——新闻史上的隐秘一页》，山东画报出版社2010年版，第112页。

③ 顾执中：《一所并不理想的新闻学校》，载《新闻研究资料》第26辑，中国社会科学出版社1984年版，第47页。

④ 顾执中去《新闻报》之前曾多次婉拒过该报，这一次最终作出离开《时报》去《新闻报》的决定。依顾执中本人在《跟〈时报〉发生矛盾》一文中对离开《时报》的经过有这样的记载："《新闻报》当局在1926年的一年之中，多次派人跟我接洽，要我到《新闻报》去工作，……我对《新闻报》派来跟我接洽的人，我只是表示歉意，未能应命。后来在一次应酬场合中，偶与该报当局晤见时，他竟率直地向我提出，我还坚持初衷，不愿离开《时报》"，直至1927年初，在农历新年以后，"解决了我跟《时报》的关系问题，瓜熟蒂落的离开了《时报》，然后跟《新闻报》接洽，应邀参加该报的采访工作"。参见顾执中：《报人生涯——一个新闻工作者的自述》，江苏古籍出版社1987年版，第239—240页。关于顾执中离开《时报》的过程在其另一篇文章《一所并不理想的新闻学校》也有记载，载《新闻研究资料》第26辑，中国社会科学出版社1984年版，第33—50页。

的升迁变化演绎出一条复杂多变的人员流动图景。但不管人事如何变迁，他们在黄伯惠主政时期共同为《时报》付出了努力，为《时报》编制出了多彩的发展画卷。

二、《时报》的业务转型概况

黄伯惠力图摆脱《时报》接办之初的颓废之势，在办报设施、报纸风格和内容编排方面都进行了大胆革新，报刊业务发生了转向，《时报》展现出与前期迥异的风姿。

首先，报馆硬件设施大大改进，不但自建新厦，而且花巨资添置新设备，为《时报》业务转型提供了物质基础。黄伯惠把时报馆从望平街迁到福州路、湖北路转角的福湖大楼，在上海最热闹的中心"小花园"自建新厦，宽大敞亮，并添设摄影部，专辟暗房，一流照相馆也难以与之匹敌；时报馆花大手笔购置最新潮的印刷机器，向德国购进套色轮转机，又向日本购进电动铸字机、制版机等，调墨、折报都无需人工，印报速度大大提升，能每小时印两大张报纸 8.1 万份（即单页 16.2 万份），同时可套印红、黄、蓝三原色或其他颜色，报纸版面显得格外清晰、鲜艳，印刷质量令当时国内其他报刊望尘莫及；换用全新的字模和铅字，向日本订制了全副字体的大小铜模，用上新体六号字，使看惯了五号字报纸的读者感觉清新悦目，减缓了读者的审美疲劳；更有甚者，由黄伯惠兴趣所致，他为报馆购置多架照相机，记者出门均可领用，并可领软片一盒（十二张），其它报馆难以实现。硬件设施的采用，使《时报》字体较新，印刷精良，而又图文并茂，所以，"后期注重新闻图片宣传，常用复色套版印刷，更使版面显醒多彩"①。为此，后期《时报》非常自豪地宣称："凡阅《时报》者，老者不至费力，青年不至伤目，耳闻不如目见。《时报》提倡照相，记事中多插图片，并于每星期日、

① 甘惜分主编：《新闻学大辞典》，河南人民出版社 1993 年版，第 287 页。

星期四刊有画报二张，每日刊《新光》一版。《时报》特将无关重要记事，冗长无味字句，一律删除。并将每篇记事重行编制，使阅者一目瞭然，既省光阴，又有无穷兴趣。"①

其次，办刊风格大转变，淡化政治色彩，强化消闲意识，实行大型日报"小报化"策略，走出一条与狄楚青不同的路子。后期《时报》与狄楚青时期的办报使命一脉相承，依然是以改良报纸为目的。黄伯惠接办《时报》后并没有重新制定发刊词，其对外宣称："《时报》以改良报纸为目的，与任何团体机关营业不发生关系，专为读者有益无害而改良《时报》"②。《时报》还在自己报纸的版面上曾自诩："伦敦的时报、纽约的时报和上海的时报皆是人民的喉舌，为人类谋幸福，在今之世界上，可谓鼎足而三"③，不仅强调了自身的领先地位，而且道出了报纸的百姓情怀。后期《时报》在读者定位与前期比较也有很大的重叠，仍以知识界、教育界为主要对象，辟专栏登教育新闻是其一贯做法，广告也不免刊登教育界内容。不过，后期《时报》受众定位灵活不僵硬，比前期有较大拓展，并不仅仅局限于教育界，眼光向下扩大到普通民众阶层，用较大版面刊载社会新闻和体育新闻，满足普通百姓需求，受众面大大拓展。有人这样评价《时报》读者群的前后变化，"以前只有知识界读者青睐的《时报》，现在连店铺里的伙计、拉黄包车的车夫、都要买一份津津有味从中猎奇了"④。

虽然后期《时报》同前期办报使命相同，但风格完全不一样，最明显变化则是政治色彩渐趋淡薄。在狄楚青时期，《时报》的政治色彩相较同期的《申报》原本就淡了许多，而后期《时报》新闻业务转型为注重社会新闻、体育新闻和图片新闻，政治色彩进一步弱化。所以，后期《时报》主持者的

① 王文彬编著：《中国现代报史资料汇辑》，重庆出版社 1996 年版，第 39 页。
② 王文彬编著：《中国现代报史资料汇辑》，重庆出版社 1996 年版，第 39 页。
③ 《时报图画元旦增刊》，《时报》1925 年 1 月 1 日。
④ 张功臣：《民国报人——新闻史上的隐秘一页》，山东画报出版社 2010 年版，第 143 页。

显著特点是："黄伯惠不讲'政治'，一心追求的是'艺术'"①，这句话对黄伯惠的概括比较精当、到位，主导了他对报纸风格的定位。黄伯惠接办《时报》走"小报"路线，采取精编策略，"减少篇幅——两大张——精编内容，采用新闻版面，套印红色标题，重要新闻及照片用彩色套印，注重体育、社会及经济新闻"②。可见，后期《时报》的娱乐消闲性的大众化风格是通过社会新闻、体育新闻和图片新闻三大主干内容得以体现。

最后，版面内容全新改革。版面风格的形成依靠版面内容来体现。后期《时报》弱化政治色彩，强化娱乐消遣性质，走的是美国赫斯特的"黄色新闻"路子，所以《时报》研究者普遍认为前期内容是高雅的，而后期降低了报格，是低俗的，不过这一认知是见人见智，不可一概而论。后期《时报》在栏目设置和内容编排方面既有继承，更有拓展。黄伯惠接办《时报》后，版面设置上延续了狄楚青时期的一些做法，栏目设置如专电、分版设置要闻和国内外新闻仍有保留，副刊《图画时报》、《小时报》等继续出版，并免费赠送等做法，但相较前期，后期报纸在内容革新方面力度很大。

后期《时报》版面内容革新措施独异，"开拓内容，革新版面，特别提倡社会新闻、体育新闻等，盼望促使《时报》焕发青春，大放异彩"③，可见，后期《时报》的版面内容几乎发生脱胎换骨的变化。政治性渐弱，娱乐性增强是版面变化的主旋律。接办之初《时报》尚且保持了几年"社说"和"时评"专栏，至1925年1月27日，该报取消了"社说"专栏，后来，"时评"也慢慢减少，娱乐消遣性新闻占为主流，版面特别突出社会新闻、体育新闻和图片新闻，成了《时报》吸引读者的三大内容。

《时报》注重社会新闻的采写，社会新闻版面不断扩大，有时扩至整版及以上。内容涉及凶杀、盗窃、绑架、车祸、火灾、畸恋等多方面，对重大社会新闻还进行连续报道和追踪报道，所以《时报》的社会新闻在当时颇具

---

① 张功臣：《民国报人——新闻史上的隐秘一页》，山东画报出版社 2010 年版，第 107 页。

② 邵翼之：《我所知道的上海时报》，《报学》1955 年第 1 卷第 8 期。

③ 张功臣：《民国报人——新闻史上的隐秘一页》，山东画报出版社 2010 年版，第 107 页。

轰动效应，如"刘海粟人体写生案"、"石女离婚案"、"马振华情死事件"、"露兰春情奔薛老二案"等都是《时报》当年的重头社会新闻。体育新闻是《时报》又一主打内容，当《申报》《新闻报》不太重视体育新闻报道时，《时报》的体育报道独树一帜，成了该报出奇制胜的法宝。体育报道的内容广泛，涉及田径运动、赛马博彩、球类比赛、溜冰滑雪及各类大型运动赛事等，报道不但关涉上海的体育赛事，而且突破上海边界，全国体育比赛乃至国外体育赛事都派驻外勤记者，特别是关于20世纪二三十年代全国性的重大体育赛事，《时报》花费了大量的人力和物力进行翔实、及时的报道，吸引了不少的读者。图片新闻是《时报》的特色内容之一，《时报》先进的套彩印刷设备为报纸呈现高质量的新闻图片提供了物质保障，报馆拥有多架照相机和先进的冲洗暗房能为报纸提供源源不断的新闻图片素材，这两者都是上海申、新等报无法匹敌的。黄伯惠时期的《时报》版面上图片众多，尤其是体育新闻报道的图片更是赏心悦目，大量配合新闻报道的图片使版面图文并茂，不但增强了新闻报道说服力，而且美化了版面，且使版面具有强烈的视觉冲击力，特别是随《时报》出版的《图画时报》更成为上海报纸一枝独秀，给《时报》增色不少。

　　后期《时报》实行与上海大报与众不同的办报策略，"处处别出心裁，事事不同凡响，当时在全国各大报中，可算是独树一帜"[1]。这些策略不但塑造了报纸独特的个性，与前期《时报》有了明显区隔，而且开创了我国报纸大量刊登社会新闻和体育新闻的先河，所以有论者指出，"大型日报以体育新闻和社会新闻为重点者，始自《时报》"。[2]

---

[1]　邵翼之：《我所知道的上海时报》，《报学》1955年第1卷第8期。

[2]　义勤：《被人淡忘的老〈时报〉》，载《20世纪上海文史资料文库》第6卷，上海书店1999年版，第20页。

三、黄伯惠时期《时报》业务转型原因探析

事物的呈现状态是在特定时空背景下多重因素综合作用的结果，后期《时报》业务发生转型亦如此。主、客观因素共同规制着《时报》的业务转向，其中都市文化、行业竞争与报人兴趣起到了主导作用。

（一）契合浮华的都市社会心理

第一次世界大战期间，上海的民族经济获得较快发展，一直到 20 世纪 30 年代，上海的民族经济持续增长。尤其在 20 世纪 20 年代以后，上海超常规快速商业化，带动娱乐业进一步发展，进而带来都市消费文化的繁盛。这一时期，上海已发展为"五方杂处，百业汇聚"的现代化大都市。社会人员结构复杂，文化诉求对象多样，市民生态和生存空间营造出上海市民独特的生活方式，茶馆、戏院、公园、酒楼枝繁叶茂，烟馆、赌场、妓院等"恶之花"盛开不败，其根茎深深扎入上海的社会土壤中。正如有些研究者所论，"在上海，像烟馆吸烟，飞车游观，茶楼对饮，盆汤沐浴，书场听书，都已是花费无多的大众化休闲娱乐活动，人们在辛苦谋生之余，都可以享乐一下"[1]。上海都市追求享乐不仅仅是上层人士的专利，那些受雇于人的伙计、账房、塾师等一般人，也可以在每日结束劳碌之后，到那些消闲场所去娱乐一番，以解除身心疲乏，也是乐事。所以，无论是上层还是下层，又无论高雅享受还是低俗行乐，"当夕阳西匿，暝色未昏，亦将行此数者，以适一时之意，以解一日之烦"[2]。娱乐业的繁荣反映了上海各色人员都在争逐享乐，多元的市民文化在这里碰撞和交汇，交织成一幅五彩斑斓、绚丽浮华的都市生活图景。

城市的商业繁荣带动消费文化的生成和发展，为大众化报业的发展提供

---

[1] 李长莉:《晚清上海社会的变迁——生活与伦理的近代化》，天津人民出版社 2002 年版，第 256 页。

[2] 李长莉:《晚清上海社会的变迁——生活与伦理的近代化》，天津人民出版社 2002 年版，第 256 页。

了温床和土壤。黄伯惠接办《时报》正处于上海都市消费文化的繁盛时期，"消费文化的商业化、多元化、大众化及社区差异，是民国时期上海都市居民生活方式变动的一个侧面"①。因此，当上海城市生活朝商业化、时尚化发展的过程中，追求消闲娱乐就成为大多数市民共同的目标，因为"在一个商业化社会中以娱乐消闲功能为主的市民文化，是浮华社会大多数人的生存状态、心理路向与其文化需求的，其社会合理性与正当性毋庸置疑"②。后期《时报》的业务革新正是契合了上海市民的浮华都市生活所构建的文化氛围，社会新闻、体育新闻和具有视觉冲击力的新闻图片能及时满足他们的阅读欲望，为他们带来可以解闷、除烦的精神食粮，能带给他们追求享乐的快感，符合他们的文化消费心理。这种消费心态催动了黄伯惠的报业路径选择，主导了后期《时报》的个性风格形成和未来发展路向。可以说，黄伯惠时期《时报》的业务转型是与当时社会同步发展和互构的结果。

（二）应对行业竞争之策

报业竞争是激励报纸改革和奋力拼搏的动力。进入 20 世纪 20 年代，上海报业市场是由外国人创刊的《申报》《新闻报》和后起之秀的《时事新报》所垄断。史量才 1912 年接办《申报》后，苦心经营，经过十年的奋力拼搏，实力倍增，日发行量从接办时的 7000 份，到 1922 年的 50 周年时已增加至 5 万份，1925 年又增加到 10 万份以上，1928 年猛增至 14 万 3000 多份③。无独有偶，较《申报》晚 20 年创刊的《新闻报》，顽强拼搏、迅猛发力、奋力直追，发行量由 1914 年日销 2 万份到 1921 年增加到 5 万份，1926 年猛增到 14 万份④。上海申、新两报经过几十年的发展，在上海滩纵横驰骋、并驾齐驱，稳踞上海报业市场。1921 年黄伯惠接办《时报》之时，正是上海

---

① 熊月之：《上海通史第 9 卷·民国社会》，上海人民出版社 1999 年版，第 143 页。

② 忻平：《从上海发现历史——现代化进程中的上海人及其社会生活（1927—1937）》，上海人民出版社 1996 年版，第 451 页。

③ 马光仁主编：《上海新闻史（1850—1949）》，复旦大学出版社 1996 年版，第 549 页。

④ 马光仁主编：《上海新闻史（1850—1949）》，复旦大学出版社 1996 年版，第 553 页。

报业竞争异常激烈的时候，"上海的新闻事业，总是被外国人所创办的申、新两报笼罩在上，后起的报纸，无论如何，教你窜不起来"①。

黄伯惠接办《时报》之际正是狄楚青办报颓丧之时，处于低谷期的《时报》如何在劲敌面前立足，无疑是摆在黄伯惠面前严峻而紧迫的问题。"黄氏默察当时环境，新、申已执报界牛耳，《时事新报》崛起，力争上游，《时报》非彻底改造，难以与人争衡。经与陈筹划之后，决定一切从新做起"②。黄伯惠倚仗自己的万贯家财，横下一条心，"大有背城一战之势"。然而，在上海报业市场已被实力雄厚的大报所垄断的竞争环境中杀出一条血路，黄伯惠不得不另辟蹊径，与上海老牌报纸进行错位竞争，"于是用异军突起之法，要冲出这个阵围"③，选择了走赫斯特的办报之路。的确，这既是无奈之举，又是明智选择。

（三）缘于报人自身兴趣

事物的变化一般都由主、客观两个方面原因共同作用而产生，后期《时报》业务发生转型便是如此。以上论及的都市生活和行业竞争都是从客观方面考察了后期《时报》的转型，我们不妨再分析其主观因素，即考察黄伯惠当年的办报动机有利于我们把握其转型的深层动因。从现存的相关回忆录可知，黄伯惠接办《时报》动机有"三说"，即"赚钱说"、"地位说"和"兴趣说"。曾在后期《时报》担任外勤记者的顾执中认为，"最大的可能，是他眩惑于新、申年年发大财，想以此致富"④，吴农花则认为"黄已富于资产，办报是为了提高社会地位"⑤，但多数观点则赞同"兴趣说"。

当年在时报馆供职的员工在其回忆录中都不约而同地提到其办报动机在于浓厚的兴趣。邵翼之撰文谈到黄伯惠接办《时报》之情形，"谈及办报，

① 包天笑：《报坛怪杰黄伯惠》，《大成》1984 年第 131 期。
② 邵翼之：《我所知道的上海时报》，《报学》1955 年第 1 卷第 8 期。
③ 包天笑：《报坛怪杰黄伯惠》，《大成》1984 年第 131 期。
④ 顾执中：《我进去工作时的〈时报〉》，载《报人生涯——一个新闻工作者的自述》，江苏古籍出版社 1987 年版，第 179 页。
⑤ 转引自袁义勤：《黄伯惠与〈时报〉》，《新闻大学》1995 年第 2 期。

甚感兴趣"①。童轩苏曾撰文提到黄伯惠接办《时报》，"和别人办报的动机不同，纯为兴趣，特别对印刷感兴趣"②。包天笑在《报坛怪杰黄伯惠》一文中也谈到黄伯惠有办报兴趣，"伯惠也是《时报》的常来之客，觉得对于新闻事业，很有兴趣，得此也可以一过新闻之瘾"，他同时提到，"黄伯惠是一个富家子，有几百万财产，取出十万八万来维持一家向有名誉的报馆，岂不合理"③。可见，包天笑非常认同黄伯惠办报主要在于兴趣，而非为了盈利赚钱。再者，原《新闻报》副总经理汪仲韦就曾深有体会地谈道："办报亏本是常事，赚钱倒在例外，黄伯惠酷爱新闻事业，毕生孜孜不倦，把偌大家财都填进《时报》这个无底洞"，更说明兴趣一说获得认同。此外，当代关于《时报》研究者认为，"从后期《时报》的情况来看，的确是常年亏损，而报纸的特色，倒是与黄伯惠的兴趣爱好紧密相连"④。因此，把黄伯惠与清末民初上海报界的"四大金刚"⑤比较而论，他既没有狄楚青高深的文化艺术修养，也没有汪汉溪感恩图报的动力和经商头脑，更没有史量才高瞻远瞩的志士抱负，他非常偏重于以一己兴趣来安排报纸内容，正是他独特的性格特征促使后期《时报》形成了与众不同的风貌。

其实，对黄伯惠时期《时报》产生业务转型的因素还有很多，上述是其中较为重要者，正是这些独特的因素造就了后期《时报》的独特风格。

第二节　消闲与责任：都市消费视野下的社会新闻

黄伯惠办报以读者旨趣为导向，从社会新闻突破着手后期《时报》的新

① 邵翼之:《我所知道的上海时报》,《报学》1955 年第 1 卷第 8 期。

② 童轩苏:《奇人黄伯惠·南北画报潮》,《传记文学》1970 年第 17 卷第 1 期。

③ 包天笑:《报坛怪杰黄伯惠》,《大成》1984 年第 131 期。

④ 袁义勤:《黄伯惠与〈时报〉》,《新闻大学》1995 年第 2 期。

⑤ 指《申报》的席子佩和后来向席盘得该报的史量才,《新闻报》的汪汉溪以及《时报》的狄楚青四人。参见谢菊曾:《回忆〈时报〉》,《随笔》1981 年第 14 集。

闻题材变革，他聘请有经验的记者广采社会新闻，以绘声绘形的社会新闻契合读者的接受心理和阅读习惯，极大满足了民初都市消费受众。

一、"黄报"的出现及发展

后期《时报》又称"黄报"，此为一语双关之意，既指主办人姓黄，也指其刊登"黄色新闻"闻名，其内涵与社会新闻基本重叠。这里特别需指出的是，《时报》上涉及的"黄色新闻"关涉报道内容和形式两个方面。从内容上看，"黄色新闻"并非仅指涉狭义的色情、淫秽或有损风化等内涵，而是包括趣闻、灾变、伦理、婚恋、世相、偷盗、诉讼等有关社会现象、社会风貌、社会生活、社会问题等内容。从形式上看，在写作上通过煽情、夸张、耸人听闻的词句等表现手段或在编排上通过大字、套红、惊叹号、彩色图片等方式进行报道。

（一）"黄色新闻"概念的引入与内涵变迁

厘清"黄色新闻"概念内涵是论述展开的前提。"黄色报纸一词，美国与中国含义不同，美国泛指发表煽情新闻的报纸，中国俗指色情报纸"①。这里先就西方"黄色新闻"概念引入我国和内涵流变过程作一简要梳理，考察黄伯惠主政《时报》时期"黄色新闻"内涵所指，以利于本节内容的展开。

黄色新闻是19世纪末期美国新闻史上兴起的一股哗众取宠、耸人听闻的新闻浪潮，是在报业竞争的背景下出现的迎合社会底层需要的一种新闻样式。这一概念缘于美国"报业大王"普利策于1883年创办的《纽约世界报》和赫斯特于1895年创办的《纽约新闻报》，"这两家报纸的推销员所用的招贴画都画了那个兴高采烈、咧着嘴笑的、面目没有特点的'黄孩子'"②。由

---

① 方汉奇主编：《中国新闻事业通史》（第2卷），中国人民大学出版社1996年版，第134页。

② ［美］迈克尔·埃默里等：《美国新闻史》（第九版），展江译，中国人民大学出版社2009年版，第196页。

于他们专门报道一些离奇古怪、危言耸听的新闻，人们逐渐就把"黄孩子的新闻"简而称之为"黄色新闻"。显然，该词本无贬义色彩，我们也无法从中直接推导出色情、下流、淫秽的特指语义，正如 1929 年出版的《不列颠百科全书》对黄色新闻的释义："指报纸出版中利用过分渲染的文章和耸人听闻的消息以吸引读者和增加销路"，并进一步指出其利用彩色连环画和大量图片的做法得到广泛使用[①]。我国在清末出现赴美留学热潮，国内新闻界受留学归国人员的影响，国人对这一概念有了初步感知。进入民国，我国报界隐约受到一些影响。

20 世纪 20 年代初期，黄伯惠接办《时报》时期，由于他有美国考察的经历，受赫斯特的办报理念所影响，选择了走"黄报"路线。当初，我国引入的"黄色新闻"概念与西方所指涉的内容基本一致，并没有像今天仅从字面来理解其狭隘意义，实际指的是宽泛意义上的社会新闻。时任《时报》社会新闻记者顾执中就谈到社会新闻的内涵，"指火警、盗窃、自杀、男女关系、疫病、交通事故，破获烟窟的等消息，甚至还包括罢工、示威游行等消息"[②]。这一内涵在戈公振于 1927 年出版的《中国报学史》中也能得到印证，在该著中，他列举了社会新闻的类项，将穷困（指穷困自杀、饿死）；游艺（指运动、球戏、赛马、赛枪）；土匪（指攻城夺地、绑票劫人）；集会（指开会欢迎、欢送、追悼）；诉讼（指民事及刑事）；慈善（指施粥、施衣、施棺）等内容都列为社会新闻范畴[③]，他并没有单列色情方面的内容于社会新闻中。不过，他把杀伤、偷骗、抢夺、烟赌另归为罪恶新闻[④]，与社会新闻并举，两者颇存牵混之憾。到 1924 年，《国闻周报》有人专文介绍美国

① 转引自黄兴涛、陈鹏：《近代中国"黄色"词义变异考析》，《历史研究》2010 年第 6 期。

② 顾执中：《报人生涯——一个新闻工作者的自述》，江苏古籍出版社 1987 年版，第 181 页。

③ 戈公振：《中国报学史》，生活·读书·新知三联书店 2011 年版，第 190 页。

④ 戈公振所指的罪恶新闻包括四方面内容，即杀伤（指伤人、杀人、暗杀）；偷骗（指偷、拐、骗）；抢夺（指盗窃行为）；烟赌（指种烟税、私吃、聚赌）。参见戈公振：《中国报学史》，生活·读书·新知三联书店 2011 年版，第 190 页。

的新闻事业,对"黄色新闻"的外延作出明确界定,认为黄色新闻就是那些刻意动人耳目、惊人闻听的新闻,而"所谓动人耳目之新闻者,不外乎各地暗杀、抢劫、离婚、苟合之事"①,这一界定也与西方的黄色新闻内涵基本一致。

然而,随着时间推移,该词的广义内涵中逐渐出现色情内容。1934年有研究者界定社会新闻内涵为:"社会新闻包括的范围很广,计有:劳动、灾害、穷困、性欲、盗匪、集会、诉讼、慈善、杀害、烟赌、娱乐诸项。"②这种界定依然宽泛,其中也未明显提及色情新闻,但内容中已单列"性欲"一项,涉及狭义黄色新闻的内涵,不过色情内涵还未占主导成分。进入20世纪40年代,该词内涵出现萎缩,"到40年代中后期时,'黄色新闻'语义的变异忽然加速,色情的主导含义得以迅速确立"③。换言之,西方词语"黄色新闻"概念的"黄色"宽泛原义开始剥离而走向狭窄,逐渐专注于色情内容的新闻。因此,依据《时报》所处时代,其涉及的"黄色新闻"并不是狭隘的内涵,而是与社会新闻的内容几乎重叠。

（二）"黄报"出现的背景和动因

自近代报刊诞生以来,报刊上一直出现过社会新闻的内容,不过,直到20世纪初,我国社会新闻一直处于尴尬境地,与政治新闻、经济新闻、军事新闻等专业名分相比,其地位卑微,采写也很幼稚,还没有专任的记者承担此职,基本上由一些缺乏专门训练的"老枪访员"④垄断社会新闻采写。进入民国,我国新闻业从政论时代过渡到新闻本位时代,新闻事业有了很大

---

① 汪英宾:《美国新闻事业》,《国闻周报》1924年第1卷第14期。

② 芥子:《社会新闻编辑上的检讨》,申时电讯社编:《申时电讯社创立十周年纪念特刊》,人文印书馆1934年版,第122页。

③ 黄兴涛、陈鹏:《近代中国"黄色"词义变异考析》,《历史研究》2010年第6期。

④ "老枪访员"是指那些为几家报纸提供新闻的"公雇访员",他们没有接受过采写训练,素质低下,采访粗糙,写作文词不通,更不可能做到记载的详尽确实。他们往往占据一个机关或区域,在此范围内所发生的新闻,全由该访员采访、撰文,分抄若干份,卖给各报馆。参见刘海贵:《中国现当代新闻业务史导论》,复旦大学出版社2002年版,第10页。

发展，又经徐宝璜、邵飘萍等人的疾呼，社会新闻开始受到重视，其地位不断提高，专任记者开始出现。"在 20 世纪 20 年代，随着新闻事业不断发展，社会新闻的地位得以逐渐提高，社会新闻采访也得以重视。"①

　　黄伯惠接办《时报》适逢我国报业生态发生很大变化，"黄报"的出现契合了报业转型的变化环境，适应了社会和读者的需要。由此，《时报》开社会新闻之先，"当时上海中文日报已有六家，本埠新闻一栏的内容却所差无几，读者对此厌倦不满，在这种情势下，《时报》首开其端，录用顾执中采写公共租界内社会新闻，算得上沪上报坛的一个创举了"②。顾执中自己也谈到刚入《时报》被指派采写社会新闻的情景，"第二天当黄伯惠介绍我见金剑花先生，讨论及我的采访工作和范围时，金说《时报》现在不以政治新闻为重，要我负责在本市的社会新闻的采访"③。这也正符合金剑花厌恶政治的性格，"他（金剑花——引者注）为人诚实，而思想极其陈旧，尤其厌恶政治，主张少刊政治新闻"④。顾执中还提到，"原来中国报社在此以前，几乎只有编辑，没有采访，几乎只有内勤记者，没有外勤记者，大约在这时起，上海的报社，其编辑部除了编辑人员外，也有几个在外面活动和采访消息的记者"⑤。所以，顾执中算得上是我国第一位采写社会新闻的外勤记者了。20 世纪 20 年代，上海的《申报》《新闻报》《时事新报》都有自己的外勤记者采访社会新闻。因此，戈公振在其著《中国报学史》中把社会新闻与政治新闻、经济新闻、文化新闻并称，标志着社会新闻在这一时期的地位大大提升。

---

① 刘海贵：《中国现当代新闻业务史导论》，复旦大学出版社 2002 年版，第 10 页。
② 张功臣：《民国报人——新闻史上的隐秘一页》，山东画报出版社 2010 年版，第 115 页。
③ 顾执中：《报人生涯——一个新闻工作者的自述》，江苏古籍出版社 1987 年版，第 181 页。
④ 顾执中：《一所并不理想的新闻学校》，载《新闻研究资料》第 26 辑，中国社会科学出版社 1984 年版，第 37 页。
⑤ 顾执中：《报人生涯——一个新闻工作者的自述》，江苏古籍出版社 1987 年版，第 181 页。

另一方面，"黄色新闻"也是后期《时报》的必然选择，在强劲对手面前绕道走，是实行错位竞争是为上策。上海老牌《申报》已在时政新闻方面占据一席之地，《新闻报》在经济新闻方面已扎得很稳，作为后起之秀的《时报》在狄楚青时期的业务革新已独占鳌头，进入20世纪20年代初黄伯惠接办后，走美国赫斯特的"黄报"路子是他的另类选择，这契合了民初浮华的上海都市市民生活和都市消费文化背景。"现代化与商业化的发展使一般市民在紧张的工作之余，急切地寻找自己感兴趣的文化消费形式，这就成为上海文化事业发展的重要指向"①。从这一点看，黄伯惠的"黄报"之路不失为一种合宜的选择。由此，"《时报》在上海，夹在'申'、'新'、'时事新报'之间，因此它的编辑风格，似乎甘于成为 Local News，从不作全国性报纸的雄图，为当时我国'黄色新闻'的滥觞"②，便成了"无心插柳"之举。

（三）《时报》社会新闻的发展脉络

后期《时报》的社会新闻报道数量和质量连年提升，发展轨迹较为清晰，由零星散点式刊载向集纳式编排发展，后进入典型长篇报道阶段而达到巅峰，尔后逐渐呈衰落趋势。总体来看，黄伯惠接办的头一年，社会新闻只是点缀版面，1924年后社会新闻逐步增加，辟出半版专刊社会新闻，至1926年，《时报》社会新闻版面又有增加。总体上看，在1927年以前，社会新闻从零星散点发展到"豆腐块"状，然后发展到集纳编排。1927年3月之后，《时报》社会新闻猛增，经常有一个半版面专门刊登社会新闻。尤其在1928年陆续刊出重磅社会新闻，或直戳社会本质，或触及人伦传统，或拷问人性本真，常常配以图片，通过煽情表达和人为炒作，社会新闻在新闻界闪耀一时，产生了轰动效应，后从发展高峰逐渐回潮而走向平静，最后被边缘化。

---

① 忻平：《从上海发现历史——现代化进程中的上海人及其社会（1927—1937）》，上海人民出版社1996年版，第450页。

② 童轩苏：《奇人黄伯惠·南北画报潮》，《传记文学》1970年第17卷第1期。

1. 接办之初——社会新闻零星点缀于版面

黄伯惠接办《时报》之初的一年里，版面安排和内容设置都是基本延续狄楚青的办报传统，评论类如时论、时评栏目依然保留，新闻类内容仍是专电、要闻及分版设置各类新闻。以 1922 年 1 月 6 日的《时报》为例，其版面安排是：第一版为国内专电、译电；第二版为时论、命令、国外专电；第三版为世界要闻、国内要闻；第四版为各省消息、各县消息、时评；第五版为本埠新闻；第六版为本埠新闻、时评、公布栏；第七和第八版上半版都为小时报；另有八个版为广告。从版面内容安排看，与前期《时报》相比，整体上变化不大，社说和时评基本保持，只是三篇时评减少为两篇，专电、新闻和《小时报》仍然续出。此时的社会新闻已有起步，但无足轻重，其刊载数量少，零星几篇点缀于"本埠新闻"栏和"小时报"的"小新闻"栏内，并基本上辖于一隅，既不成景也不成气。从内容上看，以趣闻轶事、伦理道德和罪恶新闻为主，如《两盗解送军署惩办》（1922 年 1 月 8 日）、《奇异之井泉》（1922 年 1 月 8 日）、《因迷信欲置女生于死命》（1922 年 1 月 18 日）、《昨晨浙江路之火警》、《二次破获棋盘街之赌窟》、《家属捣毁姘妇物件之赔偿》（1922 年 2 月 5 日）、《发现死后不腐之人尸》（1922 年 12 月 2 日）。此外，这一时期的社会新闻标题制作中规中矩，以陈述时事为主，煽情味不浓。

2. 顾执中时期——社会新闻集纳呈现于版面

顾执中在《时报》工作时间约四年光景，据他自己回忆，"从 1923 年起，开始了我的漫长新闻工作生涯"，"1927 年初，……瓜熟蒂落的离开了《时报》，然后跟《新闻报》接洽，应邀参加该报的采访工作"①。黄伯惠接办《时报》经过了约一年过渡期之后，版面设置并没有大变化，但社会新闻在顾执中任外勤记者时期有了发展。顾执中入《时报》后，有了社会新闻的分工，出现了专职外勤记者，"20 年代初期，中国报界的外勤记者寥寥无几，

---

① 顾执中：《报人生涯——一个新闻工作者的自述》，江苏古籍出版社 1987 年版，第 176、240 页。

即便是当时已负盛名的《申报》《新闻报》，也只有几个人组成的采访科，《时报》则是从顾执中开始，才算正式有了自己的外勤记者，而且一直到1925年，时报馆也只有他这唯一的一名外勤记者"①。《时报》的社会新闻从此开始真正有起步，版面扩大，地位提升，报纸大众化定位才真正有了起色。

从1923年元月开始，《时报》"本埠新闻"栏内固定位置出现几则集中编排的社会新闻，每篇呈小豆腐块状，表明社会新闻从不稳定刊登到逐步稳定，偶尔还出现较长的社会新闻，如《关于临城劫车案之沪讯》（1923年5月26日），安排于本埠新闻头条位置，比以前有了进步。

约莫从一年后的1924年年初开始，社会新闻版面面积又有了扩大，第六版下半版全为社会新闻，信息量加大，编排方式仍然是一些简短社会新闻之集纳，内容也有所扩展，不再以以前的罪恶、偷盗等新闻为主，而是题材向多样化发展，还特别注重趣闻轶事报道，以奇异的自然现象引起读者的好奇心，激发读者阅读的"新闻欲"。此外，新闻源的分布也不同于以前，顾执中非常注重从上海市区的职能部门发掘新闻线索，广罗社会新闻，他曾针对当年在《时报》采写社会新闻的经验时谈到，一些外勤记者（包括自己在内）专擅社会新闻的采写，巡捕房、工部局刑事科、救火场、医院、海关、工部局交通处、气象台、领事馆、火车站等都是外勤记者的重要线索来源和采访地。不仅如此，地域范围从上海及周边延伸到外埠及国外，如《北京协和学生之自杀》（1923年1月23日）发生在远离上海的北京，《乡下抢亲之趣闻》（1923年3月3日）发生于无锡，《奇橘》（1924年9月22日）发生在东南亚，《美国最老之三姐妹》（1923年3月3日）发生于美国，这一切都表明此时《时报》社会新闻的地位开始改变，自此黄伯惠时期《时报》的风格开始显现。

3.金雄白时期——长篇典型性社会新闻涌现

金雄白服务《时报》不到四年的时光，"我在上海《时报》服务，时间

---

① 立言：《不需扬鞭奋自蹄——记顾执中的新闻道路》，《新闻研究资料》1988年第4期。

并不太长，从一九二五年六月起，至一九二八年底被辞退为止，前后仅为三年半"①。他自 1925 年初夏由其伯父金剑花引入时报馆任校对，两月后便升迁为助理编辑，1926 年春天，金雄白提升为外勤记者，直至 1928 年底被迫离开。"他（金雄白——引者注）离开《时报》，并非自愿，而是为'太上老板'陈景韩所不容，由其授意《申报》副总主笔张蕴和给金剑花写信，表达要把他解雇的意思"②。金雄白任《时报》外勤记者以后，社会新闻又发生了一次大的变革，特别自顾执中于 1927 年初离开时报馆后，从当年 3 月起，《时报》社会新闻依然是集纳式编排，但版面大增，经常有一个半版面刊登社会新闻，涉及趣闻、火警、杀伤、偷骗、抢夺、疫病、烟赌、畸恋、交通事故等无所不包，新闻信息量丰富。1928 年后，版面格局也发生了变化，依然保留了鸡零狗碎的里巷新闻，编排上有了调整，大字标题和小字标题相间，显得条分缕析，格外醒目。更有甚者，不时推出长篇典型性社会新闻，有时针对重大事件利用连续报道方式进行追踪报道，形成规模效应，社会影响极大。这时的社会新闻除了仍发挥提供信息、供人消遣功能外，还多了一份百姓情怀和民生关怀，有了较强的责任意识。

1928 年《时报》版面减少为两大张八版，而社会新闻所占比重仍不少，少则一个版，多则有一个半版面，整体而言，社会新闻分量比以前事实上增加了，尤其那些影响大的社会新闻每次约占去大半个版面，连续追踪报道。1928 年 3 月，最初的"马振华情死事件"让时报馆一炮打响，同年 6 月发生的"黄慧如、陆根荣主仆恋爱案"，继之"太保阿苏伏法案"等，此时《时报》上的社会新闻发展到了巅峰，不仅波及社会面广，在社会上引起轰动效应，而且大大拓宽了报纸销路，带来报纸间的竞争，引起当时大型日报《时事新报》《申报》《新闻报》都继起仿效，"各报竞争的重点，从以前的重视北京专电而变成争夺社会新闻，形成一股新的潮流"③。自 1928 年以后，

---

① 金雄白：《记者生涯五十年》（上），跃升文化事业有限公司 1988 年版，第 95 页。

② 张功臣：《民国报人——新闻史上的隐秘一页》，山东画报出版社 2010 年版，第 151 页。

③ 张功臣：《民国报人——新闻史上的隐秘一页》，山东画报出版社 2010 年版，第 142 页。

社会新闻版增设配图，从而改变了上海报界内容配置的格局，形成了图文并茂的报纸样态。

4. 金雄白离开之后——社会新闻回潮与曲折发展

《时报》的社会新闻在1928年上半年发展到顶峰，不但专辟固定版面——第六版刊载社会新闻，多则还延续到第七版的一半版面，而且数量多，编排巧，影响大。1928年下半年，社会新闻逐步回潮，刊登版面转至第七版，数量有所减少，1929年之后，《时报》社会新闻基本回落至顾执中时期的样态，版面缩为一个版甚至更少，以刊载里巷新闻为主，间或出现轰动性的长篇社会新闻。究其原因，这也许缘于国民党南京政府成立后，整个社会从"军政"向"训政"过渡，不允许报纸过于娱乐化，《时报》的社会新闻自此逐渐降温，先前的声威下降，影响大不如前。1931年9月22日开始，社会新闻从第七版迁至第八版，内容重心发生变化，除了火警、偷盗外，畸恋、怨情、怪异男女之事占较大篇幅，编辑方式逐步发生变化，初期版面还显得有条理，后来变得略显混乱。1934年以后，社会新闻反而又有所增加，选题范围有些萎缩，内容略显单调，畸恋、怪异男女之事分量加大，形式上也发生较大变化，编排方式显得混乱，既无固定版面刊登，编辑方式也不是依从以前集纳编排，而是把社会新闻镶嵌于各版之中，读者较难理出头绪，加上有些社会新闻标题制作不如以前醒目，古怪的标题结构方式令读者费解。

1937年太平洋战争爆发后，随着报纸接受日伪检查而转至卑微维持时期，《时报》的政治新闻占绝对篇幅，社会新闻回到集纳编排，但地位又有下降，不但数量减少，选题不广，七零八碎的社会新闻充斥版面，缺乏生气，而且所刊版面位置无足轻重，社会影响非常有限。这正应验了一些学者的看法："《时报》千方百计渲染社会新闻，对社会政治变局抱以不闻不问态度，走的是一条极端路线。……它的与众不同的自救之道，在'乱世'中尚可行之若素，一旦政治风暴来临，便也要偃旗息鼓了"[1]。

---

[1] 张功臣：《民国报人——新闻史上的隐秘一页》，山东画报出版社2010年版，第144页。

二、黄伯惠时期《时报》社会新闻内容梳理

后期《时报》的社会新闻是报纸赢得读者的主打内容之一，其社会新闻内容经历了一个不断扩展的过程。在接办初期和顾执中时期是以奇闻轶事、偷盗火警、罪恶新闻为主，金雄白时期扩展为偷盗、火警、风习、伦理、婚恋、道德、奇闻、诉讼等多项内容并存，尤其在男女恋情、人伦道德方面的选题比重加大，且以长篇连续报道推出，波及社会面广。纵观《时报》社会新闻的报道内容，在此尝试对其归类，并择其部分新闻标题及内容作一分析。

（一）奇闻轶事与趣闻传说

大千世界，无奇不有，世间发生的奇闻轶事正是《时报》社会新闻捕捉的重要内容，不但能增长读者的见识，而且能满足读者的好奇心。如《奇异之井泉／味淡而略甘》一文，报道的是一口奇特怪异之井泉，令人神往。全文如下：

> 余友返自粤东，有谓该村（新会教头乡西村）之井泉，素称清洁。一日，井中之水忽起波澜，其周围之水依然，其状如油之沸滚者，惟较平时略浊。远近来观，纷纷称奇。迷信者惑于吉凶之说，新学家则谓此系温泉由地气使然。但其水不温，味淡而略甘，并无硫黄之气，诚千古未见之事也，特记之，以供博物家之研究。①

再如《奇橘／四季结实》一文，报道南洋地区有一株稀奇古怪的橘树，一年四季各结果一次，不合常态，让人感觉新奇。请见全文：

> 友人李君自南洋来，谓暹罗嘉汤地方，有张某家以种果为业，有橘

---

① 　天碧:《奇异之井泉／味淡而略甘》,《时报》1922 年 1 月 8 日。

树一株，颇奇异，四季结果一次，味极甘美，六月问李君曾亲见该树满结鲜红之熟果云。①

另如《鬼怪之胎》，报道无锡城中县有一怪胎，"胎长约四尺许，……胎头上有二面、四眼、二鼻、二口，身有二手，尻部有四足下垂，状颇怪异，观者莫不称奇"②。此外，《雨花台畔之巨蟒／身长十余丈据云居山洞中已百余年》(1926 年 1 月 29 日)、《兰陵之鬼胎／人头蛇身》(1926 年 2 月 21 日)、《鼠战奇闻／死鼠六大车》(1928 年 3 月 11 日) 等都是这类社会新闻。

（二）火势警情与灾变事故

时任《时报》外勤记者的顾执中曾自述："上海的火灾既是每天几乎必有的事情，并且每天发生的火灾，也决不是一处，因此火警也成为当时上海的新闻记者所必须采访的一种消息。"③火警新闻关系到人们的切身利益，读者自然对此类新闻特别关心，"当时的上海人对于火警，往往谈虎色变，火烧新闻自然成为大家所关心的热门新闻"④，所以外勤记者常把救火作为社会新闻的来源之一。如《妻女五口葬身火窟／昨晨罗店镇之惨事》报道了前开茶馆的许阿焜家"因遗火于木花中起火"引起的惨事，"其时阿焜家中人均已就寝，迨经觉察，火势已盛，阿焜及其第三子皆冒火冲出，均成焦头烂额，其余妻与女五口，咸不及逃出，悉葬身火窟。……昨日检视尸体，均成焦炭，令人目不忍睹"⑤。再如《昨晚海宁路之火警》(1923 年 11 月 8 日)、《日商船长山丸在威海卫失火》(1926 年 5 月 27 日)、《斜桥东满天红／炼绸厂烧去四分三》(1928 年 3 月 19 日)、《六十余间草棚一片焦土／小沙渡之火》

---

① 义：《奇橘／四季结实》，《时报》1924 年 9 月 22 日。
② 詠清：《鬼怪之胎》，《时报》1926 年 5 月 15 日。
③ 顾执中：《报人生涯——一个新闻工作者的自述》，江苏古籍出版社 1987 年版，第 189 页。
④ 顾执中：《一所并不理想的新闻学校》，载《新闻研究资料》第 26 辑，中国社会科学出版社 1984 年版，第 42 页。
⑤ 《妻女五口葬身火窟／昨晨罗店镇之惨事》，《时报》1928 年 3 月 19 日。

（1928 年 3 月 21 日）、《香烟头起火 / 妇女死伤近二十！》（1928 年 3 月 26 日）、《火里模特儿裸体逃出 / 长安路毁屋四幢》（1928 年 3 月 29 日）、《汉口大火烧三百六十六家》（1934 年 6 月 6 日）、《南浔大部火毁 / 何家兜骥村损失也极重》（1937 年 12 月 20 日）等都是对各地火警的及时报道。

　　同样，天有不测风云，突如其来的自然灾害会给人们带来巨大损失甚至生命危险，所以人们异常关注灾异报道，这也成为《时报》重点关注对象之一。顾执中当年把气象台作为重要社会新闻的来源地，因为自然灾害与灾异事故新闻多与气象台有关，他在晚年自述中谈道："报纸在那时并不是每天刊载气象的报道，每当风风雨雨突然有变化时，才由新闻记者向气象台采访消息。"[①] 这类消息发生时，在大风大雨时的黑夜前往采访不便，就通过电话采访气象台而得到大风雨消息。上海位居大海之滨，是长江出口处的沿海城市，潮水和台风时常发生，有时台风与大雨大潮并来，直接关系到市民的切身安全，"郊区的农作物，市区的高建筑，以及黄浦江中的船只，都要受到打击，使平素热闹的上海，顿时变成惨凉恐怖。至于砖木或招牌等从天空高处飞来，把无辜行人，打得头破血流，一命呜呼的，所在多是"[②]。如《昨日渡船在老白渡失事 / 溺毙乘客多人》一文，该新闻报道了两艘轮渡失事消息，一艘载有二十余人的渡船行至浦东老白渡时，"因风狂潮急，致船头撞于码头桥上，各渡客俱翻身堕入浦江"，致四人死亡，两人下落不明；同日，另一艘载有三十九人的老白渡轮渡，行至浦心，因"风雨交加"，渡船"为风覆盖，当经邻船捞救，得生者十七人，其余悉无影无踪"[③]，这场不期而至的风浪造成重大人员伤亡，《时报》及时进行报道。

　　同样，雪灾也是造成重大伤亡的自然灾害，1931 年 2 月《时报》发表的

①　顾执中：《报人生涯——一个新闻工作者的自述》，江苏古籍出版社 1987 年版，第 196 页。

②　顾执中：《报人生涯——一个新闻工作者的自述》，江苏古籍出版社 1987 年版，第 196 页。

③　《昨日渡船在老白渡失事 / 溺毙乘客多人》，《时报》1925 年 7 月 25 日。

一则题为《首都大雪之见闻——行不得也！住亦危险！人仰车翻，墙坍壁倒》的新闻非常典型，对首都一场大雪进行了翔实报道。开篇直陈，去年冬间"为最近二十四年未有之奇冷"，紧接着报道大雪见闻："自十一日起，飞雪时断时续，前晚阴霾满布，雪势大如鹅掌，直至昨（十四）晨，犹未稍停，于是首都全城，一望皆白，顿成银装世界，平地雪深八寸，最高处达一尺四寸有余"，以致"行者不胜彳亍之苦，咸兴行不得也叹"，继而报道路面"冰滑如油，人跌车翻，前踬后接"，"其他汽车碰伤行人，撞坏人力车者，几有数十起，而人力车之仰覆者，更不可以计数"，最后报道大雪过后房屋坍塌严重，"如评事街、平章巷、新泰西酱园，三间店屋，完全倒塌，一孩被压在内，经救出后，头部受伤颇重"[①]。类似的灾害报道如《大风雨中之木棉损失》（1925 年 9 月 8 日）、《土山崩陷压毙二命》（1925 年 10 月 1 日）、《地方厅所建新屋因雨倒坍》（1926 年 6 月 28 日）、《苏大附小教室塌陷伤人》（1928 年 3 月 10 日）、《海上海台飓》（1933 年 9 月 19 日）等都是这类社会新闻。

（三）市民命运与市井万象

一家报纸如能体现百姓情怀，就应及时反映人们的生活状态和生存境遇，给普通百姓予人文关怀。《时报》许多社会新闻及时报道市民生活，关注百姓命运。如《被杀的青年尸体失一眼珠，碎一睾丸／双手反绑绳绕颈项破大衣上三个红字》这则新闻，报道地处荒僻的南火车站后面奚家坟山发现遭人杀害的无名男尸一具，"察得该尸为麻绳将双手反绑，而绳之两头则勒于颈项间，有二三绕围，其绳结打于头上，面部及口中流血"，后经解绳查验，"验得颈项内绳痕共有两道，深几半寸，其左目眼珠已被挖走，下体肾囊有伤，左边睾丸已碎"，凶手异常残忍，以致其惨状目不忍睹。为此，当局下令将凶手绳之以法，"谕令带院以凭侦查……严缉凶犯究惩"[②]。再如《电

---

① 《首都大雪之见闻——行不得也！住亦危险！人仰车翻，墙坍壁倒》，《时报》1931 年 2 月 16 日。

② 《被杀的青年尸体失一眼珠，碎一睾丸／双手反绑绳绕颈项破大衣上三个红字》，《时报》1928 年 4 月 6 日。

车碾断骨足》（1923 年 11 月 8 日）、《新重庆路倒毙男尸》（1924 年 12 月 29 日）、《昨午开封路失慎焚毙小孩》（1926 年 3 月 22 日）、《新闸附近倒毙工人》（1926 年 6 月 12 日）、《电汽车互撞伤人》（1926 年 5 月 19 日）、《患病印人跌毙廊中》（1926 年 6 月 30 日）、《五岁男孩身首异处》（1928 年 3 月 24 日）、《两三岁孩子死得惨！/两臂一足已被砍断平凉路草地上查见》（1928 年 4 月 14 日）、《慌忙扒出车窗/少妇童子三人头破骨断》（1934 年 5 月 25 日）、《篓藏半裸女尸》（1934 年 6 月 20 日）、《疯子推人落水/五孩死其一疯子也溺毙》（1934 年 6 月 23 日）等新闻都是对市民命运的关注。

上海作为现代化大都市，市民生活，浮华多变，市井社会，万象丛生，各色人等，千奇百怪，《时报》力图报道世间万象，还原生活本真。如《妇人情急吞燐》（1926 年 3 月 22 日）、《疯人掷石伤童子》（1926 年 5 月 18 日）、《孕妇恋财葬身火窟》（1928 年 1 月 14 日）、《打死妻舅岳父报仇》（1928 年 3 月 10 日）、《三男子殴一妇》（1928 年 3 月 10 日）、《牛刀着背/原因乃小孩打架》（1928 年 3 月 12 日）、《侄儿何事刺叔十三刀/李连根逃脱》（1928 年 3 月 8 日）、《娘舅绑到外甥杀害》（1928 年 3 月 21 日）、《顽童窃木坍屋压死》（1928 年 5 月 2 日）、《迷路男孩送堂侯领》（1926 年 5 月 15 日）、《昨日浦东码头工人发生械斗》（1926 年 5 月 16 日）、《佛徒王振坤断臂警众》（1926 年 5 月 19 日）、《该死，三次强奸媳妇/杀父，黄锡卿忽不认》（1927 年 12 月 30 日）等。这些新闻对于记者而言往往可遇不可求，顾执中在一次采访偶忆——夜半福州路上的血人时谈到，"当新闻记者的，必须会看会听，必须时时注意去看和注意去听，则是必要的"①，这样才不致漏报重要新闻，甚至能获得独家报道。

（四）社会风习与人伦道德

《时报》有一类社会新闻反映社会风气与生活习俗，宣扬伦理道德，传

---

① 顾执中：《报人生涯——一个新闻工作者的自述》，江苏古籍出版社 1987 年版，第 206 页。

递善有善报、恶有恶报的因果报应观，颇合当时中国社会人们的道德观念和价值取向，发挥了教化劝说功能。如《一对男女欲行露天交合／各押五天》一文，报道闸北海昌路开设成衣店的李安，在晚上八时左右，"行经小场口铁路边，遇其姘妇张氏，情话久之，顿起欲心，正欲席地作露天丑行之际，被廿七号岗警王金生瞥见，遂将拘入四区，各押五天"①，对此伤风败俗之举得到惩戒，并起到杀一儆百、淳化民风之功效。再如《张石根卖妻之追究》（1924年1月19日）、《王孝女割股疗亲／亲病不十日而全愈》（1926年3月12日）、《裸体舞并未停业》（1926年5月14日）、《艺术界代模特儿抱不平》（1926年5月18日）、《垃圾倾入河中拘留半月》（1926年5月19日）、《北工巡局承包垃圾有人》（1926年5月19日）、《逃妾与奸夫并押》（1926年5月20日）、《染色糕类有毒之警告》（1926年5月22日）等，这些新闻传递的是正能量，起到惩恶扬善之目的。

还有一些社会新闻从社会丑恶现象入手，将事实暴露于光天化日之下，发挥舆论的力量，让读者进行评判。《锁住双足——主妇惨无人道》报道的是广东路王大吉农内廿三号一家箩篮店主妇马曹氏，"将其十二岁学徒倪桂生用铁锁住双足虐待，终日不能越雷池一步"，通过被告供述，究其原因，"倪孩前因到来求乞，我见而怜之，收在店内为徒，讵其窃取店中衣服银角，私自逃走，经我寻获，由邻居劝令将其用铁链锁住"②。《时报》将这种惨无人道行径曝光于社会，借助社会舆论对此种行为进行鞭挞。再如《四角恋爱一朝破露／少妇好手段…一年无事三夫忽相遇…扭作一团》，从标题我们便对新闻内容猜知一二，新闻提及一妇三夫偶然相遇，醋意大发以致拳脚相加，"三人扭于一处，你拳我脚，各不相让"，该妇人"见已肇事，脱身逃去"③。该新闻看似妇人逃之夭夭而终，其实事态还在延续，此种四角恋丑

---

① 《一对男女欲行露天交合／各押五天》，《时报》1928年3月10日。

② 《锁住双足——主妇惨无人道》，《时报》1928年3月22日。

③ 《四角恋爱一朝破露／少妇好手段…一年无事三夫忽相遇…扭作一团》，《时报》1928年4月3日。

剧经过《时报》曝光，然后交由社会舆论进行评判和谴责。又如《阿母不许剪发女儿服毒自杀》（1927 年 6 月 16 日）、《卖妻！一而再再而三》（1928 年 4 月 5 日）、《少妇助夫强奸邻女 / 三人同榻中宵出事》（1928 年 4 月 15 日）、《妻妾争风妾掌妇颊 / 大吉楼喜事中之一幕趣剧》（1928 年 5 月 2 日）、《凄！艳！/ 性的秘密原来是女扮男装》（1931 年 1 月 21 日）、《发雌威毒打孤女 / 木棍断血花溅弃置黑弄里》（1931 年 5 月 28 日）等，凡此种种，不胜枚举。

类似关于婚恋家庭的社会新闻，以伦理道德进行裁夺，如《日女校之情海风波 / 三教授发生恋爱先后离家逃亡》（1926 年 2 月 21 日）、《王昭君说是已经三嫁 / 两阜宁人争妻》（1928 年 3 月 31 日）、《石女？案子结束了说不出的苦》（1927 年 7 月 15 日）、《时代的牺牲者——师母学生情死案》（1934 年 5 月 9 日）等，孰是孰非，眼明人一看便知，传递的信息同样能取得正面效果。

值得一提的是，这类关于婚恋、哀怨、情杀、伦理等内容的新闻在 1928 年后多采用长篇连续追踪的报道方式，以离奇的案情、曲折的情节、煽情的表达，报道绘影绘声，深掘人性，触及社会本质。《时报》上的这类典型社会新闻往往所占版面大，波及时间长，民众关注度高，对社会影响极大，如"刘海粟人体写生案"、"马振华情死事件"、"黄慧如、陆根荣主仆恋爱"等都是轰动一时的社会新闻。

（五）罪恶偷盗与司法诉讼

案件诉讼类法警新闻是《时报》社会新闻的重头戏，是后期《时报》一以贯之的报道内容，"在那时上海报纸的本市新闻中，每天最引人注意的为盗窃案"[1]。罪恶偷盗案件素材源源不断，与当时上海复杂的社会生态密切相关，当时的上海租界由英法两工部局所辖，"表面虽极繁华，实已遭被称为'万恶之薮'，绑匪横行，奸邪百出，几无日无之"[2]。然而，盗窃案新闻有时很难采访到，因为盗贼行窃前不会通知新闻记者跟他们一起活动，许多新闻

---

[1]　顾执中：《报人生涯——一个新闻工作者的自述》，江苏古籍出版社 1987 年版，第 183 页。

[2]　邵翼之：《我所知道的上海时报》，《报学》1955 年第 1 卷第 8 期。

线索得自巡捕房，有时得施小计才可以采访到有价值的新闻，顾执中对此深有体会，"对于捕房方面消息的采访，要纯从正面着手是困难的。有钱的报社像《新闻报》、《申报》，便派人跟捕房中的电话接线员、翻译、门差和包探秘密接洽，用钞票来收买消息。……而这一条路，《时报》在那时还没有走，但报社不管一切，责成我到捕房去采访"①。顾执中只得充分调用他自己的人事关系，借助在巡捕房任职的曾是他的英籍学生，并娴熟地运用采访技巧，得到许多独家报道。

《时报》上的这类新闻大体上涉及偷骗、绑架、抢夺、强奸等方面。有关偷盗的，"偷盗案件的严重并不亚于火警，正是所谓'贼偷火烧当日穷'，于民生大有关系，吾人不容忽视"②，如《捕房拿获三盗》(1925 年 2 月 3 日)、《新新公司绸缎部拘获窃贼》(1926 年 3 月 22 日)、《昨晚爱多亚路之盗案》(1926 年 3 月 25 日)、《昨日军法处执行绑盗犯死刑》(1926 年 5 月 17 日)等；有关坑蒙拐骗的，如《妓女被拐之经过》(1925 年 2 月 3 日)、《查获诱拐匪人》(1925 年 2 月 14 日)、《诱拐捲逃押罚以儆》(1926 年 5 月 15 日)等；有关绑架案件占很大比重，"绑匪秘筑高巢，绑人勒赎。而被绑者不是豪商富户，即为达官贵人，所以绑案发生，异常引人注意，实为突发新闻之最要者"③，如《土地局长朱炎之被匪绑去劫去之汽车已寻获》(1927 年 9 月 27 日)等；有关行凶抢劫的，如《前晚斐伦路之盗窃杀人案 / 死事主何德宾陈生泉二人》(1926 年 3 月 19 日)、《马桥航船被劫》(1926 年 5 月 15 日)、《缉获路劫金镯匪徒》(1926 年 5 月 17 日)、《缉获汉口路拦劫妇人之盗匪》(1926 年 5 月 19 日)、《抢劫罗店镇米店匪徒枪决》(1926 年 6 月 11 日)、《放火行窃 / 草房焚去三间》(1928 年 3 月 21 日)、《九江路白昼盗警 / 身怀七百元被劫》(1937 年 12 月 12 日)等；有关卖淫强奸的，如《扭控强奸》(1925 年 2

---

① 顾执中：《报人生涯——一个新闻工作者的自述》，江苏古籍出版社 1987 年版，第 184 页。

② 王文彬编著：《采访讲话》，三江书店 1938 年版，第 49 页。

③ 王文彬编著：《采访讲话》，三江书店 1938 年版，第 50 页。

月 14 日）、《妓院容留幼女之处罚》（1926 年 5 月 15 日）、《串诱卖淫分别押罚》（1926 年 5 月 18 日）、《闺女被诱奸杨柳堤 / 怒控两少》（1928 年 4 月 4 日）等。还不乏有关涉外的诉讼案件，如《撞伤俄妇赔偿五百元》（1926 年 5 月 22 日）、《俄人乘火车作贼又行凶》（1925 年 10 月 11 日）、《日人戳杀黄包车夫》（1928 年 3 月 31 日）、《乘妓熟睡捲饰潜逃 / 俄妓报请查缉》（1928 年 4 月 5 日）等，各式各样，不一而足。

此外，《时报》还及时刊登大量已判决的案件新闻，通过报道使正义得到伸张，民众受伤的心灵得到抚慰，有利于从舆论上营造出较为安全的生存环境。如《私带手枪之破获》（1924 年 12 月 29 日）、《妇人虐婢之罚办》（1924 年 12 月 29 日）、《巡捕房拿获雌婆雄》（1924 年 12 月 30 日）、《常州脱逃要证在沪缉获》（1926 年 3 月 19 日）、《引翔乡缉获绑票匪》（1926 年 3 月 22 日）、《两土贩一拘一释》（1926 年 5 月 15 日）、《上海纱厂指控工人案判决 / 周传镇判押五年》（1926 年 5 月 16 日）、《私造钞票铜版案拘获同党》（1926 年 5 月 18 日）、《一再混用伪钞票拘留十天》（1926 年 5 月 20 日）等。其实，《时报》上的法警新闻类型混杂，相互交叠，数量之多，不胜枚举。"黄伯惠曾为此在编辑部宣示：只要是工部局警局或法院公开宣布的案子一律刊登。他并加重一句说，即是他本人有什么事发生，亦得照实刊载"[1]，当时《时报》报道社会黑幕新闻，一些惧于披露者常拉关系向《时报》说情，黄伯惠以身作则，以此堵塞一切请托之门。实际上，对这类诉讼案件的公开报道很好地发挥了《时报》的舆论监督之责。

以上从五个方面对《时报》社会新闻进行了分类，这些简单分类难以穷尽版面上纷繁复杂的社会新闻，如有关疫病、赌博、贩毒等内容还未列入上述分类中。因此，这里只是从版面所刊的主要社会新闻方面大致作了区分而已，而且分类间又有很多交集之处，难以做到泾渭分明，这既不可能，也无必要。

---

[1]　邵翼之：《我所知道的上海时报》，《报学》1955 年第 1 卷第 8 期。

三、典型社会新闻报道、特色及影响——以"马振华情死事件"为个案

黄伯惠接办《时报》初期，社会新闻以丰富、简短见长，几年后逐步发展为以典型、长篇追踪见长，尤其自金雄白担任外勤记者后，以连续报道方式报道的典型社会新闻引起了强烈的社会反响。金雄白晚年回忆："要从社会新闻中迎合读者的兴趣，采访社会上的特殊事件，加以生动的描写，以调剂沉闷的内容。上海各报一时掀起社会新闻的狂热，虽为环境所逼成，我更不得不歉疚地自承是一个始作俑者。"[①]

《时报》的典型长篇社会新闻以哀感顽艳方面的素材居多，即以人伦道德、哀怨恋情、情杀公案为主，这正契合了消费主义背景下都市化市民生活。如"刘海粟人体写生案"、"石女离婚案"、"马振华情杀案"、"阎瑞生谋杀案"、"露兰春情奔薛老二案"、"黄慧如、陆根荣主仆恋爱"、"太保阿苏伏法案"等社会新闻都曾对当时社会产生了轰动效应。最为可贵的是，这类社会新闻考虑到了消闲与责任的关系，在辩证统一中提升了新闻品质。它们为读者提供了都市消费的精神体验，延缓他们的阅读兴趣，丰富市民的文化生活，大大满足了浮华都市读者的阅读心理，为他们带来了精神消费的快慰。但绝不仅于此，这类题材重大的社会新闻往往涉及人伦，拷问人性，触及人文，直戳人伦道德和社会深层本质，体现出媒体的人文情怀。下文以"马振华情死事件"为考察个案，探析《时报》社会新闻的报道过程、采写特色和社会影响。

（一）"马振华情死事件"及其报道节奏和内容展开

"马振华情死事件"是20世纪20年代末期轰动一时的社会事件。事件发生于1928年3月16日子夜，马振华女士由于其未婚夫汪世昌怀疑她不是处女而投黄浦江自杀。汪世昌为驻扎上海的国民革命军第五师秘书，爱上一位

---

① 金雄白：《记者生涯五十年》（上），跃升文化事业有限公司1988年版，第182页。

30 岁尚待字闺中的邻居马振华，他们通过情书来往，感情日笃，交往中汪世昌怀疑马振华有失贞操，马女士于 16 日晚在黄浦江南岸码头跳水身亡，此后汪为获得社会同情，也演出戏剧性自杀未遂一幕。事件发生后记者蜂拥而至追踪采访报道，《时报》于 18 日最先曝光这起事件，随后沪上各大报纸和部分异地报纸争相报道，报道自 3 月中旬持续到 4 月初，经过十多天的连续追踪报道，事件的来龙去脉大白于天下。除了报纸的报道，社会上还有《马振华女士自杀记》《马振华哀史》（图 3—3）两种单行本发售①，同时这件事还被

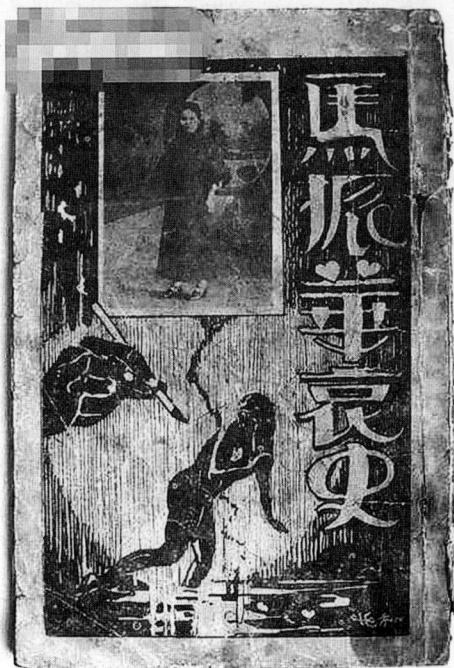

图 3—3　上海群友出版社 1928 年 3 月初版《马振华哀史》封面

---

① 关于"马振华情死事件"单行本的出台，金雄白在晚年回忆中讲述了当时出台的背景：当时以报纸每天都被争购一空，我忽然灵机一动，用了半天时间，把连日报载有关此事的消息，汇齐剪贴，略加增删，编成报纸一全版的分量，商得黄伯惠先生的同意，利用印报的卷筒机印刷了两万份，折叠成书，本属粗制滥造，于翌日发售，每份定价为小洋两角，而不料当天即销售一空，使我也狠狠地发了一笔小财，当时对社会新闻的狂热情形，于此可见。参见金雄白：《记者生涯五十年》（上），跃升文化事业有限公司 1988 年版，第 183 页。

编成剧本，在上海一些游艺场公演。沪上报纸一时销数大增，洛阳纸贵，公演艺场万人空巷，座为之满，该情杀事件一时成为上海市民街谈巷议的事件，家喻户晓，后来这件事在社会上引起了一场强烈的关于新思想与旧道德的公众争论。

金雄白跟踪采写的《马振华情死事件》报道，持续占据1928年3月中下旬《时报》的第六版，连篇累牍，前后用了近十万字的篇幅，这条全上海都在关心的新闻让时报馆名声大振，也使《时报》社会新闻报道达到巅峰。《时报》针对该起事件共刊出了八篇新闻，围绕事件的发生、发展与结局展开，报道出场非常讲究轻重缓急，针对如何拉开报道序幕、展开内容、互动讨论以及结尾收场等环节，有节奏地推出报道内容。通过下表可初略了解该事件的报道节奏和内容分布情况（表3—1）。

表3—1 《时报》对"马振华情死事件"的报道节奏和内容分布情况

| 刊载日期 | 新闻标题 | | 版面位置及版面大小 | 配图情况 | 备 注 |
	主 题	辅 题			
3月18日	女尸旁百余封信	年约二十余；南码头浦畔	第六版中上部小豆腐块	无	拉开事件报道序幕
3月19日	情死——为了隔壁男子！	通信…几种记号；血书…誓同生死；看戏…顿生疑窦；投江…发现秘密	第六版上半版强势版位	马振华乞求解除婚约血书照片	报道全面展开
3月20日	浦江哀音——隔壁男子不死绝命书真相大白	一首诗…实行恋爱起端；戏院中幽会…密谈；疑别…乃成哀剧	第六版自首栏起占据大半版	马女士赠送情夫之手帕	报道进入高潮
3月21日	贞洁的马女士之血书/何为而死？压迫？自悔？	念新潮流之旧观；处女非处女无问题	第六版自首栏起占据大半版	马振华立誓贞洁血书照片	报道进入高潮
3月22日	血与泪——马女士父赶到汪世昌今日出走/白衣送丧，行人叹息	周师长斡旋…无问题；阅报者来函…有表示	第六版下半版	1.马女士枢从救生局抬出；2.汪世昌着白衣步行送殡	新闻移居次要版位，编排处理开始弱化

续表

刊载日期	新闻标题		版面位置及版面大小	配图情况	备 注
	主 题	辅 题			
3月23日	浦江哀音之余波	各方对汪世昌无宽恕辞；一个被侮辱的女子来函	第六版下半版二分之一版面	无	新闻版位进一步弱化，报道开始收束
3月24日	浦江哀音案之余波	女界愤懑之一斑	第六版中部呈小豆腐块	无	报道正式收场
4月5日	汪世昌在徐被捕	身藏马振华照片；周树人同遭拘押	第六版首栏豆腐块状	1.身怀马振华女士照片之汪世昌；2.在徐州被捕之周柳五	报道延伸至终结

　　《时报》针对该事件的报道经历了序幕、展开、高潮、收束、终结几个阶段，沿袭"是什么"，"为什么"，"怎么样"的路径展开，即从 What 到 Why 到 How 的发展思路铺陈报道，显得不紧不慢，条理清晰。

　　前三则新闻对案情发展交代清楚，属于"是什么"阶段，由一则豆腐块状的《女尸旁百余封信》新闻拉开事件报道序幕，紧接连续推出两篇长篇报道《情死——为了隔壁男子！》和《浦江哀音——隔壁男子不死绝命书真相大白》，以第六版的强势版位，利用大版面报道事件的来龙去脉，通过大量一手素材，即情书、信件、血书等材料揭露事件真相；第四篇《贞洁的马女士之血书/何为而死？压迫？自悔？》进入"为什么"阶段，剖析情死事件的原因，标题中连用三个问号引起公众注意，探寻事件发生的外部原因；此后三篇报道进入"怎么样"的阶段，《血与泪——马女士父赶到汪世昌今日出走/白衣送丧，行人叹息》对马振华死后出殡情况进行了报道，报道位居第六版下半版，当日的版面强势版位让位于另一社会新闻《黄宪武撕票案》，马振华新闻退居次要版位，版面位置弱化，版面面积萎缩，说明报道开始收场。此后两天连续两篇《浦江哀音之余波》，报道中刊载多封读者来信，收集了社会上对事件的反应，以及事件报道后在社会上的影响，主要集中于对汪世昌的道德拷问和谴责，把话题引向深入，通过讨论升华报道主题。

与此同时，编辑有意安排不同观点呈现于报端，如《女界愤懑之一斑》发表了恽兰英的信件，语气和内容没有冲动和感性，而是充满理性声音，使该事件的报道有了进一步升华，引导读者从五四之后的新旧思潮交替的时代背景探寻案件发生的深层原因，我们从中能体味到《时报》搭建讨论平台的努力，体现了《时报》的责任意识。报道停止十天后，《时报》最后刊出《汪世昌在徐被捕》一文，读者心中尚未完全平息的波澜再次泛起，最终悬起之心如同秤砣坠地，成为事件余波后的延续和终结，该事件报道终于划上句号。总之，整个事件的报道思路清晰，围绕拉开报道序幕、展开强势报道、报道逐渐收场、报道延伸终结这几个方面环环相扣进行，首尾圆合。

（二）"马振华情死事件"的采编特色

《时报》运用煽情表达、设置悬念、图文并茂、注重细节、对比烘托等采编技巧，采用连续追踪报道形式，使这起典型性社会新闻具有人情味浓、趣味性强、贴近性好、可读性佳的鲜明特色，大大提高了读者对《时报》的阅读兴趣。

1.煽情表达

在黄伯惠接办《时报》的头几年里，社会新闻煽情性不算突出，到了金雄白时期煽情性凸显，最为明显表现在新闻标题制作上。标题的煽情性是通过夸张和煽情的标点符号和词句唤起读者情感，即标题不但以深带感情的惊叹号或问号强化读者情绪，而且拟制标题时选择带有感情色彩的词句渲染氛围，这是《时报》社会新闻标题调动读者情感的惯用手法。《马振华情死事件》报道中标题《情死——为了隔壁男子！》《贞洁的马女士之血书 / 何为而死？压迫？自悔？》就是用感叹号和问号来引起读者注意的，并以此调动读者情绪。同时，作者还善于运用多行题结构，八篇报道中全部运用主辅题形式，发挥主辅题各自功能，以恰当用词表达情绪，如标题《情死——为了隔壁男子！》的"情死"、《浦江哀音之余波》的"哀音"、《白衣送丧，行人叹息》的"叹息"、《一个被侮辱的女子来函》的"侮辱"以及《女界愤懑之一斑》的"愤懑"等词语感情色彩强烈，鲜明地传递了作者的倾向和情绪。

其他一些长篇追踪式报道，如"刘海粟人体写生案"、"黄慧如、陆根荣主仆恋爱案"、"太保阿苏伏法案"等同样是在主辅标题的制作上运用感情强烈的标点和词句表达情绪，即便非连续性的单篇社会新闻也是如此，如《怕！可怕！闸北发生大劫案》（1927 年 12 月 30 日）、《该死，三次强奸媳妇／杀父，黄锡卿忽不认》（1927 年 12 月 30 日）、《惨！惨！竹篮中尸——支解的孩尸》（1928 年 3 月 22 日）、《死！莫名其妙／沪南一人…相片错人沪西一人…妻称忠厚》（1928 年 3 月 23 日）、《可怜！母／失女后如痴》（1928 年 3 月 30 日）、《火！火！！》（1928 年 3 月 31 日）、《卖妻！一而再再而三》（1928 年 4 月 5 日）、《两三岁孩子死得惨！／两臂一足已被砍断平凉路草地上查见》（1928 年 4 月 14 日）、《凄！艳！／性的秘密原来是女扮男装》（1931 年 1 月 21 日）、《发雌威毒打孤女／木棍断血花溅弃置黑弄里》（1931 年 5 月 28 日），这些标题中以警醒的惊叹号调动读者情感，以情感强烈的用词，如"怕"、"死"、"惨"、"可怜"、"凄"、"毒打"等唤起读者的同情。

除标题的煽情性外，行文中夹叙夹议，用小说笔法绘声绘色地叙写案情，增强案情的故事性，以起承转合的方式使案情曲折离奇，利用长篇追踪报道不断牵引读者的情绪，使读者爱恨显现，有时用耸人听闻的词句表达强烈感情，煽情性内容表达使读者与事件主人公同悲同喜等。

总体上看，后期《时报》社会新闻名噪一时，与作者煽情表达关系很大。同一社会新闻素材如果表达平铺直叙，写作手法呆滞无趣，没有深挖出素材的戏剧要素，是对新闻素材的资源浪费。《时报》作者充分开掘手中新闻资源，探索新奇的表达形式传递情绪，得法的编辑手段倾泻感情，如运用耸人听闻的词句精设标题，运用带感情的惊叹号和问号，标题中大小字号相间，标题套红印刷等手段突出情感因素，而且对报道内容精心构思，揣摩写作手法，通过内容的巧妙安排，使社会新闻绘声绘色，情节跌宕起伏，读者读来心潮澎湃，引起全社会关注，且能唤起读者思考。当然，此起事件报道也存在过度开发社会新闻资源之嫌，通过过分渲染，夸张煽情，达到耸人听闻的阅读效果。

2.巧设悬念

同一题材的社会新闻以连续报道的形式推出，每次内容呈现都考虑到悬念的重要性。采编时巧妙设置悬念，能不断牵引读者阅读兴趣。为此，上篇报道一定新闻事实并留有悬念，下篇揭开读者心中谜团，同时报道最新事实和进展，在不断提供新信息时为后面的报道再设悬念，上下篇新闻之间环环相扣，由记者、编辑掌握采编的主动权，追踪事态的发展。"马振华情死事件"报道通过连续追踪报道，利用悬念有效延伸读者阅读兴趣，使读者持续关注"剧情"的发展，针对读者心中疑点不断解惑，使新闻报道达到较好的传播效果。

"马振华情死事件"以《女尸旁百余封信》开场，对马振华自杀事件作了简要报道，但文中布有不少疑团，"昨晨在南码头某木行附近黄浦江畔，查见溺毙女尸一具"，呈现的这一事实一下抓住读者一探究竟的心理，后文对女尸的穿着作了报道，继续设置疑团："在尸旁捞得书信一大索，约计一百余封，内有照片一张，信件中有马振华汪世昌等具名，并检出赏票一纸，又有东台县禁烟分局长马炎文卡片一张"，吊起读者胃口，读者企图知道事件发生的来龙去脉，文末提到"因无属人指认……候家属认领"①，报道到此戛然而止。不足几百字的报道，不断传递新信息，又不断为后来的报道布下疑团。第二天的《情死——为了隔壁男子！》用大量篇幅为读者解惑，作者巧妙利用死者身边的信件作为新闻素材，通过马女士与汪世昌之间的往来情书不断解开读者心结。所报道的信件通过记者精心挑选，从众多信件中选择九封信，事情的来龙去脉随着这些信件的展示慢慢清晰起来，但是读者又有新的疑问，即马汪之间又如何闹到情死地步？他们交往过程怎样？矛盾如何产生等问题又继续留在下次报道中分解。第三天的《浦江哀音——隔壁男子不死绝命书真相大白》继续用大半版版面续写剧情发展，报道设置了

---

① 《女尸旁百余封信／年约二十余南码头浦畔》，《时报》1928 年 3 月 18 日。

由七个带有悬念的小标题，步步惊心，每一内容解开一个谜团，读者对事情的前因后果便渐渐清晰。此后的几篇报道每次以新的信息和问题出现，引领报道的走向，直至《汪世昌在徐被捕》，读者心中谜团一一解开，事件的全过程才算终了。

3. 图文并茂

后期《时报》头几年的社会新闻旁配以图片并不多见，从1928年开始版面上图片增多。社会新闻旁配以图片，增强了视觉冲击力，与文字报道配合，极易唤起读者的情绪，放大事件的实际传播效果。

"马振华情死事件"充分发挥图片作用，八篇新闻报道附以图片共七幅，除开篇和收场没有编排图片外，其余都编排图片来辅助报道，有时并列编排两幅。图片挑选也极为讲究，马振华立誓清白、出殡场景及汪世昌被抓都附上图片，不但让版面图文并茂，而且使报道极富说服力。如《情死——为了隔壁男子！》刊出八封马振华和汪世昌之间的书信，其中第五封信以马振华血书手迹照片刊出（图3—4），另如《贞洁的马女士之血书/何为而死？压迫？自悔?》中配上"马振华立誓贞洁血书照片"（图3—5），两篇报道都配上血书手迹，毋庸多言，涵意甚丰，原汁原味，真实可信。第三天的《浦江哀音——隔壁男子不死绝命书真相大白》的新闻旁配图"马女士赠送情夫之手帕"，显得可亲可信，引人爱怜。第五天刊出《血与泪——马女士父赶到汪世昌今日出走/白衣送丧，行人叹息》，新闻同时配以"马女士枢从救生局抬出"和"汪世昌着白衣步行送殡"两幅照片，现场感强，出殡场景，历历在目，心情沉重，情感悲愤，对马女士以同情，对汪世昌以嫉恨，读者的情感充分调动，让读者看后呲牙顿足，情感充分释放。最后一天的《汪世昌在徐被捕》报道，也同时刊出"身怀马振华女士照片之汪世昌"和"在徐州被捕之周柳五"两张照片，使读者能感知汪世昌被抓场景，读者拍手称快，情绪高涨，心情得以舒缓。

后期《时报》对"马振华情死事件"报道除了以上三个鲜明特色外，另在注重细节、对比烘托等方面也可圈可点。

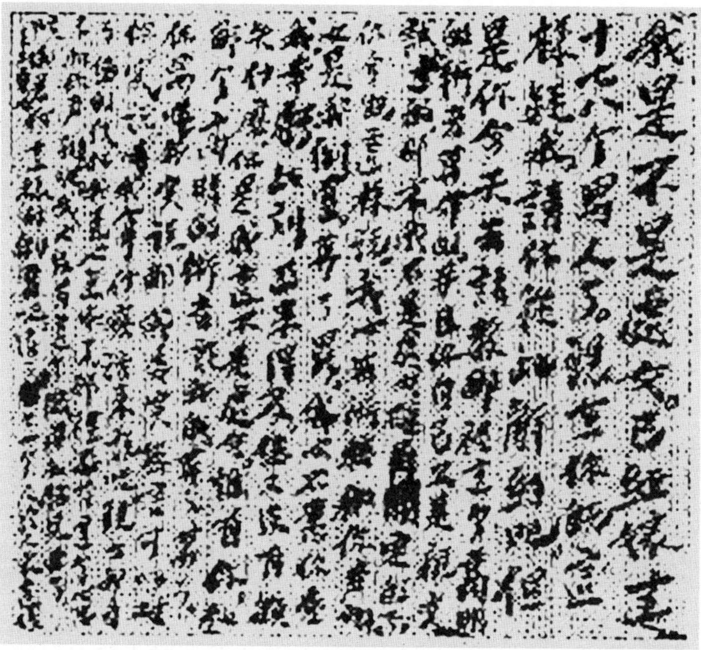

图 3—4　马振华乞求解除婚约血书，《时报》1928 年 3 月 19 日第 6 版

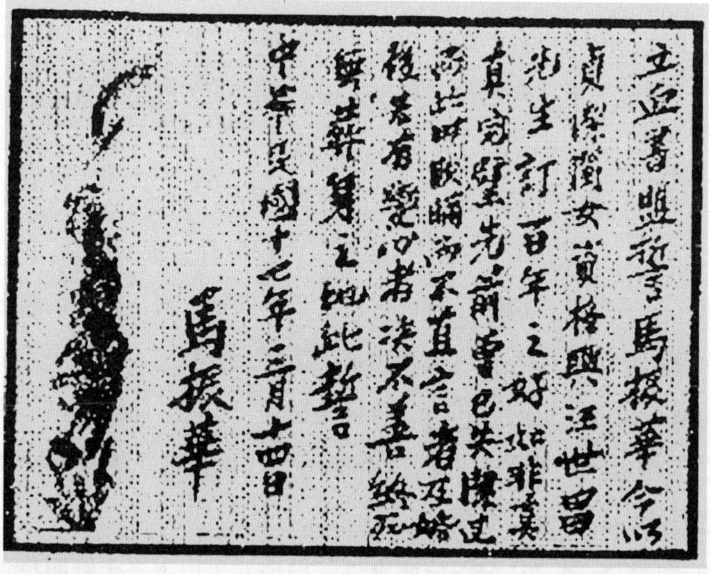

立血誓盟約人馬振華今以貞潔獨女貢格與汪世昌先生訂百年之好如非真貞容望先前曾已失貞此時欺瞞而不直言者死後若有變心者決不善終死無葬身之地此誓

中華民國十七年三月十四日　馬振華

图 3—5　马振华立誓贞洁血书，《时报》1928 年 3 月 21 日第 6 版

（三）"马振华情死事件"报道的社会影响及意义

"马振华情死事件"通过《时报》在七天内的跟踪报道，前四天翔实报道事件的来龙去脉，通过广泛传播集结了一批都市消费读者，及时满足了他们的"信息饥渴"，但读者没有停留于冷漠、被动的"观看"层面，因为《时报》后三天报道转向多种观点呈递，读者、报社和当事人及家属进行观点交锋，理性和非理性声音杂陈，把新闻报道推向更高的层面，"将'公众同情'询唤了出来，让市民不仅是简单地聚集起来'观看'或者说理性地认知事件，而是共同从纯感官层面上'感受'着它"[①]，以致读者同事件主人公共同悲愤，"感受"事件的真谛，部分读者走向更高层次的自觉，理性表达诉求和观点。该事件通过《时报》两个不同层级的报道，事件意义充分发掘出来，在读者中产生"涟漪效应"，传播效果显现，社会影响深远，通过搭建公共平台体现出《时报》的责任担当，所以，可以从两个不同层级考察该事件的影响和意义。

1. 满足民众消闲：翔实报道新闻事实

从"马振华情死事件"的整个报道过程看，前期以报道事实为主，后期以呈现观点为主。通过前四天的报道，人们对该事件的基本脉络已然清晰。首篇《女尸旁百余封信》是事件的总体报道，交代了事情发生的时间、地点、人物和案情基本情况，并客观呈现了事件场景。接下来连续三天的报道是记者通过新闻追踪形式从多个方面报道事件经过，陈述事实，少有议论，运用记者见闻、马汪之间的信件、血书手迹等客观、详细地报道事件。

第二天的报道以《情死——为了隔壁男子！》为题，通过刊登九封马汪之间的信件，从"通信……几种记号、血书……誓同生死、看戏……顿生疑窦、投江……发现秘密"四个方面详细报道了马汪相识、相恋、情变、溺毙过程；第三天的报道《浦江哀音——隔壁男子不死绝命书真相大白》同样

---

① 林郁沁：《施剑翘复仇案：民国时期公众同情的兴起与影响》，江苏人民出版社 2011 年版，第 14 页。

通过环环相扣的三个方面，即"一首诗……实行恋爱起端、戏院中……幽会……密谈、疑与别……乃成哀剧"，分别编织在七个小标题下，其中"马女士情夫之谈话"一节，记者通过对汪世昌的访谈，以曲折的情节和细节的力量把汪与马认识、交往、相恋、诀别、情死过程——交代，这一天的报道不但补充了马汪相恋详细过程，同时揭载了马振华的部分死因；第四天的报道《贞洁的马女士之血书 / 何为而死？压迫？自悔？》集中于马振华情死原因，以"念新潮流之旧观、处女非处女无问题"统领全篇，通过摘录马振华生前两天的马、汪之间的三封信件，针对马振华情死原因进一步释疑，并刊血书佐证马女士盟誓贞洁，作者没有倚靠议论手法，全凭客观陈述，由读者回答马振华情死是压迫还是自悔？

包天笑晚年曾回忆，《时报》"对于本埠社会新闻，特别注意，派了外勤，详细调查，尽情描写"①。金雄白更是典型的社会新闻采写高手，他把新闻写得腾挪跌宕，波澜起伏，以离奇曲折的情节使人读来跌宕起伏，又善于用词遣句之法调动读者的悲喜情感，提升了读者的阅读体验，好的新闻素材在他笔下，尽情描写，合理点染，可读性强，深深吸引读者。新闻心理学认为，人们内心存在猎奇心理，具有"窥私癖"和"偷窥欲"，通过社会新闻迎合读者，好奇心得到满足，"新闻欲"得到释放，社会新闻的消闲功能在读者中充分显现，不但提供了读者茶余饭后的谈资，而且抚慰了读者疲惫的身心。

值得称道的是，这类社会新闻不是仅仅停留于消闲层面，而是以此唤起人们对自身生存境遇的热切关注和对社会环境的理性思考。正因为前期报道翔实地呈现新闻事实，使读者周知事件详情，具有广泛讨论的基础，为后期报道在搭建公共讨论平台方面作了铺垫。

2. 媒体责任担当：搭建公共讨论平台

"五四"前后，百家争鸣之风日盛，我国从传统社会开始向现代社会转

---

① 包天笑:《报坛怪杰黄伯惠》,《大成》1984 年第 131 期。

型，通过报刊构筑"公共讨论平台"是推动社会转型的特殊手段。"马振华情死事件"发生于20世纪20年代，适逢新思想与旧道德之间的冲突与磨合，《时报》在该事件报道中利用编读互动方式呈现多种观点，引领讨论走向，在拓展公共讨论空间方面扮演了重要角色。《时报》选择性刊登不同观点的读者来信，使不同读者、相关部门以及马振华父亲三方观点互相交织，不同观点如同锅碗瓢盆相聚演奏出的多重交响，在观点碰撞中显明是非。在"马振华情死事件"连续追踪报道中，对"马振华之死"所呈现的观点基本分属于三派：一派把矛头对准汪世昌，一派指向转型社会，也有极少声音指向马振华本人，还有对马振华之死的意义给予褒扬，也有一些理性之声。

主流声音是把矛头指向汪世昌，大量读者尤其女性读者从感同身受的角度谴责汪世昌的虚伪与罪恶。22日刊出《一个不平者来函》信件，极力为马振华女士打抱不平，作者把马振华情死完全归罪于汪世昌，怪罪汪世昌的贞洁迷思，批评他被封建思想毒害已深，"他不晓得，处女在三十以后的情形变更不变更，就疑心起来，而解他疑惑的人竟是一个算命先生"，赞颂马振华"真是一个纯洁而多情的女子，她更处处能看到家庭的礼教，可见她必不是一个浮薄的人"。文中质问汪世昌，"既要猜疑，应当早早脱离，为什么要诱胁着她，使她失身于你，难道她的贞洁不贞洁，可以给你实地试验么？试验了贞的便要她，试验了不贞便不要她，这是何等的玩弄女子，何等的侮辱女子"，等马女士死后，汪世昌"说什么抱牌位做亲，什么纳妾等等话，用这些虚伪的手段来遮掩世人耳目"[1]。通过对比衬托，把汪世昌的虚伪本质暴露无遗，对他的行径大加挞伐。

23日刊载了《被污辱的女子来函》《又一个不平者来函》《赵叔豪君来函》《边光远君的来函》及《四区党部之宣言》五封信函，矛头全部对准汪世昌。在《被污辱的女子来函》中，该女子劈头盖脑一顿批："好一个侮辱女子的

---

[1] 《血与泪——马女士父赶到汪世昌今日出走／白衣送丧，行人叹息》，《时报》1928年3月22日。

汪世昌哟，你对于马振华女士的爱的目的，原是在于肉欲，在于她的处女膜的。……进而用强奸式手段破洁她的节操，那时你满足肉欲和冲破处女膜的目的达到了，就想把她抛弃，……哼，马女士就生生被你杀死"[1]。《又一个不平者来函》同样愤慨，"汪世昌一时性的冲动，用那付伪善者的、阴奸的手段诱骗女性，等到他最后的目的，就是她失身于他达到后，他就渐渐的疏忽她起来，嚇迫她和他脱离"，还呼吁对他进行惩罚，"中国的恋爱自由的习俗，是在萌芽初发的时代，汪世昌他干了这件事，使社会上许多人又要轻视恋爱自由了，汪世昌真是恋爱自由的罪人，我们应当惩罚他"[2]。《边光远君的来函》中边光远数落了汪世昌三点不是，即"马女士的贞洁与否，爱情上不生阻碍"、"汪世昌是国民军属下的职官，应有充分的新思想，不该听算命者一面胡言"、"在男女二方未正式结婚之前，不该有轨外行为，汪世昌在马女士前要求非礼已非一次"[3]。

另外，相关部门来函也把矛头指向汪世昌，当时上海中华妇女同志会曾就此事发表宣言："死马振华女士者，既非旧礼教思想之束缚，亦非旧家庭家长之阻梗，而实浮荡成性，狡狯无耻之拆白男子汪世昌也。……汪世昌诱惑马女士以后，复疑马女士为非贞，且竟退还情书，表示决绝，其人格之卑鄙，心术之狠毒，实已达于极点"[4]；23日的《四区党部之宣言》中，四区党部妇女部宣言称："汪世昌对于恋爱的态度，对于方死者生前与死后恋爱的心理，直可说是残杀女子的一个罪人。……希图肉欲的快感，终而假手于处女问题，置女士于死地，创出蹂躏女子的新纪元"，并呼吁，"苟任彼漏网

① 《浦江哀音之余波／各方对汪世昌无宽恕辞一个被侮辱的女子来函》，《时报》1928 年 3 月 23 日。

② 《浦江哀音之余波／各方对汪世昌无宽恕辞一个被侮辱的女子来函》，《时报》1928 年 3 月 23 日。

③ 《浦江哀音之余波／各方对汪世昌无宽恕辞一个被侮辱的女子来函》，《时报》1928 年 3 月 23 日。

④ 海青：《伤逝：对民国初年新女性形象的一种解读》，载《新史学第一卷·感觉图像叙事》，中华书局 2007 年版，第 81 页。

法外，公理何存？人道何在？凡吾各界应群起而攻之"①，要求严惩汪世昌之声坚决。

与之相反的是，有读者对马振华之死给予了正面评价。22 日《一个不平者来函》的信末赞颂马女士之死的意义，"马女士死了，他是很有价值的，很有节操的，他很可以全他马家的声誉的，很可以令人起敬的，……但是汪世昌如何？"②通过对比，辛辣嘲讽汪世昌的生存意义；23 日赵叔豪来函持同样观点："马振华女士是个贞烈——懂爱情真谛的女子，不幸的自杀，是他用情不慎的结果，而亦是她个人爱情的成功"③；后来该事件编成戏剧在民间演出，有研究者对马振华情死之价值给予充分肯定，"她这种有价值的毁灭，给人以启迪，有它深刻的社会意义。因为它是历史地真实地反映了近代中国妇女的解放斗争，从一个方面，揭示了争取男女平等的长期性和艰苦性"④，可见该事件影响溢出了事件本身边界，把事件意义提高到妇女解放及社会改造的高度。

一些人及马振华父亲则把马振华之死归因于守旧与落后的社会。女儿溺毙发生后，广大读者对汪世昌龇牙咧嘴，反倒是马振华父亲对他足够宽恕，他认为是社会戕害了其女儿。马振华的父亲马炎文对女儿的死作了这样一番评说："我女死矣，我女之死，可谓死于新文化旧道德相混之中，盖我女所受之文化系新，而新得不彻底，苟新得彻底，不致于死，所守之道德依旧，而旧得不彻底，苟旧得彻底，亦不致于死，而今新旧相混，遂酿此剧变"⑤。在 23 日的《浦江哀音之余波》中，开篇就申明报道"马振华情死案"之用

① 《浦江哀音之余波 / 各方对汪世昌无宽恕辞一个被侮辱的女子来函》，《时报》1928 年 3 月 23 日。

② 《血与泪——马女士父赶到汪世昌今日出走 / 白衣送丧，行人叹息》，《时报》1928 年 3 月 22 日。

③ 《浦江哀音之余波 / 各方对汪世昌无宽恕辞一个被侮辱的女子来函》，《时报》1928 年 3 月 23 日。

④ 姜恩：《萧军及其评剧〈马振华哀史〉》，《戏曲艺术》1985 年第 4 期。

⑤ 海青：《伤逝：对民国初年新女性形象的一种解读》，载《新史学第一卷·感觉图像叙事》，中华书局 2007 年版，第 80 页。

意，"此次时报因马振华女士与汪世昌一事，可以表现社会上新旧思想之冲突、婚姻问题，故从详载哉，以供讨论"①，也是从社会层面寻找原因。

与上述观点完全不同的是，社会上也有些许声音归溺毙之责于马振华本人。22 日刊载的《史虚白君来函》开门见山指出："马女士之死，死不得其所，智识所限也"，新思潮时代下的旧女性，受过新式教育，但又窠臼于旧道德、旧观念，可谓"戴着镣铐在跳舞"，既能感受新式舞蹈的时尚，却又受旧道德的羁绊，智识不高，迈不开步子，终因跳不出优美的舞姿来，最终在旧式道德的桎梏中无谓地失去生命，显然作者隐含责备马女士缺乏冲破封建藩篱的"智识"和勇气②。23 日刊登的《赵叔豪君来函》认为马振华"不幸的自杀，是他用情不慎的结果"③，正是"用情不慎"才是悲剧发生的原因之一，甚至还可说是主因，因为从马克思主义哲学观看，"内因是推动事物发展的第一位原因"。因此，不管将死因归于"智识所限"也好，"用情不慎"也罢，总之反映了马女士自身的某些人格缺陷。从这种角度来说，马振华情死就不能完全归罪于汪世昌一人身上，社会环境因素暂且不说，马女士自身存在的人格弱点不应忽视，在新旧思潮交替过程中，这种以牺牲为代价的社会现象则不可避免，因为在旧道德与新思想交替的转型时代，"一失足成千古恨"的传统恋爱观在惯性作用下拂之不去，当事恋人既有阔步向前的憧憬和动力，又时常摆脱不了旧观念的羁绊，旧礼教犹如鬼影牵扯他们前进的脚步，怎么也摆脱不掉传统的束缚。他们只是"在旧式小姐的身上，穿上一套新式的衣服，这正是现代的所谓'新女子'！……在 20 年代末的上海，

---

① 《浦江哀音之余波 / 各方对汪世昌无宽恕辞一个被侮辱的女子来函》，《时报》1928 年 3 月 23 日。

② 《血与泪——马女士父赶到汪世昌今日出走 / 白衣送丧，行人叹息》，《时报》1928 年 3 月 22 日。

③ 《浦江哀音之余波 / 各方对汪世昌无宽恕辞一个被侮辱的女子来函》，《时报》1928 年 3 月 23 日。

这样的女性已随处可见。"①

　　还有必要提及的是，读者中也出现过充满理性的声音。24 日《时报》刊载恽兰英女士来信，该信不同于先前的几封信件，它盛赞《时报》的责任意识，"记者足下连日披览贵报于汪马一段孽缘，披露详尽，织细靡遗，具见关怀社会，无任钦佩"。同时该女士有很强的忧患意识，适时提醒大家，"恋爱问题，近今高唱入云，打破旧礼教，盲从新学识，于是青年男女每陷于危境而不觉"。该信更为理性之处在于，她并没有不分青红皂白痛骂一通，而是呼吁先"研究"，理清事件脉络，使之"水落石出"、"分明是非"，在晓情明理的基础上再下决断。恽女士强调，"惟望吾女界同胞同起而研究之，务使此案水落石出分明是非，为死者雪恨，为女界吐气"，显然充满了几分理性。她还在文后自谦，"英虽不敏，窃愿效劳也，临楮无任悽懘，即颂著祺"②。可见，她在舆论沸腾之时写出充满理性的信件，实属可贵。当然这种信件是编辑精心挑选的，该报道最后附言，"按《时报》近日接到数百封信件，对汪世昌行为俱极愤懘，以篇幅有限，未能完全发表"③，刊登此封信足见编辑功力，说明报纸注意刊登多方观点，注重传媒讨论平台的搭建。

　　五四时期是新旧思潮涌动与纠葛的时期，旧思潮中夹杂着新思想，然而，"新"与"旧"标准含混，在纠结与博弈中迂回推进，传统社会陈旧观点根深蒂固，一时脱去"旧"的外衣也只能是痴心妄想。在这样的社会背景下，《时报》通过"马振华情死事件"介入新文化与旧礼教之争，可见该报搭建媒体公共讨论平台的尝试与用力。其实，《时报》的许多典型社会新闻都是沿着这种报道思路展开，如"刘海粟人体写生案"、"黄慧如、陆根荣主仆恋爱"等，通过报道同样提供了讨论话题和公共平台。

① 海青：《伤逝：对民国初年新女性形象的一种解读》，载《新史学第一卷·感觉图像叙事》，中华书局 2007 年版，第 86 页。

② 《浦江哀音案之余波 / 女界愤懘之一斑》，《时报》1928 年 3 月 24 日。

③ 《浦江哀音案之余波 / 女界愤懘之一斑》，《时报》1928 年 3 月 24 日。

第三节 狂欢与理性：独树一帜的体育新闻

民国初年，我国体育事业大发展，黄伯惠主持《时报》恰逢其时，后期《时报》见机转型，把体育新闻作为主攻内容之一。《时报》的体育报道多姿多彩，特别在体育赛事期间，《时报》及时提供的精神盛宴，极大地满足了普通民众和体育爱好者的新闻欲，同时期其他报刊难以望其项背。

一、《时报》体育新闻的发展轨迹

中国体育事业产生如同中国近代报刊诞生一样，不是从中国古老的内部产生，而是来自西方传教士的传入。晚清时期是我国近代体育事业起步与发展时期，"最先之传者不外是西洋传教士"，进入民国初年，"推进中国体育的原动力已渐渐由外人改为华人了，领导权也逐渐归回华人的手中"[①]。体育与媒体联姻促成体育新闻出现。"无论是《上海新报》《时报》《申报》中的体育报道，都是以西方传入的体育为主，虽然这时的体育消息与报道总量来比还是凤毛麟角，但随着印刷媒体大众化的到来，体育传播方式较以往出现了新的特征"[②]。有学者考证，《上海新报》在1863年开始频繁刊登有关马戏、杂记、戏法的内容，向中国介绍西洋马戏种种奇巧精妙，从此拉开了我国体育新闻报道的序幕。"体育事业虽随西洋文化传入，当局亦知倡导仿行，而产生球赛及运动会，然新闻与体育二者，均在襁褓时期，故遇有重大运动会，只就本外埠各版范围之末，酌登其事迹"[③]。显而易见，这时的体育新闻

---

① 谭邦杰：《中国报纸体育版之研究》，载方汉奇、王润泽主编：《中国人民大学图书馆藏燕京大学新闻系毕业论文汇编》（第三册），国家图书馆出版社2014年版，第13、17页。
② 刘斌：《体育新闻学》，中国传媒大学出版社2010年版，第21页。
③ 袁琮：《体育新闻》，载《申时电讯社创立十周年纪念特刊》，参见方汉奇、王润泽主编：《中国人民大学新闻学院稀见新闻史料汇编》（第十八册），国家图书馆出版社2012年版，第181页。

的地位无足轻重，版面小、新闻少是这一时期体育新闻的特点。

中华民国成立之初，《申报》《时报》上的体育新闻仍然没有受到重视。体育新闻地位是随"五四"新文化运动的兴起而逐渐提升，在科学与民主的旗帜下，一些人士开始用近代科学观点来研究和提倡体育，并借助报刊讨论有关体育的种种问题。进入 20 世纪 20 年代，体育新闻开始真正走进读者的心田，报纸也加大了报道力度。黄伯惠接办《时报》正是我国体育新闻受社会重视之时，读者逐渐对体育新闻产生兴趣，黄氏看准了这一点，把体育新闻作为《时报》的主攻内容之一，不但契合了社会和读者的需要，而且成就了后期《时报》走"黄色新闻"的路子。

20 世纪 20 年代是我国体育新闻大发展时期，"体育事业之被我国新闻界引为注意，始于第五届（1921 年——引者注）远东大会。时报、申报、新闻报、时事新报均先后加意于运动消息。……至第六届（1923 年——引者注）远东运动大会时，各报对于刊载体育新闻已有相当兴趣"[1]。从 20 年代开始，我国各大型报刊都比较重视体育报道，"《申报》对全运会的报道自 1924 年正式开始，对此前的 1910 年的全运会，《申报》都没有只字报道。对 1914 年的全国运动大会有 4 篇报道，每篇报道不过 100 余字，内容非常简单"[2]。《时报》比《申报》要胜一筹，黄伯惠抓住机遇把体育新闻作为其获得读者的有力杠杆之一。

早期的上海报纸并不刊载体育新闻，"其后上海逐渐有体育活动，报上才略有一点体育消息"[3]。《时报》和清末民初上海的其他大报一样，早期也很少有体育新闻，进入黄伯惠经营时期，适逢我国体育事业蓬勃发展，体育新闻逐渐重视起来。在黄氏接办之初，体育新闻并没有被即刻重视起来。从

---

[1] 袁琮:《体育新闻》，载《申时电讯社创立十周年纪念特刊》，参见方汉奇、王润泽主编:《中国人民大学新闻学院稀见新闻史料汇编》(第十八册)，国家图书馆出版社 2012 年版，第 182 页。

[2] 肖鸿波:《〈申报〉(1872—1949)体育报道研究》，复旦大学出版社 2013 年版，第 79 页。

[3] 谭邦杰:《中国报纸体育版之研究》，载方汉奇、王润泽主编:《中国人民大学图书馆藏燕京大学新闻系毕业论文汇编》(第三册)，国家图书馆出版社 2014 年版，第 91 页。

接办初期的《时报》版面来看，当时采用混合编辑法，体育新闻零星点缀在其他新闻中，既无固定栏目，也无固定版面。当然，这样处理体育新闻有报馆自己的考虑，首先是刊登比较自由，没有即不登或少登，体育新闻素材丰富就多刊登；二来版面编排处理灵活，可随体育新闻重要程度安排版面。

自 1923 年开始，在大型体育赛事期间，《时报》开始出现"体育栏"专载体育新闻，是年的第六届远东运动会期间，在第三版交替辟有"远东运动会消息"和"体育栏"，体育消息集纳编排，同时开设"言论"栏对运动会进行评论。但平素仍无体育专栏，体育新闻尚散见于其他新闻之中，主要刊登于本地新闻栏目内，体育新闻数量少，栏目不固定，而且多限于本地体育报道。到 1925 年 2 月初前后，《时报》上有固定版面刊载体育新闻，即在第四版的本埠新闻栏内固定位置刊出体育消息，有时在《小时报》内也刊有体育新闻，说明体育新闻开始在《时报》固定版位有规律出现，但还没有以合版或体育版的形式大量刊登体育消息，这一时期，"《时报》原没有独立的体育版，也没有教育和体育的合版"①。应引起注意的是，这一时期体育记者在我国报坛上开始萌生，由兼职进入专职，"随着体育栏的设立，体育记者也随之出现。起初体育记者多为兼职，直到第八届远东运动会（1927 年）时，开始有专职体育记者，到 40 年代，专职体育记者已达二十余人"②。

"当第八届（1927 年——引者注）远东运动会时，体育新闻方步入发达途径"③。自此，《时报》在版面编辑方面作了很大调整，从混合编辑法改为分列编辑法，《时报》的版面主要设有"国内记载"、"国际记载"、"上海记载"与"教育界消息"（后更名"教育记载"），在"教育记载"内几乎长期设有"体育"专栏，初期每日基本都有一二栏的体育新闻刊出，后来增加到

① 谭邦杰:《中国报纸体育版之研究》，载方汉奇、王润泽主编:《中国人民大学图书馆藏燕京大学新闻系毕业论文汇编》（第三册），国家图书馆出版社 2014 年版，第 90 页。
② 王敏:《上海报人社会生活（1872—1949）》，上海辞书出版社 2008 年版，第 180 页。
③ 袁琮:《体育新闻》，载《申时电讯社创立十周年纪念特刊》，参见方汉奇、王润泽主编:《中国人民大学新闻学院稀见新闻史料汇编》（第十八册），国家图书馆出版社 2012 年版，第 182 页。

三四栏。《时报》把体育新闻归在教育记者栏内，一是由于早期我国体育事业是以学校为主，社会上并不重视体育，从传统上自然归入教育栏内；一是由于我国人才培养是德智体不分，把体育列于教育栏目内实属正常。当时《申报》的体育新闻也是刊载于教育新闻栏内，"体育版正式的脱离教育版，是民国廿三年间的事，'体育新闻'和'教育新闻'虽仍同处于一页中，但两者的编辑工作是互相独立的"①，可见《申报》的体育新闻留驻教育版内很长时间。《时报》的体育新闻从教育栏内分离出来比《申报》早，自1928年后《时报》专设"体育记载"栏，与"教育记载"合版，而且编排在"教育记载"之前，体育新闻的地位大为凸显。至1929年，《时报》的分列编辑法又取消了，回到从前的混合编辑法，但体育新闻的地位没有削弱，常以多栏集纳形式独立编排，少则半版，多则整版，重大赛事则更多，体育新闻数量和版面位置都占有优势。这种势头维持多年未变，直到1937年的太平洋战争爆发，体育新闻在《时报》的地位急剧衰落，体育消息很少，平时几乎以大量的战事消息和杂碎的社会新闻充斥版面，偶尔在重大体育赛事时方增加体育新闻比重。

值得一提的是，《时报》对大型体育赛事一向重视，并大动干戈加强报道，如世界运动会、远东运动会、全国运动会、省级运动会与埠际体育比赛等，而且报道周期长，不但赛事之前提前预热宣传，而且比赛期间以"特刊"形式开辟大型体育专版，并动用大量人力物力参与新闻竞争。文字报道绘声绘色，图片新闻现场感强，还频出新招提高新闻时效和发行速度，以图文并茂的体育新闻赢得读者青睐。在赛事期间，《时报》还适时推出《图画时报》，选登大量优美、生动且极具现场感的体育图片，不仅悦目，而且值得珍藏，以致《时报》的体育报道和图片在社会上颇获好感。

总之，黄氏时期《时报》的体育新闻是逐步发展起来的，从杂陈于报端

---

① 谭邦杰：《中国报纸体育版之研究》，载方汉奇、王润泽主编：《中国人民大学图书馆藏燕京大学新闻系毕业论文汇编》（第三册），国家图书馆出版社2014年版，第67页。

到体育与教育合版再到体育版的开辟，体育新闻从属地位进阶到主导地位。据老报人徐铸成回忆，"至于体育新闻，那是1932年左右在上海举行的全国运动会引起了高潮"①，《时报》体育新闻优势一时凸显，大型体育赛事更使得《时报》地位显赫，其他大报则望尘莫及。

二、《时报》体育新闻的传播内容及采写特色

《时报》记者采写的体育新闻独占鳌头，在当时报坛大放异彩，"那时《时报》对于此项消息，无可否认为各报之冠"②。《时报》体育新闻的成功取决于两大主要原因，首先是黄伯惠接办《时报》适逢我国体育事业大发展，为体育新闻发展带来难得的机遇；另一个重要因素是得力于《时报》以高薪聘请高素质体育记者，他们采写新闻能力较强，体育报道生动、传神。滕树谷是《时报》杰出的体育记者，他不但深谙记者之道，而且"和南北体坛人士多稔熟"③，在1932年以后的《时报》版面上时常能见到他的名字。金雄白回忆："在临时记者中一位因投稿而被聘的滕树谷，他吊儿郎当的文笔，匪夷所思的评论，颇得读者的欢迎。"④汪剑鸣也是《时报》一名体育记者，"职是之故，民国十九年因踢球而得到职业矣。初入大美晚报，继入华东总社，现又供职于时报体育编辑部"。体育记者自然要对体育充满热情，对专业要求也高于其它普通记者，汪剑鸣从小对体育就很有兴趣，"我束发读书时，即嗜运动如第二生命，书本课作之外，均鬼混于球房径赛道中"⑤，后来体育成为他的职业和谋生手段。

纵观《时报》体育新闻版面内容，其报道涉及各类体育活动，包括田径

---

① 徐铸成：《报海旧闻》，生活·读书·新知三联书店2010年版，第24页。
② 金雄白：《记者生涯五十年》（上），台湾跃升文化事业有限公司1988年版，第116页。
③ 童轩苏：《奇人黄伯惠·南北画报潮》，《传记文学》1970年第17卷第1期。
④ 金雄白：《记者生涯五十年》（上），台湾跃升文化事业有限公司1988年版，第116页。
⑤ 汪剑鸣：《一个体育记者的自白》，载王文彬编：《报人之路》，三江书店1938年版，第215页。

运动、赛马博彩、球类比赛、溜冰滑雪及各大型运动会等。针对这些活动，记者抓住比赛前后、赛场内外进行全方位报道，既有赛前预热与开幕和闭幕报道，又有赛场风姿速写，还有场外花絮素描，体育明星特写以及观众百态呈现等。大体看来，《时报》的体育新闻涵盖以下内容。

（一）推出程式化报道

《时报》的体育新闻有一些是关于体育比赛的开幕、闭幕、通知、赛程安排以及体育相关事项等程式化报道。每当体育赛事即将拉开帷幕，其后伴随运动开展，体育记者免不了先做预热报道，然后紧接着推出程式报道，尤其是重大体育赛事都有隆重的开幕式、闭幕式，比赛期间的各类比赛项目的赛程、场次、人员安排，一些有关体育比赛的预告、通知或比赛结果公告，以及相关体育协会的会员招募等。

适逢世界运动会、远东运动会、全国运动会、省运会与埠际联谊赛等大赛举行，《时报》都有开幕、闭幕报道。第十届世界运动大会于 1932 年 7 月底在美国洛杉矶开幕，《时报》记者采写了《开幕礼庄严隆重》[①] 的报道，并加上辅题《十万五千人看得呆了 / 国旗共白鸽齐飞　音乐与欢呼合奏》和下辅题《刘长春单刀赴会侨胞组应援团》，以多行题形式，用大篇幅详细报道了开幕式盛况，使无法来到现场的读者能从报道中深切感受到开幕的现场气氛。再如上海市第四届运动会于 1936 年 10 月 22 日开幕，翌日，《时报》刊出《市运晚一点行礼冷培根代众宣誓 / 东亚持志称霸》的开幕报道，"第四届全市运动会昨晨十时起在市中心区体育场开幕，行礼如仪后，先绕场一周，各就场中预定地位，举行升旗，次有会长潘公展致开幕词，市党部代表林美衍演说毕，全体选手举行宣誓，旋即礼成，开始运动"[②]，报道对开幕式的场景客观呈现，读者如同在现场目睹开幕式盛况。

《时报》对体育赛事的闭幕也常推出报道，1933 年第五届全国运动会的

---

① 《开幕礼庄严隆重》，《时报》1932 年 7 月 31 日。

② 《市运晚一点行礼冷培根代众宣誓 / 东亚持志称霸》，《时报》1936 年 10 月 23 日。

闭幕报道《庄严肃穆景象不殊双十日 / 全运会宣告闭幕 / 健儿别矣！勿忘来年的远东》①，报道了闭幕现场的庄严气氛，既总结了本届运动会的成绩和不足，同时又对运动会给予展望，使读者充满期待。此次运动闭幕后，《时报》还作了延续性报道，捕捉到运动会结束后上海队凯旋的欢庆场景，对此采写了《包办全国会男女总锦标之……上海选手团奏凯旋沪 / 今午市当局在中心区设宴劳军》②，报道客观呈现了队员的喜悦心情和热烈的现场气氛，读者读后犹如沐浴在现场喜悦之中。

　　《时报》对体育比赛的预告、赛程、结果等环节都不缺报道。针对 1930 年的一场排球比赛采写了新闻《排球会明天开赛 / 参加者男女十一队》，这则预告性新闻向读者报道："江苏省立公共体育场，最近发起首都排球联合会，计分男子组女子组，男子组又分甲乙两部。……该会定于本月二十四日开赛，预计六月三日可以结束，兹将全部秩序采录于后"③，事先让读者明了比赛秩序，以方便读者根据喜好安排出行和随时追踪新闻报道。《时报》的预测性体育新闻报道也很解渴，1936 年第十一届世界运动会前夕，《时报》适时刊出《天下英雄在眼中 / 世运优绩测验表》对历届世运会上各比赛项目的世界纪录的情况，包括破纪录成绩、运动员和时间一一用表格列出，并科学预测本届赛事的成绩和结果，直观清晰，不但使读者增长了见识，而且使读者在比赛期间方便对照。对比赛结果的公布是《时报》的惯常报道，在体育赛事期间俯拾皆是，如《苏格兰与葡萄牙之球讯 / 二与二……无胜负》④、《津沪再战难解难分奋斗到底天津获胜》⑤、《港沪西捕埠际赛 / 三对一……沪胜》⑥ 等，都是用精炼的文字把比赛经过和结果简明扼要地报告给读者。此

① 《庄严肃穆景象不殊双十日 / 全运会宣告闭幕》，《时报》1933 年 10 月 21 日。

② 《包办全国会男女总锦标之……上海选手团奏凯旋沪 / 今午市当局在中心区设宴劳军》，《时报》1933 年 10 月 21 日。

③ 《排球会明天开赛 / 参加者男女十一队》，《时报》1930 年 5 月 30 日。

④ 道胜：《苏格兰与葡萄牙之球讯 / 二与二……无胜负》，《时报》1925 年 2 月 22 日。

⑤ 《津沪再战难解难分奋斗到底天津获胜》，《时报》1928 年 12 月 30 日。

⑥ 《港沪西捕埠际赛 / 三对一……沪胜》，《时报》1929 年 3 月 7 日。

外，各类体育协会招募会员往往也是程式报道的一部分，如《中华体育会征求会员》①，以广告的形式向社会征求会员。

（二）直击赛场风姿

比赛场上形形色色的竞技活动是《时报》体育新闻报道的重头戏，是各路新闻记者尽力捕捉的新闻素材。《时报》没有放过每次体育比赛的宝贵时机，加大人力和物力的投入，以第一时间采写现场报道，传递赛场境况和场内气氛。曾有人撰文指出，体育记者尽力做到"有闻必录"、"消息翔实"，特别应持公平公正之原则，"不容有丝毫偏激袒护之举，更不宜因友谊关系，代为吹嘘或抹煞。应抱定公正目光，综双方正确事实，公布于世"②。这要求记者敏锐观察，善于捕捉有兴味的体育素材，以公允之心客观描写现场气氛，而且尤其注意运动员的姿势和技术，用生动传神、准确到位的文字报道出来，让读者读后难以忘怀。以球类比赛为例，供职于《时报》体育部的汪剑鸣就曾指出："球迷最喜读油腔滑调之文章，体育记者为应和群众心理起见，遂不得不将兴奋热烈之材料，以生动趣味之手腕出之，盖有若干球迷当时无暇参观比赛，次日阅报亦须过瘾也"③。

《时报》上许多报道细腻传神地展示赛场风云，读后让人赞不绝口。如《青光对战胜匹剌堡／四十九与三十三之比匹剌堡今午离沪北上》④这则新闻，报道了篮球场上双方队员叱咤风云的比赛场景，让读者如临其境。请看报道：

前半时开球后，双方逐球进退，均见勇健，先因匹剌堡犯规，被伍

---

① 《中华体育会征求会员》，《时报》1928年9月5日。
② 袁琮：《体育新闻》，载《申时电讯社创立十周年纪念特刊》，参见方汉奇、王润泽主编：《中国人民大学新闻学院稀见新闻史料汇编》（第十八册），国家图书馆出版社2012年版，第183页。
③ 汪剑鸣：《一个体育记者的自白》，载王文彬编：《报人之路》，三江书店1938年版，第217页。
④ 《青光对战胜匹剌堡／四十九与三十三之比匹剌堡今午离沪北上》，《时报》1928年9月4日。

纯武罚得一分，纪录即开，董小培即加上一球，匹队反攻，由哈姆捣入一球，其后青光董小培与匹剌堡哈雷又相继中的，成五比四之比，青光占先一分，竞争至为激烈。嗣后青光扶摇直上，势如破竹，谈达骥两发两中，董小培屡次奏效，而匹队则渐见不支，前念分钟毕，青光以二十九对十居上风。

后半时青光李大宸徐克培退出，由黄希恕陈华骆替补入场，匹队球势于是大见转机，分数继长增高，而尤以中锋华尔许与右锋哈雷二氏最为得力，计后半场匹剌堡得二十三分，青光得二十分，总计为四十九与三十三之比，胜利仍属青光……

这则消息用词精炼、准确，寥寥数语把现场气氛和队员高超竞技淋漓尽致地表现出来，使读者如同置身于现场屏息观战的情境当中。再如 1933 年在南京举行的第五届全运会上那场沪港足球对决赛，比赛扣人心弦，记者报道现场情景清晰可见，"大战开始，上海居南向北，首先开球，罗海光正拟带球前进，港队忽遭犯规，由徐亚辉主踢，球成曲线，向门而去，李义臣飞奔到门前，用头轻轻一顶，门守林天灿竟双手扑空，由下入大门，此球之失，离开赛未一分钟也。港队健儿睹此情形，气愤填胸。黄美顺东驰西骋，指挥进攻，沪队李江二卫，一恃猛勇，一恃镇静，各显能手，频频救出险球。黄顺美曾以看家本领力射沪门，周贤言迎上前去，卧地接住，待敌人向前冲来，彼乃一个转身，抛出炸弹，台上观众，无不大声叫好，真是福无双全，祸不单行，港五锋倏忽又来打门，周铁门一手一拳，连敬三记，吓煞一班观众，气煞香港战士。铁门乎！铁门乎！叹观止矣"[1]。同样，1935 年全运会前夕在上海举行的一场网球表演赛，赛场风姿描绘得活灵活现，"益以谭梁二将作左右辅，愈见拱云托月，尽金汤鞏固之奇，中卫线三将，各具身

---

[1] 《足球两幕血战／惊涛骇浪忧喜交并》，《时报》1933 年 10 月 18 日。

手，演出奇佳，抢、劫、输、送，'稳重大方，老练得当'，皆被君占尽"①，新闻中一连串动词准确再现了比赛场景，读后无不称快。

与球类勇猛的对抗赛不同，游泳比赛是以柔美身姿和利索动作获得观众目光。在第五届全国运动会的男、女五十米游泳比赛中，《时报》记者分别对男子和女子夺冠作了生动的报道。在陈振兴的男子夺冠赛上，"发令员试放一枪，九位水上英雄入水，手舞足蹈，各不相让。十米时，轩轾难分，及三十五米，陈显颜色，陈梁奋力追，徐亨获殿军"②，选手们鱼跃琼池，争先恐后的比赛场景热闹非凡，报道客观、生动，现场感强。针对杨秀琼奋力夺女冠比赛，记者同样写出了激烈的比赛场景，在同栏报道中，记者用词男女有别，"铃声一响，鱼跃于池，一路领头，于鱼随系追逐，望波莫及，粤杨焕锦抢得之军，其余单位未能上名"③，运动员在游泳池中娴熟、敏捷的动作跃然纸上，是一篇优秀的现场目击记。再看第六届全运会游泳赛的场景，在女子五十公尺自由泳赛中，杨秀琼失利于刘桂珍，而在之后的女子一百公尺自由泳决赛中，杨秀琼力翻前赛而斩获冠军，并破全国及远东运动会纪录。请看报道：

> 铃声响后，同跃水中，各逞其能，拼命争先。当起泳之初，占先前者为陈焕琼，泳在十五公尺时，刘桂珍冲刺而上，夺陈之席，继其后者则为杨秀琼，泳至五十公尺时，刘桂珍始终保持先前之地位，即双手拍岸边时，杨犹在刘后，陈焕琼次之。讵杨以敏捷之转身，刹那一翻，用足力挺，状如鲇鱼，悠然而出，其捷如箭之去弦，冠抬侪辈。而杨之泳时，手不高举，薄水而找，足不高击，踏波而泳，姿势甚美，而尾后之波，似他人之水花飞扬也。刘桂珍之转身敏捷处，稍逊于杨，纵然奋力

① 《真像快刀斩乱麻／李惠堂英武不见当年》，《时报》1935 年 10 月 7 日。

② 《男五十米自由决赛／陈振兴得第一》，《时报》1933 年 10 月 18 日。

③ 《女五十米自由决赛／杨秀琼获冠军》，《时报》1933 年 10 月 18 日。

相竞，终以数寸之差，屈居亚军。①

记者现场采写的这则《杨秀琼向刘桂珍翻本》竞技新闻实属激战实况，队员拼尽全力，你追我赶，比赛场景异常激烈，全篇精彩绝伦，记者观察入微，颇现采写功力。

（三）塑造体育明星

在中国体育史上，"运动员"这一称谓是伴随近代运动会的发展而出现的，而《时报》对"运动员"和"体育明星"的塑造功不可没。据考证，《时报》于1910年以"运动员"一词称呼运动会的女性表演者，是最早使用这一称谓的报刊②。"体育明星"的出现是在体育事业发展到一定程度，民众对体育有了认知和接受，运动员杰出的表现博得他们的赞扬和喜爱，明星地位擢升，甚至赠予其优雅的称呼或亲昵的绰号，如"跳王"、"球王"、"蛙王"、"跑王"、"运动家"、"美人鱼"等都是对一批出色运动员的雅称，他们被冠于这些雅号，表明他们的优异成绩和出色表现得到国民的高度认可，获得大家的喜爱和信赖，深受民众欢迎，在读者中有很高的美誉度，逐渐成为民众推崇的偶像。社会对体育明星的接受和追捧与《时报》的体育报道关系密切，以雅称或绰号冠名运动员首创于该报，"体育健将往往被冠以绰号，如游泳女将杨秀琼绰号'美人鱼'，就是出自《时报》"③。除了杨秀琼外，刘长春、孙桂云、吴梅仙、钱行素、李森、李惠堂、梁詠娴等都是那个时代赫赫有名的体育明星。

1930年，第四届全国运动会在杭州举行，是国民政府成立后的第一次全国运动大会。"这一次全运会，产生了许多运动明星，如短跑刘长春，撑杆跳符宝庐，十项张龄佳，这些体坛健将，后来多被选充参加一九三六年在

---

① 《失之东隅收之桑榆 / 杨秀琼向刘桂珍翻本 / 一百公尺又破全国及远东》，《时报》1935年10月19日。
② 《常州通信》，《时报》1910年11月23日。
③ 袁义勤：《黄伯惠与〈时报〉》，《新闻大学》1995年第2期。

柏林举行的世运会"①。刘长春的"辽宁怪杰"明星形象从此次运动会的男子百米预赛开始形成，《时报》在赛后第一时间以粗黑大标题《刘长春惊人表演》报道了刘长春的预赛表现，"预赛共分八组，其最令人注意者即第一组预赛中之刘长春，实有令人惊讶不止"，记者仔细观察刘长春赛跑的惊人动作，起步最迟的他却一路拼进，连生奇迹，终因领先其他选手而获胜，"盖第一组出发时，刘君最迟，至五十米时，刘君仍在人后，约二米有奇，正在吾人失望之际，忽见刘君牙齿一咬，直向前冲，其步如飞，至终点已在前面约有四米之遥，实非易易也"②。复赛时他仍以该组第一名而进入决赛，决赛中表现不凡，"刘长春与蒋鹏发脚最迟，一路追随，……但刘长春后劲极强，不肯放松，拼命追赶，至终点时，……刘长春上身向前略倾，以次刘长春获得第一"③。尔后的二百米和四百米赛跑中，刘长春一路凯歌，他把男子短跑所有冠军包揽一身，《时报》在他比赛期间连续以文字配图片报道了他的角逐事迹，尤其在二百米决赛报道中称其为"怪杰"④，自此声名鹊起。

更为甚者，在1932年的第十届世界运动会上，刘长春是中国唯一选手踏入国际体坛参赛，《时报》欢欣鼓舞，在开幕式新闻中以《开幕礼庄严隆重/刘长春单刀赴会侨胞组应援团》⑤作了特别报道。次日，记者对这位"天之娇子"倍受国人欢迎作如此报道，"身负全华与望之中国唯一选手刘长春君，大抵因船之关系于开会或举行之刹那，始与宋君复君，同乘汽车由警官护卫，于群集之中，驰入亚林匹克村，华侨之应援团，分乘汽车五辆，鼓掌喝彩，表示欢迎"⑥。同日《时报》对刘长春的隆重出场作了详细报道，"今日开幕，最引人注意之一事，即为中国代表刘长春，能与其指导员宋君复乘汽车及时赶到列席。刘君等到场时，有警察多人，乘机器脚踏车为其护卫，

---

① 童轩荪：《奇人黄伯惠·南北画报潮》，《传记文学》1970年第17卷第1期。

② 《刘长春惊人表演》，《时报》1930年4月2日。

③ 《男女田径细描》，《时报》1930年4月4日。

④ 《男子田径细描/怪杰刘长春》，《时报》1930年4月5日。

⑤ 《开幕礼庄严隆重/刘长春单刀赴会侨胞组应援团》，《时报》1932年7月31日。

⑥ 《天之娇子》，《时报》1932年8月1日。

其后并有汽车五辆，满载中国人，该刘君之拥护人也"①，气势可谓宏大，刘长春的明星地位可见一斑。

杨秀琼被誉为"美人鱼"是得力于《时报》倾力报道而塑造的明星形象。第五届全运会于 1933 年在南京召开，在游泳比赛的第一天，《时报》以大字标题《美人鱼翻江鼠各逞绝技／几乎惊动了东海龙王》报道杨秀琼的游泳赛况，并配发其照片。在报道这次女子百米仰泳预赛时，客观报道"美人鱼居首位，抛梁约十米"，女子五十米预赛，"港美人鱼杨秀琼姿势美妙"②，在第二天的女子游泳夺冠现场报道中，"游泳池人山人海，皆为慕标准美人鱼小姐而来"③，最终她以出色的表现获得游泳冠军。不但《时报》以大量篇幅报道了她屡创佳绩，而且成为摄影师的新宠，《时报》摄影记者以巨幅照片展示她动人的"美人鱼"形象，杨秀琼自此名声大振，成为妇孺皆知的体育明星。此后，杨秀琼的"美人鱼"形象还跃出了国界，一度成为国外媒体和摄影师的追随目标，她于 1936 年参加在柏林举行的第十一届世运会时，"杨秀琼在世运会未获分，但德国杂志以女士做封面"④，她的体育明星形象得到国内外的认可。

李惠堂的"球王"形象同样得益于《时报》的报道。1935 年全运会前夕举行了一场足球训练赛，《时报》把李惠堂誉为"球王"，记者采写新闻《真像快刀斩乱麻／李惠堂英武不减当年》开篇直言："'不见球王神技，五易寒暑矣'，凡我球国人民，莫不梦寐思者也"，民众对李惠堂的球技充满期待。记者以小说笔法，把运动员比作战场上的骁将，"苟以三年前之西捕与香港雄狮相抗，则犹可说，若以今日之西捕以之国竿头日上之南华，不啻以卵击石，其不弃甲曳兵，一败涂地者，老球迷虽死亦不肯置信也"⑤。运动

---

① 《刘长春光荣赴会／独居小屋屋顶高悬国徽》，《时报》1932 年 8 月 1 日。

② 《美人鱼翻江鼠各逞绝技／几乎惊动了东海龙王》，《时报》1933 年 10 月 17 日。

③ 《女五十米自由决赛／杨秀琼获冠军》，《时报》1933 年 10 月 18 日。

④ 参见《时报》1936 年 8 月 22 日。

⑤ 《真像快刀斩乱麻／李惠堂英武不减当年》，《时报》1935 年 10 月 7 日。

会开幕后，在香港对安徽的足球赛中，球王独中八球更是让读者刮目相看，
"开球后，球王领军进攻，皖方实力悬殊，绝难抵抗……。球王球王连珠炮
发，迭陷两城……。混战俄顷，球王又显神技，玩皖门于掌上，迭在后卫界
内轻取两球……"①，球王在球迷心目中的地位大增，明星形象便树立起来。

　　在大型赛事期间，《时报》侧写了众多体育明星。在第六届全运会来临
之际，各路运动员赛前加紧训练，游泳运动员也下水一试身手，《时报》记
者采写了《詠娴原是伟生胞妹 / 昨赛蛙王同时下水》②一文，塑造出游泳运
动员梁詠娴的"蛙王"形象；《时报》誉李森为"女跑王"，记者在女子短跑
现场仔细观察，侧写李森的短跑形象，"女跑王李森，二百公尺决赛时压倒
小钱，并创造全赛新纪录，一时摄影记者十余人，包围李森，要求拍照"③，
塑造出李森既可敬又可亲的明星形象；此外，为迎接第六届全运会，粤全运
足球队抵沪训练，记者采写的新闻为《何家强已到上海 / 四骑士仍为粤省
出马》④，标题直称足球队员为"骑士"。诸如此类，不一而足。以上这些运
动明星通过《时报》的塑造和传播，形象可人，地位甚高。

　　（四）摄取场内外花絮

　　体育记者把注意力聚焦于赛场风云，从多角度报道各类体育比赛活动，
凸显赛场风姿，确为必要，但也不能忽视场内外的其他场景，这里往往能捕
捉到较高新闻价值的体育花絮。对广大读者而言，他们不仅关注运动员在运
动场上叱咤风云的那一刻，而且对在场内外的各种动向充满好奇，像主席
台、看台、场内、场边、场外等地有看点的花絮也充满兴趣。王文彬谈及体
育新闻花絮的重要性指出，"搜集记述会场趣味的事实，作写花絮的材料。
或访问各健儿，各领队，亦可得绝好的新闻材料。……每次运动会期内，各

---

① 《十九对港大胜皖 / 李球王独中八球》，《时报》1935 年 10 月 15 日。

② 《詠娴原是伟生胞妹 / 昨赛蛙王同时下水》，《时报》1935 年 10 月 7 日。

③ 《零零碎碎》，《时报》1935 年 10 月 16 日。

④ 《何家强已到上海 / 四骑士仍为粤省出马》，《时报》1935 年 10 月 7 日。

报竞争的焦点，即属于此项特别风趣的材料，不可不努力搜集也"①。《时报》照顾到了这两方面，不仅花大力气报道比赛场景，而且对报道运动员离场之后的场内外情形紧跟追随报道。《时报》在大型赛事期间大都设有《花絮》《花花絮絮》《巡礼》《快镜》《零零碎碎》等栏目，通过文字和镜头专门摄取场内外的各种花絮，及时采摄这类轻松而有情趣的趣闻轶事，读后清新扑鼻，凉透心脾，带来异样的感受。

记者正面写运动员们在竞技场上顽强拼搏、奋勇争先的比赛场景，读者看得精彩而刺激，但神情紧张，所以记者还可以摆脱把赛场当战场的正面写法，抓取场内花絮来侧写他们的现场竞技，同样能达到较好的传播效果，而且读来还别有一番风味。1936 年 5 月在上海举行的中校联运会上，记者另辟蹊径，从运动员比赛时"笑"的视角抓取了赛场中跳高选手冯蕙芳的赛中姿态，"女子跳高一项，举行时笑料百出，观众时时展颜，爱国冯蕙芳，若善笑之'婴宁'，虽在金鼓声中，依然憨笑不绝，追越竿时，使竭力遏止笑容，看客每因彼笑，从而笑之，于是乎笑声或息或纵，不绝如缕"。同日，记者也通过侧写运动员之"笑"来报道标枪选手仇美玉的比赛姿态，"仇美玉亦为一善笑姑娘，掷标枪时，笑得更是厉害。计分执枪时媚然一笑，起步时回眸一笑，挪出时低头一笑，于是当时即有人说，仇小姐'一掷三笑，媚态万方'"②，通过选手的笑态举止把人物形象刻画得惟妙惟肖，读后让人忍俊不禁。此类花絮视角独特，在轻松愉悦中感受赛场的比赛氛围。

比赛获得胜利诚然可敬，但失败则是兵家常事，如何叙写赛场上选手的成功喜悦与失败心情，记者容易落入报道窠臼，也是体育记者较难处理的常见问题。高明的记者同样通过采撷有特色的花絮镜头，捕捉他们胜利或失败后的行为举止来表现他们细腻、复杂的心情，以他们个性化行为表现他们的性格特征，使新闻具有人情味，也更有可读性。第六届全运会上一则关于运

---

① 王文彬编著:《采访讲话》，三江书店 1938 年版，第 27、28 页。
② 《花花絮絮》，《时报》1936 年 5 月 24 日。

动员获胜的消息就是通过花絮形式呈现出来的，记者这样写梁韶森的喜悦之情，"掷垒球选手梁韶森，昨天两度超出全国纪录，欢喜得来连跳带纵的向前方去看纪录，共有二次"①。记者把捕捉的焦点集中在梁韶森获胜后的个性动作上，即"两次"前去看纪录时"连跳带纵"这一行为举止，无需多言，喜悦之情自然流露于外。同样，记者对运动员的失败更难处理，也可通过花絮形式作客观报道。在第六届全运会的女子五十公尺自由泳赛中，杨秀琼失去冠军宝座，记者观察入微，细腻呈现杨秀琼的赛后表情，"女子五十公尺自由式决赛，杨秀琼到达终点，起初还不知道冠军一席已被刘桂珍占去了，所以立岸边水中，默尔黯然，玉容失色，上岸之后，用手掩住其面，好像在那儿淌泪了"②，她的沮丧心情通过无声的动作显示出来。

　　运动员的场上和场外形象往往落差很大，记者捕捉场外花絮及时报道，较易拉近运动员与读者的距离。例如一则关于第五届全运会的场外花絮，记者客观观察、记录了运动员在场外的日常生活，展示了他们赛场风姿的另一面，"英雄钱行素，午饭后与董叔昭并肩而行，谈笑自若，注意者颇多"③，运动员走进日常的生活里，读者颇为好奇，此时顿感亲近。另一则花絮也颇有亲近感，"北平小姐萧美真服务南京铁道部后，仍从事运动，此次代表南京排球队，行将见其大出风头，萧小姐是日在场大拍其照，笑语记者，你来一个表情，给你拍一张照，记者如命，当时来一个哭的表情，大概对于这个大会有点苦闷"④，报道中运动员娴雅风姿尽显，她们在赛场外的幽默与轻松跃然纸上。

　　第六届全运会期间，上海国货工厂联合发起招待全运女选手茶会，选手们脱去竞技的紧张，轻松自若地享受茶会的惬意。她们着装艳丽，"给太阳晒得发黑的手臂腿脚都给衣袖和丝袜包裹起来，而且脸孔都涂得雪白，嘴唇

---

① 《女将演出》，《时报》1935 年 10 月 16 日。

② 《水晶宫轶事》，《时报》1935 年 10 月 18 日。

③ 《解闷录》，《时报》1933 年 10 月 14 日。

④ 《花絮》，《时报》1933 年 10 月 14 日。

涂得发红，眉毛划得细长"，他们动作不一，体态不拘，选手们真实的自我尽情展露，与运动场上的形象相比判若二人。茶话会散场，众姑娘一哄而至，杨秀琼被包围的水泄不通，"要求美人鱼在她们的题名册上留下一鳞半爪的纪念物"[1]，她们借机近距离接触体育明星，对明星热心追捧可谓如痴如醉，明星们和蔼性情展现出来，读者读来倍感亲切。

运动员的离别、送行和回程等都是体育花絮的好素材。1930 年的第九届远东运动会结束后，菲律宾和我国选手在东京车站告别时的情景现在读来都很感动，"南北选手将在东京车站分道扬镳，个个握手珍重告别，女子田径选手共六人，则聚于一处，长谈不止，孙桂云刘静贞吴梅仙等均感一朝分手，后会无期，无不眼红落泪，他们总觉车行太快……"[2]，难舍难分的无奈心情不用言说，各国队员的友谊之情通过各自行为毫无掩饰地表露出来。本届远东运动会结束，我国代表队回国途中的情况，记者如实作了报道，通过"横滨登轮"、"神户欢送"和"到上海"三个小标题统领报道。登轮当日，"适微雨濛濛"、"风浪甚大，晕船者极多"、"吐呕者连接"，到达上海，"爆竹之声震耳，欢呼之声腾空，此时船中与岸上之人俱能辨识清晰，一经点首，巾帽飞扬，各人心中之愉快，实莫可名状"[3]，文中对他们一路颠簸，征程仆仆而又欢欣鼓舞的情形详细报道，读后为之钦佩。

《时报》上有些体育花絮把视野涉入运动员的兴趣、嗜好，甚至揭示运动员的私密空间，挖掘他们生活中的轶事。如曾出席全运会的女子篮球运动员陈金钗长相雌雄难辨而被拒绝于女宿舍门外的尴尬，"身躯魁梧，易钗而并，俨然一美少年也。全运会女宿舍中曾拒绝其入内，一时引为趣谈"[4]。无独有偶，深扒明星间的私密交往轶事，把其私密生活公之于众，满足读者

---

[1] 南方张：《全运女选手茶会快镜》，《时报》1935 年 10 月 18 日。

[2] 《选手临别依依／天南地北相见难》，《时报》1930 年 6 月 2 日。

[3] 《远东会选手平安回国／本报记者到码头慰问摄影／历艰辛有话说不尽》，《时报》1930 年 6 月 7 日。

[4] 保郑：《东亚巾帼别列》，《时报》1936 年 3 月 14 日。

的"窥私欲"。在第六届全运会期间，"王精熹昨接马拉松情书一封，计长三十八页，卧床静读，出神时，忽被谭邦杰夺去，要索久之，王已凄然欲涕"，伤心至极不用言说，因这封信是她望穿秋水而得，"闻王君等候此信甚久，已数次赴招待股（领信件处）问讯云"①，细腻地展示明星真性情的一面。1933年，江苏省第三届省运会期间，《时报》记者参观了女运动员宿舍，客观陈述她们"席地而睡"、"叫苦连天"，还特地强调女运动员宿舍内的化妆品，"尤有趣者，墙隅地角，化妆品累累然，极目皆是，乍视之，疑入扶桑三岛也"②，夸张手法展示运动员生活本真的一面，娱乐效果明显，深受读者欢迎。

（五）反映观众百态

一场体育运动会或比赛离不开观众，没有观众的比赛将黯然失色。观众对一场比赛持何种态度，观看时有什么反应？这些也是广大读者所关心的赛场动态。一些高明的体育记者若善于捕捉普通百姓的观感，通过观众的视角反映比赛的激烈程度和现场氛围，会激起读者的共鸣，带来狂欢化的效果。所以，记者在报道运动员的活动之余，把焦点转到看台和比赛场地各处观众身上，通过细心观察、用心摄取他们的情绪和反应，能带来意想不到的传播效果。

我国观看体育比赛的群体从早期秩序井然的单一人群逐步发展为场景嘈杂的多样人群，"在风气还不是很开放的清末民初，主办运动会的单位刻意以性别、阶级区隔观众，让运动会秩序井然，……到1920年代和1930年代，秩序井然的观赏情景，在媒体的报道中不复再现"③。后期《时报》的体育新闻时代正处于风气初开之后，企图在体育比赛期间到现场一睹为快的人员渐渐增多，观众成为赛场上的重要群体，《时报》体育记者没有忽视从观

---

① 《零零碎碎》，《时报》1935年10月16日。
② 《参观女运动员宿舍》，《时报》1933年9月20日。
③ 游鉴明：《超越性别身体：近代华东地区的女子体育（1895—1937）》，北京大学出版社2012年版，第178、179页。

众的视角报道体育新闻。第六届全运会前夕，香港"球王"李惠堂来沪参加会前足球表演赛，记者悉心观察，采写了《真像快刀斩乱麻 / 李惠堂英武不减当年》①这则报道，从观众的视角抓住他们的期待心情、前往观战到观赛神情，一路写来，生动引人。首先请看观众的期待之情，作者如此报道：

> "不见球王神技，五易寒暑矣"。……借全运会天假之缘，李兄惠堂重临海上，匆匆将近一旬，空雷无雨，干急煞人，等得心儿痒痒，眼儿望穿，猛可里消息传来，香港队约战西捕，顿使举沪迷哥，异常兴奋，苍苍犹有意弄人，隔夜下毛毛之雨，于是忧心如捣，澈夜不眠，探首秋窗，仰瞻太空气色者，实属有不少人在，总算一场好事未误佳期，无怪看客归来，群谓"天照应"也。

作者通过细腻的心理描写把观众的期待之情淋漓尽致地表现出来，把他们无法控制的那种"心儿痒痒"的兴奋之情袒露无遗，读来别有兴味。再看观众"邀朋约友"去现场观瞻的情景：

> 饭后一时许，全沪球民总动员，不约而同，邀朋约友，扶老携幼，四面八方，浩浩荡荡，直向延平路进发。售票处一洞，塞进十数双大小黑白不同之手，撇下雪白老羊，换去鲜红门票，挤挤轧轧，扭扭捏捏，好不容易闯过这道关口。既入场，则座无余隙，早已排列得横竖成行，"休道君来早，还有早来人"。没奈何，借得阶前盈尺之地，只消目无挂疑，便大幸矣。二时正，不独四座均满坑满谷，即行人道竹篱笆之傍，均已轧满，漪欤盛哉！

前去观战者如同集市赶集，热闹非凡，来到现场，无座可寻，但仍兴致

---

① 《真像快刀斩乱麻 / 李惠堂英武不减当年》，《时报》1935 年 10 月 7 日。

高涨，记者通过一连串准确又生动的动词把现场的观众情绪描摹得入木三分，活灵活现，从观众的举动能真切地感受到大家对李惠堂的这场比赛的渴望。最后来看观众专注于赛场的神情变化：

> 目有所视，视球怪也；口有所讲，讲惠堂也；手有所指，指球怪李惠堂也。李姓迷哥，面欣欣然益露骄态，意者，球怪亦唯我李家拿得出也。球怪一静，球民一静，球怪一动，球民一动，大有象忧亦忧、象喜亦喜之慨。或曰，此地何地，李球怪之国土也，今日何日，李球怪之时日也。

记者对观众观赛的反应作了丝丝入扣的描述，观众的目光随"球怪"牵移，他们的表情也随"球怪"而变，神情活现，可谓生动逼真。所以，观众是体育新闻的"富矿"，只要记者处处留心，随时留意，观察仔细，采写得力，表现生动，可以出不少体育新闻佳作。

看台是观众的集聚地，《时报》上也有一些体育新闻通过静观看台表现观众的神情和态度。1936 年 10 月举行上海市第四届运动会，记者以看台为视点，敏锐发现，"昨日到会参观者，不及万人，除各校学生外，来宾到者极少，故看台四周空隙甚多，与去年全国运动会时相较，冷热截然不同，颇有沧桑之感"①，通过对比前后两年的前来现场的观众，如实报道了会场上人员寥落、场面冷清的情形，观众对比赛的热衷程度自然表现出来。第五届全运会的游泳比赛时，记者纵视游泳池的看台，对观众观赛作了客观报道，"游泳集全国混江龙闹海蛟于一池，虽未惊坏了东海龙王，欲已轰动了善男信女，环池而观者坑谷，看台上人头簇簇，虎视眈眈，上下午均有举行，下午热闹更甚"②。现场众声喧哗、集体狂欢的热烈气氛历历在目，但由于"游泳门票每人半元，一般平民力不胜任"，未能近距离观赛者只能"隔江兴

---

① 《花花絮絮》，《时报》1936 年 10 月 23 日。
② 《看台上人头簇簇》，《时报》1933 年 10 月 17 日。

叹", 比赛场外的群众的渴望之情得以表现出来, 比赛的空前盛况可见一斑。

体育记者抓取看台观众的着装、现场氛围等静态描写也可凸显观众的态度。1932 年在洛杉矶召开第十届世界运动大会,《时报》的"花花絮絮"栏内一则短消息取自看台, "开会式时, 看台之上, 红男绿女, 均着美国式之夏装, 一望无涯, 俨如花坛"[①], 开幕式上的喜庆盛况通过看台上男男女女的盛装生动表现出来。同样, 记者对运动场内外观众的着装和打扮也通过静态描述展示观众的情态。1936 年的上海市第四届运动会中,《时报》记者看到这一幕, "各校女教员之穿着艳装者, 昨在运动场内外, 竟发现多人, 惟如惊鸿一瞥, 稍纵即逝, 又女学校近来虽曾提倡禁止烫发涂脂, 但昨日女学生中仍有不少烫发作飞机形者"[②], 他们用节日盛装打扮自己前来观看体育比赛, 观众的欢愉和情态在无声中得以表现。

后期《时报》呈现了丰富多样的体育新闻内容和多姿多彩的图文并茂版面, 使我国体育事业繁荣初期的广大民众处于体育狂欢的享乐之中。体育新闻不但带来读者对《时报》的追捧, 而且连运动选手也爱不释手, "河北省统领队赵文藻说, 时报消息确属灵通, 我们的选手没有不喜欢看的"[③], 第六届全运会铁饼和铅球冠军的陈荣棠也曾为《时报》题词: "我很高兴看《时报》, 因为消息很正确, 而且每天有画报。"[④] (图 3—6)

三、《时报》体育新闻狂欢下的审思

后期《时报》体育新闻契合了我国初度繁荣的体育事业, 给我国民众带来欢乐和刺激, 呈现体育狂欢景象。尤其每逢重大体育赛事期间,《时报》提供的体育新闻盛宴给民众带来快慰, 对缓释民众疲惫的身心大有裨益, 因

---

① 《万国赛艳》,《时报》1932 年 8 月 1 日。
② 《花花絮絮》,《时报》1936 年 10 月 23 日。
③ 《东鳞西爪》,《时报》1935 年 10 月 10 日。
④ 参见《时报》1935 年 10 月 16 日。

图 3—6 陈荣棠为《时报》题词，《时报》1935 年 10 月 16 日第 9 版

为"狂欢化是民众情绪的一种定期宣泄和释放，不但不会对既定秩序构成任何威胁，反而使民众内心的压力和积怨得到缓解，使积压的社会焦虑找到宣泄口"①。不仅于此，在许多大型赛事期间，《时报》不时刊出一些充满理性的关于体育思考的文章，包括阐释体育真谛、传播体育思想、弘扬体育精神、理性评论赛事等内容，给体育狂欢中的民众投以清醒剂，促国人反省，在狂欢与理性统一中提升体育新闻品质。

（一）阐释体育真谛

在轰轰烈烈的各级各类体育运动期间，《时报》的体育新闻多姿多彩，独占鳌头。《时报》的体育新闻在展示赛场风云之时，不时刊登一些人对体育赛事中诸多问题的看法，甚至有人尖锐地诘问"体育是什么"这类最基本

---

① 卢慧娟:《从巴赫金的"文化狂欢"理论分析贺岁电影〈桃花运〉》,《电影文学》2009年第 5 期。

问题，吕叔安在《什么叫做体育》一文中直言不讳地指出，"有许多人都误解体育两个字，有人说，体育是体操的代名词，有的说，体育是专门健身的工具，实在这许多的见解都是偏面的，失了体育的真谛了"。体育是多层含义的统一体，"取材于各种运动"、"锻炼身心而成为健全的身体"、"并由此而间接得丰富的智识，养成种种美德"，所以，"体育并不是偏于技能方面的，是与教育有密切关系的，体育而无教育，决不能谓之体育"[①]。《时报》的观点很明显，只强调体育锻炼和竞技本身是片面的，在体育竞技中表现出来的体育美德应是题中之义。

足球"球王"李惠堂亲身参加了多次体育比赛，他对体育中的问题有更直接的感受，他直接以"论体育真谛"为题撰文指出，"夫体育者，藉身心之推动，以求精神体魄之健全"。如今，体育思想不正，表现轻佻与肤浅，缺乏体育美德比较普遍，他历数了当今体育运动员的种种鄙俗表现，"今之言体育者，惟虚荣是慕，胜利是图，寻仇挟怨，放荡不羁，藉以炫耀于人。……今有人焉，以体育家之身份，一有寸长，便傲然得意，衣郎自满，不思展进，以为一己之艺术，已造极登峰矣，一己之荣誉，已遍传四海矣，遇胜利则骄气凌人，不可一世，遇失败则不求改善，百诿千推。……又有人焉处观客之立场，无欣赏艺术之心性，无正当奖励之精神，存心偏倚，界分彼我，其于所拥护者也。获胜则雀跃欢腾，失败则万分颓丧"。对运动员中此类现象他甚为担忧，奉劝以大度的胸怀弘扬体育美德，"夫体育之为体育，必也无种族阶级之畛限，无我尔友敌之区别，一视同仁，遇难相助，不暗算明伤，莫觅隙含怨，己所不欲，不施于人"。他还进一步指出，运动员应有豁达胸怀，对待体育结果应淡定自若，做到不以物喜，不以己悲，"胜负者，仅测量进步之仪器耳，何必斤斤计较，奖品者，区区物质之点缀耳，何必关乎得失"[②]。如此看来，李惠堂对体育认识得更真切，希望运动员拥有较好的

---

① 吕叔安：《什么叫做体育》，《时报》1927年9月5日。
② 李惠堂：《论体育真谛》，《时报》1932年8月8日。

体育素质，具有较高的体育境界。

（二）传播"全民体育"理念

民国初年是我国体育事业正步入繁荣之初始，体育思想非常片面，体育只属于少数人的思想在民众中根深蒂固，普通民众认为体育是与上层人士有关，是有较高追求者竞逐的专利，所以，一般民众很少注意体育锻炼，大多数人不爱观看体育比赛，更谈不上参与体育比赛。1927年召开的第八届远东运动会刚刚结束，黄警顽、王庚撰文《大会给与我们的教训》，他们在文中直言不讳地指出，对中国民众而言，"不知体育为何物，对于远东大会不知为何事者，更不知凡几"，实在令人尴尬，受人耻笑。文章开门见山，"我国之体育，提倡已近数十年，而所得之结果，仍是偏面的少数人的体育"，而国外则相反，他们的参赛人员由多行业人员构成，考虑到了参赛人员的平衡，与我国情况形成鲜明对照，"如此次我们出席大会之选手，多数是大学生（五十八人），或大学毕业生现已入工商界者，而海陆军系以及青年团体则未有一人加入，反视日菲国何如？菲列宾之代表，内有陆军兵三十五人，教员及机关办事人十八人，义勇团员五人，日本之代表，亦各界均有，我们从一国之代表背景观之即可证明日菲两国之体育，已趋于普及化民众化矣"。因此，作者强烈呼吁"今后的体育必趋于民众化！今后的体育必男女并注重！""教育界体育界今后最急之任务，不能专养成学校化之体育，必设法使之到民间去，造成社会化之体育，民众化之体育"①。作者对于"全民体育"观念的呼吁振聋发聩，树立"全民体育"思想迫在眉睫。

滕树谷是《时报》采写体育新闻的骨干，因为专注于斯，所以对我国体育事业较了解，他对于国人的片面体育思想也甚担忧。1931年，他在《时报》发表一篇关于逛虹口公园的观感文章，从清晨来到虹口公园享受艳阳的惬意落笔，"许久没有来，新鲜得很，艳阳开始和我接吻，天天忙于写字间的我，似乎又重见天日了，这是件喜事，青青草很圆润在我脚下溜过"。但他敏锐

---

① 黄警顽、王庚:《大会给与我们的教训》,《时报》1927年9月5日。

发现，来公园锻炼和玩耍的都是日、俄等外国人，中国幼童则没有早期锻炼的习惯，并捕捉到一些日本少妇带着孩子享受大自然的乐趣画面，"这一群活泼天真的小天使，在这大清早呼吸新鲜空气，我感觉到他们是太会培养儿童了"。在啧啧赞叹中却对国人的身体素质和锻炼习惯存有隐忧，"我国的父母，大多数都愿意他的子女们穿得臃肿，生怕着凉，还谈得到早上游公园么？"当滕树谷移步到田径场发现，"到田径赛场，静悄悄的，却有二位半裸的同胞在作长途赛跑，……据他们说，我国不太注重田径赛了，我们乃集合几个同志，从冬徂夏练习着"①。滕树谷的文章同样道出我国"全民体育"观念极其淡薄，通过刊载此文警醒国人，应该反思我国的体育事业落后之原因，从小重视体育锻炼已时不可待，"全民体育"观念应快速树立起来。

（三）理性评论赛事，批评现实问题

对同一赛事观点杂陈实属正常，但明显存在片面且肤浅看法应依据事实给予客观评论甚至批评，以形成正确的舆论导向，《时报》刊出不乏这类文章。1932 年，我国第一次派刘长春参加第十届世界运动会，"从历史上观之，亦可谓开一新纪元"。但当时有人对此举有不同看法，如"政府未能派一强有力团体赴会"，而是"临时仅刘一人'单刀赴会'，未免无聊"，"我国贫困已达极点，在此金贵银贱之时，送刘赴美，似觉浪费金钱"等六种观点。作者在事实的基础上对六种看法逐条阐释，各个击破，最后呼吁在下届大会举行时，"选拔真才，组成强有力之中华代表团赴会"②。作者发表观点动之以情，晓之以理，叙述慢条丝缕，娓娓道来，观点让人叹服。更让人称道的是，在此次世运会期间，《时报》针对于此刊出了一篇《随感录》，文中鲜明地指出，"刘长春之参与大会，国人极愿名列前茅，为国增光，但结果仍落选，人皆失望。要知刘之使命，并非在胜负之间。……刘虽失败，但其精神将永为各国所注意"③。作者批评那种只关注比赛结果，而忽视比赛精神，

---

① 滕树谷：《虹口公园中一片朝气》，《时报》1931 年 3 月 5 日。
② 郝更生：《我国首次参加亚林匹克大会之我见》，《时报》1932 年 8 月 2 日。
③ 《随感录》，《时报》1932 年 8 月 4 日。

即顽强拼搏精神和比赛风格等精神的传扬，纠正社会上流行的片面观点，唤起人们抛弃诸如此类的浅薄观念。

针对体育赛事期间的不当行为或不足采写批评报道，这是体育记者义不容辞的责任，这类报道可以起到弘扬正气、压邪归正的作用，为社会传递正能量。王文彬曾指出，对体育比赛的不正之风也应及时采写批评文字，"彼辈批评文字发表以后，不但引起观众满意，且为体育界所重视，吾人今后亦应尽可能的效法"①。《时报》针对1932年第十届世界运动会上巴西对裁判员大打出手的丑行给予揭露，作者指出，召开世界运动会的目的在于，"增进人类健康，陶冶人类性格，联络人类感情"，针对巴西对裁判员动粗的行径尖锐地斥责，"巴西水球败于德国，竟对裁判员动武，引起警察武力干涉，甚矣人类蟹性之遗留"②，一针见血，批评有力。

第十届世界运动会是在美国洛杉矶召开的，记者非常有心，针对我国一些陋俗，作者抓取要害，通过对比作文进行委婉批评。如针对开幕式上的一幕，作者敏锐指出，"亚林匹克大会开幕时，美国副总统寇蒂斯致词仅十四字，极简而又庄严，至我国开会时，每多长长大篇的报告，和要人呆板文章的训词，非但时间不经济，且能使精神散漫，实是'费力不讨好'之举也"③。言简意赅，批评没有半点火药味，但看后能令人信服。再如，记者在赞颂美国办事效率时指出，"此次大会（第十届世界运动会——引者注）之比赛秩序及一切规程，在两年前已公布于世，其办事之精神，实属可嘉，且比赛中皆采用科学方法，以解人所难及之一切疑问"④。记者的这一评论针对中国的不足发论，告诫我国在会议服务方面与人差距很大，须得加强学习。从另一件小事来反观我国的此类情况，针对1933年召开的第五届全运会期间大家"如厕"不便而发观感，"全运场外，仅有男女厕所各一，观各小贩，既众且多，

---

① 王文彬编著：《采访讲话》，三江书店1938年版，第27页。
② 《随感录》，《时报》1932年8月11日。
③ 《随感录》，《时报》1932年8月4日。
④ 《随感录》，《时报》1932年8月4日。

因之求过于供，围而侯者十余人，一老人说，'我只知道吃饭难，那知排泄也难'"①。话语朴实，但字字见血，记者小处着眼，从大家"如厕"这一生活小事取材，对我国办运动会的考虑不周提出批评，相比国外是自愧不如。

针对我国体育运动发展现状与落后原因，《时报》也刊发过反思性的观点。第四届全国运动会期间刊登的吴蕴瑞②的文章影响很大，颇有启发意义。文中客观总结我国田径运动与各国相比"江河日下、一落千丈"的原因在于："军事与政治之影响"、"旧思想之障碍"、"教育经费困难"、"各国运动成绩之进步太速难以追随他国"、"缺少专门的指导员"以及"学生不知按科学方法刻苦练习"，其中既有主观原因，如"吾国习俗，重文轻武，贵劳心贱劳力。……一般家长，尚不顾其子弟多事运动，致青年身体之技巧，无从发展，国民缺乏运动之根基"、"学校当局忽视体育教育当局之普遍思想"以及"吾国运动员只知普通练习，罕见分析练习，加以寒暑两假，将运动委诸脑后，一曝十寒，焉克有济？"；又有客观原因，如"吾国频年内争，民穷财尽，百业停顿，运动亦随之不振"、"如美如德，提倡有年，进步之速，出人意料。……吾国运动员有望尘莫及之慨"以及"吾国体育教员，无项不教，博而不精，成绩罕见"③，滕树谷对此也曾感慨，"就可惜没有天字第一号的导师"④。吴蕴瑞是对体育理论研究颇有建树的专家，此文针对性很强，分析全面而深刻，阐释清晰有力，对当时国民的思想改变颇有助益。

另外，针对某具体比赛项目的失败情况，《时报》刊载了相关的分析文章。1937年3月27日在上海举行天津对上海的埠际足球赛，天津队以八比三力挫上海队，针对此《时报》刊登一则《球艺快评》，文章分析上海失败原因指出："沪队守门鲍生维区不稳，为昨日致败之大原因。鲍不临大敌，

---

① 《零零碎碎》，《时报》1933年10月13日。

② 吴蕴瑞先生曾在美国芝加哥大学专门研究体育，后并至德国专门研究，对于体育理论深有心得，实为现在中国数一数二之人才。参见吴蕴瑞：《吾国运动成绩落后之原因》，《时报》1930年4月6日。

③ 吴蕴瑞：《吾国运动成绩落后之原因》，《时报》1930年4月6日。

④ 滕树谷：《虹口公园中一片朝气》，《时报》1931年3月5日。

时露慌张之状，若用张荣才，或不致惨败如斯"①。文章中对全场的布阵与攻守方面作了比较客观的评论，观点很有说服力。

从整体上考察黄伯惠时期的体育新闻，《时报》出色的体育报道带来了民众的快慰和狂欢，同时，《时报》也刊出不少很有见地的关于体育议题的反思文章，对于全面理解体育内涵、批评片面体育思想、检视我国体育弱点、理性看待比赛结果以及参加或举办体育赛事中出现的相关问题等内容具有思辨意义，使民众在体育新闻消费的狂欢下不会丧失自我，适时地发出理性之声，实属难能可贵。

第四节　出色与出彩：视觉传播中的新闻图片

后期《时报》非常重视新闻图片的刊登，这是黄伯惠落实大众化办报方针又一策略。报纸版面灵动活泼，毫不沉闷，凸显出清晰简约、图文并茂的版面特点。统观此时的《时报》，报纸版面编排的政治新闻图片时效性强，社会新闻图片客观真实，体育新闻图片绰约多姿，军事新闻图片现场感强，《时报》以大量具有视觉冲击力强的新闻图片吸引了广大读者。

一、《时报》新闻图片的运用与发展

中国近代报刊诞生之初，报刊上没有新闻图片，"近世之中国，第一个读图时代是清末民初"②。我国摄影术开始运用于报纸大致在1880年至1920年之间，狄楚青经营《时报》时期是我国摄影图片初步运用时期，但狄楚青对新闻照片没有足够重视，创刊之初刊载新闻照片较少，虽然版面上也刊登

---

① 阿敏：《球艺快评》，《时报》1937年3月27日。
② 王惠生等：《体育新闻深度报道》，中南大学出版社2008年版，第94页。

一些图片，如讽刺画、风俗画及风景画等，但具有一定意义的新闻照片很难看到。民国成立后，许多报纸开始重视新闻图片，《时报》有时也结合新闻刊载一些具有一定新闻价值照片，但只是凤毛麟角，所以前期《时报》的新闻图片没能成为报纸的特色。

黄伯惠接办《时报》后把图片新闻作为主打内容，新闻图片在《时报》上有很大起色，后来图片新闻使《时报》版面熠熠生辉，发展成为《时报》的品牌。不过，黄伯惠接办《时报》最初几年，即1925年之前，《时报》上的新闻图片很少，只是零星点缀于版面，图片处于补充文字新闻的配角地位，主要作用是点缀、装饰、美化版面。1925年之后，新闻图片逐渐增多，特别自"五卅惨案"后新闻图片发展很快，仅6月2日刊登关于惨案的照片就达5幅，此后连续一个多月内基本都有惨案的照片刊出（除少数几天无照片刊登）。经统计，自6月2日至7月5日共刊出36幅"五卅惨案"照片，周末出刊《图画时报》的整版照片尚未计入内，这些照片有的配合文字报道，有的单幅照片附以标题和说明，构成一则独立的图片新闻，摆脱以前图片是文字报道的配角地位。1928年之后，版面上新闻图片呈井喷式发展，图文并茂的编排特点开始凸显。

黄伯惠时期的图片新闻在数量、质量和地位方面相较于前期《时报》大相径庭，新闻图片使后期《时报》版面鲜光夺目。据当年的《时报》摄影记者郎静山回忆："新闻照片在《时报》上刊出后，读者十分欢迎，几乎每期有照片的《时报》，其销路就会多一千余份。这种用图片传递新闻的形式，当时对其它报社来说是望尘莫及的"[1]。后期《时报》如此重视刊登新闻照片，这与黄伯惠的个人爱好关系很大。"他另一嗜好是照相，这一行他门槛也非常之精，《时报》过去印刷漂亮，画报美观，在当时上海报界中可称双绝，与他（黄伯惠——引者注）过人的兴趣很有关系"[2]。摄影何止是他的"嗜好"，甚至酷爱成"癖"，郑逸梅就这样认为："他是具有摄影癖的，版面

---

① 陈祖民：《郎静山重访上海滩》，《新闻记者》1994年第1期。

② 拾遗：《黄伯惠二三事》，《评论报》1947年第17期。

增多照片，使图文并茂"、"黄伯惠穿着西装，裤袋中塞着一具小型高级摄影机，以便随时拍摄"①。

黄伯惠接办《时报》为他提供了实验园地，把图片新闻并列为社会新闻和体育新闻一起来实践他的"黄报"之路，为此，黄伯惠接办《时报》后，首先新建《时报》新厦，因为他酷爱摄影，自然会充分规划摄影室的建设。据邵翼之回忆，黄伯惠接办《时报》时，"设摄影部，辟照相室，注重新闻图片，附赠《图画时报》"②。他的具体做法是：其一，摄影室宽敞明亮，在上海报界可谓首届一指。编辑部和排字房位于二层，摄影室占据了整个三层，为利用自然光线服务摄影，三面墙都特制成落地大玻璃窗能充分采光。其二，摄影设备齐全，鼓励外借。摄影室内小间存放着数以百计不同光圈的镜头，《时报》"注重新闻照片，社中购置照相机多架，记者出门均可领用，并可领软片一盒（十二张）"。为了提高软片利用率，时报馆对此出台新规，"领用软片，每盒至少要有两张照片在报上发表，方可抵销"③。报馆暗房设备齐全，冲晒极便，鼓励新闻记者多摄新闻照片。其三，特辟室外场地专为摄影服务。黄伯惠在沪郊南翔镇拓地数十亩，种植各种果树名木，作为雇请模特摄影的专门场地。

黄伯惠对摄影硬件建设大手笔投入在所不惜，而且非常重视摄影人才的网罗，高薪聘请当时有名的摄影人员为《时报》服务，当年的张有德、郎静山、蔡仁抱都是《时报》有名的摄影记者，张有德还"自设'有德'照相馆，营业鼎盛"④。郎静山的地位则更显赫，他是我国第一位专业摄影记者，郎静山之子撰文回忆他的父亲，"1921 年，黄伯惠接办上海《时报》，实行革新，进口了我国第一部卷筒式印报机，设立了照相制版部，筹划出版摄影画刊，聘父亲为摄影记者，这样父亲就成为我国新闻史上第一个专业摄影

①　郑逸梅：《〈时报〉的后期主持者黄伯惠》，载《郑逸梅选集》第六卷，黑龙江人民出版社 2001 年版，第 651 页。

②　邵翼之：《我所知道的上海时报》，《报学》1955 年第 1 卷第 8 期。

③　邵翼之：《我所知道的上海时报》，《报学》1955 年第 1 卷第 8 期。

④　邵翼之：《我所知道的上海时报》，《报学》1955 年第 1 卷第 8 期。

记者"①。再如蔡仁抱等摄影名家也曾为《时报》效力,1930年在杭州举行的第四届全国运动会期间,"他(黄伯惠——引者注)把得力的人员全部调到杭州,又约好了几位摄影家参加拍照,郎静山先生即为其中一人"②。全运会的第一天,《时报》刊文向读者宣告,他们对运动会的摄影报道已作好充分准备,"大会特聘沪杭这一名家蔡仁抱郎静山等十人,今天起分投拍照,本报已与约定统在本报发表,当晚飞机运沪,翌晨可以印出四大页之多。……此外本报又特约杭州留芳照相馆供给一切照片,留芳照相,在杭州最有声誉,器械既新,手术尤精,故本届大会亦托担任照相"③。4月3日,《时报》大幅刊出体育照片,并附以《照片说明》,"本日照片共有四九张,为以下诸君所摄,蔡仁抱、郎静山、徐祖影、徐雁影、莫仲良、叶仲芳、张有德、王一飞、黄仲长"④,《时报》的摄影阵容可谓之大,所以《时报》的图片新闻也有声有色。在《时报》的带动下,上海其他大报竞相仿效,摄影记者职业一时崛起。"中国的摄影记者队伍是在20世纪20年代后期到30年代中期形成的。他们熟悉新闻业务,随时听候调遣,对提高新闻照片的质量起到了重要作用"⑤。《时报》的摄影记者毫无疑问是处于这支队伍领头地位,是中国早期新闻摄影的中坚力量。

20世纪二三十年代发生的重大社会新闻,《时报》基本都配以新闻图片佐证,那时的《时报》"经常着重当地社会新闻和体育消息,附以新闻图照,使报道生动"⑥。在详尽的文字报道中配以真实、恰当的图片,社会新闻报道相当出彩,如"马振华情死事件"、"黄慧如、陆根荣主仆恋爱案"、"太保阿苏伏法案"等,重大事件发生期间以清晰而大量的新闻图片给读者留下深刻印象。所以,包天笑在回忆录中提及,《时报》在采访报道本埠社会新闻

①　郎毓祥:《父亲郎静山》,载《现代上海研究论丛》(10),上海书店2004年版,第426页。
②　过雨青:《上海当年四大报之一:时报之忆》,《报学》1969年第4卷第2期。
③　《摄影名家拍照蔡仁抱郎静山等出力本报独家刊登》,《时报》1930年4月1日。
④　参见《时报》1930年4月3日。
⑤　甘险峰:《新闻图片与报纸编辑》,福建人民出版社2008年版,第33页。
⑥　童轩苏:《奇人黄伯惠·南北画报潮》,《传记文学》1970年第17卷第1期。

时，"黄伯惠出主意，别张一帜，对于本埠这种社会新闻，特别注重，派了外勤，详细调查，尽情描写，同时在现场人物加以摄影，他本喜照相，有时老板亲自出马，而且稍微离奇的便作为头版新闻"①。从20年代后期开始，《时报》对重大体育比赛加大新闻摄影的力度，对摄影投入的人力与物力是其他报纸无法企及的。每逢全国运动会、远东运动会和世界运动会等大型赛事时，《时报》常以单图、组图或图片专版的形式推出可视化的体育报道，配上点睛的标题和精辟的文字说明，精心编排，图文并茂，深得读者欢迎。这一时期的图片质量和编辑水平都大幅度提高，版面上图片效果好，编排也显醒，特别是《时报》定期推出的《图画时报》和《时报新光》，以整版高质量且有视觉冲击力的图片更获读者的青睐。

1930年之后，《时报》图文并茂的编排格局显得成熟并得到定型。翻阅这一时期的《时报》，版面上的图片清晰，剪裁齐整，编排得体，非常讲究编辑艺术，同时考虑读者接受心理。《时报》刊登照片为方便读者阅读，将照片分类、分版刊载，版面和位置相对固定。编排上花样翻新，新闻照片或挖去背景，或剪成圆形，或框以花边，以引起读者的注意②。整个版面显得均衡、秩序，文字与图片相得益彰，离现代报纸版面的秀气、灵动、活泼、美观几乎接近。但是，自1937年以后，《时报》版面图片运用过滥，有价值的新闻图片并不多，编排也显凌乱，尤其广告版的图片编排不讲章法，显得杂乱无序，版面的整体效果大不如前。

二、《时报》新闻图片报道的主要内容

后期《时报》上的新闻图片有的是附属于文字报道，有的摆脱文字报道的附属地位，在图片旁附以标题或文字说明构成独立的图片新闻。大体上

---

① 包天笑：《报坛怪杰黄伯惠》，《大成》1984年第131期。

② 刘海贵：《中国现当代新闻业务史导论》，复旦大学出版社2002年版，第244页。

看，《时报》新闻图片主要包括政治新闻、社会新闻、体育新闻和军事新闻图片，这四类图片新闻刊发形式和时机不尽相同，其中政治新闻图片刊发比较集中于较重大政治事件期间，而且附属于文字报道居多，也出现较少独立新闻图片；社会新闻图片常常在重大典型性社会新闻报道期间刊登，一般也是配合文字报道，不过，平时也刊载具有新闻价值的独立意义的社会新闻图片；体育新闻图片基本集中于重大体育赛事和本埠或埠际体育比赛期间，图片数量多，刊载周期长，呈现规模效应；军事新闻图片只在战争期间出现，基本上是辅助文字报道。

（一）政治新闻图片

20世纪二三十年代，每当有重大政治事件发生，《时报》都会通过图片力佐新闻报道，"五卅惨案"是黄伯惠时期《时报》第一次大量借助图片报道的政治事件。惨案发生后，《时报》以大量文字报道声讨杀人凶手，并刊登大量现场照片和死者肖像和简介，在1925年6月3日到7月5日的一个多月里，共刊发照片33张，加之《图画时报》整版的有关惨案照片，平均每天不少于3张，图片报道的威力在这一事件中充分发挥出来。以1925年6月2日为例，当天配合文字报道《南京路惨剧案之扩大》刊出5张惨案照片，第3版刊登4张，标题分别为"西人武装游行"、"巡捕沿路撕破通告"、"大马路电车空无乘客"、"商家闭门罢市情形"，从不同角度报道惨案发生后的事态蔓延和扩大情形，第4版刊出死者陈虞钦的肖像照片，配以"学生陈虞钦遗像及略历"标题，文字说明中提及，陈虞钦"自幼聪敏活泼"，"五月三十日，为学生示威运动，腹部受弹，三十一日五时三刻，死于沪之仁济医院"，老师和同学闻之非常悲愤，"莫不泪下"，"上海童子军总司令沈同一竟为之痛哭失声云"①。一幅面容清秀的学生遗像嵌于文字说明中间，看后令人痛心，即刻产生对屠夫们的憎恨，图片报道的传播效果明显。五卅之

---

① 《学生陈虞钦遗像及略历》，《时报》1925年6月2日。

后,《时报》围绕惨案出了四期《图画时报》,以"南京路惨剧之种种"①、"各地对于南京路惨剧之表示"②、"南京路惨剧之真相"③、"上海追悼五卅死者之盛况"④ 等专题形式专版刊载有关惨案照片,把惨案真相和民众愤怒情绪通过图片及时传递给读者。

《时报》对一些有重大意义的纪念性集会也常常配图报道。如 1927 年纪念"五一"劳动节时,《时报》在第二天的第五版全版推出纪念会报道,在版面顶部以通栏题"五月革命运动劳工纪念状况"统领全版,在"本埠新闻"栏中报道了《闸北南市之纪念大会》,版面中央竖排三幅大会照片,标题分别为"纪念大会中之工人"、"纪念大会中之报告"、"纪念大会后之散队"⑤,版面气势恢宏,版面中心三幅照片非常醒目,尤其居中那张"纪念大会中之报告"的照片,报告者手持巨型高音喇叭作报告的姿态,读者能真切感受到纪念大会隆重的现场气氛,犹如置身纪念场中,新闻照片的魅力显现出来。

《时报》对政治人物逝世也会配发相关图片进行报道。1925 年 3 月 12 日孙中山逝世,《时报》第二天以大半版篇幅刊登《孙中山先生昨日逝世》的新闻,报道的中央位置插入了孙中山先生遗像,吊唁期间不时刊登相关照片,如"上海孙中山先生宅内之丧幕"(3 月 16 日)、"社稷坛内中山先生之灵榇"(2 月 25 日)、"昨日孙宅开吊之盛况"(3 月 25 日)等都很好地辅佐了这一政治新闻报道。1929 年 6 月 1 日,根据孙中山生前遗愿,葬于南京紫金山中山陵,当日《时报》在报头左边重要版位刊出孙中山肖像照,同日第 4 版报道陵墓迁葬消息时编发了"中山陵正面"⑥ 照片,另外,两期《时报新光》专版和 6 月 3 日《图画时报》出"中山先生奉安特刊"都以全版刊登孙中山先生的生前、吊唁、迁葬方面的多幅照片,对孙中山先生的丰功

---

① 《图画时报》,《时报》1925 年 6 月 7 日。

② 《图画时报》,《时报》1925 年 6 月 14 日。

③ 《图画时报》,《时报》1925 年 6 月 28 日。

④ 《图画时报》,《时报》1925 年 7 月 5 日。

⑤ 《五月革命运动劳工纪念状况》,《时报》1927 年 5 月 2 日。

⑥ 《中山陵正面》,《时报》1929 年 6 月 1 日。

伟绩与逝世迁葬情况利用图片作了详尽报道，极易调动受众的情感。此外，《时报》在外交新闻报道方面，尤其在迎来送往的政治新闻中有时配发相关领导人的肖像、集会等静态照片，成为有效的传播手段。

（二）社会新闻图片

《时报》的社会新闻比重大，社会新闻图片较多，其中部分图片是作为文字报道的附属地位刊出，这在重大典型性社会新闻中尤为明显，也有较大部分社会新闻图片摆脱配角地位，具有图片新闻的独立性。

1. 重大典型性社会新闻中配合文字报道的新闻图片

《时报》一向重视社会新闻报道，报道过一批有重大反响的社会新闻，而且这些报道都配以与事件相关的新闻图片，虽说这些图片是附属于文字报道而存在，但图片起到了有力的辅助作用。关于"马振华情死"事件报道在本章第二节中已有详论。在这起事件中，《时报》所发八篇文字报道配发了七幅照片，在紧要情节中适时穿插编排具有说服力的新闻照片，对该起事件作了图文并茂式的连续性追踪报道，事件报道详细，来龙去脉清晰，照片选编合理，图文搭配恰当，图片成为事件报道的有力佐证。

"黄慧如、陆根荣主仆恋爱案"[①]事件中，新闻图片配合文字报道也很成

---

① "黄慧如、陆根荣主仆恋爱案"起于1928年春，是民国时期轰动上海的著名大案之一。黄慧如是一位出身名门的大家闺秀，容貌姣好，气质高雅，由于她与苏州贝家公子的婚事破裂，欲寻短见，祖母、母亲和阿哥都劝阻不住，万般无奈之下，派家中与黄小姐同龄的仆人陆根荣去劝说。陆根荣模样周正，勤快厚道，深得黄家信任。黄陆二人朝夕谈心，发生感情，私定终身，日子久了，二人在幽会中偷尝禁果，致使黄慧如有孕在身。到第二年春，二人私情被黄家发现，无奈之下，只好到苏州暂住。黄、陆出走之后，黄家一纸诉状将陆根荣告到法院，称其诱奸慧如，并盗窃金银饰物。经江苏高等法院两次审理，判陆根荣诱奸与帮助盗窃两罪处有期徒刑4年。陆根荣被投入监狱，黄慧如只好带着6个月的身孕回到陆根荣在吴县的乡下老家。在陆家，黄慧如吃尽了苦头，历经了磨难，但她矢志不渝，等着陆根荣回来夫妻团聚。1929年3月8日，黄慧如在医院产下一男婴。不久，坐船经阳澄湖与母独自回上海，由于心力交瘁，身体虚弱，于3月19日病逝于船中。几天后，江苏最高法院改判陆根荣无罪。后来，明星电影公司依此案为原型拍摄电影《黄陆之爱》，由著名影星胡蝶主演，中商烟草公司注册生产的黄慧如牌香烟，安东诚文信书局还改编出版《主仆恋爱史》一书，均颇为流行。

功。在该案庭审期间，《时报》在显要版位刊登陆根荣和黄慧如母亲黄朱氏的庭审情形以及与本案相关照片，对庭审现场给予曝光，吸引了许多读者的眼球。如 1929 年 6 月 8 日以大半版刊登《高等法院人头攒动／昨晨继续提审陆根荣》的报道，全文以一问一答形式翔实报道法院就黄慧如生死问题提审陆根荣的过程，报道中编排了"待讯时之陆根荣"、"陆根荣供时情形"、"黄朱氏侯时情形"[①]三幅照片，受审人神情活现，庭审现场历历在目，报道可信度高，图片很好地辅助了文字报道；15 日刊登《旧历端午日黄慧如致苏州吴县日报信一封》的报道，文中刊有黄慧如的亲笔信照片"吴县日报所接到之黄慧如信"[②]，这是黄以前所写的一封亲笔信，此信尾言及："我还有一事要声明，请新闻界以后勿捕风捉影，则我有厚望焉，并请转苏州各报馆上海大报注意为何"，同时，记者还把黄慧如寄给吴县日报馆主笔的这封信的信封正反面拍摄照片也刊于该版，更增强了新闻的真实性（图 3—7）；23 日的续审报道中再次刊登两幅照片，即"黄朱氏坐于原告席上"和"讯问陆根荣时之神气"[③]，现场感强，新闻照片配合文字报道发挥了很好的作用。

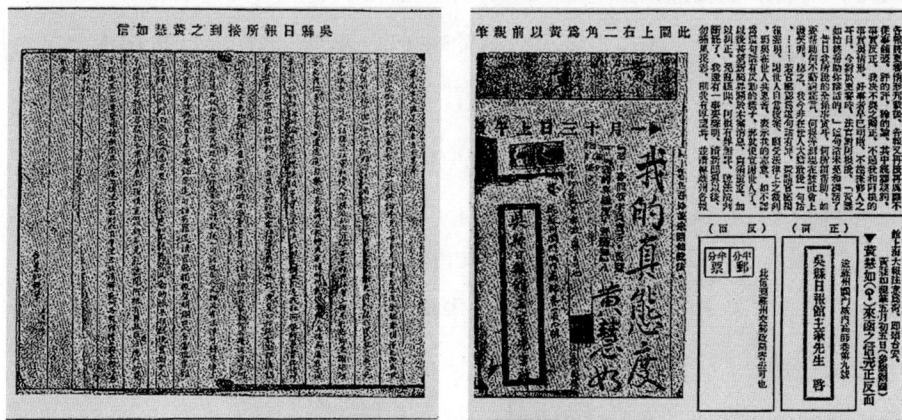

图 3—7 黄慧如的亲笔信和信封，《时报》1929 年 6 月 15 日第 6 版

① 《待讯时之陆根荣》、《陆根荣供时情形》、《黄朱氏侯时情形》，《时报》1929 年 6 月 8 日。
② 《吴县日报所接到之黄慧如信》，《时报》1929 年 6 月 15 日。
③ 《黄朱氏坐于原告席上》、《讯问陆根荣时之神气》，《时报》1929 年 6 月 23 日。

2.非典型性社会新闻报道中所配的新闻图片

《时报》还有一些社会新闻并没有以上典型报道时间长，波及范围广，影响也没那么大，是一些单个社会新闻事件报道，这类非典型性社会新闻也常附以新闻图片来辅佐文字报道。如1929年11月22日第7版报道了一场公共汽车发生侧翻的交通事故，造成售票员压死河浜中，而且两乘客受伤，这次交通事故人员伤亡惨重，年仅十九岁的售票员王仁志"立于搭客上落之门侧，知将肇祸，及启门图逃，仓皇之间堕如河浜内，王遂惨遭压毙"，后通过查看，"河浜尽系泥浆，故王被压毙，尸身入泥尺许"①，场景凄惨不堪入目。《时报》报道这一新闻时，以文字报道为主角，同时编排了记者事后拍摄的新闻照片，呈现的不是血淋淋的画面，而是一辆侧翻泥浆中的事故现场照片，辅助新闻报道，图与文互为补充，合力报道效果极佳。同年12月10日报道一则宝应油船失火的社会新闻，造成三岁孩尸骨皆毁，观火者一臂受伤的惨剧。文字新闻中报道这艘满载煤油和汽油的民船，"正值午膳，泊义渡码头，拟餐后卸货，不料一声霹雳，正惊讶间，陡见白烟腾起，继以火光。全船油桶受热而燃，已无从扑灭，燃烧至下午六时，全船沉没始熄"，此起事故造成一死一伤，"船户之三龄幼子葬身烈焰之中，尸骨俱无，又有观火之成姓子，为飞起之油桶击伤一臂"②。新闻报道旁配发了包岁之所摄的"油船失火远观情形"的新闻图片，照片中油船浓烟滚滚，事故的惨烈现场通过图文结合的报道而一目了然。

《时报》于1929年6月7日第7版刊登一则《吴文龙浴血惨死/挖目……断指》新闻，标题触目惊心，报道龙华水泥厂工会执行委员会吴文龙因"劳资发生纠纷"而"赴仲裁会之约"，惨遭杀害，"昨晨在该厂西首胡同煤屑路边发现吴之尸体，右眼已被挖去，左手五指砍断，身上伤痕无数，血肉模

① 《真茹公共汽车翻倒/售票员压死河浜中　乘客伤两人/车头着火司机人否认有过失》，《时报》1929年11月22日。

② 《宝应油船失火/造成三岁孩尸骨皆毁观火者一臂受伤》，《时报》1929年12月10日。

糊，惨不忍睹"，死者家属"要求伸雪"、"缉凶究办"①。该新闻的文字报道下方编发了一幅吴文龙遭杀惨状的全身平躺照片，遍体鳞伤，看后心里发怵，照片的凄惨场景直刺读者的视觉神经，穷凶极恶者的残忍行为令人发指，看后顿生憎恶之情。图片不仅把案件赤裸裸地公之于众，而且把案件置于舆论监督之下，迫使当局尽快对凶手查获归案，发挥媒体的监督之责。6月4日的《时报》同样刊登了一起王金龄遭凶杀的社会新闻，此起命案的凶手与王以前亲如手足，后各自为了徒弟而结怨产生恶感，最终王金龄遭仇人惨遭杀害，"头部共中三枪，一在太阳穴，一在脑后，一在右额"②，在文字报道《曾任便衣侦探之王金龄惨遭仇人杀于途》之首配发了一张王金龄的寸照。这两则消息都是有图有文，图片虽都属于配角，但因此意义却很大。

3. 独立的社会新闻图片

《时报》上还不时刊载独立性的社会新闻图片，即社会新闻报道所刊图片完全摆脱附属于文字报道的配角地位，图片作为主角配上标题和文字说明，成为具有完整意义的独立报道形式。1930 年 6 月 7 日的《时报》第 2 版刊有 3 幅照片，全是社会新闻图片，各自独立并配文字解说，图片新闻的独立地位明显。第一幅是王一飞拍摄的"雷峰塔去保叔塔可危 / 杭市府已饬工务局兴修"（图 3—8），图片展示了一座顶部倾斜的保叔塔，图旁配的文字说明是，"杭州西湖原有两塔，一为雷锋，一为保叔。雷峰塔早经坍倒，……现查保叔塔顶部倾斜，已抛出中心线约四十公分，其铜顶抛出约九十公分……"③此新闻图片和文字说明传递的信息不仅告诉了雷峰塔该修缮，而且为公众解答了心中的疑问，通过阅看此图片新闻，读者得知工部局已列入计划修缮的举措，图文结合，既提出了问题，同时又回答了问题，新

① 《水泥厂工会执行委员吴文龙浴血惨死 / 挖目……断指 /……遍体伤痕十余处》，《时报》1929 年 6 月 7 日。

② 《曾任便衣侦探之王金龄惨遭仇人杀于途 / 头部中三枪……倒毙新嘉路上》，《时报》1929 年 6 月 4 日。

③ 王一飞:《雷峰塔去保叔塔可危 / 杭市府已饬工务局兴修》，《时报》1930 年 6 月 7 日。

图3—8 《雷峰塔去保叔塔可危》，《时报》1930年6月7日第2版

闻信息量大，图片始终处于主导地位。

同版另一幅是由徐汇川所摄"青岛渔户捕获大鲨鱼"（图3—9），该图片新闻报道的是青岛渔民萧文奎在海中捕获一条极大的鲨鱼，"长二丈四尺，高约四尺，重五千余斤"，这么一只"庞然大物"离开水面即死，"立交该地观象台海洋科制成标本，以供众览"①。这则图片新闻激起读者的好奇心，通过图片一睹大鲨鱼形象，而且通过文字说明中提供的数字知道鲨鱼大小和重量，以及鲨鱼的命运和去向，仅一图片涵盖了诸多新闻信息，文字说明是附属性信息；第三幅是蒋坚韧拍摄的新闻图片，虽无标题，但从文字说明得知："河南郾城一带，黄包车上均张有布篷，以为遮日之用，祖视之，与杭

---

① 徐汇川：《青岛渔户捕获大鲨鱼》，《时报》1930年6月7日。

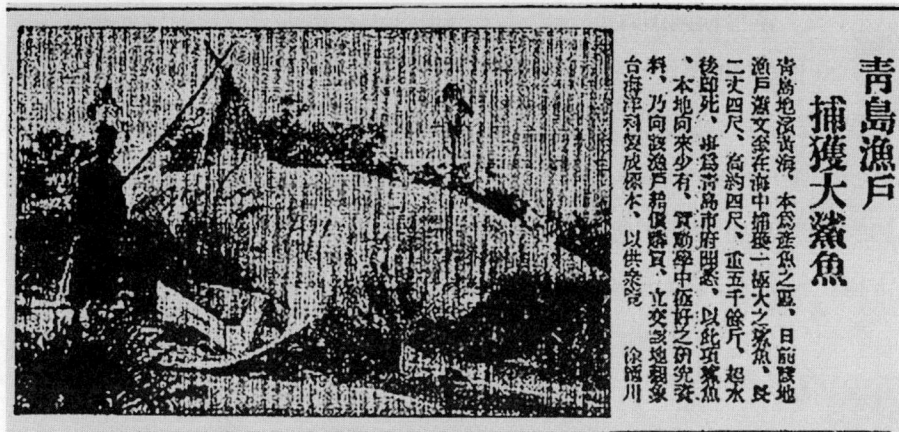

图3—9 《青岛渔户捕获大鲨鱼》，《时报》1930年6月7日第2版

州西湖中游艇，极为相似"①，该图片新闻报道了反映当地社会风情的独特现象，捕捉住"黄包车上均有张布篷"的镜头，这种装饰的黄包车成为穿行于大街小巷的特有风光，颇有人情味和亲近感。

其实，《时报》刊登具有独立性的图片新闻还不少。1937年4月25日《时报》版面刊登一幅畸童照片，旁配的说明是，"南非洲土人少年今年十二岁自其出世以来，因病不能行走，只可爬行倾赴，英国就各名医治疗，然英国医学界亦无法治疗"②。照片直接向读者展示了一个外形奇特的幼童，读者不由地感慨畸童目前无法治疗的不幸命运。另外，《时报》还曾刊过郎静山喜结良缘的新闻照片，郎静山作为《时报》有名的摄影记者，早为读者熟知，对于他的婚姻，读者无疑是很关心的，《时报》于1930年6月9日刊登了这张照片"摄影家郎静山昨在上海大华饭店与雷珮芝女士行结婚礼"③，这幅伉俪照片传递的新闻是读者未知而欲知的信息，读者极感兴趣，满足了读者的好奇心。

---

① 《无题》，《时报》1930年6月7日。

② 参见《时报》1937年4月25日。

③ 参见《时报》1930年6月9日。

（三）体育新闻图片

20世纪20年代是我国体育新闻图片报道的大发展时期，至1923年第六届远东运动大会时，"体育新闻在社会上亦已引起一般之注意。体育摄影亦始于斯时，惟工作颇见幼稚，甚且不知何时须要拍照，何者谓为精彩"，1927年第八届远东大会之后的数年里，"摄影方法，亦趋灵活，新闻价值，方得充分表露。"① 黄伯惠接办《时报》把体育新闻作为新闻报道的主角之一，但接办之初基本以文字报道为主，版面上体育照片稀少，哪怕对1924年在武昌召开的第三届全国运动会这一重大赛事都没有刊出一张体育照片。尔后顺体育摄影发展大势，在20年代末至30年代，体育摄影得到充分实践和发展，在各大运动会和埠际及本埠赛事期间出动大量的人力物力采摄体育照片，"能拍照时便拍照，可绘画时便绘画。如光线好时，最好拍照；若遇阴天、雨天时，即可利用速写画"②，以致《时报》的体育图片报道独占鳌头，在当时报界极有影响，读者对此好评如潮。

黄伯惠经营《时报》的十几年间，我国举行或参与了多届全国运动会、远东运动会、世界运动会等大型体育比赛，《时报》在这些赛事期间大显身手，图片新闻独显风姿，赢得了声誉。在上海举行的第八届（1927）远东运动会期间，体育新闻成为《时报》的重要组成部分，自8月27日至9月5日开设了十期"第八届远东运动会大会特刊"，每期的第3、4两版都是整版体育图片，且由郎静山和蔡仁抱等著名摄影人员所摄，新闻图片异彩纷呈，极具吸引力；1930年第四届全运会期间，连续十多天的体育报道推出了大量体育图片，有的是用文字新闻配以赛事图片，有的是具有独立地位的图片新闻，有的是以单幅图片形式呈现，有的是以多篇或专题、专版体育图片整体呈现，照片有寸照、双人照、小组或多人合影照及各类运动瞬间照等。

---

① 袁琮：《体育新闻》，载《申时电讯社创立十周年纪念特刊》，参见方汉奇、王润泽主编：《中国人民大学新闻学院稀见新闻史料汇编》（第十八册），国家图书馆出版社2012年版，第182页。

② 王文彬编著：《采访讲话》，三江书店1938年版，第28页。

此后的第六届（1933）和第七届（1935）全运会同样以丰富多彩的体育图片让读者一饱眼福；第十一届（1936）柏林世界运动会期间，《时报》的体育图片也相当出众，特别是每周推出的《图画时报》常以巨幅照片形式组合刊出体育图片，如8月3日和23日分别刊载了7幅和6幅巨幅照片，极易吸引读者眼球，令人赏心悦目。更令人激情澎湃的是摄影记者抓拍的现场瞬间，而且摄于现场的动态新闻增多，肖像、集会等静态照片减少，使体育图片更显摄影技术之功力。

（四）军事新闻图片

中国近现代社会战争频仍，《时报》上的军事新闻占有很大比重。在战事发生期间，《时报》在军事新闻中附以图片来报道战事消息也较普遍。以中日战争为例，自1931年日军制造九一八事件之后，中日战事燃起，1932年日军又在上海制造一·二八事件，中国军民对日军进行了顽强的战斗，《时报》对此后的战争进行了实时报道，版面上不时刊登军事新闻图片，不但报道了最新战况，而且激起军民斗志，新闻图片起到了很好的传播效果。如1932年3月16日第2版的左侧竖排了6张关于战事的照片，辅助该版的文字报道《苏常天空日机不断飞行／英参赞司徒博视察后表示：上海事件较东省严重》，照片成规模之势，收效甚佳。3月29日第4版整版都是战争消息，该版配合文字报道编排了2张照片，其中一张标题是"吉林——义勇军在冰天雪地与日军开火"[1]的照片（图3—10），图片呈现的是干枯的树木和树下白雪皑皑的雪地，战士们在雪中举枪作战，表现义勇军在气候条件极其恶劣的情况下仍坚持抗战、顽强抗敌的英勇气概。

类似的照片又如4月28日第6版编排了一幅由王开所拍摄的军事照片，标题为"我士兵藉荒塜作沙袋向对方日兵还击"[2]（图3—11），照片内容是我军士兵手持枪支、俯身沙地浴血奋战的场景，极具感染力，图文结合为军

---

[1] 《吉林——义勇军在冰天雪地与日军开火》，《时报》1932年3月29日。

[2] 《我士兵藉荒塜作沙袋向对方日兵还击》，《时报》1932年4月28日。

图3—10 《吉林——义勇军在冰天雪地与日军开火》，《时报》1932年3月29日第4版

事新闻报道起到较好的传播效果。

1937年卢沟桥事变发生后，军事新闻成为《时报》版面重要的组成部分，军事新闻图片辅以文字报道不时刊出。7月9日第6版刊载新闻《我驻军坚决表示／愿与城共存之》，表达了军民愿与敌顽强抵抗的坚强决心，该新闻旁配发了关于卢沟桥事变发生后的第一幅图片，即以卢沟桥为中心的铁路线路的简易地图①，向读者直观展示了卢沟桥险要的地理位置，日军以卢沟桥为突破口，周边便利的铁路交通为日军运输侵略物资提供了方便，警示我国有被日军进一步入侵的危险，呼吁广大人民做好应战的准备。13日刊登新闻《宛平一带枪炮声密集／日军进攻财神庙被击退》，文字报道起到鼓起军民士气的作用，新闻旁编发了图片"卢沟桥车站被日军占据后作为日军

---

① 参见《时报》1937年7月9日。

图 3—11　《我士兵藉荒塚作沙袋向对方日兵还击》，《时报》1932 年 4 月 28 日第 6 版

本部"[1]，画面展示了车站内的日军驻扎情形，提醒形势不容乐观，引起军民警觉，切不可懈怠。17 日第 6 版的《津日军控制两车站》通栏标题下，编排了一则《布置军事工程》的报道，报道了日军挖战壕、运装备等驻扎情况，把日军布置军事工程的事实赤裸裸地报道出来，警示日军正在作全面侵华准备，而且还配发了两幅一动一静内容的图片（图 3—12），即"日军枪炮正在射击"和"日军休息时"[2]，真实地再现了日军作战与休息的状况，照片内容发人深省，揭示日本侵华步步进逼的严峻形势，告示人民应做好长期性的顽抗作战的心理准备。这些具有强烈视觉冲击力的军事新闻照片在战事

---

[1]　《卢沟桥车站被日军占据后作为日军本部》，《时报》1937 年 7 月 13 日。

[2]　《卢沟桥之日军》，《时报》1937 年 7 月 17 日。

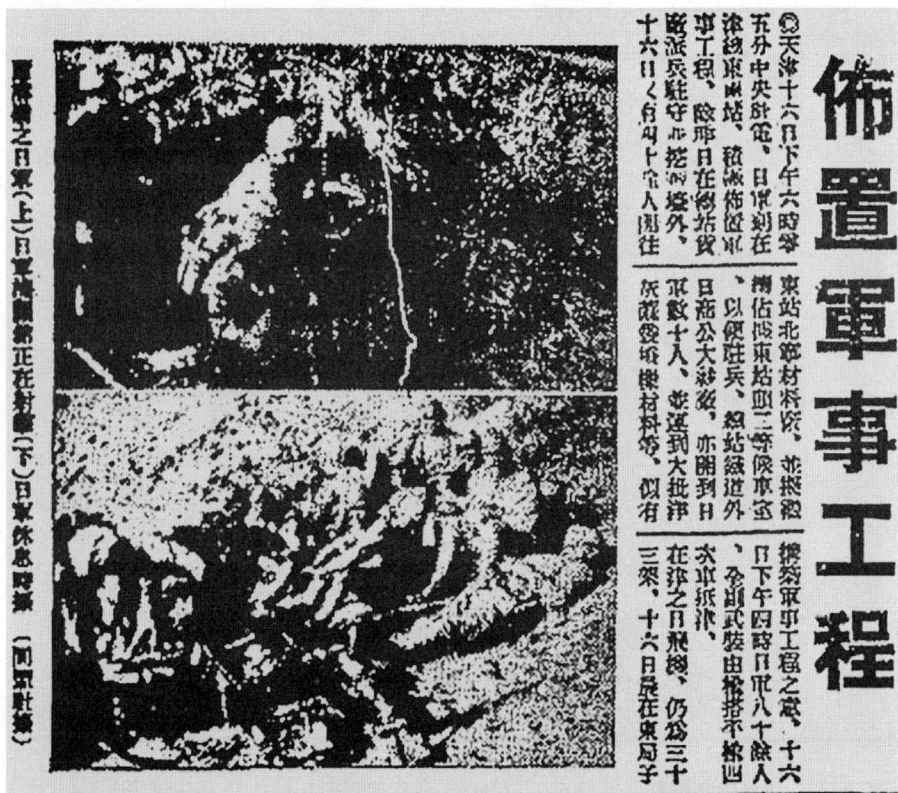

图 3—12 《布置军事工程》，《时报》1937 年 7 月 17 日第 6 版

期间多得不胜枚举，《时报》图片新闻的地位在军事新闻中也得以体现。

三、《时报》新闻图片采编特色——以"全运会"体育图片为个案

清末民国时期我国共举办了七届全国运动会，分别于 1910 年（第一届）、1914 年（第二届）、1924 年（第三届）、1930 年（第四届）、1933 年（第五届）、1935 年（第六届）、1948 年（第七届）举行，黄伯惠主政《时报》期间适逢第三、四、五、六届全运会举行。从四届运动会的体育图片刊载情况看，第三届运动会期间的《时报》全是文字报道，无体育图片，而且报道简单程式化，如运动会的开幕和闭幕报道，连续四天都有"全国运动会开会

前之记录"，以及"全国运动会消息"栏内编排了几则简明的体育消息，没有全面反映运动会的翔实情况和比赛氛围，体育新闻的优势没有显现；第四届运动会的体育报道达到顶峰，派驻摄影记者多，新闻图片极丰富，《时报》的体育新闻自此一举成名；第五届运动会期间的图片报道显得内敛，不但图片数量远没有第四届运动会多，而且图片更加小型化，图片少而精，编排有章法，有的图片剪裁成多种形状镶嵌于版面，整个版面显得错落有致；第六届运动会的体育图片数量比第五届运动会有所增加，不过照片选用仍很慎重，没有第四届运动会期间的整版刊登，虽略微张扬，但仍显理性。综观这三届全运会的体育新闻图片，采编方面突现以下特色。

（一）生动的精彩瞬间

一般来说，体育新闻发生的过程短，快速定格比赛的精彩瞬间，画面蕴含有丰富的内涵。比赛中的一个个动作，如冲刺超越、上腾下冲、纵跃跨竿、甩掷投抛、侧身后仰等动感画面都是记者迅速抓拍的对象，体育记者抓住诸如此类具有新闻性的瞬间拍摄，能体现出运动的美感和动感，凸显新闻主题。这三届全运会期间记者拍摄了许多稍纵即逝的精彩画面，以强烈的视觉冲击和逼真的情景再现了各比赛项目中运动员的顽强拼搏、奋力争先的进取精神，令读者震撼。

在杭州举行的第四届全国运动会期间，《时报》刊登了大量的瞬间照片无不令人称颂。4月2日《时报》刊登了"辽傅宾瑞跳高姿势"[1]一幕照片，摄影记者拍摄恰到好处，抓拍到傅宾瑞腾身跃起的过竿动作，画面呈现出"鲤鱼跃龙门"之态，选手高悬身姿，动作干净利落。同版刊登另一幅照片"津赣二队篮球竞赛之一幕"[2]也极为精彩，记者拍摄球员在竞技场中跃起夺球的一刹那，各球员身姿不一，有的纵身跃起，有的伸手夺球，有的蓄势待接，队员个个生龙活虎，这一千姿百态的精彩瞬间仿佛把读者带入现场，无

---

① 《辽傅宾瑞跳高姿势》，《时报》1930 年 4 月 2 日。
② 《津赣二队篮球竞赛之一幕》，《时报》1930 年 4 月 2 日。

不欢呼鼓掌。次日刊出的"二百米接力终点"① 照片，展示的是短跑运动员双手高举，其中一手握棒，猛力冲刺闯入终点，尤其挺胸过线的定格镜头极为激动人心，现场感强。又如4月5日刊载的"撑竿跳高姿势"② 图片（图3—13），运动员振臂高悬，腾跃半空，动作惊险，观众仰视，屏息观赛，神态逼真，扣人心弦，精彩至极，读者立即感受到现场紧张的气氛（图3—13）。

第五届和第六届全运会同样不乏富于动感的瞬间照片，如南京举行的第五届全运会上有这样一幕，1933年10月15日号外版刊登"运动员推铅球姿势"③ 照片，记者抓拍铅球推出后的一刹那，运动员依惯性而致身倾抬手的掷后动作，图片中能真切感受到运动员使出浑身力气推球，抓拍及时，精彩夺目。在上海举行的第六届全运会期间，1935年10月13日第6版刊登"女子铁饼第一陈荣棠之铁饼姿势"④，作为佼佼者的陈荣棠，"第一掷即以二十九米余超出全国记录"，这一精彩瞬间通过抛掷铁饼的旋转姿势得以体现。这些精彩的运动高潮和瞬间画面向读者传递比赛现场的信息，凸显运动员的动感美，令人阅看，耐人回味。

（二）浓缩的新闻主题

一张或几张体育照片能把体育场中的胜利、喜悦、拼搏、失败、痛苦、友谊等世相百态逼真地表现出来，通过画面中运动员的个性行为、观众情绪、现场气氛可以感受他们赛场搏击、青春激扬和胜败情绪，还可以体味到成员间的人伦友情和互助协作的精神风貌，所有这些浓缩于主题鲜明而集中的瞬间画面中，图简而意丰，体育照片的魅力正在于此。以第六届全运会为例，1935年10月14日报道上海队孟健丽与湖南队尹佩兰摔角比赛，"甫近身畔，孟捉住尹之衣领，数作旋转，摔尹于地。第二次赛时，尹俯身攻其下

---

① 《二百米接力终点》，《时报》1930年4月4日。

② 《撑竿跳高姿势》，《时报》1930年4月5日。

③ 《运动员推铅球姿势》，《时报》1933年10月15日。

④ 《女子铁饼第一陈荣棠之铁饼姿势》，《时报》1935年10月13日。

图 3—13 第四届全运会运动员撑竿跳高姿势

腿，孟乘其势，用力下掀，尹又倒地"①，生动的文字报道辅之两人相对站立激烈相搏的新闻照片"上海与湖南女子摔角赛情形"②，如同把读者带入现场观赛，拼搏主题高度浓缩于画面中。16 日以《三级跳嘉夔冠军 / 功夫十四米一二五胜第二名几达一米》为标题报道张嘉夔夺冠，同时刊登张嘉夔的比赛图片，画面展示运动员腾空跳跃，双手撒开，双腿蜷缩的姿势，并配以图片说明："此为张嘉夔跳十四米一二五时落地之姿势，胸部前倾，双手前拨，两足并跳，是为三级跳 Jump 之亟确姿势"③（图 3—14），画面中的比赛瞬间精彩绝伦，顽强拼搏的主题鲜明地突现出来。

① 《孟健丽骁勇 / 含笑挫强敌》，《时报》1935 年 10 月 14 日。

② 《上海与湖南女子摔角赛情形》，《时报》1935 年 10 月 14 日。

③ 《张嘉夔跳十四米一二五时落地之姿势》，《时报》1935 年 10 月 16 日。

三級跳

嘉鑾冠軍

功夫十四米一二五

勝第二名幾達一米

賽的依實力判斷，丞

運乃張疏炎・王士林・楊一

□密，恰相差則彼懸也，

昨日塌地，並不太勞

足三分之局面，即

昨晚據足三分之局面，即

图3—14　张嘉鑾跳十四米一二五时落地之姿势

本届运动会期间，10月12日第5和第6版各刊登了一张男子铅球冠军照片，主人公同为河北选手刘福润，一张是"男子铅球第一刘福润之掷球情形"[1]，另一张是"男子铅球第一刘福润"[2]，两张照片画面各异，意涵丰富，第一幅照片展示了运动员身体向前微倾，双腿半蹲，右手铅球掷出的刹那瞬间，动作优美，抛掷有力，体现他顽强拼搏的精神。第二幅照片是运动员赛后的轻松模样，挺胸仁立，双手后披，充满自信与喜悦之态，胜利后的欢愉高度浓缩于画面中。

本届全运会上女子五十公尺决赛前，记者拍摄了一张画面温馨的照片"女五十公尺冠军李森未赛前之准备"[3]（图3—15），照片横排于版面顶栏，李森平躺，一同伴帮其赛前按摩肌肉，另两运动员坐在同侧陪伴，画面信息丰富，显示了运动员之间的友爱和互助，透露出大家互相鼓劲的融洽气氛，

[1]　《男子铅球第一刘福润之掷球情形》，《时报》1935年10月12日。

[2]　《男子铅球第一刘福润》，《时报》1935年10月12日。

[3]　《女五十公尺冠军李森未赛前之准备》，《时报》1935年10月12日。

很有人情味。一张照片有如此大的信息量，主题高度浓缩于画面间，全在摄影记者抓拍得当。

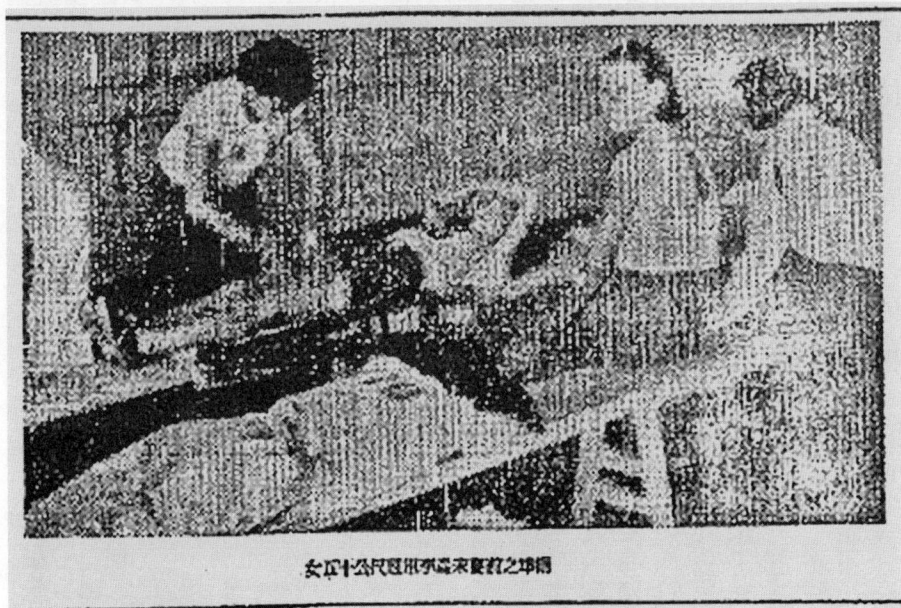

图 3—15　女五十公尺冠军李森未赛前之准备

（三）多彩的体育花絮

《时报》体育报道中的许多照片不是直接抓拍紧张的比赛瞬间，而是把镜头聚焦赛前赛后的运动员、看台观众以及与体育相关的场外情景，花絮照片显示运动员和观众本真一面，展示运动员场外性情及观众真实情绪。第五届全运会期间刊登的一些体育花絮照片很有特色，1933 年 10 月 15 日刊登了一组花絮照片，如"钱行素抽签"展露运动员抽签时的慎重之神情，"摩钱行素腿"[①] 展示运动员赛前的预热准备和团结协作的情谊，还刊登了香港著名游泳选手杨秀琼、梁詠娴的单人照等，这些花絮照与同版的精彩瞬间图片相得益彰，动静结合、灵活多姿，颇显个性与情趣。再如当日《图画

---

① 参见《时报》1933 年 10 月 15 日。

时报》刊出的女运动员席地而坐，动作各异，神情不一，轻松自如，各显风格，体现运动员场下生活的情趣和韵味①。第五届全运会恰逢在南京举行，选手们借机拜谒中山陵，摄影记者以图片形式报道了10月15日运动员们集体拜谒中山陵的新闻，次日《时报》及时刊出"选手谒陵"②照片（图3—16），画面展示了运动员们排着长队拾级而上且秩序井然的庄严情形，凸显他们怀着敬仰之心前来拜谒，体现运动员对孙中山先生的崇敬之情，新闻价值高，政治意涵丰富，图片达到为此情此景"立此存照"之目的。

有心的摄影记者善于捕捉赛场内外情绪气氛和看台上下观众情状，从观众视角映衬比赛热闹场面。第六届全运会期间，摄影记者把镜头对准场上观众抓拍到"十余万观众一角"③的照片，这张矩形照片里全是拥挤的观众，

图3—16 第五届全运会运动员拜谒中山陵

① 《图画时报》，《时报》1933年10月15日。
② 《选手谒陵》，《时报》1933年10月16日。
③ 《十余万观众一角》，《时报》1935年10月19日。

人头攒动，热闹非凡，密集的人群争相一睹比赛盛况，这张花絮照片传递的信息丰富。本届运动会还刊登"李惠堂梁詠娴合作吃饭"①的照片，展示他们同桌轻松进餐的场景，读者领略到他们日常生活的恬淡、休闲与快乐，照片富有人情味，拉近了运动员与读者的距离。此外，《时报》为了让读者第一时间看到体育新闻，在第四届全运会开幕当天，《时报》在版面正中部分刊登报社包租专机运送《时报》的大幅照片"本报所包定之沪蓉飞机二号每日晨装载本报飞赴杭州"②，在版面显眼位置展示了沪蓉二号飞机全貌（图3—17），并配上文字报道《本报飞机到场／天空中分散一部份报纸／开全国报界新纪元》。这张花絮照片不仅透露出《时报》对自身实力的自信，而且能感受到《时报》全心全意为读者服务的情怀，能深深打动广大爱好体育的读者，并巧妙地为《时报》自身作广告，可谓一举多得。

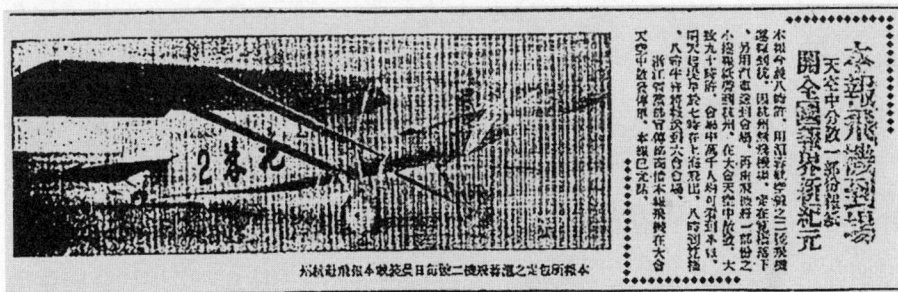

图3—17　《时报》租用专机送报的场景

（四）合理的图片配置

《时报》对体育图片的剪裁和编排讲究审美，剪裁得当，配置合理，力图达到赏心悦目的画面效果。统观这三届运动会体育图片的版面编排，照片形状多种多样，以矩形和正方形为主，辅以其他形状，根据版面情况有意剪裁成圆形、椭圆形、多边形和不规则形状（如照片边沿呈弧线和直线形搭配

---

① 《李惠堂梁詠娴合作吃饭》，《时报》1935 年 10 月 19 日。
② 《本报所包定之沪蓉飞机二号每日晨装载本报飞赴杭州》，《时报》1930 年 4 月 1 日。

或剪裁成"7"字形等），图片有大有小，编排横竖搭配，图片配置成有机整体，与文字报道互为映衬。

首先，体育照片剪裁不拘一格。把第四、五、六届运动会期间《时报》的版面体育照片形状作比较，第四届杭州全动会基本以四边形即正方形和矩形为主，没有外形多样的照片，第五和第六届的体育照片剪裁多变，呈现各式各样的规则与不规则图片外形，摆脱呆板，体现生动，整体上有灵动错落之感。以第五届南京全运会为例，1933 年 10 月 13 日号外版的顶栏刊出四张照片，各自剪裁成四、五、六边形，其中"广东对绥远女篮球赛之一幕"① 照片剪裁成六边形，次日号外版同样刊登了六边形的照片"广东女子与江苏比赛垒球情形"②，该照片镶嵌于文字新闻中间，使版面生动活泼，不觉沉闷。16 日第 9 版顶栏的"河北上海女篮球赛"③ 照片剪裁成五边形，再如 14 日第 8 版的号外版顶栏刊出七边形照片"河南女子与香港排球比赛情形"④，照片依照空白而剪裁，并列编排在顶栏五张照片之首，富有生气。另外，《时报》上还有一些不规则外形照片，如本届全运会号外版刊登的"运动员推铅球姿势"⑤ 照片，依运动员推出铅球后的定格动作剪裁而成，照片边沿既有弧线，也有直线，而且呈上小下大状貌，外形奇特，不合规则，但照片淋漓尽致地表现推球举动，很有特色（图 3—18）。次日刊登的运动员拜谒中山陵照片剪成"7"字形⑥（图 3—16），配置于版面，凸显个性。

其次，体育图片的版面配置灵动活泼。从单幅照片编排看，这三届全运会的照片以横排和竖排为主，不规则照片穿插其中，版面显得错落有致。从照片整体配置来看，第四届杭州全运会图片版面变化不拘，有时整版体育照

---

① 《广东对绥远女篮球赛之一幕》，《时报》1933 年 10 月 13 日。
② 《广东女子与江苏比赛垒球情形》，《时报》1933 年 10 月 14 日。
③ 《河北上海女篮球赛》，《时报》1933 年 10 月 16 日。
④ 《河南女子与香港排球比赛情形》，《时报》1933 年 10 月 14 日。
⑤ 《运动员推铅球姿势》，《时报》1933 年 10 月 15 日。
⑥ 《选手谒陵》，《时报》1933 年 10 月 16 日。

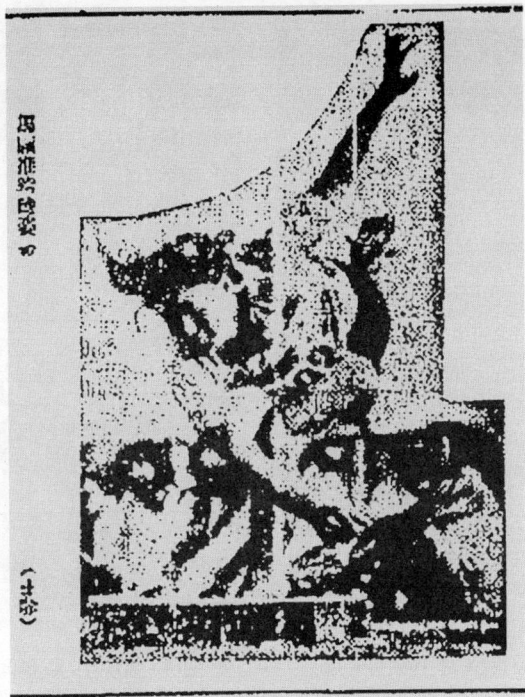

图3—18 运动员推铅球姿势

片三面环绕编排成"∪"字形，如1930年4月2日的第3、4两版①，有的排成侧身"∩"字状，如4月1日第4、5、6版，其余部分编排文字稿件②（图3—19）；有时体育图片配置于版面四周，图片构成"□"形，中间部分编排文字新闻，如3月31日第6版和4月3日第4、5两版③（图3—20）；还有时整版编排体育图片，如在第四届全运会期间，比赛进行了几天后刊出获得比赛名次选手的寸照，集体编排，全版呈现，信息量大。总之，《时报》体育照片呈现样态五花八门，编排形式灵活多样，使体育版面凸显出灵动活泼、多姿多彩的版面风姿。

---

① 参见《时报》1930年4月2日。
② 参见《时报》1930年4月1日。
③ 参见《时报》1930年3月31日；参见《时报》1930年4月3日。

图3—19　1930 年 4 月 1 日第 6 版

图3—20　1930 年 4 月 3 日第 5 版

（五）整体的规模效应

从《时报》对运动会报道的阵势来看，第四、五、六届全运会的会期都长达十几天，每次运动会之前《时报》就早早拉开了报道帷幕，从赛前的预热报道到闭幕后的延续报道，每届运动会的体育报道时长至少二十天以上，远远超出运动会的实际会期，在开幕、闭幕前后及比赛期间，多姿多彩的体育图片纷至沓来，外加每周一次的《图画时报》以整版形式刊载大量而醒目的体育照片，运动会期间刊登的体育图片难以计数。所以，每次运动会的图片报道阵线长、规模大、影响广，形成规模效应，长时期连续刊出可以延缓读者阅读兴趣，产生对《时报》的阅读期待，看后非常"解渴"，影响颇深。

从运动会期间推出的体育图片规模来看，《时报》还时常以图片专版的形式呈现，而且专版图片有一个明确而集中的主题。如第四届杭州运动会期间，1930 年 4 月 5 日的《时报》就刊出了整版的体育图片，第 4 版共刊出 56 幅运动员寸照，照片选取了比赛项目获得第一至第四名的选手，每张照片下方附上运动员名字、项目和名次①，读者不但一睹获奖运动员的芳容，而且及时了解各个项目获奖信息，整体了解比赛结果和选手情况。整版体育图片承载的信息量丰富，很有视觉冲击力，读者看后留下深刻印象。

总体而论，后期《时报》在第四、五、六届全运会中举全社之力投入报道，体育报道成为一枝独秀。文字报道翔实生动，体育图片异彩纷呈，成为运动会期间一道亮丽的风景，在第四届杭州全运会中表现尤为突出。《时报》的体育图片报道形象地记录了我国早期体育比赛的真实情景，反映了我国体育健儿的真实水平，为我国新闻摄影报道和体育运动史留下了宝贵的研究史料。

① 参见《时报》1930 年 4 月 5 日。

第四章　上海《时报》新闻业务变革的
社会影响与历史意义

　　上海《时报》业务革新成就卓著，对清末以来的报刊业务改革影响深远。狄楚青时期主要成就是对报刊版式和新闻体裁方面革新贡献大，如对报纸对开双面印刷的版式定型和时评、专电、通讯等新闻文体的尝试和实践，革新了中国报业的版面形式，而黄伯惠时期主要在新闻题材方面革新贡献大，注重社会新闻、体育新闻和图片新闻，拓展了中国报业的报道内容，两个时期的报刊形式和内容革新都契合各自社会需要，使报纸与社会互动关联，分别从新闻业务的不同方面推动我国报刊业务发展。《时报》作为清末民初我国报刊业务改革的风向标，不但使自身赢得良好声誉，而且确立了它在中国新闻史上特有的历史地位。

第一节　上海《时报》新闻业务变革的积极影响

　　《时报》在清末民初暮气已深的媒介环境中锐意报刊业务改革，在引领报业改革风潮、满足都市受众需求、培养职业记者群体及更新新闻传播观念等方面取得良好的社会效应。

一、前期《时报》引领近代报界业务革新风潮

包天笑曾针对上海大型日报的特性作了如此评价，"就上海以往的报纸而言：《申报》是开创的，《新闻报》是守成的，《中外日报》是变法的，《时报》是革命的"①。的确，《时报》在版面革新、内容创新、技术趋新、观念更新等方面锐意进行新闻业务改革，建立了作为现代日报的报刊业务操作范式，成为我国报业改革的先驱。它在业务上的许多创举为当时报界起到了示范作用，极大地激起了报业的革新欲望，掀起了我国近代报刊业务变革的新一轮高潮。

前期《时报》业务革新的主将是狄楚青和陈景韩，负责该报业务的陈景韩从上海报业生态视角分析了上海各报不肯改革的原因，一言以蔽之，就是缺乏竞争。当时我国稍有影响的民营大报是申、新两家，两报暮气已深却不思改革。《时报》创刊时，上海老牌《申报》已有三十多年的发展历史，从当初一份受人欢迎的报纸而逐渐为读者所厌弃，只因该报无心改革。美查于1889年回国后，《申报》交由董事埃波诺特（E.O.Abuthnot）主持，买办为席裕祺（原买办赵逸如病故），主笔为黄协埙（式权），"此后《申报》极为保守，读者以官绅为主，特重科举与士绅新闻，致内容及版面均不求改进。1894年甲午战后，新报相继产生，《申报》则属落伍"②。《新闻报》创刊时对《申报》有所触动，但经营已达十年之久后也落入俗套，两报均无改革举动。所以陈景韩敏锐地发现："以前我中国之日报所以不整顿者，以其无可爱慕之日报也，无爱慕则无厌弃，则人人得以自存，而无所警醒，前之不活动也"，他进一步指出，"以前我中国之日报所以不整顿者，以其无真力量之人为此日报之业也，我无真力量，则人亦得以无真力量敌之，无真力量则无真胜败，无真胜败则无真竞争，前之不活动也又以此"③，直截了当地指出缺

---

① 包天笑：《我与新闻界》，《万象》第4年第3期，中央书局1944年9月号，第14页。

② 曾虚白主编：《中国新闻史》，三民书局1989年版，第150页。

③ 冷：《论日报之大活动》，《时报》1905年2月8日。

乏竞争是报业不思革新的要害。

《时报》一创刊就以全新的样式与读者见面，深受读者欢迎，打破了清末报界死水般的沉寂，引起新闻界极大震动，激起新闻界很大的波澜。首先，就版式而言，《时报》开对开双面印刷之先河，不但新闻信息量大增，而且版面条分缕析，方便阅读，从形式上就给人耳目一新之感，冲击了报纸单页形式且"一排到底"的传统版面编排模式。《时报》的异军突起给《申报》《新闻报》带来冲击，特别是《申报》在1905年初进行人事改组，一贯厌恶新思想的总编撰黄协埙去职，报馆延聘有国外考察经历的张蕴和等人担任主笔等职①，并推举金剑花主持改革，希图对《申报》进行较为彻底的革新。《新闻报》也为之所动，1906年改组为公司，改革管理模式，民国初年聘请李浩然为总主笔，并逐渐改革内容，深受工商界读者的欢迎。其他民营报纸在这次改革浪潮下都不同程度地革新了形式和内容，报界革新浪潮涌现。

其次，就"时评"这一创体而言，《时报》是"时评"的发扬光大者。报纸着手"时评"革新，分版设置"时评"，革新无病呻吟的长篇论说，"各报看见《时报》的短评能够动众，也就一个一个地仿照起来，久而久之，长篇论文的地位就被短评占据去了"②。上海具有历史悠久的民营大报首先受其影响，相继分版设置时评栏目，如《新闻报》设置有"新评一"、"新评二"、"新评三"，《申报》在史量才接办后，聘请陈景韩为该报主笔，1913年首次把"时评"开设于《申报》。辛亥革命前后，除大型报纸实行"时评"改革，国内报刊上普遍出现"时评"、"小言"、"杂文"等品类众多的短评栏目，如《大汉报》的"时评"栏、《帝国日本》的"时事小言"栏、《中华民国公报》的"神州月旦"栏、《复报》的"批评"栏、《国民报》的"拉杂谈"栏、《民意报》的"天津之话"栏等，有的报刊还同时开设两个短评专栏，

---

① 王敏：《上海报人社会生活（1872—1949）》，上海辞书出版社2008年版，第27页。
② 郭步陶：《时事评论作法》，正中书局1947年版，第32页。

如《帝国日报》除"时事小言"之外，还辟有"是是非非"栏，甚至还有的报刊多达三到五个短评专栏，如《民立报》就有"东南西北"、"天声人语"、"上海春秋"三个短评专栏，《天铎报》有"悱言"、"痛言"、"遒职"、"珠玑沙砾"、"上海阳秋"等五个短评专栏①。近代报刊设置"时评"栏目显现出规模效应，这无不与《时报》的时评影响有关。

　　清末报界竞相仿行的不仅是形式上设置时评，而且评论风格也发生转变，转向了精、短、快，"这是中国新闻评论经过'大篇大套'的政论时代而终于寻找到的适合新闻传播的语言规律，这在今天仍然是新闻评论不可更易的语言规律"②，自此，清末报界形成第一次"时评热"载入新闻史册。其影响确实深远，"20世纪40年代，以《大公报》'星期社评'为代表催生了第二次'时评热'。1998年勃兴的'时评'，有人称之为我国第三次'时评热'"③。时至今日，"时评"之风伴随网络兴盛再次刮起，当今"微评"随处可见，时评已经遍地开花，成为新闻媒体一道最亮丽的风景线。

　　《时报》关于文体的改革，除了从"时评"着手，还充分利用电报技术传递"新闻专电"也是重要举措之一，《申报》在《时报》的冲击下，在1905年年初的大规模改革中，列举的十二项改革措施中明确提到"专发电报"④，意识到专电在报纸版面上的地位，专电数量增多，版面加大。更重要的是，新闻通讯文体也是《时报》率先派驻"驻京通信员"而发展起来的，后来一些有实力的大报也竞相派驻访员，不但这种新文体得到开创和定型，而且其它报纸竞相效尤成为风气，《时报》的领头作用十分明显。

　　最后，就版面编排而言，《时报》在编辑上合理设置栏目，把内容归类编排，并充分调动版面编辑元素，运用了多种编辑手段，讲求版面活泼、醒目、自然，整份报纸给人耳目一新之感，颇受读者欢迎，一时也成为报界仿

---

①　方汉奇：《中国近代报刊史》（下），山西教育出版社2012年版，第575页。

②　马少华：《新闻评论教程》，高等教育出版社2008年版，第140页。

③　丁法章：《新闻时评的复兴及其他》，《新闻记者》2008年第4期。

④　《本馆整顿报务广告》，《申报》1905年2月7日。

效的榜样。例如栏目设置方面，"《时报》发刊时已是西洋白报纸双面印刷的大张，直行式分短栏自右至左竖排，还分设各种各样栏目，如批评、附印小说、报界舆论、外论撷华、介绍新著、词林、插画、商情报告表、口碑从述、瀛谈零拾等，与新闻、时评等交相映衬，印刷字号多样。新闻也按内容分为要闻、各埠新闻和本埠新闻三大部分，每一部分都配有一则言简意赅的短评"①。版面编排革新对上海老牌大报冲击很大，在《时报》的触动下，《申报》于1905年初进行了改革，首要变化就是版面，把原来报纸的章、页改称为版，要闻改用二字号排，而奏议章程及社会新闻用五号字排。过去新闻不分类，现在分为外交、政界、学界、军界和实业界等门类排列，标题用大号字排印，题文清晰。清末民初是我国近代报刊业务革新和定型时期，在《时报》和《申报》等大报的影响下，陆续都有报纸尝试和实践，形成了报业革新潮流。"我国近代新闻史上报纸样式从章、页进化到版，新闻文字从不用标题到采用大字标题，从编排的书刊式，进化到现代新闻纸式的过程，前后演化了三十多年"②。在这个过程中，《时报》的开创和推动作用是功高盖世的。所以，有研究者这样评价，"报刊编辑的作用在中国得以较大提升，当自《时报》始"，不仅如此，"让人感到有趣的是，狄楚青的一些编辑方针，在20世纪90年代兴起的一些都市报那里得到了回归"③。的确，至今的报纸编辑还能溯源到当年《时报》编辑方针留下的影子。

前期《时报》在版式、时评、专电、新闻通信及版面编排等方面独领风骚，从形式方面引领了报业变革，所以，"狄氏的创设《时报》，在上海新闻界不为无功，那正是申新两报暮气已深的当儿，无论如何，不肯有一些改革"④。《时报》创刊后半年内，多家报纸相继进行改版，上海报界老气横秋的面貌大为改观。1905年2月7日实行改版的《申报》，刊发《本馆整顿

---

① 马光仁主编:《上海新闻史（1850—1949）》，复旦大学出版社1996年版，第253页。
② 宋军:《申报的兴衰》，上海社会科学院出版社1996年版，第69页。
③ 韩松、黄燕:《当代报刊编辑艺术》，复旦大学出版社2006年版，第12页。
④ 包天笑:《钏影楼回忆录》，中国大百科全书出版社2009年版，第442页。

报务举例》，列举了十二项具体改革措施[①]（图 4—1）。在《申报》改革的第二天，陈景韩对报界这次大变样还特发专文刊于《时报》，他的喜悦之情溢于言表：“去年之日报无异前年，前年之日报无异前前年，然而今日则不然。试观今日沪上所出日报，其有一与去年相同者乎？《中外日报》则改变样式

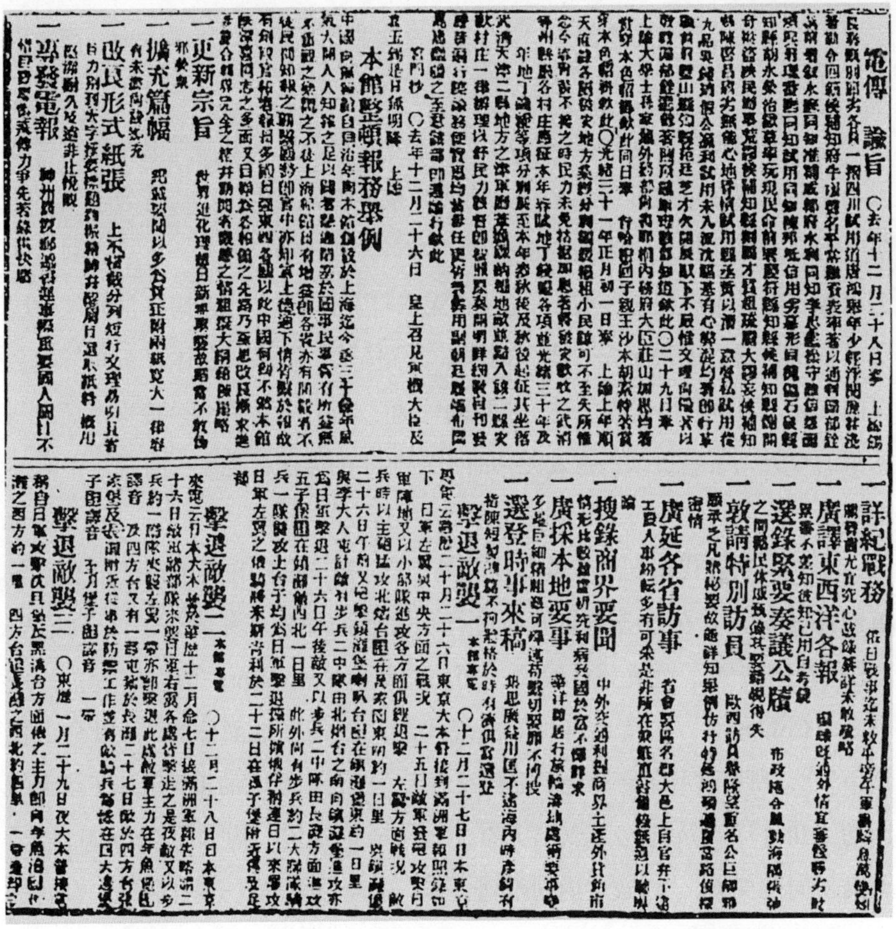
電傳諭旨 ○去年十二月二十八日奉上諭

本館整頓報務舉例

○去年十二月二十六日

一更新宗旨

一擴充篇幅

一改良形式紙張

一專發電報

一詳紀戰務

一廣譯東西洋各報

一選錄緊要奏議公牘

一敦請特別訪員

一廣延各省訪事

一搜錄商界要聞

一廣採本地要事

一選登時事來稿

擊退敵襲一

擊退敵襲二

擊退敵襲三

图 4—1 《本馆整顿报务举例》示例，《申报》1905 年 2 月 7 日

① 《本馆整顿报务举例》连续在《申报》头版刊登了一个多月，即从 1905 年 2 月 7 日始至 3 月 14 日止。所列出的十二项改革措施，包括：更新宗旨、扩充篇幅、改良形式纸张、专发电报、详纪战务、广译东西洋各报、选录紧要奏议公牍、敦请特别访员、广延各省访事、搜录商界要闻、广采本地要事、选登时事来稿。

矣，所谓整顿矣；《新闻报》则改样式矣，所谓整顿矣；即如三十年来一成不变之《申报》，亦后改样式矣，所谓整顿矣"①。两年之后，即1907年春节过后，他再次在《时报》的"报余"栏作了一则"闲评"，对《时报》在上海报界的示范作用颇为自诩："去年之他日报未有四张，今年之各日报均有四张。去年之他日报未有图画，今年之各日报多有图画。去年之各日报，均属于庄，今年之各日报多趋于谐"②。报界这次业务革新不但影响深远，而且成效显著。

后期《时报》与前期《时报》风格迥异，报界受到触动且引起仿效程度大不如前，但它走迎合受众之路，使《时报》绝处逢生，不愧是为上策。在当时上海大型日报竞争激烈的情况下，许多大报还加以效尤，抗战胜利后的上海《东南日报》便是典型一例。"在无法打开销路时，《东南日报》领导层费尽心机，最后的决策是'走《时报》的路子'。结果，在体育新闻与社会新闻方面，力争取得优势之时，销数确曾随之上升"③。在当今传媒市场激烈竞争的今天，有些报纸仍在效尤《时报》当年的做法，足见"时报"影响甚为深远。

总之，从近代报刊业务改革史来看，《时务日报》开启了近代报刊业务革新的帷幕，其在业务革新方面进行了大胆的探索，并取得了许多成就，"充实新闻资料，性质分栏编辑，用白报纸（Newsprint）两面印刷，每版分批（Column），句读加点，创成现代新闻纸的'纸面体裁'，以与申报竞争"④，所有这些革新奠定了报刊的现代样式，在当时的报界引起了较大的震动。《时报》高举业务革新的大旗，在《时务日报》所取得成就的基础上，大踏步向前探索，"以致它创刊不到一年，上海报界老资格的同行如《申报》

① 冷：《论日报之大活动》，《时报》1905年2月8日。

② 冷：《报纸之进步》，《时报》1907年2月17日。

③ 袁义勤：《上海〈时报〉》，《新闻与传播研究》1990年第3期。

④ 载中国人民大学新闻系：《中国近代报刊史参考资料》（上册），校内用书1979年版，第347页。

《新闻报》等，不得不相继改版，以适应《时报》的挑战"①，从而掀起了我国近代报刊业务革新的新高潮，可见《时报》业务改革在当时影响之大，促使中国近代报刊业务整体向前推进。

二、后期《时报》新闻业务转型迎合都市市民消费心理

后期《时报》新闻业务转型的动力是黄伯惠选择"黄色"报纸的经营策略和发展路径。1921 年，在黄伯惠接办日益衰落的《时报》之时，他认真考察国际国内政治环境和上海传媒生态，分析上海都市文化氛围，找寻契合市民的阅读兴趣，自动调适办报策略，独辟蹊径，走出了一条与众不同的办报路子，而且取得了一定成效。转型后的《时报》以社会新闻、体育新闻和图片新闻为主要报道内容，实行煽情性写作手法，以及夸张的编排处理方法，达到耸人听闻的目的，迎合了都市化的市民消费心理。

"无论在那种报纸上，社会新闻往往具有吸引民众与支配民众之极大的势力。这原因，如果探讨起来，则有：（一）社会新闻的范围较广阔，能包含大多数的群众。（二）社会新闻的内容较活泼，因之趣味也更深浓"②。后期《时报》把社会新闻作为摆脱前期《时报》颓势的突破口，以形形色色的社会现象、社会生活和社会问题作为报道对象，展示出五光十色的社会图景，时常以连续追踪式的长篇报道推出典型性社会新闻，不但给读者提供了茶余饭后的谈资，让读者得到了消遣，而且满足了读者关注自身生存境遇的信息渴求，有利于破除旧意识、旧习俗，树立新道德、新风尚，同时还担负了舆论监督之责，净化社会空气，有利社会良性互动，因此受到都市化市民的欢迎。

---

① 义勤：《被人淡忘的老〈时报〉》，载《20 世纪上海文史资料文库》（6），上海书店出版社 1999 年版，第 19 页。

② 芥子：《社会新闻编辑上的检讨》，载申时电讯社编：《申时电讯社创立十周年纪念特刊》，人文印书馆 1934 年版，第 121 页。

　　夺人耳目的体育新闻也是《时报》提供给都市化市民的重要精神食粮，是后期《时报》赢得读者的又一法宝。黄伯惠接办《时报》适逢我国体育事业发展较快之时，各类竞技比赛和大型赛事不断出现，转型后的《时报》大量报道关于田径运动、赛马博彩、球类比赛、溜冰滑雪、赛场花絮、观众百态，以丰富的内容、生动而怪异的写作手法和套红印刷的版面处理方式获得读者的好评，翔实生动地报道体育赛事，栩栩如生地描绘各类队员，既展示了赛场风姿，使读者与运动员共同欢乐，观赛场上激动场面与场外观众的心情一起涌动，同时跟进报道场外的花絮镜头，聚焦观众的情绪和队员的生活。《时报》尤其善于以重大体育赛事为契机，不惜调动一切人力和物力，以最大努力参与新闻竞争，争得时效，赢得读者。

　　新闻图片是后期《时报》的独特优势，注重刊发新闻图片，使《时报》在报坛独树一帜。黄伯惠从自己的兴趣出发，不计财力开支，大手笔添置摄影器材和聘请摄影记者，确保图片新闻能独占鳌头。大量的社会新闻通过文字报道与图片新闻同步呈现，图文并茂，相得益彰，尤其是体育比赛中抓拍到许多新闻图片，真实、客观地呈现赛场风姿和场外喜悦，使读者感觉亲历现场，吸引了都市读者的眼球，增强了阅读快感。

　　后期《时报》有效地探索出一条报刊与社会互动的途径，报刊内容满足了读者的需要，迎合了浮华都市的市民生活，以鲜明而另类的办报思路与同时期报纸形成区隔，打开销路，为报纸的涅槃带来了契机，从而使后期《时报》在中国新闻史上占据了一席之地。

三、《时报》培养了一批著名的职业报人和记者群体

　　上海时报馆为清末民初一些报人提供了用武之地，在这里锻造出一批精明实干的报务管理者与新闻素养高的职业报人和记者，而新闻业务革新为他们提供发挥潜能的良好契机，并成全了他们的成名。在中国大型民营报刊中，《时报》虽不如《大公报》《申报》聚集的人才多，但时报馆也可谓人才

济济，不仅造就了革新报界的报业老板狄楚青和黄伯惠，而且锻炼出许多出名的职业报人和编务人员，如陈景韩、罗孝高、包天笑、雷奋、戈公振、毕倚虹、蔡行素、吴灵园、金剑花、马群超、鲍振青、何西亚、王季鲁等，特别是培养了一批著名记者，如黄远生、邵飘萍、徐彬彬、金雄白、顾执中、郎静山、滕树谷等，其中在中国新闻史上产生较大影响的有狄楚青、陈景韩、包天笑、戈公振、黄远生、邵飘萍、徐彬彬、金雄白、顾执中、郎静山等，直至今日有些名字仍耳熟能详。历时 35 年的《时报》如同人才培养的大熔炉，在业务革新中造就了这样一大批编务人员和著名记者，他们的产生和成长固然离不开清末民初的政治、经济和人文环境，但《时报》新闻业务变革为他们提供了施展才华的难得机遇，使他们在新闻业务变革实践中锻炼了自己。

《时报》创刊之初，主笔陈景韩就被狄楚青聘请到时报馆担任新闻业务掌门人，他不但擅长写作时评，而且开创了多项新闻业务改革，新闻素养极高，"至少从《时报》创办到民国成立这段时间里，陈冷及其同仁坚持不尚空言、认真研究现状和历史的作风，体现出相当高的新闻职业报人的素质"①。曹聚仁也高度评价陈景韩作为职业报人的地位，"以往如梁启超、章太炎、宋教仁、于右任都是政论家，直到陈景韩来了，才是一本正经的报人"②。所以可以说，民国成立后我国报业开始步入职业化发展之路，源头可以追溯到清末创刊的《时报》及陈景韩等一批职业报人身上。1922 年，陈景韩作《二十年来记者生涯之回顾》纪念《申报》创刊五十周年，其所列内容对记者的素养提出了很高要求，有很强的新闻专业主义素养③。该文指出："余谓做报最简单之规则，惟慎择可靠之访员，据访员之报告，再证以

---

① 陈建华：《陈冷：民国时期新闻职业与自由独立之精神》，载李金铨编：《报人报国：中国新闻史的另一种读法》，香港中文大学出版社 2013 年版，第 230 页。
② 曹聚仁：《上海春秋》，上海人民出版社 1996 年版，第 124 页。
③ 陈建华：《陈冷：民国时期新闻职业与自由独立之精神》，载李金铨编：《报人报国：中国新闻史的另一种读法》，香港中文大学出版社 2013 年版，第 245—246 页。

各种之参考，采为记事，然后根据记事，发为明白公平之评论，如是而已"；
"记者故以言论为职，不能责之以事事实行。然其平日所行之事，必须与其
所发之言论，不相反背，然后其言论始有若干价值，而能取信于人"①。陈景
韩本人就是这样一位高素养的报人，对报刊言论写作要求极高，不但言简意
赅，而且字字珠玑，所以，他在《时报》所写的时评极其简练且有公信力，
深深影响了中国那一代知识分子的成长，胡适就曾谈到时评对他的影响：

> 《时报》的短评在当日是一种创体，做的人也聚精会神地大胆说话，
> 故能引起许多人的注意，故能在读者的脑筋里发生有力的影响。我记
> 得《时报》产生的第一年里有几件大案子：一件是周有生案，一件是大
> 闹会审公堂案。《时报》对于这几件事都有很明决的主张，每日不但有
> "冷"的短评，有时还有几个人的签名短评，同时登出。这种短评在现
> 在已成了日报的常套了，在当时却是一种文体的革新。用简短的词句，
> 用冷隽明利的口吻，几乎逐句分段，使读者一目了然，不消费功夫去点
> 句分段，不消费功夫去寻思考索。当日看报人的程度还在幼稚时代，这
> 种明快冷刻的短评正合当时的需要。我还记得当周有生案快结束的时
> 候，我受了《时报》短评的影响，痛恨上海道袁树勋的丧失国权，曾和
> 几个同学写了一封长信去痛骂他。这也可见《时报》当日对于一般少年
> 人的影响之大。这确是《时报》的一大贡献。我们试看这种短评，在这
> 十七年来，逐渐变成了中国报界的公用文体，这就可见他们的用处与他
> 们的魔力了。②

《时报》业务革新中造就出来的业务骨干影响了当时知识分子的成长，
不仅影响了胡适，也对邹韬奋、张季鸾等一大批知识分子影响很大。这足以

---

① 陈冷：《二十年来记者生涯之回顾》，载《最近之五十年·五十年来之新闻业》，申报馆
1923 年版，第 35 页。
② 胡适：《十七年的回顾》，《时报》1921 年 10 月 10 日。

说明，陈景韩具有很好的新闻专业素养，他的职业报人素养的积累与提升和他早期供职《时报》时的新闻实践是密不可分的。

包天笑于 1906 年入时报馆，为《时报》服务长达十四年之久，他的编辑素养和报人地位也是在《时报》锻造出来的。他进入《时报》以写论说、编外埠新闻和发表连载小说起步，后在陈景韩离开《时报》后一度晋升为总编撰一职。他不但成为著名编辑和报人，而且赢得小说家的称号。"但事实上，包天笑作为小说家的名气超过了报人"[①]，可称为"小说家报人"。更值得一提的是戈公振，他是时报馆锻炼成才的典型例子。他于 1914 年入《时报》工作，从校对起步，逐步晋升为助理编辑、编辑而成为总编辑，最后编辑《图画时报》，《时报》把这位起初的报业门外汉锻造成为一位职业报人。他任职《时报》横跨前、后两个时期，服务时报馆长达十几年，由于他勤奋好学，从无知新闻事业到娴熟掌握新闻实践，后还以《时报》的工作经历为基础，对中国新闻事业作了全景式勾画，1927 年出版的《中国报学史》成为系统研究我国报刊史的开山之作，而且成为我国新闻史研究的第一座高峰。

民国成立后，《时报》率先高薪聘请"驻京通讯员"，后来申、新仿而效之，黄远生、邵飘萍、徐彬彬等都曾在时报馆得到历练，他们的才干在《时报》新闻业务革新过程中有了用武之地，积累了丰富采写经验。他们不但开创了新闻通讯新文体，丰富了我国报刊文体类型，而且其通讯作品留下了宝贵的历史记录，更为甚者，这批"驻京通讯员"是我国新闻通讯的最早探索者和实践者，功勋卓著，以致在中国新闻史上把采写新闻通讯而著名的黄远生、徐彬彬和刘少少一起被誉为"民初三大记者"。

后期《时报》在黄伯惠接办时注意选聘人员，"所聘请的编辑馆员，也都是在申、新两报工作过的老手，如金剑花先生等诸位，大有背城一战

---

① 　王敏：《上海报人社会生活（1872—1949）》，上海辞书出版社 2008 年版，第 61 页。

之势"①，这些编务人员进入时报馆更叠加了他们的名人声誉。后期《时报》新闻业务转型为重视社会新闻、体育新闻和图片新闻，在后期《时报》熔炉里又铸就了像顾执中、金雄白、滕树谷、郎静山等一批名记者和摄影家。1923年，顾执中进入《时报》负责采写社会新闻，此前中国报界只有内勤记者，未曾有外勤记者。1926年春，金雄白也被提升为外勤记者，他曾回忆："不敢说我是中国报坛上第一批的专任外勤记者，不过当时其他各报，在我之前，也并未有过专职的外勤人员"②。可见，顾执中和金雄白可称得上是我国第一批外勤记者，而且，"《时报》的社会新闻，开辟了新闻的新天地，也为报史增添了一个独特案例"③。

黄伯惠接办《时报》后，印刷设备紧跟世界潮流，就在黄伯惠自海外购进一台卷筒彩色印报机的当年，"郎静山即应聘为《时报》摄影记者，与戈公振一起分别成为我国新闻史上最早的摄影记者和采访记者。……郎静山任《时报》摄影记者后，将摄影作为终身事业"④，故有人称他为"我国新闻史上第一个专业摄影记者"⑤。此外，滕树谷是负责《时报》体育新闻而出名的报人，他对体育新闻极感兴趣，不但主编《时报》体育版，而且还出去采写体育新闻发表于《时报》。他采访功夫过硬，写作娴熟、怪异，往往采取小说笔法，把体育新闻写得绘声绘形，把体育健将描绘得栩栩如生。这批赫赫有名的人物得益于《时报》提供给他们施展才华的平台，他们的名字和业绩在中国新闻史上占据重要地位。

① 包天笑：《报坛怪杰黄伯惠》，《大成》1984年第131期。
② 金雄白：《记者生涯五十年》（上册），台湾跃升文化事业有限公司1988年版，第132页。
③ 张功臣：《民国报人——新闻史上的隐秘一页》，山东画报出版社2010年版，第142页。
④ 石四维：《中国最早的摄影记者郎静山》，《新闻记者》1987年第5期。
⑤ 郎毓祥：《父亲郎静山》，载《现代上海研究论丛》（10），上海书店2004年版，第426页。

四、《时报》对新技术的敏感加快了新闻观念的更新与发展

《时报》新闻业务革新不但促使《时报》利用新技术，包括电报、电话等通信技术、摄影技术及印刷技术，而且激起清末民初报界采用和更新技术热潮。《时报》对新技术敏感加快业务革新步伐，从而推动我国新闻报道全面、时效、真实、客观理念的更新和发展，并在新闻界形成共识，技术与观念的互动形成合力推动新闻事业向前发展。

（一）电报、电话等通信技术推动全面、客观、时效观念的发展

《时报》一创刊就注重利用电报技术传递新闻，新闻专电成为《时报》的必备内容，从创刊初期的几条、十几条到民国成立后的几十条，甚至整版刊登专电。《时报》对新闻专电的拓展加快了新闻的全面、客观、时效观念的更新，此项内容在第二章第四节已有较全面论述，这里不再赘述。

电话对推动新闻的全面与时效观念发展助力不少。我国电话业务起步于清末，先被政、商界利用，后来新闻界也开始使用。1919 年出版我国第一本新闻学著作《新闻学》，徐宝璜专设"电话采集之法"[①]一节论及电话传递信息的重要性，可见电话成为民初又一采访工具。由于清末民初电话资费少有优惠政策，再加上技术限制，各界电话利用率并不高，而新闻界电话使用更弥足珍贵。"《时报》仅有两部，一部在主笔房，一部在营业部，申、新两报要多些，但绝没有同时期日本同行达到的每个记者桌子上有一部电话的程度"[②]。黄伯惠接办《时报》后电话使用率要高些，对一些难以接近或时效性强的社会新闻就以电话作辅助采访手段。顾执中曾谈及在《时报》采访位于徐家汇的气象台时就注意电话的使用，"不过这个地方距报馆相当远，在大风大雨时的黑夜，前往采访不很方便，所以平素必须时时跟该台打交道，查下负责教士的电话号数，以便在深夜不方便去采访时，从电话中设法采访

---

① 徐宝璜:《新闻学》，中国人民大学出版社 1994 年版，第 42 页。

② 包天笑:《钏影楼回忆录》，中国大百科全书出版社 2009 年版，第 438 页。

市民所关心的大风雨消息"①。所以，民国初年，虽然电话使用还不普遍，但它毕竟增加了新闻传播通道和新闻采访渠道，丰富了新闻传播方式，《时报》还将电报和电话结合起来使用，克服了当时邮局将新闻专电压在最后、线路拥塞、影响时效的问题，可见电话对强化新闻传播的全面与时效观念有一定促进作用。

（二）新闻摄影技术推动真实、客观观念发展

对比《时报》发展的前、后两个时期，该报对摄影技术的利用主要在黄伯惠时期。黄伯惠接办《时报》后，新闻图片成为后期《时报》新闻业务转型的三大主打内容之一，究其原因：一是由于黄伯惠本人爱好摄影，二是社会新闻和体育新闻需要图片来增强报道的真实性和现场感。"文义有深浅，而图画则尽人可阅；记事有真伪，而图画则赤裸裸表出"②，新闻图片确是凸现新闻真实的绝佳手段。

1921 年，黄伯惠接手《时报》后就注重刊载新闻照片，使版面图文并茂，新闻图片与社会新闻、体育新闻并称为黄氏时期《时报》的核心内容，《时报》因此也以摄影和制版设备精良著称。1927 年黄伯惠从外国购得彩印设备，《时报》上的新闻照片无论数量还是质量都有较大飞跃，新闻图片印刷得更为清晰，既增加了美感，又体现了真实。总体上看，后期《时报》的图片新闻报道以及社会新闻和体育新闻所配图片，能客观、真实地呈现事件状态，使社会新闻绘声绘色、体育新闻栩栩如生，真实、客观的报道观念通过新闻摄影实践得到加强，可见摄影技术有助于新闻报道的真实、客观理念的强化和发展。

（三）印刷技术推动时效观念的发展

《时报》一直重视新闻报道的时效性，前期《时报》以新闻专电抢时效，后期《时报》不但从新闻采写方面抢时效，如在体育新闻方面表现出与众不

---

① 顾执中:《报人生涯——一个新闻工作者的自述》，江苏古籍出版社 1987 年版，第196—197 页。

② 戈公振:《中国报学史》，生活·读书·新知三联书店 2011 年版，第 229 页。

同的新闻竞争意识，甚至通过租用整节火车厢或包专机服务新闻报道，以便及时发行以抢时效，而且从改良印刷以节约印刷时间来争抢发行时效。黄伯惠对印刷技术极为敏感和娴熟，"他为考察印刷，曾到过美、德、英、日各国，他和你谈起近代印刷机器的改进，对于各种印机的式样牌号和效能真是如数家珍"①。他于 1927 年夏花巨资从德国购置的彩色印报机，每小时可印二大页报纸 8.1 万份（即单页 16.2 万张），印刷速度在国内领先。随着中国各大型报馆采用轮转印刷机的越来越多，中国报业在印刷技术方面步入现代化，报人对时效观念有了新的认识，"以时间消灭空间"，在快速的技术更新中增强了新闻传播的时效理念，改良印刷对提高新闻的时效是显而易见的。

"媒介即技术"。新闻生产和传播领域的技术进步是新闻业现代化的基础，每一次与媒体业发展密切相关的技术进步，会带来新闻实践和观念的变革，也必定推动新闻传播观念的更新与发展。上海《时报》作为近晚报坛上的重要成员，而且对新技术非常敏感，其中所起到的作用不可小觑。当然，传播技术只是影响新闻观念的因素之一，绝不是影响因素的全部，切忌过于夸大技术的作用而掉入"技术决定论"泥潭。

在中国新闻史上，上海《时报》的业务革新意义重大且影响深远，它的现实意义是多方面的，并不只是以上四个方面，这里只是举其要者而论之。

第二节　上海《时报》新闻业务变革的消极影响

从客观上讲，《时报》业务革新的成就当然为主流，但从政治、经济和文化的视角分析也存在不尽人意的地方，主要在于政治上不敏感、经济上不盈利、文化上不高雅，这是常遭后人诟病的地方。

---

① 拾遗：《黄伯惠二三事》，《评论报》1947 年第 17 期。

一、办报刻意远离政治有损办报使命

人有人格，报有报格，民营报纸虽不如党派报纸政治倾向明显而直接，但也应该有自己一贯的办报主张和独立报格，以形成自己的报纸个性。狄楚青时期《时报》矢志于报纸业务改革，报刊舆论没有成为《时报》的主要用意，在清末民初重大事件发生后也发表过一些言论，一定程度上发挥了舆论引导作用，但与申、新两报相比，前期《时报》在言论方面没有太多称道的地方。在创办之初，"《时报》在言论上较有影响的只有两次，一次是1904年前后的关于向英帝国主义争回粤汉铁路筑路权的宣传，一次是1905年前后的关于抵制美货购买国货的宣传，这两次宣传都在一定程度上满足了中国资产阶级经济上的要求。此外无可称"①。

在狄楚青主政《时报》时，政治色彩相较同期的《申报》原本就淡了许多，引导舆论方面声威微弱，符合狄楚青标榜其办报不是以革新舆论为目的的思想。黄伯惠执掌《时报》后，政治色彩进一步淡化，在报刊界引导舆论更无足轻重。顾执中直言不讳地说："《时报》在狄楚青时代，虽然在发行上远不及《申报》和《新闻报》，但在文化教育界颇有地位。……《时报》从黄伯惠接办到抗战后关闭，完全成了一家无灵魂的报纸。"②黄伯惠坦言，他办报也在于变革报业，但他与狄楚青革新报业的胸怀差得较远，他主导"为报而报"的办报理念，"我国之纯粹为报而报，不杂丝毫政治或商业之观念者，当以黄氏为第一人"③。所以，他的业务革新明显转向以大众喜好为中心，重点落在新闻题材方面，以大众化策略经营《时报》，新闻业务发生转型，注重社会新闻、体育新闻和图片新闻，走的是小报化的"黄报"之路，对原有的评论性栏目一减再减。据顾执中回忆，"《时报》自黄接办后，

---

① 方汉奇:《中国近代报刊史》(上)，山西教育出版社2012年版，第249页。
② 顾执中:《一所并不理想的新闻学校》，载《新闻研究资料》第26辑，中国社会科学出版社1984年版，第36—37页。
③ 《郑逸梅选集》第六卷，黑龙江人民出版社2001年版，第34页。

就没有正式的社论，仅有短评，等到后来，索性连短评也不要了。省得在政治上找麻烦，省得得罪人"①。后期《时报》注重艺术、远离政治，缺乏政治敏感，模糊政治倾向，有意回避政治，因而难以与同时期的《申报》分庭抗礼，报纸对社会的影响敌不过《申报》和《新闻报》。

更为甚者，1937年11月上海被日入侵而沦为"孤岛"，上海各报都面临新的抉择，一些报刊要么内迁，要么停刊，而《时报》选择甘愿（当然也是无奈）接受日伪新闻检查，屈节维持出版，报格沦丧。不仅如此，一些人员也沦为了汉奸，顾执中在晚年回忆中庆幸早年离开时报馆，"那个无头脑无灵魂的时报馆中，后来在日寇占领上海的孤岛时期，却有不少人堕落成为可耻的汉奸，我如果不在那时离开它，是很难绝对保证自己不同他们同流合污的"②。《时报》的最后两年里因不情愿接受新闻检查，所以有意以琐碎的社会新闻充斥版面而回避政治，维持出版了短暂时期后面临政治抉择，最终还是为政治牵绊而吞噬，走完了自己艰难的岁月。所以有研究者慨叹："辉煌一时的《时报》，自1904年创刊，馆主由狄楚青而黄伯惠，总主笔由陈景韩而金剑花，一干人杰筚路蓝缕，百计经营，前后经历了三十五年，在风云变换的近代舞台上，终于成了新闻史上的一个过客"③。

二、办报没能盈利不利于民营报业发展

上海《时报》业务革新与变迁始终没有把报纸盈利作为追求目标，无论在前期还是后期，一直都没有充分发挥民营报纸的盈利功能。在狄楚青经营的头几年里，报纸发展势头良好，但几乎依靠补贴维持出版。《时报》创办

---

① 顾执中:《报人生涯——一个新闻工作者的自述》，江苏古籍出版社1987年版，第179页。
② 顾执中:《一所并不理想的新闻学校》，载《新闻研究资料》第26辑，中国社会科学出版社1984年版，第50页。
③ 张功臣:《民国报人——新闻史上的隐秘一页》，山东画报出版社2010年版，第155页。

之前就得到康、梁的多方资助，首先注入 7 万元的启动资金，此后连年依靠康、梁拨款维持运营，从创办到1907年的四五年间约共资助了20万元，报刊盈利几乎没有提上议事日程。

随着狄楚青与康、梁渐行渐远，康、梁逐渐脱离该报，1908年后，该报逐渐趋近了江浙立宪派，但报纸在经营方面也没有得到改善。所幸的是，狄楚青经营有正书局有年，盈利不少，他不得不采取剜肉补疮的办法维持《时报》日常运营。"至于《时报》的经济，可云一直在紧张阶段中。幸而狄楚青同时经营一书店，曰'有正书局'，每年颇有羡余。于是以有正书局的盈余，补助《时报》之不足，然亦煞费苦心了"①。进入民国以后，《时报》总编辑陈景韩被《申报》史量才挖去，报纸受重创而日益步入下坡路，仍旧依靠有正书局的挹注来维持，"入民国后，《时报》就开始走下坡路了。《时报》一度经济困难，入不敷出，狄楚青自己经营的有正书局却岁有盈余，他便采取剜肉补疮的办法，以有正书局盈余、补《时报》不足"②。这样又维持了多年，后来狄楚青经营《时报》已步履维艰，终因疲累转手黄伯惠。据包天笑回忆，狄氏最后实在无心经营而只得撒手解脱，"当时常能以有正书局的盈余，济《时报》一时之困。到了后来，《时报》日处窘乡，楚青再也不能背这个烂包袱，只好挥此慧剑，以求解脱"③。可见，前期《时报》完全没有做到独立经营，办报盈利是前期《时报》无法实现的黄粱美梦。

后期《时报》走的是商业报纸的路子，但报纸的盈利目的仍没有达到。从黄伯惠时期《时报》的受众群定位看，黄氏不断拓展受众面，为更多的读者服务，从狄楚青时期以注重教育界、文艺界等知识阶层为主，逐步在此基础上叠加受众，使受众拓展到体育界、下层民众中。《时报》不盈利原因错综复杂，与黄氏个人性格和报业经营管理关系密切。

首先，不计成本和回报的大手笔投入。黄伯惠自己就是地产富商，财

① 杨光辉等编：《中国近代报刊发展概况》，新华出版社1986年版，第154页。
② 刘家林：《中国新闻通史》，武汉大学出版社2005年版，第154页。
③ 包天笑：《钏影楼回忆录》，中国大百科全书出版社2009年版，第425页。

大气粗，平时大手大脚，大撒资金购置设备。黄伯惠一味为了满足读者和自己的癖好而无限地投入，不计成本，难以获利。譬如黄伯惠嗜好摄影，时报馆建设了居上海之冠的摄影室，且不断添置高档的摄影器材；为了出版版面清晰、印刷精良的报纸，不但购置优良的印报纸张，而且不惜成本添设当时雄冠亚洲的高速、套彩印刷机和配套设备；为了满足读者的新闻欲，以优厚的待遇聘用外勤记者采访社会新闻和体育新闻，国内外重大新闻都派遣记者或物色特派员进行采访，并大力提高职工工资和改善他们的工作环境；特别在重大体育赛事报道方面投入更大，为了让读者第一时间看到体育新闻，黄伯惠全然不顾成本参与新闻竞争。"在第一次全运会期中，《时报》投下了许多人力与物力，来和他报竞争。该报社长黄伯惠亲来杭州，每天挂着照相机在会场活动指挥采访，将记事和摄影交沪杭路火车，随班车送往上海，并在列车上设置暗房，于途中冲洗新闻照片，待车到上海即赶付制版，以争取时间"[1]。他们分工明确，有条不紊，"规定每天'全运'停止后，所有记者立刻到'城站'，登上驶沪班车，采访的在包车中据案疾书，摄影的入黑房冲晒照片。一到嘉兴，稿子写齐了，图片也冲好了，扎成一包，交由专人随车送沪，其余统在嘉兴落车，等下行车开到，搭返杭州"[2]。

《时报》为争取新闻时效，竟在这次全国运动会上租用专机运送《时报》，"当时全国运动会在杭垣举行之某年，在十天的会期中，时报包专机一架，每晨由沪飞杭，专送时报，此在中国尚属创举"[3]。另外，特派记者数量也超过上海各报，"记得民国十九年全运会在杭州举行时，上海时报曾派记者七八人前往参加；申报、新闻报、时事新报，亦各派记者三四人前往参加"[4]。诸如此类不惜巨金的大手笔操作大大提高了报纸运作成本，收入与产出比例严重脱节，报纸的盈利目的无法实现。

---

① 童轩荪:《奇人黄伯惠·南北画报潮》,《传记文学》1970 年第 17 卷第 1 期。
② 过雨青:《上海当年四大报之一：时报之忆》,《报学》1969 年第 4 卷第 2 期。
③ 邵翼之:《我所知道的上海时报》,《报学》1955 年第 1 卷第 8 期。
④ 王文彬编著:《采访讲话》,三江书店 1938 年版,第 29 页。

其次，黄伯惠本人的报业素养不高。顾执中直言不讳，"黄伯惠接手后，因黄既无政治头脑，也没有高度文化，更没有一点像史量才那样的办报人的气魄，致使《时报》晦暗失色，每年赔本"。他无能报业管理，无法知人善任，"聘请了一个姓盛的中年人当经理，此人唯唯诺诺，唯主人之命是听，对《时报》的经营与发展，全无一些措施"①。黄氏的报人素养和报业管理缺陷都限制了《时报》盈利功能的发挥。

第三，广告经营乏力。对报业来说，广告是报纸的血液，是报纸的主要经济来源，上海是当时全国的报业中心，报业市场竞争激烈，《时报》在广告经营方面明显敌不过《申报》和《新闻报》，"当时申、新两报，凭借历史悠久，销路广大，广告效力显著，因之每日各种广告拥挤，广告费收入极多，每年借此获得不少盈余。《时报》在这方面瞠乎其后，除书局、药房、戏院、香烟公司等一些常年客户外，其余广告有限。……《时报》广告费收入既敌不过出售报纸损失的浩大，所以每年要亏本"②。《时报》广告的萎靡境况与该报疏于广告经营，没有足够重视广告及缺乏经营策略有关，"《时报》篇幅仅日出两张，由于大量刊登社会新闻、体育新闻，遂使大幅广告不能容纳，这就严重影响了报社的经济收入"③。邵翼之也直言《时报》经营广告的缺陷，"因篇幅关系，对广告方面未予特别注意，五彩印刷机亦未曾在广告上发挥效能，因此影响收入"④。

三、煽情性"黄色新闻"遭世人诟病

历史上对《时报》转型后的社会新闻褒贬不一，褒扬集中在迎合了受

---

① 顾执中：《一所并不理想的新闻学校》，载《新闻研究资料》第 26 辑，中国社会科学出版社 1984 年版，第 36—37 页。
② 谢菊曾：《再忆〈时报〉》，《随笔》1981 年第 16 集。
③ 刘家林：《中国新闻通史》，武汉大学出版社 2005 年版，第 366 页。
④ 邵翼之：《我所知道的上海时报》，《报学》1955 年第 1 卷第 8 期。

众，给《时报》带来转机，贬斥则在于那些煽情性的"黄色新闻"，通过过分炒作降低了报格，麻痹了读者。所以，"当其时，上海各大报以黄伯惠如此做法，嗤为庸俗，叱为下流"①。

后期《时报》确有过度开发社会新闻资源之嫌，通过过分渲染、夸张煽情、配以图片达到耸人听闻的传播效果。金雄白作为后期《时报》外勤记者的主力干将，许多社会新闻出自他的手笔，通过煽情手法把社会新闻写得绘影绘声。张功臣指出金氏笔下的社会新闻，"名流纳妾，新闻标题称作'桃花时节'，同人结婚，则调侃为'露滴牡丹开'，这一荒唐轻佻的记载，在《时报》的本埠新闻栏里，常常占有一席之地"。他进一步指出，后期《时报》"竟敢冒天下不韪，源源刊登低俗不雅的新闻，未免遭到同业讥讽，被指责为胆大妄为，堕落无行"②。尤其一些长篇累牍报道男女关系的猎艳新闻，长时期连续追踪推出，极尽煽情炒作之能事，一味求得轰动效应，更遭人非议。顾执中就谈到，"初时还算规矩，后来对黄慧如和陆根荣的男女关系案，太湖大盗太保阿书的残酷杀头案等，都大肆渲染，使原来尚有文化气息的《时报》终于降为满载黄色新闻的小报"③。所以，顾执中对他离开后的《时报》所载社会新闻极为不满和痛心，"原来文化气息很浓厚、在文化教育界畅销的《时报》，自此便日趋于庸俗。过了二三年，当戈公振先生和我离开该报以后，《时报》不但庸俗，而且一变而为满纸充斥着十足下流的以大量篇幅描写男女关系的黄色新闻的报纸，因此，其报格日趋低落，不为社会所重视"④。

记者采写社会新闻应避免幸灾乐祸、冷漠旁观的心理，掂量手中的素材可能会带来的负面影响。有研究者指出，为降低社会新闻的负面影响，新闻工作者应该善于做"减法"，即"在编排上戒二分猎奇，砍三分细节，避四

① 包天笑:《报坛怪杰黄伯惠》,《大成》1984 年第 131 期。
② 张功臣:《民国报人——新闻史上的隐秘一页》,山东画报出版社 2010 年版,第 142、143 页。
③ 顾执中:《一所并不理想的新闻学校》,载《新闻研究资料》第 26 辑,中国社会科学出版社 1984 年版,第 37 页。
④ 顾执中:《报人生涯——一个新闻工作者的自述》,江苏古籍出版社 1987 年版,第 179 页。

分血腥，去五分暴力。编辑在处理社会新闻时，不仅要注意上述题材是否过多过滥，还要开动脑筋巧妙地引导读者"①。《时报》则没有这么考虑，报道大量的关于婚恋畸变、黑幕罪恶、盗窃杀人、世相百态等社会新闻，还尽量用"加法"来处理新闻素材，写作一味煽情，缺乏人文关怀，抓住部分看客心理一味追求轰动效应，读者对此被动接受，虽然一时还算津津乐道，但掩藏不了它的不良本质。如在中日民族矛盾日益激化的当儿，《时报》曾连续性推出"黄慧如与陆根荣的主仆恋爱"的社会新闻便是典型一例。五卅惨案发生后，正当全国人民反帝反军阀的怒潮汹涌澎湃之时，《时报》竟"煞费苦心地抛出了一条所谓黄慧如与陆根荣的恋爱新闻，来转移上海人民的注意，削弱上海人民对罢工等革命斗争的支持"②。在斗争洪流的骨节眼上推出这类事关风化的社会新闻，不仅转移了民众的注意，而且消弭民众的意志，削弱民众抗争锐气。但是，"随着时间的推移，人们对黑暗的时局认识的加深，感官刺激所带来的片刻沉醉毕竟遮掩不了、更消弭不掉深层的社会问题"③。因此，这类不合时宜的社会新闻所带来的不良影响显而易见。

《时报》社会新闻的负面影响曾引起国民党内部人员的警觉，差点招致灭顶之灾。金雄白自己也曾回忆，"中国国民党在南京召开了一次中央全会，有人在会议席上提议：上海《时报》以巨大篇幅刊载社会新闻，实有诲淫诲盗之嫌，应从严惩处，勒令停刊"。但国民党顾及《时报》历史地位和自身执政根基，《时报》才得以幸免，"大会讨论的结果，以《时报》是一张有历史的报纸，如在此时处分过严，将被认为压迫舆论，而招致国际上的不良观瞻，因此决议交中央宣传部饬传该报最高负责人来部面加申诫，从轻发落"④。

虽然黄伯惠时期的"黄色新闻"给予人们娱乐和消遣，为报业带来转机和

---

① 张红宇：《"不等式"和"加减法"——如何理解和把握社会新闻初探》，《记者摇篮》2003 年第 2 期。

② 顾执中：《一所并不理想的新闻学校》，载《新闻研究资料》第 26 辑，中国社会科学出版社 1984 年版，第 47 页。

③ 刘海贵：《中国现当代新闻业务史导论》，复旦大学出版社 2002 年版，第 11 页。

④ 金雄白：《记者生涯五十年》(上册)，台湾跃升文化事业有限公司 1988 年版，第 184 页。

销量，促使《时报》独特风格形成。但是，"黄色新闻"中肆意渲染、夸张描写不但有害新闻真实性，更有甚者，有些社会新闻有伤风化，消弭意志，甚至传播了不恰当的价值观。尽管还不至于说它已严重毒害人们的身心，但它至少会麻醉人们的身心，使读者无法理性审视自身的生存境况，肤浅化、表面化的报道更无法达到对人性的深度追问，所以"黄色新闻"带来的负面影响是不容忽视的。

第三节　上海《时报》新闻业务变革的历史意义

《时报》新闻业务革新与转型过程是对我国新闻专业理念的探索与实践的过程，所以从新闻专业主义视角考察《时报》的新闻业务变革，具有一定的历史意义。新闻专业理念是新闻媒介和新闻从业者所应遵循的一系列行为规范和职业操守的总称，"指新闻媒介必须以服务大众为宗旨，新闻工作必须遵循真实、全面、客观、公正的原则"[1]。新闻专业主义是"舶来品"，晚清时期从西方传入，清末民初在我国落地、孕育和发展，《时报》的存续恰好历经我国新闻专业理念的萌芽、尝试和发展时期。狄楚青时期《时报》处于我国新闻专业化的量变积累阶段，民国成立之前有了初步探索和积累，民国初期经过有效实践逐步理论化，到"五四"之后新闻专业化有了质的飞跃，黄伯惠接办《时报》逐步进入专业化的经营阶段。

一、前期《时报》新闻业务革新催动我国新闻专业理念的孕育与发展

我国新闻业从自发运作到专业化自觉实践阶段演进，经历了探索和尝试的过渡时期。从我国新闻专业主义发展历程看，新闻专业理念在民国成立前已有孕育，随着民国成立而进入萌芽发展时期。"辛亥革命之后，中国的报人开始

---

① 李良荣：《新闻学概论》，复旦大学出版社 2012 年版，第 348 页。

放弃以前那种遭人非议的新闻观，认为那样的办报方式与政党政治的命运过于紧密地捆绑在一起，毫无自身的发展前途。他们和美国的记者一样，也呼吁在客观报道的基础上建立职业化的新闻事业"①。民国之后我国新闻业发生重大转型，新闻业从政论时代向新闻本位时代演变②，新闻专业理念正契合了中国报业自民国初年走上的职业化之路，标志着新闻时代开始到来，新闻从业者的专业意识被唤起，新闻专业理念从民国前的潜伏酝酿期进入到萌芽发展时期。

前期《时报》新闻业务改革对新闻专业理念萌芽和发展产生很大影响，该报从外观到内部运作，即从报纸版式到新闻生产都在朝专业化方向努力。在报纸版式方面，狄楚青创刊《时报》首创对开双面印刷大型报纸，这种新版式冲破旧有藩篱，颠覆了垄断中国几十年的老套报纸样式，不但方便读者阅读，而且承载了更多的新闻信息量，报纸朝人性化和现代化方向发展，是对新闻专业化发展的最初探索。

在版面编排方面，《时报》作了很大的变革和创新，改变了传统的"首论说，次上谕或宫门钞辕门钞，次为各省各埠要闻，末为本埠新闻"的编辑思路和模式，大胆革新版面设计和编排。以《时报》创刊号为例，版面安排是：首页为广告页，第二页起依次把新闻按要闻版、各地新闻版和本埠新闻版进行分版归口，同一主题的新闻又按地域分别刊入各版，这种编排方式使得报纸版面灵活、清新、显醒，方便读者阅读，这种编排到1907年以后逐渐表现得尤为明显，版面编排已显成熟，说明报纸编排设计更显专业。

在新闻文体方面，专电的大量运用和新闻通讯文体的开创并定型加快了新闻专业理念发展的步伐。首先，新闻专电促进新闻专业理念形成。《时报》创刊时大量采用新闻专电，是我国报刊专电发扬光大者，带动其它报刊争相采用专电报道新闻，不但加快了新闻传递速度，强化了新闻时效观念，而且带来了新闻报道全面观念的发展，因为各报不断扩大专电来源的地域，增加了专电数量，拓展

① ［澳］特里·纳里莫：《中国新闻业的职业化历程——观念转换与商业化过程》，载《新闻研究资料》第58辑，中国社会科学出版社1992年版，第182页。
② 吴廷俊：《中国新闻史新修》，复旦大学出版社2008年版，第158页。

了专电类型，通过报道更多、更全的新闻事实，呈现出相对全面的新闻图景。进入民国之初，随着拍发电报优惠政策的出台，《时报》专电得到大发展，每日几十条甚至整版刊登新闻专电。新闻专电不但拓展新闻的全面性和带来了新闻的时效性发展，更重要的是带来了新闻的真实、客观观念的发展。民国初年，随着"新闻本位"时代的到来，新闻客观性有了萌芽，直到五四之后的20年代正式形成。在这个过程中，中西方有一点相似，西方认为新闻的客观性与电报技术的运用存在一定的关联。我国新闻客观性萌芽于民初，也是与传播技术大量使用有关，电报在民初报界的广泛使用，催生了新闻时代的到来。更重要的是，新闻专电对写作有很高要求，要求运用春秋笔法，力求简短而客观，去掉一切空话和议论，带来了新闻报道的客观、真实理念的落实和发展。

其次，《时报》开创我国新闻通讯文体，经过民初记者尝试而逐步定型，有力地推动我国新闻专业理念的发展。《时报》率先派驻以黄远生为代表的"驻京通信员"，为民初记者提供了践行新闻专业理念的舞台，他们充分发挥新闻采写才干，促使新闻专业性从感性的操作层面逐渐向理性认知转化。新闻通讯文体对我国新闻专业理念的促进作用主要在于倡导新闻的客观报道手法，该文体从萌芽、发展到定型不断加快客观报道的形成步伐。

民国成立前后，特约通讯经过《时报》首创之后而风靡一时，各报竞派访员，新闻通讯写作渐趋稳健、成熟，把我国客观报道传统在新闻实践中发扬光大。如黄远生在《亡国人之苦痛》一文中写道："一日大雨，洋夫妇坐两洋车，令以一车载其所爱之狗。车覆狗头碎，洋夫妇扼车夫项乱鞭之，车夫死于鞭下，夫妇洋洋抱病狗而去"①。这一描写如同现场目击记，使人身临其境，现场感极强，客观地记录了当时的情景，亡国人悲惨的命运通过寥寥几笔就勾画得幽隐毕达。又如《外交部之厨子》《囍日日记》等"北京通信"，采用客观报道的手法，通过捕捉现场感极强的画面，在客观叙述中展示场景，无需渲染就能透露出对当局政府及要员的腐败、昏庸的讽刺意蕴，这正

---

① 黄远生:《新闻日记·亡国人之苦痛》,《时报》1915年4月7日。

是新闻客观性在形式上要求"报道者应善于寓褒贬于客观叙述之中,而不随意加以主观解释"①。客观观念在新闻通讯写作中不断受到新闻业界的倚重和踵行,带来新闻专业理念逐渐形成。

新闻客观观念在民国初年经过新闻从业者的实践,渐渐得以巩固,并受业界认同,与西方新闻界强调的新闻专业理念相映照。因而,民初的新闻实践使新闻客观性从漫长量变的孕育期质变到萌芽期,伴随专业理念的萌发,直到 20 世纪 20 年代逐步形成。

言论自由也是新闻专业理念的重要内涵之一。清末民初,我国报界言禁过多,言说渠道不畅,舆论环境不佳,时常遭当局苛责,甚至封报杀人,1903 年发生的"苏报案"②和"沈荩案"③即是明证。1904 年《时报》创刊,

① 童兵:《理论新闻传播学导论》,中国人民大学出版社 2011 年版,第 74 页。
② "苏报案"是清末一起重大报案。《苏报》于 1896 年 6 月 26 日在上海创刊,日刊,是资产阶级革命派在国内报刊中影响最大的一家。该报创办人为胡璋,以其日本妻子生驹悦的名义在日本驻上海总领事馆注册,用"日商"名义发行。报纸创办初期格调不高,名声不佳,经营也不利,1899 年出售给退职官员陈范。1902 年陈范与爱国学社接触频繁,言论越来越倾向于革命。1903 年 5 月章士钊担任《苏报》主笔,创"学界风潮"和"舆论商榷"两个栏目,对当时邹容撰写的排满民族主义革命小册子《革命军》大加赞赏,并发表章太炎所撰《驳康有为论革命书》《康有为与觉罗君之关系》,以轻蔑的口吻直呼光绪皇帝为"载湉小丑,不辨菽麦",说他和慈禧太后都是"汉族公仇";宣扬"杀皇帝"、"倒政府"、"杀尽胡儿方罢手"等激进思想。《苏报》的上述言论,当然不能为清政府所容忍。6 月 30 日,清政府经与上海领事团多次密谋,决定由上海租界工部局对陈范、章太炎、邹容等 7 人实行拘捕,章太炎等当日被捕,邹容闻讯后于翌日投案。清政府以沪宁铁路筑路权为交换条件,要求将章、邹交给清廷审判,但遭到了租界当局的拒绝。7 月 15 日,上海租界会审公廨开始会审"苏报案"。审讯初期,清廷要求判处章、邹死刑,又遭拒绝,经过几次审理,最后判处章太炎监禁 3 年,邹容监禁 2 年,《苏报》永远停刊。这场以洋人做法官,清政府为原告,《苏报》为被告的奇特诉讼就是中国近代史和中国新闻史上著名的"苏报案"。
③ "沈荩案"为清末又一起重大报案。沈荩,湖南人,1903 年在北京担任新闻记者时,探得中俄密约草稿,并将其发表在天津英文报纸上,引发全国各阶层和留日学生反对密约的斗争。7 月 19 日,沈荩被捕,后被判斩立决。适逢慈禧万寿庆典,不宜公开杀人,遂改判"立毙杖下"。行刑时被狱吏杖至二百余下,"血肉飞裂,犹未致死",最后用绳"勒之而死"。31 日,沈荩被残忍杀害,其细节公布后,引发国际社会对清政府的一致谴责。

意识到分散的个体报纸和个人争取言论自由权利力量有限，该报在创刊几个月后，即 1905 年 3 月 14 日便发表《宜创通国报馆记者同盟会说》一文，呼吁组建新闻团体，表明中国报业群体自认意识在提升，借助团体意识捍卫言论自由，并看成中国记者专业身份的标准。该文敏锐地意识到："自昔以来，政府官吏好与我报纸为敌者，非好为敌也，彼实有不得已之苦衷也。然而既为敌矣，则必出其为敌之手段，粗暴之徒，则用强硬，奸巧之徒，则用摇惑，此必然之势也。……若此，是又舆论之大敌而我报界之大害也"①。

进入民国初年，黄远生、邵飘萍等名记者以《时报》为舞台，借助如椽之笔争取言论自由，他们的新闻作品触及政坛黑幕和内政外交等方方面面，揭露当局的昏庸和腐败，大胆追求言论自由，不断拓展言论自由空间。黄远生从事新闻工作是在民国之后，以《时报》的"驻京记者"身份而显赫一时，在约四年的新闻生涯中，言论自由思想是贯穿他的新闻事业的一条主线。可以说，黄远生是在继维新派和革命派言论自由思想之后，中国卢梭式的自由主义者，"黄远生作为一座丰碑的高度，迄今为止还没有被哪个自由主义者所超越"②。邵飘萍继黄远生之后成为《时报》的"驻京记者"，在民国初年也名噪一时，最后为此献出宝贵生命，民初记者对言论自由的重视和追求可见一斑。

以上表明，以真实、客观、及时和言论自由为内核的新闻专业理念，在清末时期《时报》报人中已产生了强烈的自省意识，进入民国之后，黄远生、邵飘萍等大量专业记者出现，他们的报刊实践有力地推动了我国新闻专业理念萌芽，伴随"新闻本位"时代的到来，在新闻实践中不断探索和践行新闻专业理念，从而为黄伯惠时期《时报》对专业理念的形成和发展扎下了深深的根基。

---

① 《宜创通国报馆记者同盟会说》，《时报》1905 年 3 月 14 日。

② 张育仁：《自由的历险——中国自由主义新闻思想史》，云南人民出版社 2003 年版，第 215 页。

二、后期《时报》新闻业务转型助力我国新闻专业理念的形成

西方的新闻专业理念落地中国有一个过程，我国新闻专业理念自清末开始孕育，到民国成立后经黄远生等一批名记者的尝试和实践进入萌芽期，后经徐宝璜、邵飘萍等人的提炼、抽象和总结，自 20 世纪 20 年代开始形成理性化的新闻专业主义理念。狄楚青时期《时报》为我国报业革新吹响号角，并为我国新闻专业理念形成开启了前兆，其新闻业务革新实践对新闻专业理念进行了最初尝试和有效探索，是《时报》践行专业理念的源头。正因为前期《时报》奠定了基础，播下专业理念萌芽的种子，经历了新闻专业实践这一预热阶段，再经过民国前后的长期积淀，为后期《时报》推动新闻专业理念的形成作了铺垫。后期《时报》在服务大众、真实客观、独立经营三个方面比前期《时报》践行新闻专业理念更为成熟，丰富和加固了我国现代报业专业化理念的内涵。

如果说狄楚青开启了我国报业革新和专业理念萌芽之门，回应了当时社会对报界的要求，是媒介生态环境使然，以致《时报》与清末民初社会形成一种互动，那么黄伯惠的办报理念同样是与 20 世纪 20 年代后的中国社会的一种互动。黄伯惠办报走的是与狄楚青不同的发展路子，与前期《时报》的办报风格和旨趣大不一样。后期《时报》选择赫斯特的"黄报"之路，以"以服务大众为宗旨"，贯彻了新闻专业理念的首要内容，它以社会新闻、体育新闻和图片新闻为主打实现了新闻业务转型，迎合了广大都市化读者，契合了社会需要，探索了新闻事业与社会互动的新模式。

为了服务都市读者，黄伯惠选择了满足都市化市民阅报之路，至少有如下考虑：首先，政治生态影响黄伯惠办报旨趣。当时政局不稳，社会氛围紧张，读者需要从娱乐消闲中得到开脱，作为精神食量的报刊能够充当这一载体，源源不断地提供社会新闻、体育新闻、图片新闻，慰藉战时人们的心灵，暂时逃避战争的纷扰，从而在精神世界里释然陶醉。其次，传媒生态激励黄伯惠实行错位竞争来应对生存困境。黄伯惠接办《时报》时，报纸衰退

迹象明显，黄伯惠若要使《时报》起死回生，就不得不考量"五四"之后我国报界的状况，当时上海的《申报》和《新闻报》已经驶入稳健、快速发展道路，"进入 20 年代后，两报进入稳步发展期，销数急剧上升：《申报》1921 年销数为 4.5 万份，至 1926 年底，达 14.1 万份；《新闻报》1921 年销数近 5 万份，1923 年达 10 万份，到 1926 年达 14.1 余万份，差不多接近该报的历史最高水平（15 万份）"①。在这两大劲敌面前，元气伤得极深的《时报》如何生存？这是黄伯惠接办后的首要考虑问题。黄伯惠结合自己游历西方考察报业的经验，选择走赫斯特的办报策略是他的报业举措。新闻业务的这种转型正是从广大读者的角度思考办报，是践行新闻专业理念的突出表现。

就新闻专业理念的"客观性"而言，"从世纪之交直到 20 世纪 20 年代，'客观性'这个词始终没有出现在记者或新闻批评家的辞典中。……20 世纪二三十年代的新闻业，客观性的理念才诞生"②。《时报》作为当时有重要影响的报纸之一，对推动新闻"客观性"的诞生无疑是一支重要力量。具体来说，后期《时报》着重社会新闻报道，较为全面、客观、真实地记录当时市民丰富多彩的社会生活，尤其是体育新闻和图片新闻在"客观性"方面表现更为突出，报纸通过真实、客观的手法报道大量重大体育赛事，时常配以真实感和现场感强的画面辅助报道，使读者有身临其境之感，客观报道理念得以强化。

后期《时报》在独立经营方面更值得称道，这是前期《时报》无法与之匹敌的。清末民初，我国民营报纸在独立经营方面不断作出努力，追求报业独立是他们的共同目标。福开森在 1899 年接办《新闻报》后提出"无

---

① 吴廷俊：《中国新闻史新修》，复旦大学出版社 2008 年版，第 217 页。

② Richard Streckfuss, Objectivity in journalism : a search and a reassessment, Journalism Quarterly,1990,Vol67（4），pp.973-983 ; Michael Schudson : Discovering the News : A Social History of American Newspapers, Basic Books, Inc.1978, p.120. 转引自陈昌凤、常江译：《发掘新闻：美国报业的社会史》，北京大学出版社 2009 年版，第 108 页。

偏无党"、"经济独立"的"八字"办报方针到 1910 年代中后期真正确立起来,"到了 20 年代,'八字方针'又特别强调并且更为盛行了,不仅为《新闻报》、《申报》所推崇,而且已被很多同类报纸所采用了"①。《时报》创刊时成为改良派言论机关,1908 年后又趋近江浙立宪派,可见,狄楚青时期《时报》没有摆脱利益集团的牵绊。1921 年,黄伯惠以自己宏富的家财接办《时报》,办报的独立意识比狄楚青时期明显增强,每每提及黄伯惠所办《时报》,"提到前情,歉然自责,时报在他手内并未办好。稍可告慰的一点,始终硁硁自守,未曾拿过半文津贴"②,真正走上独资经营的商业化报纸之路,少受政治派别的牵扯,虽然办报没有盈利,但进行了独立办报的有益尝试,与前期《时报》相比,在践行新闻专业理念方面更为成熟。

从新闻专业化的视角看,我国新闻专业主义从民国成立前开始孕育,民国成立后进入萌芽期,而狄楚青时期正是我国报业专业理念历经蛰伏期和萌芽期,还处于新闻专业化的摸索阶段。而黄伯惠时期则是我国报业专业理念初步形成期,他经营《时报》以服务大众为宗旨,新闻追求真实客观,摆脱党派而独立经营,从三个方面践行新闻专业理念,使得后期《时报》的专业化程度更高、更成熟。正因为存续 35 年的《时报》处于我国新闻专业化不同发展阶段,所以前、后时期《时报》的历史价值也有分别,但从总体上看,两个时期的《时报》业务变革是与不同时期社会互动的结果,因为狄楚青和黄伯惠所进行的业务革新探索,各自触及不同阶段新闻业务中的诸多现实问题,回应了社会的关切,适应了时代的发展。

当然,我国新闻专业理念的形成和发展不可能仅仅依靠一家或几家媒体来催动,而是众多媒体共同给力带来专业理念的萌芽和发展。当时我国新闻业中心上海的《申报》《新闻报》《时报》及《时事新报》等媒体是中坚力量

---

① 吴廷俊:《民报主流发展与职业报业启程:北洋政府时期新闻史重考》,《国际新闻界》2012 年第 8 期。

② 过雨青:《上海当年四大报之一:时报之忆》,《报学》1969 年第 4 卷第 2 期。

（当然，北方的《大公报》《益世报》也是重要力量），其中《时报》以大胆的革新勇气践行着专业理念，引起了报界新闻业务革新潮流，推动我国新闻专业理念的形成和发展，显然是一支重要的推动力量。

结　语

　　上海《时报》在新闻业务革新方面的成就在新闻史上有其独特的历史地位。本书尝试性地对上海《时报》新闻业务革新与变迁过程作了整体性勾勒，展示了《时报》以1921年为界前、后两个阶段的主要业务革新成就，勾画了该报新闻业务变迁、转型过程，并揭示新闻业务变革所带来的社会影响。从前、后时期新闻业务革新所聚焦内容来看，前期主要集中在"新闻体裁"的变革与创新，后期则主要着力于"新闻题材"的突破与探索。从《时报》前、后两位主持者在新闻史上的地位来看，狄楚青的影响超过黄伯惠，前期革新的成就高于后者。当然，这种比较只是相对而论，"其实，狄平子有狄平子的风格，黄伯惠有黄伯惠的风格，其所处时代条件不同，旨趣也不同"[1]。可见，两位主持者在报纸业务改革方面都作了积极探索，并取得了很大贡献。

　　中国近代报刊发展历经许多次业务变革，每次业务革新都是报刊业务与社会发展之间互动的结果。《时报》业务革新是中国新闻史上非常重要的一次报刊业务改革，其业务革新同样是与社会互动密切关联的。狄楚青时期《时报》业务革新"吹皱了一池春水"，荡击了清末报业老气横秋的生存境况，在报纸版式、版面设计和报道体裁方面大胆变革，进而推动清末民初

---

[1]　方汉奇主编:《中国新闻事业通史》(第2卷)，中国人民大学出版社1996年版，第134页。

报刊业务的大发展。黄伯惠时期《时报》新闻业务变革并非延续前期"新闻体裁"的革新，而是转向于"新闻题材"的探索与实践，它以社会新闻、体育新闻和图片新闻迎合都市读者，适应了上海乃至中国市民的社会生活，反映了他们的生存境况，探索了新闻事业契合社会需求的新路。当然，《时报》前、后阶段业务改革也有交叉，如前期的教育新闻也做得不错，后期大量实用图片或照片，也涉及体裁。所以，前、后时期《时报》的业务革新在不同业务层面与不同社会阶段形成了一种互动，两个阶段的业务改革都有力地推动了我国报刊业务发展。

　　具体而论，狄楚青在清末创办《时报》，一开始就以新闻业务革新为使命，有效探索出一条鲜明的业务改革之路。他一切从"新"开始，对版式和体裁进行全新的探索，包括报纸新版式之"对开双面印刷"、评论体裁新发展之"时评"、新闻新样式之"新闻专电"以及深度报道初尝试之"特约通信"，其中每一项新闻业务探索都具有开创意义。不仅如此，"最重要的是，与其深思熟虑的办报计划相辉映，狄楚青及其同仁为《时报》成功注入了爱国精神、理想主义和真正的进步视野"①。可见，他倡导的业务改革溢出了新闻业务革新的自身边界，从更深层面影响了当时报刊业务变革。同样，黄伯惠是在新的历史背景下接办《时报》，新闻业务发生了明显转型，走的是与狄楚青几乎完全不同的办报之路，仿效美国赫斯特的"黄报"路子，通过经营《时报》的实践而在中国落地与发展，使得《时报》新闻业务变迁之路发生转向，重点在新闻题材上下功夫，在社会新闻、体育新闻及图片新闻方面大胆尝试、实践和创新，有效迎合了都市化市民读者旨趣，在上海报业市场践行异质化竞争策略，可谓独辟蹊径，为《时报》赢得了地位，从而在中国新闻史上占有一席之地。

　　深层而论，《时报》的新闻业务革新自起步、探索到转型历经了我国新闻专业理念的孕育、萌芽和形成过程，从新闻专业主义视野考察其新闻业务

---

① 林语堂:《中国新闻舆论史》，刘小磊译，上海人民出版社 2008 年版，第 113 页。

变革具有一定的历史价值。《时报》的新闻业务革新提高了报业的专业化水准和素养，推动了新闻专业理念的形成和发展。《时报》的前、后时期历经了我国新闻专业理念的不同发展阶段，狄楚青时期是我国报业专业理念的潜伏期和萌芽探索期，这一时期，该报编务人员中的许多成员在国外留过学，尝试过西方的办报理念，回国后在本土进行办报探索和实践，奠定了一定的专业理念基础，加快了我国报业的专业化发展。黄伯惠时期是我国报业专业理念逐步进入成熟期，后期《时报》进行了诸多新闻业务改革和创新，表明黄伯惠办报时期专业理念成熟于前期，在社会新闻方面，尤其在体育新闻和图片新闻方面追求新闻的时效、真实、客观的程度高于前期，特别是黄伯惠接办《时报》摆脱了狄楚青时期的依附状态，独立意识明显强于前期，"始终未拿过半文钱津贴"[1]，新闻专业理念得到较好贯彻。显然，这两个阶段的专业理念既是前后相继又是理念叠加的发展过程，黄伯惠时期是在狄楚青奠定的业务革新基础上向前迈进，从而推进新闻专业理念在中国逐步形成和发展。

总体观之，《时报》以极大的革新勇气和创新精神着手新闻业务变革，引领了我国报刊新闻业务改革的新路向，为中国报界注入新鲜血液，输入鲜活能量，激活了报刊新闻业务变革的活力，成为我国新闻业务改革的风向标。《时报》业务革新唤起我国报业发展的竞争意识，吹起新闻业务革新风潮，力推了我国新闻专业理念的萌芽与发展，从而开启我国报业朝现代化转型之路，因而，"《时报》体现了报业健康、进取的一面，它和《申报》在业务上的竞争，为中国报业开启现代化之路作出了贡献"[2]。

当然，《时报》的业务革新也存在令人诟病的地方，如"黄色新闻"一味追求轰动效应，无端煽情，哗众取宠，耸人听闻，遭来诲淫诲盗之讥，对读者负面影响是客观存在的；《时报》作为民营报纸没能盈利，狄楚青时期

---

① 过雨青：《上海当年四大报之一：时报之忆》，《报学》1969 年第 4 卷第 2 期。

② 林语堂：《中国新闻舆论史》，刘小磊译，上海人民出版社 2008 年版，第 110 页。

依附性强，办报的盈利功能无法发挥出来，而黄伯惠时期虽有独立办报意识，身为商业报纸，却在经营上不重视，盈利目的也没有达到，既不利于自身发展，也不利于塑造民营报业发展的竞争环境和维护报业市场秩序；更为甚者，《时报》报人办报缺乏政治敏感，甚至报格沦丧，以致在引导舆论方面无足称道，但又无法回避政治，最终在卑微屈节中为政治所吞噬，"终于成了新闻史上的一个过客"①。以上这些都与办报规律和报刊使命相悖，不得不引起后人的深思。总之，"论《时报》者毁誉参半，誉之者谓为'报界异军'，毁之者谓为'怪诞不惊'。此虽见人见智，看法不同，以今视之，《时报》对促进我国报章之改革，自有其不可磨灭之贡献"②。

————————

① 张功臣：《民国报人——新闻史上的隐秘一页》，山东画报出版社 2010 年版，第 156 页。

② 邵翼之：《我所知道的上海时报》，《报学》1955 年第 1 卷第 8 期。

附　录

附录一：上海《时报》业务革新大事记

时　间	业务革新事项
1904 年 6 月 12 日	《时报》在上海福州路巡捕房对面的广智书局楼上创刊
	《时报》首创对开双面印刷
	创刊号刊载《时报发刊词》，附《时报发刊例》
	《时报》刊登第一篇小说——楔子所作的《中国现在记》
	《时报》首设"电报"栏目，刊载 5 条专电
	《时报》刊载第一篇"批评"《危矣哉》
	《时报》刊载首篇"通信"，题为《圣路易博览会开会盛况》
	《时报》设"词林"栏目，首刊别士所作的《登某县城楼》
1904 年 8 月 14 日	部分新闻栏内开始加大标题字号的方式以示题文分开
1904 年 10 月 12 日	《时报》刊登《本报改良条例》
1904 年 10 月 13 日	《时报》刊登《读本报问答》
1904 年 10 月 29 日	《时报》的"本埠新闻"栏开始从一栏分隔为两栏，标志《时报》版面分栏从创刊时的四栏开始向五栏及以上增多
1904 年 12 月 9 日	"批评"改名为"时事批评"栏目
1905 年 2 月 7 日	《时报》专电开始增多，专电开始分为"专电一"和"专电二"
1905 年 2 月 8 日	《时报》刊载陈景韩的《论日报之大活动》，并附《本报十大便利说》
1906 年底	创设"余兴"副刊
1907 年 1 月 5 日	"时事批评"栏目改名"时评"，《时报》刊载第一篇"时评"——《谁谓我政府乏财》，署名为"冷"，"时评"在《时报》上正式诞生
	《时报》的"本馆论说"改为"社论"

续表

时　间	业务革新事项
1907 年 1 月 6 日	第三版增设"报余"栏目，下设"闲评"，是《时报》时评的补充
1907 年 2 月 16 日	《时报》刊登第一幅版面插画
1907 年 2 月 17 日	《时报》在"报余"栏目刊载陈景韩的一则"闲评"，题为《报纸之进步》
1907 年 4 月 1 日	"报余"栏内又增设"释画"小栏目，每天刊登一篇滑稽画、讽刺画、时事画等
1907 年 6 月	各新闻栏每则新闻开始出现单行题，标题单独一行与正文分开编排，标题字号加大
1907 年 9 月 30 日	开始刊登风俗画《上海百手》，刊至同年 10 月 27 日结束
1908 年 6 月 17 日	《时报》刊发《本报改易体例告白》
	《时报》开始将新闻进行分类，分版设置，第一页为言论，第二页为电报、要闻，第三页为外埠新闻，第四页为本埠新闻
	《时报》开始把时评分为批评一、批评二、批评三，分别置于第二版（陈景韩负责）、第三版（包天笑负责）、第四版（雷奋和其他作者负责），《时报》时评每日三篇的格局基本固定下来
1909 年 1 月 28 日	"批评一""批评二""批评三"分别更名为"时评一""时评二""时评三"
1911 年 2 月 28 日	增刊《滑稽时报》
1911 年 5 月	包天笑、陈景韩创办编辑《妇女时报》（月刊）
1912 年 5 月	黄远生受聘为《时报》驻京特派访员，采写"北京通信"
1912 年 5 月 12 日	黄远生发表首篇"北京通信"，题为《大借款波折详记》
1912 年 10 月 5 日	陈景韩离开《时报》前，最后一篇署名"冷"的时评是《总理之宣布政见》
1915 年	《时报》创设《小时报》
1917 年 1 月	包天笑创办《小说画报》
1917 年 5 月	《妇女时报》停刊，六年间共出 21 期，是民国成立前后存在时间最长的妇女刊物
1918 年前后	主、副型双行题开始在《小时报》上率先出现
1919 年 2 月 24 日	《教育周刊》创刊，是我国报纸最早的周刊和专刊
1919 年 3 月	《妇女周刊》创刊，是我国报纸第一个妇女问题专刊
1919 年 4 月	《实业周刊》创刊，是我国报纸首创的经济专刊
	《文艺周刊（美术附）》创刊
1919 年 5 月	《医学周刊》创刊，是我国报纸最早的医学专刊
1919 年 6 月	《英文周刊》创刊，是我国报纸第一个社会教育专刊

时　　间	业务革新事项
1920 年 1 月	《儿童周刊》创刊，是一种关注儿童且颇有影响的专刊
	《时代思潮》创刊，是一种综合性社会科学副刊
1920 年 6 月 9 日	《图画周刊》创刊，由戈公振首创并编辑，后改名《图画时报》，为我国最早的铜版画刊
1920 年 8 月	《时代思潮》改为《学术周刊》，我国最早探讨学术的专刊
1921 年冬	黄伯惠接办《时报》，新闻业务变革发生转向
1921 年 7 月 2 日	每日刊载两则时评，一日三篇时评格局开始打破
1921 年 10 月 10 日	《时报》出 40 个版面的《时报馆新屋落成纪念特刊》
	发表《时报新屋落成序言》和《时报新屋落成纪事》
	《时报》刊出胡适写的时报馆新屋落成纪念文章《十七年的回顾》
1923 年	《时报》开始出现"体育栏"专刊体育新闻
1925 年 2 月初	《时报》开辟固定版面刊载体育新闻
1927 年夏	《时报》从德国购进福美长生产的套色轮转印报机一台，每小时可印二大页报纸 8.1 万份（即单页 16.2 万张），同时可套印红、黄、蓝三种原色或其它颜色
1928 年后	《时报》专设"体育记载"栏，与"教育记载"合版
1928 年 3 月 18 日	重大社会新闻"马振华情死事件"开始报道，以《女尸旁百余封信》开篇
1928 年 4 月 5 日	"马振华情死事件"以《汪世昌在徐被捕》一文报道终结
1928 年至 1929 年	《时报》展开重大社会新闻"黄慧如、陆根荣主仆恋爱案"的报道，报道持续将近一年之久
1930 年 4 月 1 日	在杭州举行全国运动会期间，《时报》与航空公司订约，每晨包专机运送报纸
1930 年 4 月 1 日	《时报》刊出公告《本报用飞机运杭》
1931 年	九一八事变后，《时报》下午出增刊，初称"号外"，至 1933 年 1 月起改为夜报
1932 年 6 月 27 日	《时报》出版一万号纪念刊
	《时报》发表《时报万号》和《时报万岁》纪念文章
	在《时报》一万号纪念刊上三色套印一幅"威尼斯图"，是当时亚洲报纸中第一次用三色套印
1939 年 9 月 1 日	《时报》出版到 12547 号终刊

附录二：《时报》发刊词（附《时报》发刊例）

《时报》何为而作也？记曰，君子而时中。又曰，溥博渊泉而时出之。故道国齐民，莫贵于时。此岂惟中国之教为然耳；其在泰西，达尔文氏始发明物竞天择优胜劣败之公理，而斯宾塞以适者生存一语易之。不适焉者，或虽优而反为劣；适焉者，或虽劣而反为优，胜败之林在于是矣。是故狐貉诚暖，不足以当暑；湘葛云丽，不足以御冬。与时不相应，未有不敝焉者也。今之中国，其高居于权要伏处山谷者，既不知天下大势，谓欲抱持数千年之旧治旧学，可以应今日之变，则亦既情见势绌，蹙然如不可终日矣。于是江湖恢奇少年蹯踬之士，其泰西各国之由何途而拨乱，操何业而致强也，相与歆之，奔走焉，号呼焉，曰吾其若是！夫彼之所以拨乱而致强者，谁曰不然，而独不知与吾辈之时代果有适焉否也。孔子曰：过犹不及。不及于时者蹉跎荏苒，日即腐败，而国遂不可救；过于时者，叫嚣狂掷，终无一成，或缘是以生他种难局，而国亦遂不可救。要之，亡国之咎，两行均之。若夫明达沈毅之士，有志于执两用中，为国民谋秩序之进步者，盖亦有焉矣。顾亦于常识不足，于学理不明，于是势不审，故言之不能有故，持之不能成理。欲实行焉，而怅怅不知所适。纵奋发以兴举一二事，又以误其方略而致失败者，项相望也。则相与惩焉，不复敢齿及变革。呜呼！全国中言论家政治家，种类虽繁，究其指归，不出于此三途。耗矣哀哉！今日千钧一发之时哉！同人有怵于此，爰创此报，命之曰"时"，于祖国国粹，固所尊重也，而不适于当世之务者，束阁之；于泰西文明，固所崇拜也，而不应于中国之程度者，缓置之。而于本国及世界所起之大问题，凡关于政治学术者，必竭同人谫识之所及，以公平之论，研究其是非利害，与夫所以匡救之应付之方策，以献替于我有司而商榷于我国民。若夫新闻事实之报道，世界舆论之趋向，内地国情之调查，政艺学理之发明，言论思想之介绍，茶余酒后之资料，凡全球文明国报馆所应尽之义务，不敢不勉，此则同人以言报国之微志也。虽然西哲亦有言，完备之事物必产于完备之时代。今以我国文明发达，如彼其幼稚也，而本报乃欲窃比于各国大报馆之林，知其无当矣。跬步积以致千里，百川学以放四海，务先后追随于国家之进步，而与相应焉，斯乃本报所日孜孜也。吾国家能在地球诸国中占最高之位置，而因使本报在地球诸报馆中，不得不求占最高之位置，则国民之恩我无量也夫！国民之恩我无量也夫！

附《时报》发刊例

第一　本报论说，以公为主。不偏徇一党之意见。非好为模棱，实鉴乎挟党见以论国事，必将有辟于亲好辟于所贱恶，非惟自蔽，抑其言亦不足取重于社会也，故勉避之。

第二　本报论说，以要为主。凡所讨论，必一国一群之大问题。若辽豕白头之理想，邻猫产子之事实，概不置论，以严别裁。

第三　本报论说，以周为主。凡每日所出事实，其关于一国一群之大问题。为国民所当厝意者，必次论之。或著之论说，或缀以批评，务献刍荛，以助达识。

第四　本报论说，以适为主。虽有高尚之学理，恢奇之言论，苟其不适于中国今日社会之程度，则其言必无力而反以滋病，故同人相勗，必度可行者乃言之。

第五　本报纪事，以博为主。故于北京天津金陵，均置特别访事；其余各省皆有坐访。又日本东京置特别访事二员，伦敦、纽约、旧金山、芝加哥、圣路易各一员，其余美洲澳洲各埠皆托人代理。又现当日俄战事之际，本馆特派一观战访事员随时通信。又上海各西报，日本东京各日报及杂志，皆购备全份，精择翻译。欧美各大日报，亦定购十余家备译。务期材料丰富，使读者不出户而知天下。

第六　本报纪事，以速为主。各处访事员，凡遇要事，必以电达，务供阅者先睹之快。

第七　本报纪事，以确为主。凡风闻影响之事，概不登录。若有访函一时失实者，必更正之。

第八　本报纪事，以直为主。凡事关大局者，必忠实报闻，无所隐讳。

第九　本报纪事，以正为主。凡攻讦他人阴私，或轻薄排挤，借端报复之言，概严屏绝，以全报馆之德义。

第十　本报特置批评一门，凡每日出现之事实，以简短隽利之笔评论之。使读者虽无暇遍读新闻，已可略知梗概，且增事实之趣味，助读者之常识。

第十一　本报每张附印小说两种，或自撰，或翻译，或章回，或短篇，以助兴味而资多闻。惟小说非有益于社会者不录。

第十二　本报设报界舆论一门，凡全国及海外，所有华文报章共六十余种，本报悉与交换。每日择其论说之佳者，撮其大意叙述之，使读者手一纸而各报之精华皆见焉。此亦各报馆之通例也。

第十三　本报设外论撷华一门，凡东西文各报之论说批评，其关于我国问题及世界全局问题者，则译录之，如报界舆论之例。

第十四　本报设介绍新著一门，凡新印各书，每礼拜汇录其目，及出版局名，定价数目，其善本加以评论，以备内地学者之采择。

第十五　本报设词林一门，诗古文辞之尤雅者随录焉。

第十六　本报设插画一门，或寓意讽事，或中外名人画像，或各国风景画，或与事实比附之地图，随时采登。

第十七　本报设商情报告表一门，上海各行市价，专员采访，详细记载，外埠亦摘要随录。

第十八　本报设口碑丛述一门，其有近世遗闻轶事，虽属过去，亦予甄录，以供史料而资多识。

第十九　本报设谈瀛零拾一门，凡世界之奇闻琐记，足以新我辈之耳目者，亦间录焉。

第二十　本报于京钞及官私专件，取材务博，别裁务精，要者不遗，蔓者不录。

第二十一　本报编排，务求秩序。如论说、谕旨、电报及紧要新闻，皆有一定之位置，使读者开卷即见，不劳探索。其纪载本国新闻以地别之；外国新闻，以国别之。

第二十二　本报编排，务求显醒。故一号、二号、三号、四号、五号、六号字模及各种圈点符号，俱行置备。其最要紧之事则用大字，次者中字，寻常新闻用小字。用大字者，所以醒目也；用小字者，求内容之丰富也。论说批评中之主眼，新闻中之标题，皆加圈点以为识别。凡以省读者之目力而已。

第二十三　本报遇有紧要新闻特别电报，当发传单，以期敏速。

第二十四　本报别类务多，取材最富。既用各小号字排入，尚虑限于篇幅，不能全录，特于每日排印洋纸两大张，不惜工资以求赡博，而定价格外从廉。

第二十五　本馆广聘通人留局坐办外，尚有特约寄稿主笔数十人，俱属海内外名士，议论文章，务足发扬祖国之光荣。

（原载《时报》1904 年 6 月 12 日；同时参见戈公振：《中国报学史》，生活·读书·新知三联书店 2011 年版，第 140—143 页）

附录三：胡适所作《十七年的回顾》

十七年的回顾
胡适

我于前期光绪三十年的二月间从徽州到上海求那当时所谓"新学"。我进梅溪学堂后不到两个月，《时报》便出版了。那时正当日俄战争初起的时候，全国的人心大震动。但是当时的几家老报纸仍旧做那长篇的古文论说，仍旧保守那遗传下来的老格式与老办法，故不能供给当时的需要。就是那比较稍新的《中外日报》也不能满足许多人的期望。《时报》应此时势而产生。他的内容与办法也确然能够打破上海报界的许多老习惯，能够开辟许多新法门，能够引起许多新兴趣。因此《时报》出世之后不久就成了中国智识阶级的一个宠儿。几年之后《时报》与学校几乎成了不可分离的伴侣了。

我那年只有十四岁，求知的欲望正盛，又颇有一点文学的兴趣，因此我当时对于《时报》的感情比对于别报都更好些。我在上海住了六年，几乎没有一天不看《时报》的。我记得有一次《时报》征求报上登的一部小说的全份，似乎是"火里罪人"，我也是送去应征的许多人中的一个。我当时把《时报》上的许多小说诗话笔记长篇的专著都剪下来分黏成小册子，若有一天的报遗失了，我心里便不快乐，总想设法把他补起来。

我现在回想当时我们那些少年人何以这样爱恋《时报》呢？我想有两个大原因：

第一，《时报》的短评在当时是一种创体，做的人也聚精会神的大胆说话，故能引起许多人的注意，故能在读者脑筋里发生有力的影响。我记得《时报》产生的第一年里有几件大案子：一件是周有生案，一件是大闹会审公堂案。《时报》对于这几件事都有很明决的主张，每日不但有"冷"的批评，有时还有几个人的签名短评，同时登出。这种短评在现在已成了日报的常套了，在当时却是一种文体的革新。用简短的词句，用冷隽明利的口吻，几乎逐句分段，使读者一目了然，不消费功夫去点句分段，不消费功夫去寻思考索。当日看报人的程度还在幼稚时代，这种明快冷刻的短评正合当时的需要。我还记得当周有生案快结束的时候，我受了《时报》短评的影响，痛恨上海道袁树勋的丧失国权，曾和几个同学写了一封长信去痛骂他。这也可见《时报》当日对于一般少年人的影响之大。这确是《时报》的一大贡献。我们试看这种短评，在这十七年来，逐渐变成了中国报界的公用文体，这就可见他们的用处与他们的魔力了。

第二，《时报》在当日确能引起一般少年的文学兴趣。中国报纸登载小说大概最早的要算徐家汇的《汇报》。那时我还没有出世呢。但《汇报》登的小说一大部分后来汇刻为《兰苕馆外史》，都是《聊斋》式的怪异小说，没有什么影响。戊戌以后，杂志里时时有译著的小说出现。专提倡小说的杂志也有了几种，例如《新小说》及《绣像小说》（商务）。日报之中只有《繁华报》（一种"花报"），逐日登载李伯元的小说。那些"大报"好像还不屑做这种事业。（这一点我不敢断定，我那时年纪太小了，看的报又不多，不知《时报》以前的"大报"有没有登小说的。）那时的几个大报大概都是很干燥枯寂的，他们至多不过能做一两篇合于古文义法的长篇论说罢了。《时报》出世以后每日登载"冷"或"笑"译著的小说，有时每日有两种冷血先生的白话小说，在当时译界中确要算很好的译笔。他有时自己也做一两篇短篇小说，如福尔摩斯来华侦探案等，也是中国人做新体短篇小说最早的一段历史。《时报》登的许多小说之中，双泪碑最风行。但依我看来，还应该推那些白话译本为最好。那些译本如《销金窟》之类，用很畅达的文笔，作很自由的翻译，在那时最为适用。倘《几道山恩仇记》（Count of Monte Cristo）全书都能像《销金窟》（此乃《恩仇记》的一部分）这样的译出，这部名著在中国一定也会成了一部"家喻户晓"的小说了。《时报》当日还有《平等阁诗话》一栏，对于现代时人的介绍，选择很精。诗话虽不如小说之风行，也很能引起许多人的文学兴趣。我关于现代中国诗的知识差不多都是先从这部诗话里引起的。

我们可以说《时报》的第二大贡献是为中国日报界开辟一种带文学兴趣的"附张"。自从《时报》出世以来，这种文学附张的需要也渐渐的成为日报界公认的了。

这两件都是比较最大的贡献。此外如专电及要闻，分别轻重，参用大小字，如专电的加多等等，在当日都是日报界的革新事业，在今日也都成为习惯，不觉得新鲜了。我们若回头去研究这许多习惯的由来，自不能不承认《时报》在中国日报史上的大功劳。简单说来，《时报》的贡献是在十七年前发起了几件重要的新改革。这几件新改革因为适合时代的需要，故后来的报纸也不能不尽量采用，就渐渐的变成中国日报不可少的制度了。

我是同《时报》做了六年好朋友的人，庚戌去国以后，虽然不能有从前的亲密，但也时常相见；现在看见《时报》长大成了十七岁的少年，我自然很欢喜。我回想我从前十四岁到十九岁的六年之中——一个人最重要最容易感化的时期——受了《时报》的许多好影响，故很高兴的把我少年时对于《时报》的关系写出来，指出他对于当时读者和对于中国报界的贡献，作为《时报》的一段小史，并且表示我感谢他祝贺他的微意。

但是我们当此庆贺的纪念，与其追念过去的成功，远不如悬想将来的进步。过去的成绩只应该鼓励现在的人努力造一个更大更好的将来，这是"时"字的教训。倘然过去的光荣只使后来的人增加自满的心，不再求进步，那就像一个辛苦积钱的人成了家私之后天天捧着元宝玩弄，岂不成了一个守钱房了吗？

我们都知道时代是常常变迁的，往往前一时代的需要，到了后一时代便不适用了。《时报》当日应时势的需要，为日报界开了许多法门，但当日所谓"新"的，现在已成旧习惯了，当日所谓"时"的，现在早已过时了，《时报》在当日是报界的先锋，但十七年来旧报都改新了，新报也出了不少了，当日的先锋今日竟同着大队按步徐行了。大队今日之赶上先锋，自然未必不是先锋的功劳，但做先锋的人还应该努力向前争这个"先锋"的位置。我今年在上海时曾和《时报》的一位先生谈话，他说："日报不当做先锋，因为日报是要给大多数人看的。"这位先生也是当日做先锋的人，这句话未免使我大失望。我以为日报因为是给大多数人看的，故最应该做先锋，故最适宜于做先锋。何以最适宜呢？因为日报能普及许多人，又可用"旦旦而伐之"的死工夫，故日报的势力最难抵抗，最易发生效果。何以最应该呢？因为日报既是这样有力的一种社会工具，若不肯做先锋，若自甘随着大队同行，岂不是放弃了一种大责任？岂不是错过了一个好机会？岂不是辜负了一种大委托吗？

即如《时报》早年的历史，便是一个明显的例。《时报》在当日为什么不跟着大家做长篇的古文论说呢？为什么要改作短评呢？为什么要添加文学的附录呢？《时报》倡出这种种制度之后，十几年之中，全国的日报都跟着变了，全国的看报人也不知不觉的变了。那几十万的读者，十几年来，从没有一个人出来反对某报某报体例的变更的。这就可见那大多数看报的人虽然不免有点天然的惰性，究竟抵不住"旦旦而伐之"的提倡力。假使《申报》今天忽然大变政策，大谈社会主义，难道那看《申报》的人明天就不会看《申报》了吗？又假使《新闻报》明天忽然大变政策，一律改用白话，难道那看《新闻报》的人后天就会不看《新闻报》了吗？我可以说："决不会的"。看报人的守旧性乃是主笔先生的疑心暗鬼。主笔先生自己丧失了"先锋"的锐气，故觉得社会上多数人都不愿他努力向前。譬如戴绿眼镜的人看着 切东西都变绿了，如果他要知道荷花是红的，金子是黄的，他须得把这副绿眼镜除下来试试看。今天是《时报》新屋落成的纪念，也是他除旧布新的一个转机，我这个同《时报》一块长大的小时朋友，对他的祝词，只是："《时报》是做个先锋的，是一个立过大功的先锋，我希望他不必抛弃了先锋的地位，我希望他发愤向前努力替社会开先路，正如他在十七年前替中国报界开了许多先路！"

（原载《时报》1921 年 10 月 10 日）

附录四：上海《时报》时评选录

鸡与鸡斗，狗与狗斗，牛与牛斗，利害不相同则相忘，利害相同则相轧，中国今日之能任事者，其现状如此。

（《无题》，原载《时报》1906 年 6 月 20 日）

善事不敢，不得焉君子，恶事不敢，不得焉小人，至举国之人，而均不得焉小人，国尚能国乎？鬼鬼祟祟遮遮掩掩噫嘻。

（冷：《今之人心》，原载《时报》1906 年 7 月 13 日）

谁谓我政府乏财？

镑亏矣，镑亏矣，而今日乃有镑余一千数百万以上。

广西以灾与乱而捐，捐之溢款，又达百万以上。

奉天以乱离而赈，赈之溢款，又达二百万以上。

然则苟有一于国于民不利之事也者，政府必得多金。

（冷：《谁谓我政府乏财》，原载《时报》1907 年 1 月 5 日）

巴拿马河工不可往，往者非病则死。

美人招巴拿马河工尤不可往，往者非病死则受虐。

此其理由，国人知之，政府知之。

然而美公使仍向政府请求不已，何也？必政府未尝拒之也。

政府固尝闻议拒矣，然而奸民辈能立合同回国招工，何也？必政府拒之而未尝决绝也。

谓政府不知，而政府岂真聋聩？谓政府不理，而政府竟无心肝，无以名之，名之曰非真爱民。故吾不责奸民，而惟责政府。

（《巴拿马河工不可往》，原载《时报》1907 年 1 月 18 日）

上海电车，一礼拜来，已在静安寺一带开试，定于礼拜一开车搭客，昨日又驶至英大马路，一时观者甚众，两旁如堵墙。余因有感我中国人之性情，大凡一事之创始也，人怀疑虑，种种之浮言起，及其既成则又如蚁之附膻物，其蠢既可笑，亦复可怜甚矣。

（冷：《电车初试》，原载《时报》1908 年 3 月 2 日）

谓中国政府之不治事，冤也；谓中国政府治事之不尽力，冤也；然尽力治事而中国政府仍似有而若无者，何也？以中国政府之治事，如风也，如潮也，如电光也，如石火也，其始可畏也，其未可笑也，其来突然也，其去寂然也，其势忽起而忽落也，其形忽隐而忽现也，为之人民者，讵能捉摸之哉？计划计划，转瞬间耳。

（《如风如潮如电光如石火之中国政府》，原载《时报》1908 年 6 月 28 日）

事不调查则不明，事不会议则不定，事不通饬则不行，三者固万事不可少之阶级也。然我于中国之调查、会议、通饬，则有三警焉。其调查也，如云行天；其会议也，如风吹沙；其通饬也，如石投海。

（冷：《会议通饬调查》，原载《时报》1908 年 7 月 1 日）

政府今日之心中有三事焉，曰交涉、曰军备、曰立宪。交涉，法人也；军备，海军也；立宪，国会也。为交涉之为难，而后思及军备，为军备之无欵，而后思及立宪。故政府今日之心，先有法人，而后有海军，而后有国会，与在下之所谓请愿国会者大殊。

（冷：《政府心中之国会》，原载《时报》1908 年 7 月 5 日）

电车为文明利器，固不当阻止，然生命为人类同具，亦安可漠视勿顾哉。今者法界电车肇祸者屡屡矣，以视英界尤酷且烈。除西门相近报纸未载外杀人之事，已有数起。长此不事改良，则生命岂真儿戏哉？窃谓此事上海道宜与干涉，速与电车公订伤人或死人罚律，悬之车中，则司机之人或知所警，不然，此辈无识之徒安识利害哉？

（冷：《电车与性命》，原载《时报》1908 年 7 月 17 日）

国会国会盈耳矣，今日反对国会之说，又渐渐增进其势力，犹之拆城拆城盈耳矣，今者反对拆城之说，其焰大盛也。盖中国人之本性，积极则难消极则易，进步则难止步则易，不然，中国亦何至有今日哉。

（冷：《一波一折》，原载《时报》1908 年 7 月 19 日）

外人每谓我中国人排外，其实我中国人者，善于排内者也。凡举一事，苟我中国人所自为者，必曰反对也，反对也，反对而至其事归于外人之手，而后默然无声矣，而后仅仅私语矣。故中国人之真心理，排内而非排外者也，排外其表，而排内其里也，排外其面而排内其心也，此非我之谣言也，使以近事默观之，潜察之可以知也噫。

（冷：《中国人之心理》，原载《时报》1908 年 7 月 27 日）

我政府我疆吏，皆善于词令者也。凡有取于人民之欵，必曰上不病国，下不病民也。政府之通饬，疆吏不准加盐酒税也，曰民不堪命焉，而已乃定加盐税四文也。疆吏之奏请增加盐税也，亦曰民不堪命焉，而已又加二文。玩其词气，均若深护我民焉，而实均向我民加税者也。我欲不谓其词令之善而不得也。

（冷：《善于词令》，原载《时报》1908 年 7 月 31 日）

昔人有弄猴者，深恐猴之进退不如我意也，乃置鸡与猴于一室，各于其顶置物焉，出室而窥之，鸡顶小物易落，猴性动，易取物以去。彼见鸡、猴之自去顶物也，乃复入室，当猴之面杀鸡，以骇猴。于是猴知所惧焉，于是虽复命猴以何事，而猴不敢逆焉。今政府之处置一般政家，乃用此法。

（《是又杀鸡骇猴之法也》，原载《时报》1908 年 8 月 15 日）

我尝罕譬焉，中国人民之力量如牛筋，拽之则长，弛之则短。中国政府之力量如弹簧，屈之则短，舍之则长。是故我人民有事要求于政府也，或有事与政府反对也，其始人民之力长，而政府短也。盖人民拽之而政府屈之也。其继人民之力渐短而政府渐长，盖人民与政府之力量各归本位也。今观国会之现状，又将如此矣，我人民奈何？

（《中国之人民与政府》，原载《时报》1908 年 8 月 17 日）

中国政界之名字以拆字法解之，鲜有不与真情相吻合者，兹特略举数字如左：

政字，政为正文，正在旁为不正，右为反文，为反乎文明，故政者不正，而反乎文明者也。

府字，府为腐字去肉，本为腐败之肉，肉既为食肉者所食，故肉去而仅存一府也。或曰腐败之腐字乃府字加一肉耳，政府中而多食肉者，故腐败耳，二说未知孰是。

（陈冷:《拆字一》，原载《时报》1908 年 8 月 28 日）

或曰，报纸多，国民之程度进焉。
或曰，报纸多，州县官乃大困焉，谓余不信，请观湖北之枝江令。
或曰，报纸少，官场之所喜也。
或曰，报纸少，又官场之不欲者也。谓余不信，请观湖北官报，以退还报纸而记县令过也。

（笑:《报纸多与报纸少》，原载《时报》1908 年 12 月 23 日）

向者官府之对付国民也，如火之烈，今者官府之对付国民也，如水之懦；向者如虎，今者如狐；向者如暴客，苟不应者，以白刃相加矣，今者如偷儿，乘其无觉，为此袪箧之手段，及彼略有所觉，而已席捲所有去矣。呜呼进步矣！进步矣！

（笑:《呜呼进步矣》，原载《时报》1908 年 12 月 24 日）

向者官府之对待国民也，用强硬，今者官府之对待国民也，用阴柔；向者用威，今者用诈；向者以直接，今者以间接。呜呼进步矣！进步矣！

（笑：《呜呼进步矣》，原载《时报》1908 年 12 月 25 日）

岁暮异于平时，今年之岁暮又异于他年之岁暮，今年岁暮时之可预言者，空房必更多也，旧物必更贱也，救火钟必更忙也，喊救命必更烈也。其原因为何？

（冷：《岁暮之预言》，原载《时报》1909 年 1 月 3 日）

兵所以卫民也，今反以苦民，巡缉侦探队，所以稽察盗匪也，今反以扰纷闾阎。养兵乃以豢贼也，酬饷又以济匪也，不意清乡清乡，乃竟如是如是。

（笑：《兵也匪也》，原载《时报》1909 年 1 月 30 日）

戏戏也，非真也。看戏看戏也，非看演戏之人也。然则以男女合演号召人者何心？因男女合演而趋之若鹜者又何心？

（《戏戏也》，原载《时报》1909 年 1 月 30 日）

有两车夫相对谈曰："我辈今日所出之力与昔日等，所做之事与昔日等，所索之价与昔日等，所得之钱与昔日等，然而昔日虽非有余，尚不至不足，今日每食不能饱，衣不能暖，妻子不能养者，何欤？"

一车夫曰："是因物价贵。"

旁人晓之曰："非物价贵，铜元贱耳。"

车夫曰："一铜元作十文，何得谓贱？"

旁人曰："汝亦知须有一百三十五铜元，才得换一小洋乎？"

车夫曰："我何知，我辈未曾有洋。"

（《铜元谈一》，原载《时报》1909 年 6 月 3 日）

闪电之后，必闻打雷，打雷之先，必见闪电。然亦有闪电而不闻打雷者，打雷而不见闪电者，然一次闪电，只有一次之打雷应之，在后，一次打雷只有一次之闪电开之于先。试静观之中国之官吏，无一事不如是也，今之禁烟，电已闪矣，一声之雷声，势必随其后也，然而自后……

（《闪电打雷之中国官吏》，原载《时报》1909 年 6 月 19 日）

立宪之根本在教育，而教育之魔障在科举，今以提倡科举之人握国家之重柄，我不能不为宪政前途惧矣。

（《科举与立宪》，原载《时报》1909 年 7 月 21 日）

《舆论报》，上海，归并《时事》；

《大同报》，北京，归并《中央》；

《民呼报》，上海，勒闭；

《国报》，北京，封禁；

《中央大同报》，北京，封禁；

《吉林日报》，吉林，封禁。

不及几月中，报界之被摧残者，已落花流水如此矣，此亦预备立宪第二年应有事耶？呜呼！

（陈景韩：《今年中消灭之报纸》，原载《时报》1909 年 9 月 30 日）

有挥霍之积极，有放纵之进步，有欺骗之改良，有鑚谋之新法，有借债之经济，有揖盗之参谋，有挂名之侦探，有无人之会议，有钱财之运动，有声势之扩张，有做官之发明，有自吹之名誉，有意气之尚武，有谈吐之文明。

（《新语杂解一》，原载《时报》1910 年 1 月 3 日）

有不受运动之腐败，有不能力敌之野蛮，有不如我意之专制，有不肯上人之奴隶,有不装架子之退步,有不事和同之破坏,有不乐盲从之公敌,有不敢助恶之败类。

(《新语杂解二》,原载《时报》1910 年 1 月 4 日)

死、病、假、参劾、放逐、哭、持刀、药单箱、恐慌、缉捕、秘密、拐逃、严拿,此今日京中近状也。

(陈冷:《京中近状一》,原载《时报》1910 年 4 月 12 日)

或曰否,昨所云特京外人所见之京中近状耳,正确之京中近状则为考试、谋差、运动、选举、借款回扣、军装回扣、宴客、挟妓、奔走迎送而已。

(陈冷:《京中近状二》,原载《时报》1910 年 4 月 13 日)

松江四乡多牛疫,牛死每弃之河,河有为之塞者。或曰:此乡民之愚无识也,河水染牛疫多及于人,奈何不埋之土?然而乡人则亦有说:疫牛埋之土,土苟生草,他日牛食久必又疫,故不埋之土而弃之河,呜呼!消毒之法不明,卫生之政不讲,弃河与埋土两者均害而已矣,尚安责哉?尚安责哉?

(《中国事之一例》,原载《时报》1910 年 8 月 7 日)

有时谓近世医学愈精,而奇异之病愈多,其实非也。医学未精时,奇异之病未尝不有,唯人不知之耳。近时整饬,官方严禁贿赂之论愈多,而贪赃舞弊之案亦愈多甚。然则所以愈多者,果如医学之日精所致欤?抑奇异之病流传盛也?是则我不敢以强断也。

(《病与医》,原载《时报》1910 年 8 月 12 日)

第一问:百政不举,病在乏财,乏财之原,病在实业,然而近人竞求实业无不失败而致财愈乏者，其故安在？能有良法以挽回此现状否？

第二问：上有改革之君，下有改革之民，中有改革之亲贵大臣，然而每欲改革一事必至阻挠无成者，其病根安在？须从何处入手方能有效？

附言：此发问非征文亦非募集意见书，唯记者以为凡此诸问题均为我中国人应当尽心研究之事，阅报诸君决宜日夕往来于胸中，故特为之提出，然苟有切当高见，惠示本报者，本报亦愿为之宣布。

（冷：《发问》，原载《时报》1910 年 8 月 14 日）

昔有名医自患剧疾，将殆矣。自拟一方，用药颇烈，家人为病且昏也，不敢照服，乃请时医若干人，示之以方，均以为不可，另拟一方，购药与之。名医诧药异，问家人，家人以实对，名医急恨恨曰：杀余者，必时医也。命速购己方服之，家人仍不敢决，复集时医议之。时医公议曰：彼苟欲服己药，究恐太烈，请依其方而减其药量之半服之。名医又怪其药量弱，问家人，家人又以实对，名医曰：嗟乎！杀余者，时医也，今无及矣。今之改革枢府，减其半之法也。

（《新枢府杂评》，原载《时报》1910 年 8 月 21 日）

中国人之特性，其动也如狂犬，其静也如死蛇。何谓狂犬？不问尧跖，而吠之以为雄也；何谓死蛇？既无生气又极柔顺，任人玩弄而无所不可也。阅者疑我言乎？试息心以观之，死蛇之后狂犬，狂犬之后死蛇而矣，安有他哉？

（冷：《中国人之特性》，原载《时报》1910 年 8 月 31 日）

中国之政府其闻也近，其视也远。何谓近闻？京城以外，虽大声疾呼不之闻也，所闻者近臣之言耳。何谓远视？国内之事不之察也，所考察者重洋以外耳，此近日中国政府之特色也。

（《近闻与远观》，原载《时报》1910 年 9 月 1 日）

或问一指独健而全手萎可乎？曰：不可。

一手独健而全身萎，可乎？曰：不可。

一人独健而全家萎，可乎？曰：不可。

一事业独健而全国萎，可乎？曰：不可。

然则今日在上者独注意于军备而忘其余，何也？

（《军譬》，原载《时报》1910 年 12 月 3 日）

半月以前之吴顺生父子，盘踞于徐仲鲁之门，半月以后之吴顺生父子，大呼救命于徐仲鲁之门。吴顺生父子大呼救命之当夜，众邻叩门，徐仲鲁答称无事，然而大呼救命之翌日，不见吴顺生父子矣。呜呼！吴顺生父子安在？敢问徐仲鲁，须知吴顺生父子一日不见，即疑团一日不释，疑团一日不释，地方官对之如何？侦探家对之如何？

（灰：《疑团，疑团》，原载《时报》1911 年 1 月 3 日）

革命军一起而举武昌，再进而取汉阳、汉口，此皆唾手而得也。今乃炮声一发，而又毁长江之兵轮一。呜呼！视政府之兵，已如摧枯拉朽矣！

（冷：《革命军第一战》，原载《时报》1911 年 10 月 15 日）

惟战而可以平和，不战决不能得平和。故如欲南京之平和，则当力战张勋。如欲南中国之平和，则当力战北军。如欲全中国之平和，则当力战全国之抵抗者以破北京。

（冷：《战与平和》，原载《时报》1911 年 11 月 15 日）

今日之貌似仁爱者，多主罢兵之说，以免生灵涂炭，而余谓欲免生灵之涂炭者，莫如速战。盖战事早进行一日，即早一日解决。战事多延长一日，即多一日吃苦也。罢战之说决不能成，不过因此延长战事耳，窃为不取。

（冷：《速战与罢兵》，原载《时报》1911 年 11 月 24 日）

今日之时势，所谓千钧一发之时也。民军之举动速，则民军战胜者，清政府之举动速，则清政府占胜者。胜败之解决，只在此数日之间，民军当出毕身之精神力量，奋勇直前，不可须臾暇豫者也。速战！速战！

（冷：《速战！速战！》，原载《时报》1911 年 11 月 25 日）

民军已得南京矣，东南大局从此定矣，中华民国之根基于此立矣。由是以直捣燕北，横扫中州，则北京不足平，北军不足戮，而所有一切停战议和之浮说，可以全消。

（冷：《中华民国万岁》，原载《时报》1911 年 12 月 3 日）

袁世凯在今日宜其受炸弹也。现尚不知掷炸弹者其为革命党中人，抑为满族中人。然无论其为革命中人，为满族中人，而袁世凯对之，皆有受此炸弹之资格也。袁世凯如为满族忠臣，则当一意主战以革民党，今不能战，满人当掷以炸弹也；袁世凯而为民党功人，则当从速推倒满洲政府，今又迟迟不决断，与满人争权利，此民党当掷以炸弹者也。今虽不死，亦足以夺其魄矣。

（《袁世凯受炸弹》，原载《时报》1912 年 1 月 17 日）

法律不足以保障，而乃诉之于腕力，是故腕力者，用于不识法律之人也，或则用于无法律之时代也。今乃殴打之事，出于北京报界，而殴打以后，又复扭送之于法庭。呜呼！以能讲法律之人，又愿托法律之庇，而仍不得不诉之于腕力，然则用此腕力者，岂所以济法律不足耶？我滋悲矣。

（冷：《国光新闻殴打国民公报》，原载《时报》1912 年 7 月 9 日）

上海内地电话，因日久不能与租界电话相接，故南市城内各处装租界电话者，日多一日，设上海内地电话，一旦加价则用户出费几与租界电话相等，转不如装设租界电话之为愈也。

故为上海内地电话计，如因赔折而加价，吾知愈加价，则会赔折，徒为租界电话扩增势力而已。

（《上海电话》（三），原载《时报》1912 年 7 月 24 日）

中国人稍有得罪于外人之处，外人辄曰排外排外，今俄国一日而逐华侨万人出海参崴，世界敢有公言俄人为排外者乎？且俄人此举，非特国际上排外也，于人道主义亦大背。中国人之在海参崴者，大概全国商人均有身家产业，一旦退去，其损失讵可胜计，是无异俄人之虐杀犹太人也。虽然俄人之为此，其本意尚非止此而已也。俄人欲下手于蒙古，而尚无可以藉口之端，故借此以挑中国人之怒耳，我中国上下之对付此事，宜知其意。

（冷：《一日而逐华民万人》，原载《时报》1912 年 9 月 16 日）

我前者谓因一战而可以解决种种，惟望以光明磊落之手段行之。所谓光明磊落之手段，何也？其一，勿残害百姓，百姓无辜，何能再遭战祸；其二，勿倚赖外人，倚赖外人虽为一时之得计，而遗害实无穷也。愿主持战事之人顾念之。

（笑：《我所谓光明磊落之手段》，原载《时报》1913 年 7 月 18 日）

呜呼！某伟人挟欵而逃矣，某司令掳掠而去矣，尚留无数不逞之徒党，依然囊空如洗，于是不惜生灵涂炭，作最后之搜索，此南京之所以相持不下也。可见，世界之上银钱是好宝贝。有了银钱，革命即可以不革；有了银钱，讨袁即可以不讨，革命讨袁者，要钱之代名词也。然醉翁之意别有所属，而必欲使吾民遭此浩劫更胡为者。

（《银钱是号宝贝》，原载《时报》1913 年 8 月 25 日）

人谓今日南京城中最趾高气扬者，有二人焉，一为潘学祖，一为孙廷林。潘学祖前办造币厂，亏欵至数百万，所入官邸偿之房屋，今已以兵力驱之，改作潘公馆矣。孙廷林办裕宁官钱局，吞没官欤至一百余万，今又寅缘李盛録而为财政司矣。谁谓贪吏之不可为哉？如此用人安得而不速亡其国哉？

（笑:《贪吏可为》，原载《时报》1913年9月25日）

张勋入细人之言，藉口赈灾，徒事借欤。试预测其用途，则经手回扣，盖去其十之一二焉；开支浮滥，又去其十之四五焉；利及孑遗，亦已仅矣。而民穷财尽之江苏，尚须负完全之债务，奈之何竟熟视而无睹哉？

（阿严:《张勋借欤之警告》，原载《时报》1913年9月27日）

近数日内租界之中，几无日无盗劫案，而盗劫之时间，每在下午七时及十一时，正巡捕上差落差之际。窃以为租界巡捕上差落差，宜仿内地警察，上差者既到岗位后，方可令落差者离此岗位，否则上差者未到，而落差者先去，盗匪即以此时行其强抢之手段，迨巡捕闻警而至，而匪已远飏矣。不知捕房中亦以此言为然否？

（《无题》，原载《时报》1914年2月24日）

禁烟，今日可谓雷厉风行，以各处军警之搜查，颇为尽力。然而多施之于贫苦小民，从前堕入黑籍者，至此惟有以性命相搏，若夫大官巨绅，则虽明目张胆为之，而不敢动其分毫，此亦一不平之事也。

（笑:《今日之禁烟》，原载《时报》1914年10月12日）

近日政界中人，往往于不欲告人之事实，辄大声以宣言之曰中止，于是有始虽中止而终且实行者，有貌为中止而实不中止者，而欲求一名实相符之中止，盖受戛乎难之。今者续向银行团募债之一千万元，又可宣言中止矣。吾不识其名实果相符否，或亦于斯二者而自撰其一耶。

（《中止》，原载《时报》1915年11月7日）

当此提倡不党时代，而忽有北洋同志会之新名词，发现于纸上，亦独何哉？或曰此亦饭碗主义所激荡耳，虽然其如国事何哉？

（萍：《北洋同志会》，原载《时报》1916 年 6 月 23 日）

吾国此次外交之秩序，抗议第一步也，断绝第二步也，加入第三步也。自第一步发表，迟滞至今，而第二步、第三步将同时急进乎？未可知也，然则向之迟滞者，正所以为此次两步并进之地，我之所谓无论进退，不可不占有地位者，意者今其得之耶。

（笑：《步骤》，原载《时报》1917 年 3 月 2 日）

王揖唐非动以诚意求和示人乎？夫求和之道不一，自王来沪，和局转因之益增危象，是王之来，固不能求和也，进一步言之，王若去，或可有和之一线希望也，王既诚意求和，当此之际，胡不速去，而必实逼处此又奚为耶。

或曰，王之总代表南方，本未承认王之来去，现已不成问题耳。

（迦：《王揖唐胡不去耶》，原载《时报》1919 年 9 月 26 日）

今有警讯曰，倘中国于一年之内，再无统一及改良之望，则各国将开特别国际大会，以了结远东各问题，无论中国是否同意。乌乎此何谓耶，岂中国陆沉，即在一年之后耶。

然而当此之际，国人能不急起直追？

（迦公：《一年之内》，原载《时报》1921 年 3 月 12 日）

粤得梧州，钦廉之桂军，亦随而退，此殆产制不得不然乎，陈炳焜将退第二防线，贵县一带之剧战自不能免，则自梧州北望，肝脑涂地，阁间尚可安枕乎？

由是言之，抑亦可太息者已。

（迦公：《粤桂战事近谈》，原载《时报》1921 年 6 月 29 日）

由来匪案，多发生于穷乡僻壤之间，今则出现于交通频繁之要道，而劫及火车矣。由来匪案，被害者限于一地方人，而我南方之人鲜有身受其祸者，今则各地方人同时被害，而我南方之人亦同受其厄矣。由来匪案，不过内乱之一种，外人无由干涉之，今则外人亦在绑票之列，各国公使已群起而诘责，将惹起极大之外交矣！

此临城劫车案之异于由来匪案也。

（蛰庵：《临城案与由来匪案》，原载《时报》1923 年 5 月 9 日）

一地方出匪案，该地方之文武各官，有失察废责之罪，分别惩办之宜也。虽然案有大小，事有缓急，关系所及亦有轻重巨细之分，不可一概论也。

惩办地方各官，照例之官样文章也。此次临城劫案，从来未有之，非常巨案也。非常之巨案，当处以非常之办法。若仅仅以照例之官样文章处之，是以非常之案，视为寻常，匪□毫无功效。且自今以往，此等非常之案，势必接踵而生，一变为寻常数见不鲜之案可知焉。

然则政府之处置临城一案，除一纸处罚令外，尚有其他切实之办法否耶？

（蛰庵：《临城案之办法·八日之处罚令》，原载《时报》1923 年 5 月 10 日）

附录五：上海《时报》所刊关于业务革新文献辑录

论日报与社会之关系

社会者何？国民今日之现象也。日报者何？国民今日之现在史也。故日报之于国民，犹如形之于影，声之于响，身体之于衣服，鸟兽之于羽毛，不可以一日去，去之虽无大伤，而有大害，亦不可以一日不相称，不相称其效用亡，而其事即不举。我今试分别以证此说之不缪。

第一，日报与社会之互相为用

其一，社会与日报有互相交易之道者也。日报之所记之事，皆此社会之事，故日报即从社会而来。日报之所涉之人，皆生息于此社会之人，故日报又从社会而去。上海之日报其涉于上海者最多，次而江浙，次而长江各埠，次而其外各地，次而国外，非以其路近，其社会之关系近也。中国之日报不能行于日本，日本之日报不能行于欧美，非以其文字不同，其社会之关系不同也。今日割西藏，明日让满洲，而记其事曰，印度隶我，西伯利亚属我，谁其信之？民皆惰俭，而日称其国粹，家尽贫穷，而日誉其富庶。非极天下之至无识者，决不肯出此。非以其事恐失实，其思想无自而来也。故非此社会不能成此日报，非此日报不能投此社会，此所谓关系者一。

其二，社会与日报有互相因果之效者也。有此社会之人事，因之而有日报之记事议论。有此日报之记事议论，因之而又生发其他社会之人事。伦教《泰晤士报》几为欧西各国外交界之方针，近日记有德俄密商之说，而德报即急辨正之，盖恐各国因此而疑德也。此次日人攻取辽阳，而《泰晤士报》记其不能歼灭古鲁巴之兵为失策，日本各报即疑为英国舆论之变调，而英报又急急辨正之，日军又即急急下宽待观战员之论，盖恐因此而失两国人之心也。我国之日报，其信用虽未能及彼国万一，然近于记各省路矿之交涉，稍为注意，而当道之以路矿权许人者，亦视前为稍注意。何则？记之论之者虽一，而其读此记论者实有千万人。苟有知觉，日日闻见之，断无不动心者。故其识见能潜移默化而不自知，此所谓关系者又一。

其三，社会与日报有互相补助之功者也。谈论之家弊在过高，作业之家弊在过低。社会，作业者也。日报，谈论者也。然日报虽为谈论者，而日报之谈论不能去社会而不顾。譬如今日议论丧失国权、促削国土，人尽谓然也。若责政府以何以不能灭英伐德，征美讨日，则人咸笑其妄矣。劝人士之游学，各地之开设学堂，人尽谓然也。若为之谋，为欧人之师美人之长，则人咸议其非矣。今之官吏徒能言革命排满之非，而不能言变法之不是。今之老师宿儒徒能言平等自由之失当，而不能言各科学之无用。一进一退，互相抵制以底于平，使言论之家与作业之家有相近之益，无相反之害，赐国民以真实之进步者，此社会与日报互相补助之功也，此所谓关系者又一。（未完）

（原载《时报》1904 年 10 月 11 日）

论日报与社会之关系（续）

第二，日报与社会之要端

社会之成，由于人类。人类有种族之别，有古今之异。种族之别，文明与野蛮是也；古今之异，进化与退化是也。故凡论一社会者，必先论其占于社会之要端，其占社会之要端其数如左：

其一，社会之区域；

其二，社会之时代；

其三，社会之知能。

有社会之区域，而后得有社会，学者之论国家，学曰：有人民无土地者，不得谓之为国家。社会之于区域，亦犹是也。苟无区域以为之界，则其社会为世界社会，而非国家社会。兹所论之社会，盖有比较者也。英之于法，欧之于美，各有风俗，各有生活，虽有相似，而不相合。其于论时代也亦然，唐虞非三代，三代非秦汉，秦汉非晋唐，晋唐非宋明，顺康非雍乾，雍乾非嘉道，嘉道非咸同，甲午非戊戌，戊戌非庚子，庚子非癸卯。有区域、有时代，区域与社会相合，而后社会之现象乃见。然社会之现象，亦非仅由其区域、其时代能自成之，必有其区域、其时代之人之知能以为之也。有我国民之愚蒙，而后有甲午庚子之事；有俄人之阴狠，而后有掠夺满洲之事；有日人之坚强，而后有日俄战争之事；有英人之敏决，而后有掠取西藏之事。论社会者之必更有生发社会之人，而后始成为社会。是亦犹论国家者之于土地人民之外，必更有统治机关，而始全其为国家也。故社会之要端，虽有三者，而其结点则在人之知能。

夫社会之要端，既言之如右，然则其与社会有互相关系之日报，其要端亦决不能舍此独驰。社会有区域，而日报亦不能不与此区域相称；社会有时代，而日报亦不能不与此时代相称；社会有知能，而日报亦不能不与此知能相称。故相称者，实为日报之第一要端，而为与社会关系之第一锁钥也。故无论何时何地，决无能有外此者。然仅与社会相称，而日报之天职，尚未全也。社会曰是，日报亦曰是；社会曰非，日报亦曰非；社会所已有者，日报亦有之；社会所未有者，日报亦无之。是日报为社会之□疣，而无所益于社会，社会亦无所需于日报。是日报与社会，仍关系而无关系也。故第二之要端，尤在能得社会之信用。夫欲得社会之信用，其道在先社会，而不离社会。何谓先社会？凡社会所未知者，我报之知；社会所未行者，我劝之行；社会未虑及者我为之虑及。何谓不离社会？凡我所报所劝所虑者，皆社会所能知能行能虑者也，且又他日社会所必知必行必虑者也，□□之讹，故日报之欲取信用于社会者，不可不确实。由后之说，故日报之欲取信用于社会者，不可不迅速。今试聚日报之要端而总记之则如左：

其一，与社会相称；

其二，得社会信用；

其三，确实；

其四，迅速。

第三，我国今日之社会与日报

国土日以削，且多人我不分之地位，租界势力范围、藩属、□路、教民中立地（今后之满洲），不唯二国且或涉及三国以上。故我一举动，其果效及于世界各强国，各强国一举动，而其果效亦多及于我。日俄之战，于我有关系；英藏之事，于我有关系；法之整兵，于安南于我有关系；德荷之东方海底线，于我有关系，而其余之路权航权□权等，其事更顾而可不论。是区域□说，既越常度，新旧既相冰炭，而又多不新不旧、忽新忽旧之徒，以为之变化，忽而立宪，忽而中央集权，忽而开党锢，忽而禁新书，停捐开捐，裁兵征兵，废制造厂，设制造厂，纷纷纭纭，一无伦次。其用人本无定意，一官之中，各员新旧，相越以千百年计。今日事在甲手，则学欧美，明日事至乙手，则效唐虞。其人之受教育，有无次序，一人之身，各事新旧，相去又以千百里计。为甲事曾闻甲说，则取急激，为乙事曾为乙说，则主温和。苟论时代，亦出恒轨，而况人民知识能力之与此地位时代之不相称，更有不可思议者。以地位论，则无一人不当知现今全世界之形势，而我社会之知识，则且不自知其国名人种者大半；以时代论，则无一人不当研求学问以应世用，而我社会之能力，则且不能自书姓名年龄者大半。以地位论，列强之觇觎我土地，为土地之有富源也，而我民有之，几如石田；以时代论，西可以法欧美，东可以法日本，远有印度波兰为戒，近有安南高丽西藏为戒，内有数百兆之土著，外有数百万之殖民。而我国有之，如无一人，几不见一事，然则区域、时代、知能之三说，其于我社会固有不可以常理论者。（未完）

（原载《时报》1904 年 10 月 12 日）

论日报与社会之关系（续）

夫我国之社会，既不可以常理论，则我国之日报，亦决不得以常理论之。我试先言社会与日报之不相容者。社会栖息腐败，而日报乃攻击腐败者；社会厌恶活动，而日报乃主□张活动者，是日报实有害于社会。日报所记者皆世事，而社会皆不问世事之人，日报之所用者，皆属文字，而社会多不知文字之人，是社会亦无益于日报。且日报之要端，曰确实，曰迅速，而社会之举一事必百变而方定，今日确矣，而明日尚未此说实矣，而彼说尚未，故欲求确实，难俟百世而不可得。至于迅速，更奚待论。不确实之迅速，其效与不迅速无异。然则今日之日报，其欲与社会相称，而得社会之信用者，其确实与南辕而北辙等。然则今日之读日报者宜奈何，曰：第一，宜知社会之本相；其次，宜知日报所云者非日报字言之，皆我社会之反响；其次，宜知日报所云者，非先知预言，非□经实传，可为我参考世事之资，而非□世事。而今之为日报者宜奈何，曰"有闻必录"、"知过必改"、"知无不言"、"言无不尽"。若然，则社会与日报，其或曰相近而关系多乎。

附录读本报问答

或问《时报》有论说，而后有批评，何也？且所谓论说者，论实事少，说原理多；论近事少，说远事多，何也？则对之曰：此即所谓对乎社党而为之者也。各国之人，皆入学校，皆有普通之知识，故普通之说，不必见之于论说，而读者无不知，故其论说，只须就事论事而已可。若我中国则不然，现事之变迁，固不可忘，本源之建设，亦不可忽。故论说者，举国家之大问题，原原本本而演绎之，所谓晨钟暮鼓，朝夕警醒我国民者也。批评者，举当时之紧要问题，抉其要窍，明其得失，所谓耳提面命，随事以提撕我国民者也。故批评者，论说之变也；论说者，批评之常也。故批评简而明，论说长而详，批评指其事之是否，论说究其事之原委。批评不常有，论说常有，此犹戚继光之，用兵长短以相卫也。于记事亦然，电报犹批评，通信犹论说。

或问纪事贵简要，而《时报》之标题视他报为独长，何也？则对之曰：此正所谓求简要之道也。夫阅报有二类：其一欲详阅者，其一欲急阅者。详阅者不嫌其多，急阅者不嫌其少。然一报之上，不能兼多少而二之，故其读唯有借助于题目，题目能提用其事之全体，则事多之人阅其题目而已，知其事之与己有关涉与否，而得任意以取舍之。是亦犹乎批评之于论说，电报之于通信长短相济者也。且本报之为人计阅报之，时刻亦至矣，既有明白之题目，后有分类以为之界，有二号五号字以为之区别，有各种符号以为之醒眉目。故言本报之详尽，愿他报为独多，其趣味虽尽一日而未已。言本馆之简约，则仅费三分钟时，而紧要之事已无遗漏，此乃本馆为阅者代筹区区之苦心美意，而敢为阅者告也，至其内容之记事议论，则方日求进步以要阅者之望，不敢自满。

（原载《时报》1904 年 10 月 13 日）

本报改良条例
（本馆之苦心）

本报创刊数月猥承诸君爱，顿风行海内外，私窃荣幸，宁敢自足？故自开办以来，屡易格式，渐次改良，凡有可以便益读者之处，莫不加意整顿务足副。诸君责望之盛意第念。时读诸君地位不同，职业不同，道路又有远近，感情因而殊异，夫欲以一色而合天下之目，一味而适天下之口，势必有所不能，日报固亦犹是。故只有增拓内容、广收门类后多揭普通事理，以谋□及之一法。本馆向本此意，力求善法，今后细加考求，别订编辑例如左：

本报取材极丰，排次有序，两者均于时刻大有妨碍，故从前出报不免稍迟，致使长江一带咸有不能当日寄到。今既加工取速，再将各门类别为纲次，如今式以第三页之材料均为每日最后到者，非排在一处，则有碍于合大板也。

本报向以全国的眼光编辑新闻，故愿聚事实而不以地为之区别（附地名于标目之下，以便查阅，所以补不分地之缺点也），然因此而致生一缺点，则以本埠新闻大□琐屑者居多，若非本埠之人，均可不必寓目本报。从前悉为□人琐事汇纪又不为标题，使多占篇幅者，正为此故，但嫌不大醒目，似以本埠新闻者有所未便，故今援春秋内其国之例别，开本埠新闻一门，其选录之途稍从宽，假又悉为标目，惟仍用五号字，使不致多占篇幅，其在重要事件则仍提出编入各界，而特载一标目于本栏下，注见纂门以便检阅。如此办法则埠外人可不必徒费目力于本埠新闻，而本埠人又无不便检阅之患，庶几两全之道，诸君当以为然。

本报新闻标目旁所用圈点符号定例：

极要者（二号、双圆圈符号）、要者（二号）、次要者（四号、实心圆圈符号）、又次要者（四号）、又其次者（五号、空心圆圈号）、又其次者（五号）、非常可怪新异离奇者（四号或五号、实心小三角形）、尚未确定者（四号或五号、空心小三角形）、间接传闻及补叙者（四号或五号、实心顿号符号）、与前报有出入者（如更正之类）（四号或五号、空心顿号符号）、有疑而未定之处用？感叹词之下用！

（原载《时报》1904 年 10 月 12 日 "本馆特别告白" 栏）

论日报界之大活动
（万物以竞争而进步）
冷

我中国之有日报，不自今日始矣。然而自今日以前，我中国之所谓日报，不能如今日之整顿者，何也？去年之日报，无异前年，前年之日报，无异前前年。然而今日则不然，试观今日沪上所出各报，其有一与去年相同者乎？《中外日报》则改样式矣，所谓整顿矣；《新闻报》则改样式矣，所谓整顿矣；即如三十年来一成不变之《申报》，亦后改样式矣，所谓整顿矣。虽其改样式，所谓整顿者，其固视前，有胜与否？则天下之人，自有明眼，我亦不愿以一人之见，漫为评论。然而无论其胜否何若，而其跃跃思动之机，实天下所共见，故名之曰日报界之大活动，当亦天下所共认也。

我因是而得验一理焉，物苟有真价值者，人必爱慕之。以前我中国之日报所以不整顿者，以其无可爱慕之日报也。无爱慕，则无厌弃，无厌弃则人人得以自存，而无所警惧，前之不活动也。以此我因是而又得验一理焉，人苟能以真力量为一业者，则其业必因之而得兴起。以前我中国之日报所以不整顿者，以其无真力量之人为此日报之业也。我无真力量，则人亦得以无真力量敌之。无真力量，则无真胜败，无真胜败，则无真竞争，前之不活动也又以此。

我今为中国日报界前途幸，群雄并起，同逐中原鹿，各出其所长以贡献于社会，日报界之所赐，不已□乎？我又为我中国前途幸，老大之帝国，几成为无生气之矿质，今以区区之日报界一发动之，其力如此，然则万端万绪，抑亦大可为矣。

附本报十大便利说

日报之改良也，为阅者计便利也。本报自开创至今，为阅者计便利之心，未尝一日稍懈。然本报为阅者计便利，而阅者或未明本报之意，没其便利而不知用，岂不大可惜乎？缘特略附数语于兹，为阅者告。

欲计阅者之便利，当先知阅者之用意，阅者何为而欲阅我日报乎？是不可不知也。其一为办事者，不识时势，不足以语操纵，而时势之变迁，唯我日报记载之；其一为学问者，身不出户庭知欲以周天下，其道当曷以唯我日报转输之；其一为查考者，于古有史，于今无史，其所以补史之不足者，惟我日报肩任之；其一为消闲者，车间舟上酒后茶余，何以助谈，何以解闷，唯我日报有益而无损焉，若此者其人品不一。

又当先知阅者之情形，阅者如何以阅我日报乎？是又不可不知也。其一为折叠，开卷有益不能掩而读也；其一为装订，心有所好，或备查考，不忍舍之去也；其一为裁割，取其所取，弃其所弃，欲撷其精而采其华也，若此者其事又甚不一。

试以本报之体例与以上所云者合观之，本报之电报、要闻，悉聚于第三页上，欲信息之灵便者，阅此而已足，其便利于办事之人一；搜罗宏富，考订确实，其便利于学问之人二；有秘密之档案，有商务之调查，其便利于查考之人三；有小说、有杂录、有诗话、有风俗谈等，其便利于消闲之人四；本报为两大张而均属竖折，开卷而一目了然，四排顺序而下，各页由次而传，变换极简，头绪最清，其折叠上之便利五；本报之阳面，均属告白与调查之件，本报之阴面，均属新闻与议论之件，故当有留心时事之人，则可折阴面于外以装订，留心官□之人，可反第七页于上以装订，留心商务之人，可反第八页于上以装订，留心官事之人，可反第七页于上以装订，留心商务之人，可反第八页于上以装订，其装订上之便利六；本报之纸，虽属两面全印，然阴阳两面，所区之类，全然不同，裁割于此者，决不至有害于彼，其裁割之上便利七；有此七便利而本报之为阅者计亦可谓尽心矣，而况又有特别之告白，插入新闻之中，其便利于告白者八；各处学堂，其开学放学日期，皆有汇记，其便利学界者九；语语有来历，人人尽惬意，以天下之人心为心，以天下之人口为口，知无不言，言无不尽，其便利于世界公道者十。

（原载《时报》1905 年 2 月 8 日 "本馆论说" 栏）

报纸之进步
冷

去年之他日报未有四张，今年之各日报均有四张。去年之他日报未有图画，今年之各日报多有图画。去年之各日报，均属于庄，今年之各日报，多趋于谐。

（原载《时报》1907 年 2 月 17 日 "报余" 栏）

本报改易体例告白

本报现因便利阅者之故，特将体例略为改易，申明如左：

本报现分新闻四页，另加商务半页，大小共三张；

第一页为言论，第二页为电报、要闻，第三页为外埠新闻，第四页为本埠新闻；

每种新闻之下各有批评，以批抉新闻中有关系之点，如第一页为批评一，第三页为批评二，第四页为批评三；

报面 "世界纪念日" 现改为 "去年今日"，令阅者得以逐年比较进步与退步。

（原载《时报》1908 年 6 月 17 日）

时报万号

古语有云：三十年为一世。《时报》自开办至今，前后计算，几及三十年，此《时报》之所以应纪念者也。《时报》产生于庚子之后，正当国难之时，于今又值辽沪之厄，国难未已，是《时报》此一万号中，与国难相终始。所谓生存于患难之交，与我国民，无日不在动心忍性中也。《时报》之主义，自始迄今，一以普及人民之智识为职志，而不以盈利为目的。故支收每不易相抵，经前后同人之支撑努力，始有今日之纪念。是《时报》以本身论，此一万号之经过，又无日不在困苦艰难中也。我国人之性习，易于共患难，而不易于共安乐。其故乃由于多数之人，在安乐无事之时，其良心常汩没于利欲之中，惟至患难时而始一发现。故每至一次国家患难剧烈之时，《时报》同人尽其全力以奋斗，而同时《时报》之销数，亦必风行一时，为任何报纸所不及，此历经试验，而丝毫不爽者也。此皆此一万号中，《时报》过去之大略，得藉纪念之便而一为国人告也。至若《时报》今后进行，仍本以前之主义，而不稍改变。对于报纸，一以普及人民之智识为职志，而不以赢利为目的；对于国是，一以国家人民为重，而无其他特殊之主张。秉此正准，努力实行，惟我国人有以进而教之。

（原载《时报》1932 年 6 月 27 日）

时报万岁
狄平子

《时报》竟以一万号相祝矣！计以岁月日，则年为三十年，月为三百数十月，日为一万日。回思此一万日之前，吾国之情形如何也？同侪正如周蝥之不恤□，但忧其国之将坠，日夕遑遑，唯救国之自务，无如叠遭蹉败，意志俱灰，乃变计而有从舆论挽救之策，此《时报》发起之原因也。凡编辑体制一切，同人中陈君景韩主持之。其时吾国报纸大都以营业为宗旨，而国人且不知有国，更何从而说爱，用物悉以欧美是尚，亦无国货之名词，能崇高报界之身分，提倡爱国及国货者，非《时报》而谁耶？夫人生百年，仅三万六千日耳，今以一万日之久，而进步者仅仅若此，以视他国突飞猛进者，真不可以道里计。余以多病之故，十年来回光返省，成败等观，恩怨平视，理则如是，事则乃望主持《时报》者，于此一万号之后，努力前进也。昔人谓日轮以三百六十日环地球一周，今日名为一年者，应改名为一日，然则《时报》之万日庆祝，即《时报》之万岁庆祝也。

（原载《时报》1932 年 6 月 27 日）

"时"乎"时"乎
老汉

（本是应时势的要求之创作　　不断的为国难而努力之舆论机关）

《时报》首先取法英伦敦泰晤士，创办之时，即具世界眼光。编辑撰述，均取清爽生动，一扫固滞干燥之病。数十年来，《时报》于新闻于学术之贡献，在二十年纪念册中，严范孙、蔡孑民诸先生均有诚恳推重之词。今届一万号纪念之期，同社诸公，抚循往迹，共勉前途，属贡其愚，以襄盛会。老汉服役本报转瞬念年，虽仅服文字之劳，于缔造、经营，诸大端未尝有涓埃之补，而脱腕呕心，积日累月，计其质量，亦复可观。尝自喻为戏剧中之"老奴"，际兹佳日良辰，不觉欣慨交萦，中怀有所欲发，于是就记忆及感想所及，略一言之。

《时报》创刊于庚子国难以后，庚子之国难其影响于五千年文明古国者甚巨，牢固闭塞紊乱混茫之政治社会，亟须有思想有组织之新的舆论机关，振聩发聋，俾政府人民，一新耳目，盱衡世界，竞争生存，《时报》即应此时势之要求，出而问世。是以十年纪念之时，北京报界公会某君托撰颂词，即有"为天木铎，惟圣之时"两语，良有以也。老汉虽未兴创始之役，颇知开始经营之平等阁主，本是英发奋厉之青年，循时按事，知其建设此报，决非偶然。同时当事诸公，及三十年来馆中编辑营业各部，社外采访通讯诸员，或分工合作，或新陈规随，要皆本"时"字之义，努力于时代之适应。印刷编制之精良，文艺兴味之浓厚，在在均足以表现《时报》自擅之立场。

方式难因时会而有变迁，创作精神则后先一致，详见前岁沪新闻界北游时本社刊行之《时报敢请国人阅看之理由》一书，内有今馆长黄先生亲撰之弁言，及编辑蔡先生之后序，胥以清明简要之词，致其尽智竭能之恫，中西哲士，叠有称扬，无待于老汉之词赞。《时报》之特性，《时报》之历史，《时报》之所以为 Eastern Times，固无人能否认之。

时会之艰艰，时局之变幻，自甲午国难而骤见紧张，至庚子国难而益濒危险。《时报》产生于庚子以后，而创办人对于文化思想之革新运动，则在庚子以前，盖受甲午中日一役之刺激，忧时爱国，情不容已。外患之亟，虽肇端于道光之辛丑，而剧烈于咸丰之庚申，然皆因商业起争扰，未为正式之战争，且自清同治甲子洪杨事定，全局统一，国基未摇，中外相安者三十年之久——（自甲子至甲午），中间虽有滇越之用兵，伊犁之交涉，情势不得谓非严重，然卒能和平互让，无兵连祸结之惨。至甲午之役，以号称同文同种之邻邦，发箕豆自煎之大难，伏尸遍于鲜满，割地远及台澎，赔款之诛求达二万万之巨。遂使中国国势一落千丈，观当日李鸿章马关议和之际，向彼伊藤反复开导来日之危，自残之祸，几于搯肝披膈垂涕而道之。而迄不见谅于彼方骄盈之诸阀，驯至今日之祸，巨浸稽天，双方交敝，我国固已遍体鳞伤，彼邦亦恐怖迭见。诚所谓败者堪忧，胜亦何喜，因东方之拆烂，肇世界之危机。理智在人，成无所取，此中消息，已尽于李叟前席之词。至今读之，有余味焉。

其在我国，则外力激荡之余，重以满清政治无能，威信扫地。国内思想界由静而动，智、勇、辩、力之士，纷然并作，万穷争鸣，胥执当时枋国之政府而课其责任，此乃情势所必然，各国历史上政变之常例。但改善国之目的虽同，而所取之途经，所采之方式则不能无异，其显然而蔚然者，则有稳健与激烈之两大支。予所以不用政治上之名词者，以为取喻于"家长里短"倒可以由平凡的道理而得清切之观念也。

吾读红楼一书，深有味乎探春叹惜贾府之言，足为我神明华胄当头之棒喝。且三四十年中国之事，原不能逃出"闹家务"之范围。为家长者管此圃宅，有此田园，不能外御侵凌，内安反侧。于是家人子弟群起为谋，一派以整理家政，修葺田宅为要求，但不主另换掌家，动摇基础，以为同舟风雨，投鼠忌器，操之太亟，恐同归于尽，此稳健派不得谓非"言之有理"也。而无以禁清政府及旧官僚之倒行逆施，自促其运。一派以旧腐已深，河清无日，若不澈底翻造，劳且迂缓难成，故必猛力推翻，根本打倒，而后气象一新，精神自振，前途乃经破坏而光明。此激烈派，亦是"持之有故"也。然而"打倒"之例既已开端，此则日在台下向台上"打通""拆台"者，一旦自身上台，即变为"被打倒""被拆台"者，转移迅疾，劳有必然。二十年来，一阵一阵的"打倒"，一批一批的"拆台"，如滑车之翻轮，如沙漠之淘井。事迹昭然，不须列举，总而言之，举"过去""现在""未来"之一切的鱼龙曼衍，花样翻新，都可以："台下打人、上台被打"，为随时可以填用之公式。不必说是非讲厉害，只要在台下，就有以"打倒人"，博取拍掌欢迎之资格。只要是想上台，就有"图穷七见真面难藏"之一日。而国运民生，遂尽作"好身乎，真难说"的人民试验之牺牲。

尤可痛心者，每次翻腾，甲乙丙丁，胥不逃于外力之驱使。人牵黑幕之丝，我作登场之具。主国家者如是，主民族者如是，主阶级者亦如是。结果则除个人少数达其目的外，全为无意识之举动矣。

老汉不才，辛亥时亦尝参与覆清之役。丙辰复以口诛笔伐，加诸洪宪伪皇。谬获虚誉。但事后发见凡此种种胥为日人之所快，且其利用心理，操纵群流，谋画架弄之处不一而足，不觉翻然憧悟，以为此何事也。况乎个人，既无"我干"之野心，又乏积极之才略。狂澜莫挽，高论奚为。是以近十余年中屏绝政谈，憩心文学艺术之事，偶以谈言之微中，发为几谏之哀音，古昔风人之旨，西方 Humour 之意，乃吾思之所存。又慨于国人历史知识之缺乏，以致突逢事变，茫茫然皇皇然嚣嚣然而迄不知其所以然。如此现象尤为可危。是以注意事实兴革之途，脉络因缘之迹。参以他国自谋谋我之道，决其穷奥，明其端委。俾谋国者知所取镜焉。与其正面批评一人之善恶优劣，不如安设一面镜子，使之自觉之而自觉之。老汉古今中外之谈，多寓托月烘云之法。世之哲人或有取乎。天热病冗，拉杂写成，祝吾《时报》之与时具进。并祝爱读《时报》者之岁时修省，不胜大愿，何幸如之。

（原载《时报》1932 年 6 月 27 日）

参考文献

一、中文文献资料

阿敏:《球艺快评》,《时报》1937 年 3 月 27 日。

[澳] 特里·纳里莫:《中国新闻业的职业化历程——观念转换与商业化过程》,载《新闻研究资料》第 58 辑,中国社会科学出版社 1992 年版。

《巴拿马河工不可往》,《时报》1907 年 1 月 18 日。

白贵:《报纸编辑精品导读》,人民日报出版社 2011 年版。

白瑞华:《中国报纸(1800—1912)》,王海译,暨南大学出版社 2011 年版。

邦梁:《试论黄远生的新闻思想》,《视听纵横》2006 年第 1 期。

《包办全国会男女总锦标之…上海选手团奏凯旋沪 / 今午市当局在中心区设宴劳军》,《时报》1933 年 10 月 21 日。

包天笑:《报坛怪杰黄伯惠》,《大成》1984 年第 131 期。

包天笑:《钏影楼回忆录》,中国大百科全书出版社 2009 年版。

《宝应油船失火 / 造成三岁孩尸骨皆毁观火者一臂受伤》,《时报》1929 年 12 月 10 日。

保郑:《东亚巾帼别列》,《时报》1936 年 3 月 14 日。

《被杀的青年尸体失一眼珠,碎一睾丸 / 双手反绑绳绕颈项破大衣上三个红字》,《时报》1928 年 4 月 6 日。

《本报改良条例》,《时报》1904 年 10 月 12 日。

《本报所包定之沪蓉飞机二号每日晨装载本报飞赴杭州》，《时报》1930 年 4 月 1 日。

《本报作报本意》，《申报》1875 年 10 月 11 日。

《本馆特别告白》，《时报》1907 年 6 月 17 日。

《本馆整顿报务举例》，《申报》1905 年 2 月 7 日。

《病与医》，《时报》1910 年 8 月 12 日。

《参观女运动员宿舍》，《时报》1933 年 9 月 20 日。

曹伯言整理：《胡适日记全编》（3），安徽教育出版社 2001 年版。

曹聚仁：《陈冷血的时评》，载《20 世纪上海文史资料文库》（6），上海书店出版社 1999 年版。

曹聚仁：《上海春秋》，上海人民出版社 1996 年版。

《常州通信》，《时报》1910 年 11 月 23 日。

陈昌凤：《电传新闻对中美新闻叙事结构的影响——1870—1920 年代〈申报〉与〈纽约时报〉的叙事结构比较》，《国际新闻界》2009 年第 1 期。

陈钢：《晚清媒介技术发展与传媒制度变迁》，上海交通大学出版社 2011 年版。

陈建华：《陈冷：民国时期新闻职业与自由独立之精神》，《东吴研究》2004 年第 1 期。

陈景韩：《今年中消灭之报纸》，《时报》1909 年 9 月 30 日。

陈冷：《拆字一》，《时报》1908 年 8 月 18 日。

陈沛芹：《美国新闻业务导论：演进脉络与报道方式》，安徽大学出版社 2010 年版。

陈彤旭、李磊：《影响中国的新闻人》，《新闻与写作》2007 年第 7 期。

陈祖民：《郎静山重访上海滩》，《新闻记者》1994 年第 1 期。

《撑竿跳高姿势》，《时报》1930 年 4 月 5 日。

程丽红：《清代报人研究》，社会科学文献出版社 2008 年版。

程曼丽、乔云霞主编：《中国新闻传媒人物志》（第三辑），长城出版社 2012 年版。

程曼丽：《横向比较：中国新闻史研究的新思路》，《新闻大学》2007 年第 3 期。

程曼丽：《〈蜜蜂华报〉研究》，清华大学出版社 2015 年版。

《待讯时之陆根荣》《陆根荣供时情形》《黄朱氏侯时情形》，《时报》1929 年 6 月 8 日。

道胜：《苏格兰与葡萄牙之球讯 / 二与二…无胜负》，《时报》1925 年 2 月 22 日。

邓耀荣：《澳门维新派政论报〈知新报〉研究》，北京大学 2013 年博士学位论文。

狄平子：《时报万岁》，《时报》1932 年 6 月 27 日。

丁法章：《新闻时评的复兴及其他》，《新闻记者》2008 年第 4 期。

丁淦林：《中国新闻事业史》，高等教育出版社 2007 年版。

丁悚：《上海报纸琐话》，载《上海地方史资料》（五），上海社会科学院出版社 1986
年版。

丁文江、赵丰田编撰：《梁启超年谱长编》，上海人民出版社 1983 年版。

董新英：《黄伯惠时期〈时报〉特色研究》，吉林大学 2009 年硕士学位论文。

《东鳞西爪》，《时报》1935 年 10 月 10 日。

《读本报问答》，《时报》1904 年 10 月 13 日。

《读本报问答》，《时报》1904 年 6 月 13 日。

《二百米接力终点》，《时报》1930 年 4 月 4 日。

[法] 杜赫德编：《耶稣会士中国书简集》，郑德弟等译，大象出版社 2001 年版。

方汉奇：《中国新闻传播史》（第三版），中国人民大学出版社 2014 年版。

方汉奇、曹立新：《多打深井多作个案研究——与方汉奇教授谈新闻史研究》，《新
闻大学》2007 年第 3 期。

方汉奇、王润泽：《民国时期新闻史料汇编》（全十六册），国家图书馆出版社 2011
年版。

方汉奇、张之华：《中国新闻事业简史》，中国人民大学出版社 1995 年版。

方汉奇、王润泽主编：《中国人民大学图书馆藏燕京大学新闻系毕业论文汇编》（第
三册），国家图书馆出版社 2014 年版。

方汉奇、王润泽主编：《中国人民大学新闻学院稀见新闻史料汇编》（第十八册），
国家图书馆出版社 2012 年版。

方汉奇：《中国近代报刊史》（上、下），山西教育出版社 2012 年版。

方汉奇等：《〈大公报〉百年史》，中国人民大学出版社 2004 年版。

方汉奇主编：《中国新闻事业通史》（第 1 卷），中国人民大学出版社 1992 年版。

方汉奇主编：《中国新闻事业通史》（第 2 卷），中国人民大学出版社 1996 年版。

方汉奇主编：《中国新闻事业通史》（第3卷），中国人民大学出版社1999年版。

方平：《晚清上海的公共领域（1895—1911）》，上海人民出版社2007年版。

冯并：《中国文艺副刊史》，华文出版社2001年版。

冯剑侠：《辛亥前后报人的政治动员与政治参与——以〈时报〉为中心》，《成都大学学报》（社科版）2012年第6期。

蝠池书院：《〈时报〉影印本序言》，蝠池书院出版有限公司2006年版。

复旦大学新闻系：《中国新闻史文集》，上海人民出版社1987年版。

傅国涌：《笔底波澜——百年中国言论史的一种读法》，广西师范大学出版社2006年版。

甘惜分主编：《新闻学大辞典》，河南人民出版社1993年版。

甘险峰：《中国新闻摄影史》，中国摄影出版社2008年版。

甘险峰：《新闻图片与报纸编辑》，福建人民出版社2008年版。

《港沪西捕埠际赛/三对一…沪胜》，《时报》1929年3月7日。

高拜石：《新编古春风楼琐记》（六），作家出版社2004年版。

戈公振：《中国报学史》，生活·读书·新知三联书店1955年版。

戈公振：《中国报学史》，生活·读书·新知三联书店2011年版。

戈公振：《中国报纸进化之概观》，载《中国近代报刊史参考资料》（上），中国人民大学新闻系1979年版。

谷声：《记时报老板黄伯惠》，《大亚画报》1932年11月12日。

顾执中：《报人生涯——一个新闻工作者的自述》，江苏古籍出版社1987年版。

顾执中：《跟〈时报〉发生矛盾》，载《报人生涯——一个新闻工作者的自述》，江苏古籍出版社1987年版。

顾执中：《我进去工作时的〈时报〉》，载《报人生涯——一个新闻工作者的自述》，江苏古籍出版社1987年版。

顾执中：《我与戈公振》，载《戈公振纪念文集》，江苏文史资料编辑部1991年版。

顾执中：《一所并不理想的新闻学校》，载《新闻研究资料》第26辑，中国社会科学出版社1984年版。

《广东对绥远女篮球赛之一幕》，《时报》1933 年 10 月 13 日。

《广东女子与江苏比赛垒球情形》，《时报》1933 年 10 月 14 日。

郭步陶：《编辑与评论》第二编《评论》，商务印书馆 1933 年版。

郭步陶：《时事评论作法》，正中书局 1947 年版。

郭传芹：《袁世凯与近代新闻事业》，中国人民大学 2012 年博士学位论文。

郭汾阳：《铁肩辣手——邵飘萍传》，浙江人民出版社 2006 年版。

郭廷以：《近代中国史纲》，上海人民出版社 2009 年版。

郭箴一：《上海报纸改革论》，新生命书局 1931 年版。

过雨青：《上海当年四大报之一：时报之忆》，《报学》1969 年第 4 卷第 2 期。

海青：《伤逝：对民国初年新女性形象的一种解读》，载《新史学第一卷·感觉图像叙事》，中华书局 2007 年版。

韩松、黄燕：《当代报刊编辑艺术》，复旦大学出版社 2006 年版。

《罕譬》，《时报》1910 年 12 月 3 日。

汉国萃辑录整理：《近现代人论黄远生》，载《新闻研究资料》第 28 辑，中国社会科学出版社 1984 年版。

郝更生：《我国首次参加亚林匹克大会之我见》，《时报》1932 年 8 月 2 日。

《何家强已到上海 / 四骑士仍为粤省出马》，《时报》1935 年 10 月 7 日。

《河北上海女篮球赛》，《时报》1933 年 10 月 16 日。

《河南女子与香港排球比赛情形》，《时报》1933 年 10 月 14 日。

洪惟杰：《戈公振年谱》，江苏人民出版社 1990 年版。

洪煜：《近代上海小报与市民文化研究（1897—1937）》，上海书店出版社 2007 年版。

胡道静：《上海新闻事业之史的发展》，上海市通志馆 1935 年版。

胡道静：《新闻史上的新时代》，世界书局 1946 年版。

胡适：《十七年的回顾》，《时报》1921 年 10 月 10 日。

胡太春：《中国近代新闻思想史》，山西教育出版社 1987 年版。

《沪时报停刊》，《新闻学季刊》第一卷第二期，中央政治学校新闻学研究会 1940 年版。

《花花絮絮》，《时报》1936 年 10 月 23 日。

《花花絮絮》，《时报》1936 年 5 月 24 日。

《花絮》，《时报》1933 年 10 月 14 日。

黄旦：《五四前后新闻思想再认识》，《浙江大学学报》（人文社科版）2000 年第 4 期。

黄旦：《传者图像：新闻专业主义的建构与消解》，复旦大学出版社 2005 年版。

黄瑚：《中国新闻事业发展史》（第二版），复旦大学出版社 2009 年版。

黄警顽、王庚：《大会给与我们的教训》，《时报》1927 年 9 月 5 日。

黄流沙：《从进士到记者的黄远生》，《新闻业务》1962 年第 8 期。

黄天鹏：《新闻文学概论》，光华书局 1930 年版。

黄天鹏：《新闻学名论集》，上海联合书店 1930 年版。

黄天鹏：《新闻学概要》，中华书局 1934 年版。

黄兴涛、陈鹏：《近代中国"黄色"词义变异考析》，《历史研究》2010 年第 6 期。

黄远生：《北京之党会与报馆》，《时报》1912 年 10 月 22 日。

黄远生：《北京之新年》，《时报》1913 年 1 月 7 日。

黄远生：《财政部重要法令之说明》，《时报》1912 年 10 月 31 日。

黄远生：《惨痛之外交》，《时报》1913 年 1 月 18 日。

黄远生：《大借款波折详记》，《时报》1912 年 5 月 12 日。

黄远生：《大小零星杂记》，《时报》1912 年 6 月 19 日。

黄远生：《断送蒙古声中之大借款》，《时报》1912 年 11 月 21 日。

黄远生：《发行南京政府时代特许日人阪谷设立国家银行事》，《时报》1913 年 5 月 19 日。

黄远生：《国人之公毒》，《东方杂志》1916 年 1 月 10 日。

黄远生：《囍日日记》（其一），《时报》1913 年 10 月 17 日。

黄远生：《虎头蛇尾之国税厅》，《时报》1913 年 2 月 1 日。

黄远生：《记者眼中之孙中山》（其四），《时报》1912 年 9 月 10 日。

黄远生：《交通部之政见书及大事记》，《时报》1912 年 10 月 25 日。

黄远生：《教育部半年以来大事记》，《时报》1912 年 10 月 23 日。

黄远生：《教育部之重要议案》，《时报》1912 年 7 月 18 日。

黄远生：《借款交涉内脉之解剖》，《时报》1912 年 11 月 15 日。

黄远生：《借款交涉者七零八落》，《时报》1912 年 9 月 20 日。

黄远生：《借款里面之秘密》，《时报》1912 年 5 月 18 日。

黄远生：《借款内脉之解剖》，《时报》1912 年 7 月 9 日。

黄远生：《库伦独立后之外交》，《时报》1912 年 12 月 3 日。

黄远生：《伦敦借款与英国》，《时报》1912 年 9 月 30 日。

黄远生：《蒙古马贼题名录》，《时报》1912 年 9 月 23 日。

黄远生：《蒙古人奇怪之告示》，《时报》1912 年 8 月 3 日。

黄远生：《奈何桥上之大借款》，《时报》1913 年 2 月 15 日。

黄远生：《外交部之厨子》，《时报》1912 年 7 月 10 日。

黄远生：《外交总长宅中之茶会》，《时报》1912 年 12 月 9 日。

黄远生：《呜呼中国末日之外交》，《时报》1913 年 10 月 7 日。

黄远生：《新闻日记·亡国人之苦痛》，《时报》1915 年 4 月 7 日。

黄远生：《新政府之人才评》，《时报》1912 年 5 月 24 日。

黄远生：《虚三级省制案之轮廓》，《时报》1912 年 12 月 7 日。

黄远生：《远生遗著》卷一，商务印书馆 1984 年版。

黄远生：《远生遗著》卷二，商务印书馆 1984 年版。

黄远生：《远生遗著》卷三，商务印书馆 1984 年版。

黄远生：《远生遗著》卷四，商务印书馆 1984 年版。

黄远生：《张振武案——礼拜之经过》，《时报》1912 年 8 月 28 日。

黄远生：《张振武案始末记》，《时报》1912 年 8 月 23 日。

黄远生：《张振武案之研究》，《时报》1912 年 8 月 31 日。

黄远生：《政界内形记》，《时报》1912 年 5 月 13 日。

黄远生：《政界小风潮零记》，《时报》1912 年 6 月 21 日。

黄远生：《致甲寅杂志记者》，载《远生遗著》卷四，商务印书馆 1984 年版。

黄远生：《中国银行之离奇》，《时报》1912 年 8 月 13 日。

黄远生：《蛛丝马迹之省制案》，《时报》1912年10月26日。

黄远生：《铸党论》，《时报》1912年8月20日。

黄远生：《最后借款之命运》，《时报》1912年12月24日。

黄远生：《最近财政之一般》，《时报》1912年8月14日。

《黄朱氏坐于原告席上》、《讯问陆根荣时之神气》，《时报》1929年6月23日。

灰：《疑团，疑团》，《时报》1911年7月30日。

《吉林——义勇军在冰天雪地与日军开火》，《时报》1932年3月29日。

[加拿大] 季家珍：《印刷与政治：〈时报〉与晚清中国的改革文化》，王樊一婧译，广西师范大学出版社2015年版。

吉建富：《海派报业》，文汇出版社2010年版。

吉铠东：《〈时报〉视野下的临城劫车案》，《学理论》2013年第11期。

迦：《王揖唐胡不去耶》，《时报》1919年9月26日。

迦公：《一年之内》，《时报》1921年3月12日。

江苏文史资料编辑部编：《戈公振纪念文集》，江苏文史资料编辑部1991年版。

姜恩：《萧军及其评剧〈马振华哀史〉》，《戏曲艺术》1985年第4期。

蒋国珍：《中国新闻发达史》，世界书局1927年版。

交通史编纂委员会编：《交通史·电政编》第2册，民智书局1936年版。

《解闷录》，《时报》1933年10月14日。

芥子：《社会新闻编辑上的检讨》，载申时电讯社编：《申时电讯社创立十周年纪念特刊》，人文印书馆1934年版。

金雄白：《记者生涯五十年》（上、下），台湾跃升文化事业有限公司1988年版。

《津赣二队篮球竞赛之一幕》，《时报》1930年4月2日。

《津沪再战难解难分奋斗到底天津获胜》，《时报》1928年12月30日。

《近闻与远观》，《时报》1910年9月1日。

荆烽：《上海〈时报〉在袁世凯统治时期的表现》，《新闻爱好者》2007年第7期。

《开幕礼庄严隆重 / 刘长春单刀赴会侨胞组应援团》，《时报》1932年7月31日。

《看台上人头簇簇》，《时报》1933年10月17日。

阚文文：《晚清报刊翻译小说研究——以八大报刊为中心》，华东师范大学 2008 年博士学位论文。

康有为：《与任弟书》，载丁文江、赵丰田编撰：《梁启超年谱长编》，上海人民出版社 1983 年版。

赖光临：《七十年中国报业史》，中央日报社 1981 年版。

赖光临：《中国近代报人与报业》，台湾商务印书馆 1987 年版。

赖光临：《中国新闻传播史》，三民书局 1992 年版。

蓝鸿文：《专业采访报道学》，中国人民大学出版社 2003 年版。

郎净：《近代体育在上海（1840—1937）》，上海社会科学院出版社 2006 年版。

郎毓祥：《父亲郎静山》，载《现代上海研究论丛》（10），上海书店出版社 2004 年版。

老汉：《时乎时乎》，《时报》1932 年 6 月 27 日。

冷：《报纸之进步》，《时报》1907 年 2 月 17 日。

冷：《电车初试》，《时报》1908 年 3 月 2 日。

冷：《电车与性命》，《时报》1908 年 7 月 17 日。

冷：《发问》，《时报》1910 年 8 月 14 日。

冷：《革命军第一战》，《时报》1911 年 10 月 15 日。

冷：《剪发易服说》（其一），《时报》1910 年 9 月 24 日。

冷：《京中近状一》，《时报》1910 年 4 月 12 日。

冷：《京中近状二》，《时报》1910 年 4 月 13 日。

冷：《论内地自来水一》，《时报》1907 年 9 月 21 日。

冷：《论内地自来水二》，《时报》1907 年 9 月 21 日。

冷：《论内地自来水三》，《时报》1907 年 9 月 22 日。

冷：《论内地自来水四》，《时报》1907 年 9 月 24 日。

冷：《论日报之大活动》，《时报》1905 年 2 月 8 日。

冷：《善于词令》，《时报》1908 年 7 月 31 日。

冷：《谁谓我政府乏财》，《时报》1907 年 1 月 5 日。

冷:《速战！速战!》,《时报》1911年11月25日。

冷:《速战与罢兵》,《时报》1911年11月24日。

冷:《岁暮之预言》,《时报》1909年1月3日。

冷:《妄哉警部之所谓报律也》,《时报》1907年10月17日。

冷:《一日而逐华民万人》,《时报》1912年9月16日。

冷:《再火》,《时报》1908年1月15日。

冷:《中国人之特性》,《时报》1910年8月31日。

冷:《中华民国万岁》,《时报》1911年12月3日。

李长莉:《晚清上海社会的变迁——生活与伦理的近代化》,天津人民出版社2002年版。

李法宝:《新闻评论:发现与表现》,中山大学出版社2013年版。

李浩然:《十年编辑之经历》,载《〈新闻报〉馆三十年纪念册》《纪念文》部分,新闻报馆1923年版。

李惠堂:《论体育真谛》,《时报》1932年8月8日。

《李惠堂梁詠娴合作吃饭》,《时报》1935年10月19日。

李剑农:《中国近百年政治史》,上海人民出版社2014年版。

李杰琼:《半殖民主义语境中的"断裂"报格:北方小型报〈实报〉与报人管翼贤》,中国社会科学出版社2015年版。

李金铨:《文人论证:知识分子与报刊》,广西师范大学出版社2008年版。

李金铨编:《报人报国:中国新闻史的另一种读法》,香港中文大学出版社2013年版。

李磊:《〈述报〉研究》,兰州大学出版社2002年版。

李良荣:《新闻学概论》,复旦大学出版社2012年版。

李良荣:《中国报纸文体发展概要》,福建人民出版社1985年版。

李龙牧:《中国新闻事业史稿》,上海人民出版社1985年版。

李楠:《清末上海报纸"城市化"趋向的研究——以〈时报〉为中心的考量(1904—1912)》,复旦大学2013年硕士学位论文。

李仁渊:《晚清的新式传播媒体与知识分子:以报刊出版为中心的讨论》,稻乡出版社 2005 年版。

李少军编译:《武昌起义前后在华日本人见闻集》,武汉大学出版社 2011 年版。

李时新:《上海〈立报〉史研究(1935—1937)》,暨南大学出版社 2012 年版。

李秀云:《〈大公报〉专刊研究》,新华出版社 2007 年版。

李瞻:《中国新闻史》,台北学生书局 1978 年版。

李志梅:《报人作家陈景韩及其小说研究》,华东师范大学 2004 年博士学位论文。

立言:《不需扬鞭奋自蹄——记顾执中的新闻道路》,《新闻研究资料》1988 年第 4 期。

梁启超:《时报发刊例》,《时报》1904 年 6 月 12 日。

梁启超:《与夫子大人书》,载丁文江、赵丰田编撰:《梁启超年谱长编》,上海人民出版社 1983 年版。

《辽傅宾瑞跳高姿势》,《时报》1930 年 4 月 2 日。

林频:《〈申报〉主笔陈景韩及其时评研究》,上海大学 2006 年硕士学位论文。

林语堂:《中国新闻舆论史》,刘小磊译,上海人民出版社 2008 年版。

林郁沁:《施剑翘复仇案:民国时期公众同情的兴起与影响》,江苏人民出版社 2011 年版。

《零零碎碎》,《时报》1933 年 10 月 13 日。

《零零碎碎》,《时报》1935 年 10 月 16 日。

刘斌:《体育新闻学》,中国传媒大学出版社 2010 年版。

《刘长春光荣赴会／独居小屋屋顶高悬国徽》,《时报》1932 年 8 月 1 日。

《刘长春惊人表演》,《时报》1930 年 4 月 2 日。

刘海贵:《中国现当代新闻业务史导论》,复旦大学出版社 2002 年版。

刘家林:《中国新闻通史》(修订版),武汉大学出版社 2005 年版。

刘京林:《新闻心理学原理》,新华出版社 2012 年版。

刘磊:《电报与中国近代报业》,《传媒》2002 年第 4 期。

刘霞:《风格多样,随事赋形——陈冷〈时报〉时评的艺术特色与写作手法》,《洛阳师范学院学报》2009 年第 1 期。

刘霞：《陈宇内之大势，唤东方之顽梦——陈冷〈时报〉和〈申报〉早期时评的思想内容分析》，《西北大学学报》（哲学社会科学版）2010 年第 2 期。

刘亚青等：《徐州发行民国上海〈时报·号外画报〉175 期》，《档案与建设》2002年第 6 期。

刘源：《图片报道》，浙江大学出版社 2009 年版。

《卢沟桥车站被日军占据后作为日军本部》，《时报》1937 年 7 月 13 日。

《卢沟桥之日军》，《时报》1937 年 7 月 17 日。

卢慧娟：《从巴赫金的"文化狂欢"理论分析贺岁电影〈桃花运〉》，《电影文学》2009 年第 5 期。

鲁迅：《鲁迅杂文全集》，河南人民出版社 1994 年版。

吕叔安：《什么叫做体育》，《时报》1927 年 9 月 5 日。

栾梅健：《通俗义学之王包天笑》，上海书店出版社 1999 年版。

罗家伦：《近代中国文学思想之变迁》，《新潮》1920 年第 2 卷第 5 号。

罗孝高：《任公轶事》，载丁文江、赵丰田编撰：《梁启超年谱长编》，上海人民出版社 1983 年版。

马光仁：《上海新闻史（1850—1949）》，复旦大学出版社 1996 年版。

马少华：《时评的历史与规范》，《新闻大学》2002 年第 3 期。

马少华：《新闻评论教程》，高等教育出版社 2008 年版。

马运增：《〈时报〉照片引起的风波——中国新闻摄影史上的一个小插曲》，《新闻爱好者》1987 年第 3 期。

[美] 比尔·科瓦齐、汤姆·罗森斯蒂尔：《新闻的十大基本原则》，刘海龙译，北京大学出版社 2014 年版。

[美] 丹尼尔·杰·切特罗姆：《传播媒介与美国人的思想——从莫尔斯到麦克卢汉》，曹静生、黄艾禾译，中国广播电视出版社 1991 年版。

[美] 费正清主编：《剑桥晚清史（1800—1911 年）》（上、下卷），中国社会科学出版社 2007 年版。

[美] 费正清主编：《剑桥中华民国史（1912—1914 年）》（上、下卷），中国社会科

学出版社 2007 年版。

[美] 迈克尔·埃默里等：《美国新闻史》（第九版），展江译，中国人民大学出版社 2009 年版。

[美] 舒德森：《发掘新闻：美国报业的社会史》，陈昌凤、常江译，北京大学出版社 2009 年版。

《美人鱼翻江鼠各逞绝技 / 几乎惊动了东海龙王》，《时报》1933 年 10 月 17 日。

《孟健丽骁勇 / 含笑挫强敌》，《时报》1935 年 10 月 14 日。

《男五十米自由决赛 / 陈振兴得第一》，《时报》1933 年 10 月 18 日。

《男子铅球第一刘福润》，《时报》1935 年 10 月 12 日。

《男子铅球第一刘福润之掷球情形》，《时报》1935 年 10 月 12 日。

《男子田径细描 / 怪杰刘长春》，《时报》1930 年 4 月 5 日。

《男子田径细描》，《时报》1930 年 4 月 4 日。

南方张：《全运女选手茶会快镜》，《时报》1935 年 10 月 18 日。

宁树藩：《中国近代报刊的业务演变概述》，《新闻大学》1981 年第 1 期。

《女将演出》，《时报》1935 年 10 月 16 日。

《女尸旁百余封信 / 年约二十余南码头浦畔》，《时报》1928 年 3 月 18 日。

《女五十公尺冠军李森未赛前之准备》，《时报》1935 年 10 月 12 日。

《女五十米自由决赛 / 杨秀琼获冠军》，《时报》1933 年 10 月 18 日。

《女子铁饼第一陈荣棠之铁饼姿势》，《时报》1935 年 10 月 13 日。

《排球会明天开赛 / 参加者男女十一队》，《时报》1930 年 5 月 30 日。

彭博：《〈申报〉时评研究》，吉林大学 2012 年硕士学位论文。

彭倩：《犀利峭拔的冷血体——陈景韩及其时评研究》，暨南大学 2010 年硕士学位论文。

《浦江哀音案之余波 / 女界愤懑之一斑》，《时报》1928 年 3 月 24 日。

《浦江哀音之余波 / 各方对汪世昌无宽恕辞一个被侮辱的女子来函》，《时报》1928 年 3 月 23 日。

彭伟步：《〈星洲日报〉研究》，复旦大学出版社 2008 年版。

《妻女五口葬身火窟 / 昨晨罗店镇之惨事》，《时报》1928 年 3 月 19 日。

乔云霞：《黄远生——新闻通讯文体的开创者》，《天津师大学报》1986 年第 5 期。

《青光对战胜匹刺堡 / 四十九与三十三之比匹刺堡今午离沪北上》，《时报》1928 年 9 月 4 日。

秦绍德：《上海近代报刊史论》，复旦大学出版社 1993 年版。

《如风如潮如电光如石火之中国政府》，《时报》1908 年 6 月 28 日。

《闪电打雷之中国官吏》，《时报》1909 年 6 月 19 日。

《上海电话》（三），《时报》1912 年 7 月 24 日。

《上海与湖南女子摔角赛情形》，《时报》1935 年 10 月 14 日。

上海市文史馆编：《上海地方史资料》（五），上海社会科学院出版社 1986 年版。

上海图书馆编：《近代中文第一报〈申报〉》，上海科学技术文献出版社 2013 年版。

上海中华书局编：《上海之报界》，中华书局 1929 年版。

邵绿：《都市化进程中〈时报〉的转型（1921—1939）》，复旦大学 2013 年博士学位论文。

邵绿：《从"参考"到"表达"——黄伯惠时期〈时报〉的黄色新闻与上海的都市化》，《国际新闻界》2013 年第 4 期。

邵飘萍：《中国新闻学不发达之原因及其事业之要点》，载《新闻学名论集》，联合书店 1930 年版。

邵翼之：《我所知道的上海时报》，《报学》1955 年第 1 卷第 8 期。

《摄影名家拍照蔡仁抱郎静山等出力本报独家刊登》，《时报》1930 年 4 月 1 日。

申报馆：《最近五十年》，申报馆 1923 年版。

沈庆会：《包天笑及其小说研究》，华东师范大学 2006 年博士学位论文。

《失之东隅收之桑榆 / 杨秀琼向刘桂珍翻本 / 一百公尺又破全国及远东》，《时报》1935 年 10 月 19 日。

《十九对 0 港大胜皖 / 李球王独中八球》，《时报》1935 年 10 月 15 日。

《十余万观众一角》，《时报》1935 年 10 月 19 日。

石四维：《中国最早的摄影记者郎静山》，《新闻记者》1987 年第 5 期。

时报馆:《时报馆新屋落成纪念刊》,上海时报馆 1921 年版。

《时报图画元旦增刊》,《时报》1925 年 1 月 1 日。

《时报万号》,《时报》1932 年 6 月 27 日。

《时事评论》,《时报》1905 年 5 月 10 日。

拾遗:《黄伯惠二三事》,《评论报》1947 年第 17 期。

《市运晚一点行礼冷培根代众宣誓 / 东亚持志称霸》,《时报》1936 年 10 月 23 日。

《首都大雪之见闻——行不得也!住亦危险!人仰车翻,墙坍壁倒》,《时报》1931 年 2 月 16 日。

树谷:《虹口公园中一片朝气》,《时报》1931 年 3 月 5 日。

《水晶宫轶事》,《时报》1935 年 10 月 18 日。

《水泥厂工会执行委员吴文龙浴血惨死 / 挖目……断指 / ……遍体伤痕十余处》,《时报》1929 年 6 月 7 日。

《四角恋爱一朝破露 / 少妇好手段…一年无事三夫忽相遇…扭作一团》,《时报》1928 年 4 月 3 日。

宋军:《申报的兴衰》,上海社会科学院出版社 1996 年版。

宋三平:《上海〈时报〉的改革创新与黄远生的成名》,《南昌大学学报》(人文社科版) 2010 年第 2 期。

苏智良:《上海近代新文明的形态》,上海辞书出版社 2004 年版。

宿志刚等:《中国摄影史略》,中国文联出版社 2009 年版。

《随感录》,《时报》1932 年 8 月 4 日。

《随感录》,《时报》1932 年 8 月 11 日。

孙藜:《晚清电报及其传播观念(1860—1911)》,上海世纪出版集团上海书店出版社 2007 年版。

孙藜:《重构"共同体想象":从电报诞生到新闻客观性在美国的确立》,《苏州大学学报》(哲学社会科学版) 2015 年第 2 期。

孙文铄:《黄远生及其新闻通讯》,《暨南学报》(哲学社会科学) 1989 年第 3 期。

《锁住双足——主妇惨无人道》,《时报》1928 年 3 月 22 日。

谭邦杰：《中国报纸体育版之研究》，载方汉奇、王润泽主编：《中国人民大学图书馆藏燕京大学新闻系毕业论文汇编》第三册，国家图书馆出版社 2014 年版。

唐振常主编：《上海史》，上海人民出版社 1989 年版。

天碧：《奇异之井泉／味淡而略甘》，《时报》1922 年 1 月 8 日。

《天之娇子》，《时报》1932 年 8 月 1 日。

天笑：《我与新闻界》，《万象》1944 年第 3 期。

天笑：《我与新闻界》，《万象》1944 年第 4 期。

田标：《中国近代社会思潮与体育》，南京大学出版社 2012 年版。

田天：《北洋军阀割据时期陈景韩时评研究》，南京师范大学 2013 年硕士学位论文。

《铜元谈一》，《时报》1909 年 6 月 3 日。

童兵：《理论新闻传播学导论》，中国人民大学出版社 2011 年版。

童轩荪：《奇人黄伯惠·南北画报潮》，《传记文学》1970 年第 17 卷第 1 期。

《图画时报》，《时报》1925 年 6 月 7 日。

《图画时报》，《时报》1925 年 6 月 14 日。

《图画时报》，《时报》1925 年 6 月 28 日。

《图画时报》，《时报》1925 年 7 月 5 日。

《图画时报》，《时报》1933 年 10 月 15 日。

《万国赛艳》，《时报》1932 年 8 月 1 日。

汪汉溪：《新闻业困难之原因》，载《新闻报馆三十年纪念册》《纪念文》部分，新闻报馆 1923 年版。

汪剑鸣：《一个体育记者的自白》，载王文彬编：《报人之路》，三江书店 1938 年版。

汪英宾：《美国新闻事业》，《国闻周报》1924 年第 1 卷第 14 期。

王惠生等：《体育新闻深度报道》，中南大学出版社 2008 年版。

王敏：《上海报人社会生活（1872—1949）》，上海辞书出版社 2008 年版。

王润泽：《北洋政府时期的新闻业及其现代化（1916—1928）》，中国人民大学出版社 2010 年版。

王润泽：《中国新闻媒介史（1949 年以前）》，北京大学出版社 2011 年版。

王润泽、余玉：《技术与观念的互动：民初传播技术进步与新闻业务发展》，《国际新闻界》2016 年第 3 期。

王文彬编著：《采访讲话》，三江书店 1938 年版。

王文彬编著：《中国现代报史资料汇辑》，重庆出版社 1996 年版。

王一飞摄：《雷峰塔去保叔塔可危/杭市府已饬工务局兴修》，《时报》1930 年 6 月 7 日。

王咏赋：《报纸版面学》，人民日报出版社 2006 年版。

《我士兵藉荒塚作沙袋向对方日兵还击》，《时报》1932 年 4 月 28 日。

《无题》，《时报》1906 年 6 月 20 日。

《无题》，《时报》1914 年 2 月 24 日。

《无题》，《时报》1930 年 6 月 7 日。

吴庚振、要清华：《喻巧而理至——比喻在新闻评论中的应用研究》，河北大学出版社 2006 年版。

吴果中：《〈良友〉画报与上海都市文化》，湖南师范大学出版社 2007 年版。

吴汉民：《20 世纪上海文史资料文库》（6），上海书店出版社 1999 年版。

吴廷俊：《新记〈大公报〉史稿》，武汉出版社 2002 年版。

吴廷俊：《民报主流发展与职业报业启程：北洋政府时期新闻史重考》，《国际新闻界》2012 年第 8 期。

吴廷俊：《中国新闻史新修》，复旦大学出版社 2008 年版。

吴廷俊主编：《中国新闻事业史》，武汉大学出版社 2009 年版。

《吴县日报所接到之黄慧如信》，《时报》1929 年 6 月 15 日。

吴翔：《戈公振在何时当总编辑——从戈公振〈时报〉新闻活动的考订看民国报人转型》，《青年记者》2013 年第 5 期（上）。

吴蕴瑞：《吾国运动成绩落后之原因》，《时报》1930 年 4 月 6 日。

《五月革命运动劳工纪念状况》，《时报》1927 年 5 月 2 日。

夏林根主编：《近代中国名记者》，福建人民出版社 1990 年版。

夏书宇等：《中国体育通史简编》，河南人民出版社 2007 年版。

肖鸿波：《〈申报〉（1872—1949）体育报道研究》，复旦大学出版社 2013 年版。

笑：《报纸多与报纸少》，《时报》1908 年 12 月 23 日。

笑：《兵也匪也》，《时报》1909 年 1 月 30 日。

笑：《贪吏可为》，《时报》1913 年 9 月 25 日。

笑：《呜呼进步矣》，《时报》1908 年 12 月 24 日。

谢菊曾：《回忆〈时报〉》，《随笔》1981 年第 14 集。

谢菊曾：《再忆〈时报〉》，《随笔》1981 年第 16 集。

谢庆立：《中国早期报纸副刊编辑形态的演变》，学苑出版社 2008 年版。

忻平：《从上海发现历史——现代化进程中的上海人及其社会生（1927—1937）》，上海人民出版社 1996 年版。

《新民丛报章程》，第二章"门类"的第十五条"国闻短评"。

《新闻电报章程》，载戈公振：《中国报学史》，生活·读书·新知三联书店 2011 年版。

新闻报馆：《纪念文》，载《新闻报馆三十年纪念册》，新闻报馆 1923 年版。

熊月之：《新型知识分子集结》，载张仲礼：《近代上海城市研究》，上海人民出版社 1990 年版。

熊月之主编：《上海通史第 4 卷·晚清经济》，上海人民出版社 1999 年版。

熊月之主编：《上海通史第 9 卷·民国社会》，上海人民出版社 1999 年版。

徐宝璜：《新闻学》，中国人民大学出版社 1994 年版。

徐汇川：《青岛渔户捕获大鲨鱼》，《时报》1930 年 6 月 7 日。

徐友春主编：《民国人物大辞典》，河北人民出版社 1991 年版。

徐中约：《中国近代史：1600—2000 中国的奋斗》，世界图书出版公司 2013 年版。

徐铸成：《报海旧闻》，生活·读书·新知三联书店 2010 年版。

徐铸成：《旧闻杂忆》，辽宁教育出版社 2000 年版。

徐铸成：《徐铸成回忆录》，生活·读书·新知三联书店 1998 年版。

许纪霖：《近代中国知识分子的公共交往（1895—1949）》，上海人民出版社 2008 年版。

许敏：《上海通史第 10 卷·民国文化》，上海人民出版社 1999 年版。

《选手临别依依／天南地北相见难》，《时报》1930年6月2日。

《选手谒陵》，《时报》1933年10月16日。

《学生陈虞钦遗像及略历》，《时报》1925年6月2日。

雪珥：《〈申报〉：中国第一份触"电"报纸》，《兰台内外》2015年第1期。

《血与泪——马女士父赶到汪世昌今日出走／白衣送丧，行人叹息》，《时报》1928年3月22日。

杨光辉等编：《中国近代报刊发展概况》，新华出版社1986年版。

杨念群：《新史学第一卷·感觉图像叙事》，中华书局2007年版。

姚福申：《五四时期〈时报〉的副刊改革》，《新闻研究资料》1992年第4期。

姚福申：《中国编辑史》，复旦大学出版社2004年版。

姚福申：《只供一个人阅读的报纸》，《新闻爱好者》2005年第2期。

姚公鹤：《上海闲话》，商务印书馆1927年版。

《一对男女欲行露天交合／各押五天》，《时报》1928年3月10日。

《宜创通国报馆记者同盟会说》，《时报》1905年3月14日。

义：《奇橘／四季结实》，《时报》1924年9月22日。

义勤：《被人淡忘的老〈时报〉》，载《20世纪上海文史资料文库》第6卷，上海书店出版社1999年版。

詠清：《鬼怪之胎》，《时报》1926年5月15日。

《詠娴原是伟生胞妹／昨赛蛙王同时下水》，《时报》1935年10月7日。

游鉴明：《超越性别身体：近代华东地区的女子体育（1895—1937)》，北京大学出版社2012年版。

余芬霞：《试论黄远生新闻通讯的思想内容、采写特色及影响》，《上饶师范学院学报》2016年第4期。

余玉：《从"雅兴园地"到"公共论坛"：五四时期报纸副刊公共性探析——以〈学灯〉〈觉悟〉和〈晨报副刊〉为考察中心》，《编辑之友》2015年第3期。

余玉：《移植与流变：我国近代报刊业务嬗变发展路径探析》，《新闻春秋》2015年第1期。

袁琮：《体育新闻》，载《申时电讯社创立十周年纪念特刊》，载方汉奇、王润泽主编：《中国人民大学新闻学院稀见新闻史料汇编》（第十八册），国家图书馆出版社 2012 年版。

《袁世凯受炸弹》，《时报》1912 年 1 月 17 日。

袁义勤：《黄伯惠与〈时报〉》，《新闻大学》1995 年第 2 期。

袁义勤：《上海〈时报〉》，《新闻与传播研究》1990 年第 3 期。

《远东会选手平安回国 / 本报记者到码头慰问摄影 / 历艰辛有话说不尽》，《时报》1930 年 6 月 7 日。

陈冷：《二十年来记者生涯之回顾》，载《最近之五十年·五十年来之新闻业》，申报馆 1923 年版。

《运动员推铅球姿势》，《时报》1933 年 10 月 15 日。

《曾任便衣侦探之王金龄惨遭仇人杀于途 / 头部中三枪……倒毙新嘉路上》，《时报》1929 年 6 月 4 日。

曾宪明：《中国百年报人之路（1815—1949）》，远方出版社 2003 年版。

曾虚白主编：《中国新闻史》，三民书局 1989 年版。

翟嫦娥：《清末民初妇女报刊的男权特色——以〈妇女时报〉为例》，黑龙江大学 2009 年硕士学位论文。

翟春荣：《"息楼"与"息楼中人"——清末上海知识人活动空间与知识人群体的个案考察》，华东师范大学 2010 年硕士学位论文。

张功臣：《民国报人——新闻史上的隐秘一页》，山东画报出版社 2010 年版。

张红宇：《"不等式"和"加减法"——如何理解和把握社会新闻初探》，《记者摇篮》2003 年第 2 期。

《张嘉夔跳十四米一二五时落地之姿势》，《时报》1935 年 10 月 16 日。

张建会：《全运会制度变迁中的秩序、认同与利益》，北京体育大学出版社 2011 年版。

张静庐：《中国的新闻记者与新闻纸》，光华书局 1930 年版。

张静庐辑注：《中国近现代出版史料》，中华书局 1959 年版。

张丽华:《读者群体与〈时报〉中"新体短篇小说"的兴起》,《南京师范大学文学院学报》2008 年第 2 期。

张朋园:《时报:维新派宣传机关之一》,《中央研究院近代史研究所集刊》1973 年第 4 期(上)。

张岂之:《中国历史》(晚清民国卷),高等教育出版社 2001 年版。

张友鸾等:《世界日报兴衰史》,重庆出版社 1982 年版。

张育仁:《自由的历险——中国自由主义新闻思想史》,云南人民出版社 2003 年版。

张振亭、尹亭:《我国报纸创办专刊的最早尝试——上海〈时报〉专刊研究》,《郑州大学学报》(哲学社会科学版)2013 年第 3 期。

张振亭、张会娜:《党人报、文人报、商人报:上海〈时报〉的蜕变及其原因初探》,《学术交流》2015 年第 1 期。

张振亭、赵庆:《上海"〈时报〉系"及其"集团效应"初探》,《新闻与信息传播研究》2013 年第 3 期。

张之华:《中国新闻事业史文选(公元 724 年—1995 年)》,中国人民大学出版社 1999 年版。

张仲礼主编:《近代上海城市研究》,上海人民出版社 1990 年版。

张宗昌:《黄远生》,载《新闻界人物》(一),新华出版社 1983 年版。

赵君豪:《中国近代之报业》,商务印书馆 1938 年版。

《真茹公共汽车翻倒/售票员压死河浜中 乘客伤两人/车头着火司机人否认有过失》,《时报》1929 年 11 月 22 日。

《真像快刀斩乱麻/李惠堂英武不减当年》,《时报》1935 年 10 月 7 日。

郑曦原编:《帝国的回忆:〈纽约时报〉晚清观察记》,生活·读书·新知三联书店 2001 年版。

郑逸梅:《〈时报〉的后期主持者黄伯惠》,《瞭望周刊》1985 年第 10 期。

郑逸梅:《〈时报〉的后期主持者黄伯惠》,载《郑逸梅选集》(第六卷),黑龙江人民出版社 2001 年版。

郑逸梅:《黄伯惠接办〈时报〉》,载《清末民初文坛轶事》,中华书局 2005 年版。

郑逸梅:《清末民初文坛轶事》,中华书局 2005 年版。

郑逸梅:《郑逸梅选集》(第六卷),黑龙江人民出版社 2001 年版。

郑振铎:《评上海各日报的编辑法》,载管照微编:《新闻学论集》(第三辑),汉文正楷印书局 1933 年版。

中国人民大学新闻系:《中国近代报刊史参考资料》(上册),校内用书 1979 年版。

中国史学会主编:《洋务运动》(第 6 册),上海人民出版社 1961 年版。

《中国事之一例》,《时报》1910 年 8 月 7 日。

《中国之人民与政府》,《时报》1908 年 8 月 17 日。

中国体育新闻工作者协会编:《体育记者谈体育新闻》,人民体育出版社 2006 年版。

中国体育新闻学会编:《体育新闻论文选》,(出版者不详)1985 年版。

《中华体育会征求会员》,《时报》1928 年 9 月 5 日。

《中山陵正面》,《时报》1929 年 6 月 1 日。

《中止》,《时报》1915 年 11 月 7 日。

周婷婷等:《海德堡大学汉学系早期中文报刊研究概况》,《新闻大学》2007 年第 3 期。

朱传誉:《报人·报史·报学》,台湾商务印书馆 1985 年版。

朱锦翔:《民初名记者徐凌霄》,《中国记者》1988 年第 10 期。

朱小平:《凌霄老人二三事》,《民主》1996 年第 5 期。

《庄严肃穆景象不殊双十日／全运会宣告闭幕》,《时报》1933 年 10 月 21 日。

卓南生:《中国近代报业发展史(1815—1874)》,中国社会科学出版社 2002 年版。

邹韬奋:《韬奋:韬奋画传·经历·患难余生记》,生活·读书·新知三联书店 2007 年版。

《足球两幕血战／惊涛骇浪忧喜交并》,《时报》1933 年 10 月 18 日。

《昨日渡船在老白渡失事／溺毙乘客多人》,《时报》1925 年 7 月 25 日。

二、报、刊资料

1904—1939 年的《时报》原版报纸和影印本

1872—1949 年的《申报》的原版报纸和影印本

1893—1949 年的《新闻报》原版报纸

1902—1949 年的《大公报》原版报纸和影印本

1904—1948 年的《东方杂志》影印本

三、外文文献资料

Andrew J. Nathan, *The Late Ch'ing Press：Role, Audience and Impact*, Vol.3, 1981.

Joan Evangeline Judge, *Print and Politics："Shibao"（The Eastern Times）and the Culture of Reform of the Public Sphere in Late Qing China*, PhD. Columbia University,1993.

Joan Judge, *Print and Politics："Shibao" and the Culture of Reform in Late Qing China*, Stanford：Stanford University Press,1996.

Michael Schudson, *Discovering the News：A Social History of American Newspapers*, Basic Books, Inc.1978.

Michael Schudson,"The objectivity norm in American journalism", *Journalism*, Vol.2（2）, 2001.

Richard Streckfuss,"Objectivity in journalism：a search and a reassessment", *Journalism Quarterly*,Vol.67（4）, 1990.

后 记

本书是在笔者博士学位论文基础上略作修改而成的，虽然写作过程中没少付出精力，但当拙作付梓之际，内心仍然充满惶惑。

记得论文完成之时，适逢北国春暖花开，心情确有几分快意，打印好的初稿在手中都把玩了好几回。如今，当书稿完成最后一次校对时，窗外已是霜叶红遍，江南秋景旖旎，尽显丰收景象。回想当年负笈北上踏入中国人民大学求学情形，甜蜜而温馨，在大师云集的知识殿堂中徜徉，如同久渴逢甘泉，不停吮吸。白驹过隙，蓦然回首，倏尔感慨博士生涯许多人的陪伴和相守，感谢他们的扶持和提携！

与导师王润泽先生相识于人大算是机缘巧合，倍感荣幸，这是运气，更是福气。她是我国新闻史研究方面卓有建树的学者，年轻有为，优雅睿智，其学识为我所敬仰。她心灵美丽，待人和善，三年来从没有过呵斥的言语。我作为她的开山弟子，如何迈好第一步，我们很慎重，走得也很认真。我生性愚拙，学术起步晚，加上从硕士期间攻读新闻业务转向博士期间专治新闻史，既有压力，又有挑战，她给我总是满满的信心。在她的引导之下，逐渐对治史产生兴趣，她潜心科研、远离浮躁的学术心态时时激励着我，受其熏陶，未敢懈怠，乐此不疲。

刚入校不久，导师便赴美国哥伦比亚大学就职孔子学院中方院长，在任职两年期间，她特把办公室赐予我用，让我在享受"博导待遇"的优厚环境下安心学业，潜心科研，无形鞭策，激我发奋。在头两年里，我们基本是以视频方式对话，通过网络连接纽约和北京，在黑白对置的时空里完成我们每月一次的授课和交流，若干年后这种场景定会化为美好回忆。第三年她期满回国，正是我论文写作的关键时期，她常常与我面对面商讨论文写作，从选题到成稿都离不开她的精心指导，内心时常感念她的用心和奉献。博士三年，合作愉快，弹指挥间，只恨时光匆匆而无意挽留。

导师赴美履职之前，为了让我在学业上有学术依靠，领我拜见了方汉奇先生。平生第一次登门拜访我国著名新闻史学家，欣喜若狂，从此有了每月一次登门求教的宝贵机会，每当我进入他家四壁皆书的书房聆听教诲，感到无比幸福。方先生虽有九十高龄，但思维敏捷，逻辑严密，记忆力强，每次听他亲近平和的讲解，醍醐灌顶。记得第二学期他关切地问起我是否确定了博士论文选题时，我谈及对上海《时报》非常崇敬，很有研究兴趣，他当即给予鼓励。他对我国新闻史研究的博士论文选题了然于胸，犹如有了一把"尚方宝剑"，可以避免选题撞车，不致重复劳动。他建议，博士期间时间有限，可以对35年发展历程的《时报》"划段"或"切块"来研究，不可贪多求全，尽量缩短研究阵线，以便集中精力做到深入。通过点拨，豁然开朗。后与导师商议，她建议截取《时报》极具特色的业务革新内容进行研究，我们三人合力敲定选题，明确了论文方向。博士期间，得到方先生约有二十余次的耳提面命，终生受益，感激不已。当他在美国旧金山得知拙作即将出版时，欣然手书鞭策之语，拍照后通过微信从大洋彼岸传给我，感动至极。方先生现已入耄耋之年，衷心祝愿他健康快乐。

感谢中国人民大学新闻学院各位老师的授课和指导。杨保军教授不但在授课时悉心指点，而且在课余多个场合的非正式学术交谈中，一些切中要害的点拨，常使我茅塞顿开，尤其在我的博士论文开题、预答辩和正式答辩时三度参加指导，每次都帮我出谋划策，提出许多建设性建议，论文凝聚了他不少心血；在论文的开题报告和预答辩会上，感谢倪宁教授、陈绚教授、张辉锋教授、许向东副教授的悉心指点；感谢新闻学院陈力丹、郑保卫、郭庆光、涂光晋、喻国明、高钢、蔡雯、彭兰、周小普、张征、钟新、匡文波、胡百精、刘小燕、周勇、赵永华、赵云泽、丁汉青、刘海龙、常江等老师的传道、授业和解惑，感佩他们的敬业精神，感谢老师们给我提供的学养。

中国人民大学图书馆和新闻学院资料室的老师为本书查找资料提供了诸多便利，尤其感谢学校图书馆采编部的老师，当我向他们提供《时报》有影印本购买的信息后，不但采纳一位博士生的建议，而且立即向学校申请购买，从审批、洽谈、购买、编号到上架在一个月内完成，真是一场"及时雨"，减少了我奔波于国家图书馆与人大图书馆的疲累，他们雷厉风行的工作作风令人敬佩。该作基本上在人大图书馆四层古籍室写作完成，管理员对我许多次的"违规操作"无比宽容，非常感谢。此外，蝠池书院出版240大册全套《时报》影印本，恰巧为我提供了研究蓝本，大大方便了本书的写作，功德无量，感谢蝠池书院工作人员的辛劳。

湖北大学廖声武教授是我的硕士导师，领我入门新闻学研究的引路人。他为人温厚，待我和善，毕业后一直关心我的学术进展，得知我的博士论文选题后，他建议可与《时报》同期报纸进行比较研究，从中受益，所以总让我心存感激；硕士期间曾宪明教授温文尔雅的上课风格记忆犹新，他系统讲授的新闻史知识为我博士期间攻读新闻史提供了充分的学养，至今感念；暨南大学邓绍根教授为人诚恳，加上我俩老乡近缘，学术上常为我解困，得知我研究《时报》，热情地把他在台湾政治大学拍摄的所有《时报》照片都奉献予我，为我提供了不少帮助，确实感激不尽。在参加各类学术研讨会期间，我还得到中央民族大学白润生教授、华中科技大学吴廷俊教授、南京师范大学倪延年教授、复旦大学陈建云教授和郑州大学张举玺教授的指导，他们的学术造诣精深，能得到他们的提点十分荣幸，甚是感激。

感谢南京财经大学刘泱育，2015年11月陪我参观南京中山陵，就博士论文一起切磋，至今常记心中；感谢广西大学李时新和北京工商大学李杰琼，在我论文写作期间及时寄来他们的专著，不时激励着我，为我打开写作思路；感谢国家图书馆郭传芹帮我提供稀有资料，中国海洋大学俞凡尽心提供他的珍藏资料，硕士同班同学后为人大同院师妹的国务院新闻办李斐提供英文帮助，本班同学秦汉帮我从台湾复印《时报》资料。

感谢博士三年一起生活的室友刑法学博士李丰才的宽容和理解；感谢2013级博士班全体同学，我们有缘相遇，互相鼓励；感谢同门师弟妹们的帮助，大家共同砥砺进步。

在毕业论文答辩会上，中国人民大学方汉奇先生、谷长岭教授、杨保军教授、北京大学程曼丽教授和清华大学陈昌凤教授提出了许多到位而中肯的修改意见，万般感念诸位答辩专家的提携。

感谢我所供职的南昌大学新闻与传播学院各位领导的栽培和关心，以及同事们的理解和支持，使我在新的环境下早早找到感觉，尽快融入了和谐大家庭。

感谢人民出版社各位专家和编辑，他们集体讨论通过本书选题并把拙作纳入该社出版，尤其是柴晨清博士付出不少心血，本书如期面世离不开他的热心帮助。

特别感谢家人的陪伴和支持。感谢年已古稀的父母，父母一生辛勤，劳作不辍，他们的勤劳、善良和慈爱是我一路向上攀爬的动力源泉，我从中专、大专、本科、硕士到博士的每一个节点上的跨步都离不开他们的呵护，平时我把发表的论文带回家中，父亲会戴着老花眼镜一字一句地细读我的艰涩文字，他挺欣慰，我很感动，父母一直是我学业背后的坚强支持者；感谢岳父母的理解和帮助，在我攻博期间，他们帮我看顾小孩，付出了许多辛劳，让我在学业路上没有后顾之忧，作为一个不称职的女婿很是内疚；感谢妻子的体谅和女儿的乖巧，妻子操持家务不辞辛苦，任劳任怨，攻博期间母女在火车站送行情景，挥别时女儿嘴里迸出的懂事话语，特别是她学习上的点滴进步，都让我时常牵挂心中的家，她们在家安心助力了我不断向上；感谢所有家人鼓励，我家有五位人民教师分赴在教育战线上，我们在父母营造的"教师之家"里和睦共进，在互帮互助中得到精神慰藉，使我在本书写作期间心无杂念。

最后感谢自己的辛劳。我的求学之路颇多坎坷，因一心向学，一路走来，步步向前。博士期间每天按部就班地攻读，并未觉得枯燥。写作博士论文期间，当学校还未购进《时报》影印本之前，我时常奔波于国家图书馆和人大图书馆之间。在国图看《时报》缩微胶片时，常常眼睛发花，头昏脑涨，为了查找纸质原版《时报》，常常钻进人大图书馆地下一层老旧报刊库，小心翼翼地翻阅薄如蝉翼的发黄报纸。地下室空气窒息，报刊气味刺鼻难闻，有时为了读通报上的文字，特别是论文中急需引用的有价值史料，却版面缺损，字迹难辨，真是急煞人，无奈只有紧盯报纸细加辨识，甚至报上的千字文章就得花去一整天时间，就这样日复一日在与《时报》长期"厮守"中渐渐揭开其神秘面纱。更为甚者，我写作论文是在"坐立不安"中完成的，写作期间腰疾一直困扰着我，几乎是在校医院、图书馆和宿舍三点一线间奔忙，写作时使我坐也不是，站也不是，常常让我为此担忧和分心，好在我从中师到博士之路的摸爬滚打中锤炼了坚强的意志，最终克服诸多困难完成拙作。

有良师益友是人生幸事，人大求学便是如此。我在这里获益良多，不仅提升了学养，还得到了较好的学术训练，培养了良好的学术习惯。求学自是无捷径可行，但恰是在心无旁骛的"求"与"学"中，我才在写作中拥有宁静平和的心境。值此拙作出版之际，回首前路，苦亦是甜。

2016 年 5 月初稿于北京

2017 年 11 月稍作修改于南昌

余　玉

责任编辑：柴晨清
版式设计：杜维伟

图书在版编目（CIP）数据

上海《时报》新闻业务变革研究/余玉 著 . —北京：人民出版社，2017.12
ISBN 978 - 7 - 01 - 018739 - 6

I.①上…　II.①余…　III.①报纸 - 新闻事业 - 研究 - 上海 - 近代　IV.① G219.245.1

中国版本图书馆 CIP 数据核字（2017）第 324235 号

上海《时报》新闻业务变革研究
SHANGHAI SHIBAO XINWEN YEWU BIANGE YANJIU

余玉 著

人民出版社 出版发行
（100706　北京市东城区隆福寺街 99 号）

北京龙之冉印务有限公司印刷　新华书店经销

2017 年 12 月第 1 版　2017 年 12 月北京第 1 次印刷
开本：710 毫米 × 1000 毫米 1/16　印张：24.25　插页：1
字数：355 千字

ISBN 978 - 7 - 01 - 018739 - 6　定价：75.00 元

邮购地址 100706　北京市东城区隆福寺街 99 号
人民东方图书销售中心　电话（010）65250042　65289539